Le Coran

Traduction de Claude-Étienne Savary, Le Coran, 1821.

Edition papier Juin 2020

Traduction de Claude-Étienne Savary 1750– 1788

Le Coran

Traduction de Claude-Étienne Savary

ÉDITIONS DUCOURT

Table des matières

CHAPITRE PREMIER [1].

Introduction. donné à La Mecque, composé de 7 versets. Au nom de Dieu clément et miséricordieux [2].

☐1 Louange à Dieu, souverain de tous les mondes! ☐2 La miséricorde est son partage. ☐3 Il est le roi du jour du jugement. ☐4 Nous t'adorons, Seigneur, et nous implorons ton assistance. ☐5 Dirige-nous dans le sentier du salut; ☐6 Dans le sentier de ceux que tu as comblés de tes bienfaits; ☐7 De ceux qui n'ont point mérité ta colère, et se sont préservés de l'erreur.

CHAPITRE II.

La Vache. donné à Médine, composé de 286 versets. Au nom de Dieu clément et miséricordieux.

☐1 A. L. M. [3] Il n'y a point de doute sur ce livre, il est la règle de ceux qui craignent le Seigneur; ☐2 De ceux qui croient aux vérités sublimes, qui font la prière, et versent dans le sein des pauvres une portion des biens que nous leur avons donnés; ☐3 De ceux qui croient à la doctrine que nous t'avons envoyée du ciel, et aux écritures, et qui sont fermement attachés à la croyance de la vie future. ☐4 Le Seigneur sera leur guide, et la félicité leur partage. ☐5 Pour les infidèles, soit que tu leur prêches ou non l'islamisme, ils persisteront dans leur aveuglement. ☐6 Dieu a imprimé son sceau sur leurs cœurs; leurs oreilles et leurs yeux sont couverts d'un voile, et ils sont destinés à la rigueur des supplices. ☐7 Il est des hommes qui disent : Nous croyons en Dieu et au jour dernier; et ils n'ont point la foi. ☐8 Ils en imposent à Dieu et aux croyans; mais ils ne trompent qu'eux-mêmes, et ils ne le comprennent pas. ☐9 Leur cœur est gangrené. Dieu en a augmenté la plaie; une peine déchirante sera le prix de leur mensonge. ☐10 Lorsqu'on leur dit, Ne vous corrompez pas sur la terre; ils répondent, Notre vie est exemplaire. ☐11 Ils sont des corrupteurs, et ils ne le sentent pas. ☐12 Lorsqu'on leur dit, Croyez ce que les hommes croient; ils répondent, Suivrons-nous la croyance des insensés? N'est-ce pas eux qui sont les insensés? Et ils l'ignorent. ☐13 A l'abord des fidèles, ils disent : Nous professons la même religion que vous. Avec les fauteurs de leurs hérésies, ils tiennent un autre langage; ils se déclarent de leur parti, et se jouent des croyans. ☐14 Dieu se moquera d'eux; il épaissira leurs erreurs, et ils persisteront dans leur égarement. ☐15 Ils ont acheté l'erreur pour la vérité. Quel avantage en ont-ils retiré? Ils n'ont point suivi la lumière. ☐16 Semblables à ceux qui ont allumé du feu, si Dieu éteint la flamme qui éclaire les objets d'alentour, ils restent dans les ténèbres, et ils ne sauraient voir. ☐17 Sourds, muets et aveugles, ils ne se convertiront point. ☐18 Ils ressemblent à ceux qui, lorsque la tempête se précipite des cieux avec les ténèbres, les éclairs et la foudre, effrayés par l'image de la mort, se bouchent les oreilles de leurs doigts pour ne pas entendre le bruit du tonnerre; mais le Tout-Puissant environne les infidèles. ☐19 Peu s'en faut que la foudre ne les prive de la vue. Lorsque l'éclair brille, ils marchent à sa lumière : lorsqu'il disparait, ils s'arrêtent au milieu des ténèbres. Si l'Éternel voulait, il leur ôterait l'ouïe et la vue, parce que rien ne borne sa puissance. ☐20 O mortels! adorez le Seigneur qui vous a créés vous et vos pères, afin que vous le craigniez; qui vous a donné la terre pour lit, et le ciel pour toit; qui a fait descendre la pluie des cieux pour produire tous les fruits dont vous vous nourrissez. Ne donnez point d'égal au Très-Haut : vous savez..... ☐21 Si vous doutez du livre que nous avons envoyé à notre serviteur, apportez un chapitre semblable à ceux qu'il renferme; et si vous êtes sincères, osez appeler d'autres témoins que Dieu. ☐22 Si vous ne l'avez pu faire, vous ne le pourrez jamais. Craignez donc un feu qui aura

---

1. Ce chapitre est intitulé *Fatahat*, introduction. Les auteurs sont incertains sur le lieu où il a été donné. Les uns veulent que ce soit à la Mecque, les autres à Médine. Nous avons suivi le sentiment le plus accrédité des auteurs arabes.

2. *Besm ellah elrohman elrahim.* Au nom, de Dieu clément et miséricordieux. Cette formule est à la tête de tous les chapitres. Elle est expressément recommandée dans le Koran. Les mahométans la prononcent lorsqu'ils égorgent un animal, au commencement de leurs lectures et de leur actions importantes. Elle est pour eux ce que le signe de la croix est pour les chrétiens. *Giaab*, un de leurs auteurs célèbres, dit que lorsque ces mots furent envoyés du ciel, les nuages s'enfuirent du côté de l'Orient, les vents s'apaisèrent, la mer fut émue, les animaux dressèrent leurs oreilles pour entendre, les démons furent précipités des sphères célestes, etc.

3. Ces lettres, disent les commentateurs du Corann sont des caractères mystérieux dont il ne faut point chercher à pénétrer le sens. Ils sont persuadés que Dieu n'en a révélé la connaissance qu'à leur prophète, et qu'ils seront toujours inconnus au reste des mortels. *Gelaleddin. Taleb.*

pour aliment les hommes et les pierres, feu préparé aux infidèles. [23] Annonce à ceux qui croient, et qui font le bien, qu'ils habiteront des jardins où coulent des fleuves. Lorsqu'ils goûteront des fruits qui y croissent, ils diront : Voilà les fruits dont nous nous sommes nourris sur la terre ; mais ils n'en auront que l'apparence. Là ils trouveront des femmes purifiées [4]. Ce séjour sera leur demeure éternelle. [24] Dieu ne rougit pas plus d'offrir en parabole un moucheron, que des images relevées. Les croyans savent que sa parole est la vérité ; mais les infidèles disent, Pourquoi le Seigneur propose-t-il de semblables paraboles ? C'est ainsi qu'il égare les uns et dirige les autres. Mais il n'égare que les impies. [25] Ceux qui rompent le pacte du Seigneur, qui violent ses lois et s'abandonnent à la corruption, seront au nombre des réprouvés. [26] Pourquoi ne croyez-vous pas en Dieu ? Vous étiez morts, il vous a donné la vie ; il éteindra vos jours, et il en rallumera le flambeau. Vous retournerez à lui. [27] Il créa pour votre usage tout ce qui est sur la terre. Portant ensuite ses regards vers le firmament, il forma les sept cieux. C'est lui dont la science embrasse tout l'univers. [28] Ton Dieu dit aux anges, J'enverrai mon vicaire [5] sur la terre. Enverrez-vous, répondirent les esprits célestes, un homme qui se livrera à l'iniquité, et versera le sang, tandis que nous célébrons vos louanges, et que nous vous glorifions ? Je sais, reprit le Seigneur, ce que vous ne savez pas. [29] Dieu apprit à Adam le nom de toutes les créatures, et dit aux anges, aux yeux desquels il les exposa, Nommez-les moi, si vous êtes véritables. [30] Loué soit ton nom, répondirent les esprits célestes. Nous n'avons de connaissances que celles qui nous viennent de toi. La science et la sagesse sont tes attributs. [31] Il dit à Adam : Nomme-leur tous les êtres créés ; et lorsqu'il les eut nommés, le Seigneur reprit, Ne vous ai-je pas dit que je connais les secrets des cieux et de la terre ? Vos actions publiques et secrètes sont dévoilées à mes yeux. [32] Nous commandâmes aux anges d'adorer Adam, et ils l'adorèrent. L'orgueilleux Eblis [6] refusa d'obéir, et il fut au nombre des infidèles. [33] Nous dimes à Adam, Habite le paradis avec ton épouse ; nourris-toi des fruits qui y croissent ; étends tes désirs de toutes parts ; mais ne t'approche pas de cet arbre, de peur que tu ne deviennes coupable. [34] Le diable les rendit prévaricateurs, et leur fit perdre l'état où ils vivaient. Nous leur dîmes, Descendez. Vous avez été vos ennemis réciproques. La terre sera votre habitation et votre domaine jusqu'au temps. [35] Le Seigneur apprit à Adam la manière d'implorer son pardon. Il écouta la voix de son repentir, parce qu'il est indulgent et miséricordieux. [36] Nous dîmes, Sortez tous du paradis, je vous enseignerai la voie du salut : celui qui la suivra sera à l'abri de la crainte et de la douleur. [37] Les incrédules, et ceux qui traitent notre doctrine de mensonge, seront dévoués aux flammes éternelles. [38] O enfans d'Israël ! souvenez-vous des bienfaits dont je vous ai comblés ; conservez mon alliance et je garderai la vôtre ; révérez-moi ; croyez au livre que j'ai envoyé ; il confirme vos écritures ; ne soyez pas les premiers à lui refuser votre croyance ; ne corrompez pas ma doctrine pour un vil intérêt ; craignez-moi. [39] Ne couvrez pas la vérité du mensonge ; ne dérobez pas son éclat. Vous la connaissez. [40] Faites la prière ; donnez l'aumône ; courbez-vous avec mes adorateurs. [41] En commandant la justice, oublierez-vous votre âme ? Vous lisez les écritures ; ne les comprenez-vous donc pas ? [42] Demandez du secours par la persévérance et la prière. Elles ne sont point à charge à ceux qui sont humbles ; [43] A ceux qui pensent qu'un jour ils paraîtront devant le tribunal de Dieu. [44] Enfans d'Israël, souvenez-vous des bienfaits dont je vous ai comblés ! souvenez-vous que je vous ai élevés au-dessus de toutes les nations. [45] Craignez le jour où une âme ne satisfera point pour une autre, où il n'y aura ni intercession, ni compensation, ni secours à attendre. [46] Nous vous délivrâmes de la famille de Pharaon et des maux qui vous accablaient. On massacrait vos enfans mâles, on n'épargnait que vos filles. Votre délivrance est une faveur éclatante du ciel. [47] Nous ouvrîmes pour vous les eaux de la mer ; nous vous sauvâmes de ses abîmes, et vous y vîtes la famille de Pharaon engloutie. [48] Tandis que nous formions notre alliance avec Moïse, pendant quarante nuits, vous adoriez un veau, et vous fûtes prévaricateurs. [49] Nous vous

---

4. On doit entendre par ces mots, des femmes qui ne seront point sujettes aux taches naturelles, des Vierges aux yeux noirs, qui n'enfanteront point, et seront exemptes des besoins qu'on éprouve sur la terre, excepté de celui d'aimer. *Gelaleddin Elhacan.*

5. Dieu choisit Adam pour être son vicaire sur la terre, et pour enseigner les préceptes divins à sa postérité. Il le créa de la superficie de la terre. Il en prit une poignée, où étaient rassemblées les diverses couleurs qu'elle contient, et la mêla avec différentes eaux. Lorsqu'il en eut formé la figure d'un homme, il l'anima de son souffle, et la matière devint un être sensible. *Gelaleddin.*

6. Les docteurs musulmans nous représentent, les génies comme des êtres qui tiennent le milieu entre les esprits célestes et les hommes. *Eblis,* cet ange superbe qui se révolta contre l'Éternel, fut leur père. Ils habitaient la terre avant la création d'Adam. L'ayant souillée de leurs crimes, Dieu envoya contre eux les anges qui les forcèrent à se retirer dans les îles et sur le sommet des montagnes. *Gelaleddin.*

pardonnâmes, afin que vous nous rendissiez des actions de grâce ; [50] Et nous donnâmes à Moïse un livre, avec des commandemens, pour être la règle de vos actions. [51] Moïse dit aux Israélites : O mon peuple ! pourquoi vous livrez-vous à l'iniquité, en adorant un veau ? Revenez à votre créateur ; immolez-vous mutuellement : ce sacrifice lui sera plus agréable ; il vous pardonnera, parce qu'il est indulgent et miséricordieux. [52] Vous répondîtes à Moïse, Nous ne croirons point jusqu'à ce que nous ne voyons Dieu manifestement. La foudre vous environna, et éclaira votre malheur. [53] Nous vous ressuscitâmes, afin que vous fussiez reconnaissans. [54] Nous fîmes descendre les nuages, pour vous servir d'ombrage : nous vous envoyâmes la manne et les cailles, et nous dîmes, Nourrissez-vous des biens que nous vous offrons. Vos murmures n'ont nui qu'à vous-mêmes. [55] Nous dîmes au peuple d'Israël, Entrez dans cette ville ; jouissez des biens que vous y trouverez en abondance ; adorez le Seigneur en y entrant. Dites, Le pardon soit sur nous. Vos péchés vous seront remis, et les justes seront comblés de nos faveurs. [56] Les méchans changèrent ces paroles, et nous fîmes descendre sur eux la vengeance du ciel, parce qu'ils étaient criminels. [57] Moïse demanda de l'eau pour désaltérer son peuple et nous lui ordonnâmes de frapper le rocher de sa baguette. Il en jaillit douze sources. Chacun connut le lieu où il devait se désaltérer. Nous dîmes aux Israélistes, Mangez et buvez de ce que vous offre la libéralité de Dieu ; ne soyez point prévaricateurs, et ne souillez point la terre de vos crimes. [58] Le peuple s'écria, O Moïse ! une seule nourriture ne nous suffit pas. Invoque le Seigneur, afin qu'il fasse produire à la terre des olives, des concombres, de l'ail, des lentilles et des ognons. Moïse répondit, Voulez-vous jouir d'un sort plus avantageux ? Retournez en Égypte, vous y trouverez ce que vous demandez. L'avilissement et la pauvreté furent leur partage. Le courroux du ciel s'appesantit sur eux, parce qu'ils ne crurent point à ses prodiges, et qu'ils tuèrent injustement les prophètes : ils furent rebelles et prévaricateurs. [59] Certainement les musulmans, les juifs, les chrétiens et les sabéens, qui croiront en Dieu et au jour dernier, et qui feront le bien, en recevront la récompense de ses mains : ils seront exempts de la crainte et des supplices. [60] Lorsque nous acceptâmes votre alliance, et que nous élevâmes au-dessus de vos têtes le mont Sinaï, nous dîmes, Recevez nos lois avec reconnaissance ; conservez-en le souvenir, afin que vous marchiez dans la crainte. [61] Bientôt vous retournâtes à l'erreur, et si la miséricorde divine n'eût veillé sur vous, votre perte était certaine. Vous connaissez ceux d'entre vous qui transgressèrent le jour du sabbat [7] ; nous les transformâmes en vils singes. [62] Ils ont servi d'exemples à leurs contemporains, à la postérité, et à ceux qui craignent. [63] Dieu, dit Moïse aux Israélites, vous commande de lui immoler une vache [8]. Prétends-tu abuser de notre crédulité ? répondirent-ils. Je retourne vers le Seigneur, ajouta Moïse, pour n'être pas au nombre des insensés. Prie le Seigneur, répliquèrent-ils, de nous déclarer quelle vache nous devons lui sacrifier. Qu'elle ne soit ni vieille ni jeune, ajouta le prophète, mais d'un âge moyen. Faites ce qui vous a été ordonné. [64] Prie le Seigneur, continua le peuple, de nous faire connaître sa couleur. Qu'elle soit, dit Moïse, d'un jaune clair, qui réjouisse la vue. [65] Prie le Seigneur de nous désigner plus particulièrement la victime qu'il demande ; nos vaches se ressemblent, et si Dieu veut, il dirigera notre choix. [66] Qu'elle n'ait point servi à labourer la terre, ni travaillé à l'arrosement des moissons ; qu'elle n'ait point souffert l'approche du mâle ; qu'elle soit sans tâche : tel est le précepte du Seigneur. Maintenant, s'écria le peuple, tu nous as dit la vérité. Ils immolèrent la vache, après avoir été sur le point de désobéir. [67] Lorsque vous mîtes un homme à mort, et que ce meurtre était l'objet de vos disputes, Dieu produisit au grand jour ce que vous cachiez. [68] Nous commandâmes de frapper le mort avec un des membres de la vache ; c'est ainsi que Dieu ressuscite les morts, et fait briller à vos yeux ses merveilles, afin que vous compreniez. [69] Après ce miracle, vos cœurs opiniâtres devinrent plus durs que les pierres ; car à la voix du Très-Haut, le rocher se fendit, et de ses flancs entr'ouverts, coulèrent des ruisseaux. Mais le Tout-Puissant ne néglige pas vos actions.

---

7. Une partie des habitans d'Aïla, ville située sur les bords de la mer Rouge, s'étant obstinés à pêcher le jour du sabbat, malgré les représentations de leurs concitoyens, furent maudits par David, et transformés en singes. Ils demeurèrent trois jours dans cet état ; ensuite un vent violent les précipita dans la mer. *Abulfeda* rapporte cette phrase accréditée parmi les musulmans.

8. Hammiel, un des plus riches d'entre les Israélites, ayant été tué, ses parens conduisirent à Moïse les prétendus meurtriers. Ils nièrent le fait. On n'avait point de témoins. La vérité était difficile à découvrir. Dieu ordonna d'immoler une vache avec les conditions requises. On toucha le cadavre avec la langue de la victime. Il revint à la vie, se leva, prononça le nom de son meurtrier, et mourut de nouveau. *Abulfeda.* Les Arabes ont puisé cette histoire dans le Pentateuque, où Dieu commande d'immoler une vache rousse, d'un âge formé, sans tache, et qui n'ait point porté le joug. On brûlait la victime, et ses cendres mêlées avec de l'eau servaient à purifier ceux qui avaient touché un cadavre. *Num.* chap. 19. *Maracci.*

[70] Prétendez-vous, ô musulmans! que les juifs aient votre croyance? Tandis qu'ils écoutaient la parole de Dieu, une partie d'entre eux en corrompait le sens, après l'avoir comprise. Et ils le savaient! [71] Avec les fidèles, ils se parent de leur religion. Retirés dans leurs assemblées, ils disent, Raconterons-nous aux musulmans ce que Dieu nous a découvert, afin qu'ils disputent avec nous devant lui? N'en voyons-nous pas les conséquences? [72] Ignorent-ils donc que le Très-Haut sait ce qu'ils cachent comme ce qu'ils manifestent? [73] Parmi eux, le vulgaire ne connaît le Pentateuque que par la tradition. Il n'a qu'une aveugle croyance. Mais malheur à ceux qui l'écrivant de leur main corruptrice, disent, pour en retirer un faible salaire, Voilà le livre de Dieu! Malheur à eux parce qu'ils l'ont écrit, et qu'ils en ont reçu le prix! [74] Ils ont dit, Nous ne serons livrés aux flammes qu'un nombre de jours déterminé. Réponds-leur, Dieu vous en a-t-il fait la promesse? Ne la révoquera-t-il jamais? ou plutôt, n'avancez-vous point ce que vous ignorez? [75] Certainement les pervers descendront, environnés de leurs crimes, dans les flammes éternelles. [76] Au contraire les croyans qui auront fait le bien habiteront éternellement le paradis. [77] Quand nous reçûmes l'alliance des enfans d'Israël, nous leur dîmes, N'adorez qu'un Dieu, soyez bienfaisans envers vos pères, vos proches, les orphelins et les pauvres; ayez de l'humanité pour tous les hommes; faites la prière; donnez l'aumône; et, excepté un petit nombre d'entre vous, vous avez refusé de suivre ces commandemens, et vous avez marché dans l'erreur. [78] Quand nous formâmes avec vous le pacte de ne point verser le sang de vos frères, et de ne point les dépouiller de leurs héritages, vous le ratifiâtes, et vous en fûtes témoins. [79] Vous avez ensuite massacré vos frères; vous les avez chassés de leurs possessions, vous avez porté dans le sein de leurs asiles la guerre et l'injustice. Lorsqu'il se présente à vous des captifs, vous les rachetez, et il vous était défendu de les traiter hostilement. Croyez-vous donc à une partie de la loi, tandis que vous rejetez l'autre? Quelle sera la récompense de cette conduite? L'ignominie dans ce monde, et au jour du jugement l'horreur des supplices, car Dieu ne voit point vos actions d'un œil d'indifférence. [80] Tels sont ceux qui ont sacrifié la vie future à la vie du monde. Mais la peine qui les attend ne sera point adoucie, et ils n'auront plus d'espoir. [81] Nous avons donné le Pantateuque à Moïse; nous l'avons fait suivre par les envoyés du Seigneur. Nous avons accordé à Jésus, fils de Marie, la puissance des miracles. Nous l'avons fortifié par l'esprit de sainteté [9]. Toutes les fois que les envoyés du Très-Haut vous apporteront une doctrine que rejettent vos cœurs corrompus, leur résisterez-vous orgueilleusement? En accuserez-vous une partie de mensonge? Massacrerez-vous les autres? [82] Ils ont dit, Nos cœurs sont incirconcis. Dieu les a maudits à cause de leur perfidie. Oh! combien le nombre des croyans est petit! [83] Après que Dieu leur a envoyé le Coran pour confirmer leurs écritures (auparavant ils imploraient le secours du ciel contre les incrédules), après qu'ils ont reçu ce livre qui leur avait été prédit, ils ont refusé d'y ajouter foi; mais le Seigneur a frappé de malédiction les infidèles. [84] Ils ont malheureusement vendu leur âme pour ne pas croire à celui que le ciel leur envoie. La bienfaisance du Seigneur, qui répand ses dons à son gré sur ses serviteurs, a excité leur envie. Ils ont accumulé ire sur ire : mais un supplice ignominieux est préparé aux impies. [85] Lorsqu'on leur demande : Croyez-vous à ce que Dieu a envoyé du ciel? Ils répondent : Nous croyons aux écritures que nous avons reçues; et ils rejettent le livre véritable venu depuis, pour mettre le sceau à leurs livres sacrés. Dis-leur : Pourquoi avez-vous tué les prophètes du Seigneur, si vous aviez la foi? [86] Moïse parut au milieu de vous environné de prodiges, et, devenus sacriléges, vous adorâtes un veau. [87] Lorsque nous eûmes formé avec vous une alliance, et que nous eûmes élevé le mont Sinaï, nous fîmes entendre ces mots : Recevez nos lois avec ferveur; écoutez-les. Le peuple répondit : Nous t'avons entendu, et nous n'obéirons pas. Les impies abreuvaient encore, dans leurs cœurs, le veau qu'ils avaient formé. Dis-leur : Si vous avez de la foi, ce qu'elle vous commande ne peut être qu'un crime. [88] Dis-leur : S'il est vrai que vous ayez dans le paradis un séjour séparé du reste des mortels, osez désirer la mort. [89] Ils ne formeront point ce vœu. Leurs crimes les épouvantent, et Dieu connaît les pervers. [90] Vous les trouverez plus attachés à la vie que le reste des hommes, plus que les idolâtres mêmes. Quelques-uns d'eux voudraient vivre mille ans; mais ce long âge ne les arracherait pas au supplice qui les attend, parce que l'Éternel voit leurs actions. [91] Dis : Qui se déclarera l'ennemi de Gabriel? C'est lui qui, par la permission de Dieu, a déposé le Coran sur ton cœur, pour confirmer les livres sacrés venus avant

---

9. Par l'esprit de sainteté, les auteurs musulmans entendent Gabriel. Nous lui avons donné Gabriel pour gardien; il le sanctifiera et l'accompagnera partout où il portera ses pas. *Gelaleddin.*

lui, pour être la règle de la foi et remplir de joie les fidèles. [92] Celui qui sera l'ennemi du Seigneur, de ses anges, de ses ministres, de Gabriel et de Michel, aura Dieu pour ennemi, parce qu'il hait les prévaricateurs. [93] Nous t'avons envoyé des signes éclatants : les pervers seuls se refuseront à leur évidence. [94] Toutes les fois qu'ils forment un pacte avec Dieu, une partie le rejette. La plupart n'ont point la foi. [95] Lorsque l'envoyé du Seigneur a paru au milieu d'eux, pour mettre le sceau à la vérité de leurs écritures, une partie a rejeté avec dédain le livre divin, comme s'ils ne l'eussent pas connu. [96] Ils ont suivi ce que l'enfer avait médité contre Salomon [10]. Salomon était juste, et le diable était infidèle. Il enseignait aux hommes la magie et la science des deux anges Harut et Marut, condamnés à demeurer à Babylone. Ceux-ci n'instruisaient personne avant de dire : Nous sommes la tentation ; prends garde d'être infidèle. Ils apprenaient quelle différence il y a entre l'homme et la femme, et ils ne pouvaient nuire sans la volonté de Dieu ; mais ils n'enseignaient que ce qui est nuisible, et non ce qui est avantageux. Les Juifs savent que ceux qui ont acheté les livres de magie n'auront point de part à la vie future : ils ont, par un malheureux commerce, vendu leurs âmes. S'ils l'eussent su ! [97] La foi et la crainte du Seigneur leur procureraient une meilleure récompense. S'ils le savaient ! [98] O croyans ! ne dites point, Considère-nous ; dites, Abaisse tes regards sur nous. Écoutez. Les infidèles sont dévoués à un supplice épouvantable. [99] Les idolâtres, les chrétiens et les juifs incrédules voudraient que Dieu ne répandit sur vous aucune de ses grâces ; mais il fait éclater sa miséricorde à son gré, et sa bienfaisance est sans bornes. [100] Si nous omettions un verset du Coran ; ou si nous en effacions le souvenir de ton cœur, nous t'en apporterions un autre meilleur, ou semblable. Ignores-tu que la puissance du Très-Haut embrasse l'univers ? [101] Ignores-tu que Dieu est le roi des cieux et de la terre, et que vous n'avez de secours à attendre que de lui ? [102] Demanderez-vous à votre apôtre ce que les juifs demandèrent à Moïse [11] ? Celui qui change la foi pour l'incrédulité, est dans l'aveuglement. [103] Beaucoup de juifs et de chrétiens, excités par l'envie, ont voulu vous ravir votre foi, et vous rendre infidèles, lorsqu'ils ont vu briller la vérité. Fuyez-les et leur pardonnez, jusqu'à ce que vous receviez l'ordre du Très-Haut, dont la puissance est infinie. [104] Faites la prière ; donnez l'aumône : le bien que vous ferez vous le trouverez auprès de Dieu, parce qu'il voit vos actions. [105] Les juifs et les chrétiens se flattent qu'eux seuls auront l'entrée du Paradis. Tels sont leurs désirs. Dis-leur : Apportez des preuves si vous êtes véridiques. [106] Bien plus, quiconque tournera sa face vers le Seigneur, et exercera la bienfaisance, aura sa récompense auprès de lui, et sera exempt de la crainte et des tourmens. [107] Les juifs assurent que la croyance des chrétiens n'est appuyée sur aucun fondement ; les chrétiens leur font la même objection : cependant les uns et les autres ont lu les livres sacrés. Les gentils, qui ignorent leurs débats, tiennent à leur égard le même langage. L'Éternel, au jour dernier, jugera leurs différens. [108] Quoi de plus coupable que de vouloir interdire l'entrée du temple du Seigneur, pour en effacer le souvenir de son nom? Quoi de plus impie que de travailler à sa ruine? Ils ne doivent y entrer qu'en tremblant. L'ignominie sera leur partage dans ce monde, et ils seront livrés dans l'autre à la rigueur des tourmens. [109] L'orient et l'occident appartiennent à Dieu. Vers quelque lieu que se tournent vos regards, vous rencontrerez sa face. Il remplit l'univers de son immensité et de sa science. [110] Dieu a un fils, disent les chrétiens. Loin de lui ce blasphème : tout ce qui est dans les cieux et sur la terre lui appartient ; tous les êtres obéissent à sa voix. [111] Il a formé les cieux et la terre. Veut-il produire quelqu'ouvrage, il dit : Sois fait, et il est fait. [112] Les ignorans disent : Si Dieu ne nous parle, ou si tu ne nous fais voir un miracle, nous ne croirons point. Ainsi parlaient leurs pères : leurs cœurs sont semblables. Nous avons assez fait éclater de prodiges pour ceux qui ont la foi. [113] Nous t'avons envoyé, avec la vérité, pour être l'organe de nos promesses et de nos menaces, et l'on ne t'interrogera point sur ceux qui

---

10. *Jahia* explique ainsi ce passage : Les démons avaient écrit des livres de magie, et les avaient enfouis sous le trône de Salomon. Après sa mort ils les en tirèrent, et voulurent persuader aux amis de ce prince que c'était par leur moyen qu'il commandait aux génies et aux vents. Leur artifice fut inutile ; mais le peuple les crut et acheta les livres de magie. *Harut* et *Marut*, choisis parmi les anges, avaient été envoyés à Babylone pour exercer la justice sur la terre. Ils jugèrent les mortels avec équité jusqu'au temps où Vénus, dans tout l'éclat de sa beauté, vint plaider devant eux, contre son mari. Les deux anges, éblouis de tant de charmes, éprouvèrent des désirs, et le témoignèrent à la déesse. Vénus s'envola. Les coupables, bannis du ciel, furent condamnés à expier leur crime à Babylone, jusqu'au jour de la résurrection. *Elhaçan.Ebn Abbas* met moins de merveilleux dans cette histoire. Il dit que ces anges étaient deux mages qui enseignaient la magie, et que Vénus, qui vint plaider devant eux était une femme d'une rare beauté. Telles sont les opinions des mahométans au sujet de *Harut* et de *Marut*.

11. Ce fut de leur faire voir Dieu manifestement. *Gelaleddin. Jahia.*

seront précipités dans l'enfer. [114] Les juifs et les chrétiens ne t'approuveront que quand tu auras embrassé leur croyance. Dis-leur que la doctrine de Dieu est la véritable. Si tu descendais à leurs désirs, après la science que tu as reçue, quel protecteur trouverais-tu auprès du Tout-Puissant ? [115] Ceux à qui nous avons donné le Coran, et qui lisent sa doctrine véritable, ont la foi ; ceux qui n'y croiront pas seront au nombre des réprouvés. [116] O enfans d'Israël ! souvenez-vous des bienfaits dont je vous ai comblés ; souvenez-vous que je vous ai élevés au-dessus de toutes les nations. [117] Craignez le jour où une âme ne satisfera point pour une autre, où il n'y aura ni compensation, ni intercession, ni secours à attendre. [118] Dieu tenta Abraham, et Abraham fut juste. Je t'établirai le chef des peuples, dit le Seigneur. Accordez encore cet avantage à mes descendans, répondit Abraham. Mon alliance, reprit le Seigneur, ne comprendra point les méchans. [119] Nous avons établi la maison sainte pour être l'asile où se réuniront les peuples. La demeure d'Abraham sera un lieu de prière. Nous avons fait un pacte avec Abraham et Ismaël. Purifiez mon temple [12] des idoles qui l'environnent, de celles qui sont renfermées dans son enceinte, et de leurs adorateurs. [120] Abraham adressa cette prière à Dieu : Seigneur, établis, dans ce pays, une foi durable ; comble de tes faveurs le peuple qui croira à ton unité, et au jour dernier. J'étendrai, répondit le Seigneur, mes dons jusques sur les infidèles ; mais ils jouiront peu. Ils seront condamnés aux flammes, et leur fin sera déplorable. [121] Lorsqu'Abraham et Ismaël jetèrent les fondemens de ce temple [13], les yeux élevés au ciel, ils s'écrièrent : ô Dieu ! intelligence suprême, daigne recevoir cette sainte demeure. [122] Fais que nous soyons de vrais musulmans [14] ; fais que notre postérité soit attachée à ton culte ; enseigne-nous nos devoirs sacrés ; daigne tourner tes regards vers nous ; tu es clément et miséricordieux. [123] Envoie un apôtre de leur nation, pour leur annoncer tes merveilles, pour leur enseigner le Coran et la sagesse, et pour les rendre purs. Tu es puissant et sage. [124] Qui rejettera la religion d'Abraham, si ce n'est l'insensé ! Nous l'avons élu, dans ce monde, et il sera dans l'autre au nombre des justes. [125] Quand Dieu lui dit : Embrasse l'islamisme [15] ; Abraham répondit : Je l'ai embrassé ce culte du souverain des mondes. [126] Abraham et Jacob recommandèrent leur croyance à leur postérité. O mes enfans ! dirent-ils, Dieu vous a choisi une religion, soyez-y dévoués jusqu'à la mort. [127] Étiez-vous témoins, lorsque la mort vint visiter Jacob ? Il dit à ses fils : Qui adorerez-vous après ma mort ? Nous adorerons, répondirent-ils, ton Dieu, le Dieu de tes pères Abraham, Ismaël et Isaac, Dieu unique ; nous serons fidèles musulmans. [128] Ils ne sont plus ; mais leurs œuvres ne passeront point. Vous retrouverez, comme eux, ce que vous aurez acquis, et on ne vous demandera point compte de ce qu'ils ont fait. [129] Les juifs et les chrétiens disent : Embrassez notre croyance, si vous voulez, être dans le chemin du salut. Répondez-leur : Nous suivons la foi d'Abraham, qui refusa de l'encens aux idoles, et n'adora qu'un Dieu. [130] Dites : Nous croyons en Dieu, au livre qui nous a été envoyé, à ce qui à été révélé à Abraham, Ismaël, Isaac, Jacob, et aux douze tribus ; nous croyons à la doctrine de Moïse, de Jésus et des prophètes ; nous ne mettons aucune différence entre eux, et nous sommes musulmans. [131] Si les chrétiens et les juifs ont la même croyance, ils sont dans la même voie ; s'ils s'en écartent, ils feront un schisme avec toi ; mais Dieu te donnera la force pour les combattre, parce qu'il entend et comprend tout. [132] Notre religion vient du ciel, et nous y sommes fidèles. Qui, plus que Dieu, a le droit de donner un culte aux hommes ? [133] Dis-leur : Disputerez-vous avec nous de Dieu ? Il est notre Seigneur et le vôtre : nous avons nos actions,

---

12. *Purifiez mon temple*, Les descendans d'Abraham et d'Ismaël perdirent l'idée d'un Dieu unique. Ils révéraient encore le temple de la Mecque comme l'ouvrage de ces deux patriarches : mais ils avaient placé à l'entour et dans son enceinte des idoles auxquelles ils rendaient des honneurs divins. Mahomet les renversa et rétablit le culte d'un seul Dieu.

13. La fondation du temple de la Mecque se perd dans la nuit des temps. Elle est environnée de fables pieuses révérées des mahométans, comme des histoires sacrées. Si l'on en croit un grand nombre d'auteurs arabes, la *Caaba*, c'est-à-dire la *Maison carrée*, apportée du ciel par les anges, fut placée à la Mecque. Ils y venaient faire leur adoration deux mille ans avant Adam, qui en fit quarante fois le pèlerinage à pied du fond de l'Inde. Lorsque Dieu envoya le déluge, il enleva la Maison sainte au quatrième ciel. Dans la suite, un ange en apporta le dessin à Abraham et à Ismaël. Ils bâtirent le temple *Haram* sur ce modèle. Pendant qu'ils travaillaient à l'élever, Gabriel leur apporta du ciel la fameuse pierre noire si vénérée des musulmans. C'était alors une hyacinthe blanche ; mais, une femme qui n'était pas pure l'ayant touchée, elle perdit son éclat et devint noire. *Zamchascar.*

14. *Musulmans* vient du mot arabe *meslemoun*, consacrés à Dieu ; c'est la vraie signification de ce mot ; c'est celle qu'on doit lui donner dans cet endroit. Dans la suite elle s'est étendue, et maintenant on appelle musulmans tous les peuples qui suivent la religion de Mahomet.

15. Il en est de même du mot *islamisme*. Il vient d'*elam* et signifie simplement consécration à Dieu. Dans la suite on a entendu par islamisme la religion mahométane, dont les principes fondamentaux sont la croyance en un seul Dieu dont Mahomet est le prophète, la prière, l'aumône, le pèlerinage de la Mecque, et le jeûne du mois de Ramadan.

vous avez les vôtres ; mais notre foi est pure. [134] Direz-vous qu'Abraham, Ismaël, Isaac, Jacob, et les tribus d'Israël, étaient juifs ou chrétiens ? Réponds : Êtes-vous plus savans que Dieu [16] ? Quoi de plus criminel que de cacher le témoignage du Seigneur ! croit-on qu'il voit avec indifférence les actions des hommes ? [135] Ces générations ont disparu. Leurs œuvres leur sont restées, comme les vôtres vous resteront. Vous ne rendrez point compte de ce qu'elles ont fait. [136] L'insensé demandera, Pourquoi Mahomet a-t-il changé le lieu vers lequel on adressait sa prière ? Réponds : L'orient et l'occident appartiennent au Seigneur ; il conduit ceux qu'il veut dans le droit chemin. [137] Nous vous avons établis, ô peuples d'élus ! pour rendre le témoignage contre le reste des nations, comme votre apôtre le rendra contre vous. [138] Nous avons changé le lieu vers lequel vous priez, afin de distinguer ceux qui suivent l'envoyé de Dieu, de ceux qui retournent à l'infidélité. Ce changement n'est pénible que pour celui que n'éclaire point la lumière divine. Le Seigneur ne laissera point votre foi sans récompense. Il est clément et miséricordieux. [139] Déjà nous te voyons lever les yeux vers le ciel. Nous voulons que le lieu où tu adresseras ta prière, te soit agréable. Tourne ton front vers le temple Haram [17]. En quelque lieu que tu sois, porte tes regards vers ce sanctuaire auguste. Les juifs et les chrétiens savent que cette manière de prier, venue du ciel, est la véritable. L'Éternel a l'œil ouvert sur leurs actions. [140] Quand tu ferais éclater à leurs yeux des miracles, ils n'adopteraient pas cet usage. Tu n'adopteras pas le leur. Parmi eux-mêmes, il est des rites différens. Si tu condescendais à leurs désirs, après la science que tu as reçue, tu serais au nombre des impies. [141] Les chrétiens et les juifs connaissent le prophète comme leurs enfans ; mais la plupart cachent la vérité qu'ils connaissent. [142] La vérité vient de Dieu. Elle ne doit point te laisser de doute. [143] Tous les peuples ont un lieu vers lequel ils adressent leurs prières. Appliquez-vous à faire ce qui est mieux partout où vous serez. Dieu vous rassemblera tous un jour. Rien ne borne sa puissance. [144] De quelque lieu que tu sortes, tourne ta face vers le temple Haram. Ce précepte est émané de la vérité du Dieu qui pèse les œuvres des hommes. [145] De quelque lieu que tu sortes, tourne ta face vers le temple Haram. En quelque lieu que tu sois, porte tes regards vers ce sanctuaire auguste, afin que les peuples n'aient point de sujet de t'accuser. Les méchans seuls l'oseront. Ne les crains point, mais crains-moi ; afin que je te comble de faveurs, et que je sois ton guide. [146] Nous vous avons envoyé un apôtre de votre nation, pour vous prêcher nos merveilles, vous purifier, vous enseigner le livre, et la sagesse ; et pour vous apprendre ce que vous ignoriez. [147] Conservez mon souvenir, je garderai le vôtre. Rendez-moi des actions de grâces. Ne soyez pas ingrats. [148] O croyans ! implorez le secours du ciel par la prière et la persévérance. Dieu est avec les patiens. [149] Ne dites pas que ceux qui sont tués, sous les étendards de la loi, sont morts. Au contraire, ils vivent ; mais vous ne les comprenez pas. [150] Nous vous éprouverons par la crainte, la faim, la diminution de vos facultés, de votre esprit, de vos biens. Heureux ceux qui supporteront ces maux avec patience ! [151] Heureux ceux qui, au sein de l'indigence, s'écrient : Nous sommes les enfans de Dieu ; nous retournerons à lui ! [152] Ceux-là recevront les bénédictions du Seigneur. Pour eux, il fera éclater sa miséricorde. Il les guidera dans le sentier du salut. [153] *Sapha* et *Merva* [18] sont des monumens de Dieu. Celui qui aura fait le pèlerinage de la Mecque, et aura visité la maison sainte, sera exempt d'offrir une victime d'expiation, pourvu qu'il fasse le tour de ces deux montagnes. Celui qui fera plus que le précepte, éprouvera la reconnaissance du Seigneur. [154] Que ceux qui cachent nos merveilles et notre doctrine, après ce que nous en avons fait connaître dans le Pentateuque, soient maudits de Dieu, des anges, et de tous les êtres créés ! [155] Je pardonnerai à ceux qui, abjurant l'erreur, manifesteront la vérité, parce que je suis clément et miséricordieux. [156] Mais les prévaricateurs qui mourront dans leur infidélité seront frappés de la malédiction de Dieu, des anges et des hommes. [157] Ils en seront éternellement couverts. Leurs tourmens ne s'adouciront jamais, et Dieu ne tournera point vers eux ses regards. [158] Votre Dieu est le Dieu unique. Il n'y en a point, d'autre. La miséricorde est son partage. [159] La création des cieux et de la terre, la succession de la nuit et du jour, le vaisseau qui fend les flots pour l'utilité des humains, la pluie qui descend des nuages, et rend la vie à la terre inféconde, les animaux qui couvrent sa

---

16. Mahomet prétend que sa mission avait été prédite dans le Pentateuque, mais que les juifs animés par l'envie cachaient les oracles du ciel.

17. Le mot *Haram* signifie défendu. Voyez la vie de Mahomet, deuxième année de l'Hégire.

18. *Safa* et *Merva*, collines à peu de distance de la Mecque, sont consacrées par la religion. Voyez vie de Mahomet, au pèlerinage de l'adieu.

surface, la vicissitude des vents, et des nuages balancés entre le ciel et la terre, sont aux yeux de ceux qui ont la science, des marques de la puissance du Très-Haut. [160] Ceux qui offrent de l'encens aux idoles, les aiment comme la divinité ; mais l'amour des croyans pour le Seigneur est plus fort et plus durable. Quel spectacle offriront les prévaricateurs, lorsqu'ils seront à la vue du supplice qui les attend ! toute puissance appartient à Dieu, et il est terrible dans ses vengeances. [161] Les sectaires qui auront brisé les liens qui les attachaient à leurs sectateurs, lorsqu'ils verront les tourmens de l'enfer, [162] Entendront leurs sectateurs s'écrier, Si nous pouvions retourner sur la terre, nous nous séparerions de ceux qui nous égaraient, comme ils se sont séparés de nous. Dieu leur montrera leurs œuvres. Ils pousseront des soupirs, et demeureront éternellement dans les flammes. [163] O hommes ! nourrissez-vous de tous les fruits de la terre salutaires et permis. Ne suivez pas les séductions de Satan ; il est votre ennemi. [164] Il vous excite au mal, vous précipite dans le crime, et vous porte à parler témérairement du Très-Haut. [165] Lorsqu'on presse les infidèles d'embrasser la doctrine que Dieu a révélée, ils répondent : Nous suivons le culte de nos pères. Doivent-ils le suivre, si leurs pères ont marché dans la nuit de l'ignorance et de l'erreur ? [166] Les incrédules sont semblables à celui qui entend les sons de la voix sans rien comprendre. Sourds, muets et aveugles, ils n'ont point d'intelligence. [167] O croyans ! nourrissez-vous de toutes les productions licites que nous vous avons données pour alimens, et rendez grâces au Seigneur, si vous êtes ses adorateurs. [168] Dieu vous interdit les animaux morts, le sang, la chair du porc, et tout animal sur lequel on aura invoqué un autre nom que le sien. Celui qui, pressé par la nécessité, et non par le désir de se satisfaire, aurait transgressé la loi, n'aura point à subir de peine expiatoire, parce que le Seigneur est indulgent et miséricordieux. [169] Ceux qui, pour un vil intérêt, cachent ce que Dieu a prédit dans les livres sacrés, n'auront pour nourriture qu'un feu dévorant. Le Seigneur ne leur parlera point au jour de la résurrection. Il ne les purifiera point ; et ils seront la proie des tourmens. [170] Ils ont acheté l'erreur pour la vérité, et les supplices au lieu du pardon. Quelles seront leurs angoisses, au milieu des flammes ! [171] Dieu a envoyé le livre qui renferme la vérité. Ceux qui s'en écartent, marchent dans l'erreur. [172] Il ne suffit pas, pour être justifié, de tourner son visage vers l'orient ou l'occident ; il faut encore croire en Dieu, au jour dernier, aux anges, au Coran, aux prophètes ; il faut, pour l'amour de Dieu, secourir ses proches, les orphelins, les pauvres, les voyageurs, les captifs et ceux qui demandent ; il faut faire la prière, garder sa promesse, supporter patiemment l'adversité et les maux de la guerre : tels sont les devoirs des vrais croyans. [173] O croyans ! la peine du talion est écrite pour le meurtre. Un homme libre sera mis à mort pour un homme libre, l'esclave pour un esclave, la femme pour une femme. Celui qui pardonnera au meurtrier de son frère, aura droit d'exiger un dédommagement raisonnable, qui lui sera payé, avec reconnaissance. [174] Cet adoucissement est une faveur de la miséricorde divine. Celui qui portera plus loin la vengeance, sera la proie des tourmens. [175] O vous qui avez un cœur ! vous trouverez dans la peine du talion, et dans la crainte qu'elle inspire, la sûreté de vos jours. [176] Il est écrit, qu'en mourant, vous laisserez vos biens, par testament, à vos enfans et à vos proches, avec l'équité que doivent avoir ceux qui craignent le Seigneur. [177] Celui qui changera la disposition du testateur, après l'avoir entendue, sera coupable d'un crime. Dieu voit et entend tout. [178] Celui qui, craignant une erreur, ou une injustice de la part du testateur, aura réglé les droits des héritiers avec justice, ne sera point coupable. Dieu est clément et miséricordieux. [179] O croyans ! il est écrit que vous serez soumis au jeûne, comme le furent vos pères, afin que vous craigniez le Seigneur. [180] Les jours du jeûne sont comptés. Celui qui sera malade, ou en voyage, jeûnera dans la suite un nombre de jours égal. Ceux qui, pouvant supporter l'abstinence, la rompront, auront pour peine expiatoire la nourriture d'un pauvre. Celui qui fera volontairement ce qui est mieux, aura une récompense proportionnée. Il sera plus méritoire de jeûner. Si vous le saviez ! [181] Le mois de Ramadan, dans lequel le Coran est descendu du ciel [19], pour être le guide, la lumière des hommes, et la règle de leurs devoirs, est le temps destiné à l'abstinence. Quiconque verra ce mois doit observer le précepte.

---

19. Le Coran était écrit sur la table gardée au septième ciel. Gabriel le recueillit en un volume, et l'apporta à Mahomet ; mais il ne le lui révéla que par parties et dans l'espace de vingt-trois ans. Les docteurs musulmans ne sont pas d'accord du moment précis où l'ange l'apporta. Ils conviennent que ce fut une des dix dernières nuits du mois de Ramadan. *Zamchascar*. Ce mois est consacré à l'abstinence. Pendant tout ce temps, les mahométans ne prennent aucune nourriture, ne boivent ni ne fument depuis le lever de l'aurore jusqu'au coucher du soleil. Ce jeune, si rigoureux pour le peuple, est observé à la rigueur. Un musulman qui le romprait publiquement courrait risque d'être lapidé. Les riches éludent le précepte. Ils passent la nuit en festins, et dorment le jour.

Celui qui sera malade, ou en voyage, jeûnera dans la suite un nombre pareil de jours. Dieu veut vous conduire avec douceur, afin que vous remplissiez le commandement et que vous célébriez ses louanges. Il prend soin de vous guider lui-même, afin que vous l'honoriez par votre reconnaissance. [182] Lorsque mes serviteurs te parleront de moi, je serai près d'eux, j'exaucerai ceux qui m'adresseront leurs vœux ; mais qu'ils écoutent ma voix, qu'ils croient en moi, afin que ma grâce les éclaire. [183] Vous pouvez, la nuit du jeûne, vous approcher de vos épouses. Elles sont votre vêtement, et vous êtes le leur. Dieu savait que vous eussiez été trangresseurs. Il a tourné ses regards sur vous, et vous a pardonné. Voyez vos femmes, et désirez les promesses que le Seigneur vous a faites. Le manger et le boire vous sont permis jusqu'à l'instant où vous pourrez, à la clarté du jour, distinguer un fil blanc d'un fil noir. Accomplissez ensuite le jeûne jusqu'à la nuit. Éloignez-vous pendant ce temps de vos femmes, et passez le jour en prière. Tel est le précepte du Seigneur. Il déclare ses lois aux mortels afin qu'ils le craignent. [184] Ne dissipez point vos richesses inutilement. Ne les offrez point aux juges, pour ravir injustement l'héritage de vos frères. Vous êtes instruits. [185] Ils t'interrogeront sur les nouvelles lunes. Dis-leur : Ce sont des temps établis pour l'utilité des hommes. Elles servent à marquer le voyage de la Mecque. La justice ne consiste pas à entrer dans vos maisons par derrière [20], mais à craindre Dieu. Entrez dans vos maisons par la porte, et craignez le Seigneur, afin que vous soyez heureux. [186] Combattez vos ennemis dans la guerre entreprise pour la religion ; mais n'attaquez pas les premiers. Dieu hait les agresseurs. [187] Tuez vos ennemis partout où vous les trouverez ; chassez-les des lieux d'où ils vous auront chassés. Le péril de changer de religion est pire que le meurtre. Ne les combattez point auprès du temple Haram, à moins qu'ils ne vous provoquent. S'ils vous attaquent baignez-vous dans leur sang. Telle est la récompense due aux infidèles. [188] S'ils quittent l'erreur, le Seigneur est indulgent et miséricordieux. [189] Combattez vos ennemis jusqu'à ce que vous n'ayez plus à craindre la tentation, et que le culte divin soit établi. Que toute inimitié cesse contre ceux qui auront abandonné les idoles. Votre haine ne doit s'allumer que contre les pervers. [190] S'ils vous attaquent pendant les mois sacrés, et dans les lieux saints, faites-leur subir la peine du talion. Violez envers eux les lois qu'ils n'observeront pas envers vous. Craignez le Seigneur : souvenez-vous qu'il est avec ceux qui le craignent. [191] Employez vos biens à soutenir la foi. N'opérez pas, de vos propres mains, votre ruine. Faites le bien. Le Seigneur aime les bienfaisans. [192] Accomplissez le pèlerinage de la Mecque [21] et la visite du temple, en l'honneur de Dieu. Si vous en êtes empêchés, offrez au moins un léger présent. Ne rasez point vos têtes, jusqu'à ce que la victime soit parvenue au lieu où l'on doit l'immoler. Celui que la maladie ou quelqu'accident obligerait à se raser, aura pour expiation le jeûne, l'aumône ou quelque offrande. Lorsqu'il n'y aura rien à craindre, celui qui entreprendra le pèlerinage de la Mecque, offrira, après avoir visité les saints lieux, ce que son état lui permettra. Celui qui ne pourra rien offrir jeûnera trois jours pendant le voyage, et sept lorsqu'il sera de retour. Ce jeûne complet sera de dix jours. Nous imposons cette pénitence à celui qui n'aura point de serviteurs au temple de la Mecque. Craignez Dieu, il est terrible dans ses vengeances. [193] Le pèlerinage se fera dans les mois prescrits. Celui qui l'entreprendra doit s'abstenir des femmes, du crime et des dissensions. Le bien que vous ferez sera connu de Dieu. Prenez des provisions pour le voyage. La meilleure est la piété. Craignez-moi, vous qui avez un cœur. [194] Il ne vous est point défendu de rechercher les biens de Dieu. Lorsque vous retournerez du mont Arafat, souvenez-vous du Seigneur près du monument Haram. Souvenez-vous de lui, parce qu'il vous a éclairés, et que si vous étiez venus avant ce temps, vous auriez été dans l'erreur. [195] Revenez de ce lieu, d'où les autres hommes reviendront, et implorez la clémence du Seigneur. Il est indulgent et miséricordieux. [196] Lorsque vos saintes cérémonies seront accomplies, que le souvenir de Dieu excite dans vos cœurs un amour encore plus grand que celui de vos proches. Il est des hommes qui disent : Seigneur, donne-nous notre portion de biens dans ce monde. Ils n'auront point de part à la vie future. [197] D'autres disent : Verse tes dons sur nous dans ce monde et dans l'autre, et nous délivre de la peine du feu. [198] Ils auront tous leurs œuvres pour héritage. Dieu est exact dans ses jugemens. [199] Souvenez-vous du Seigneur dans les jours marqués. Celui qui aura hâté ou retardé son voyage d'un jour n'aura point de peine

---

20. Lorsque les Arabes revenaient du pèlerinage de la Mecque, ils se croyaient sanctifiés ; ils regardaient comme profane la porte par où ils avaient coutume d'entrer dans leurs maisons, et en faisaient ouvrir une au côté opposé. Mahomet condamne cet usage ridicule.

21. Les Orientaux sont dans l'usage de se raser la tête ; mais lorsqu'ils entreprennent le pèlerinage de la Mecque, ils laissent croître leurs cheveux jusqu'à l'accomplissement de leur vœu.

à subir s'il craint Dieu. Ayez sa crainte toujours présente : sachez que vous retournerez à lui. 200 Il est des hommes qui, en discourant des choses mondaines, ravissent votre admiration. Ils prennent Dieu à témoin de la sincérité de leurs cœurs ; mais ils sont ardens à disputer. 201 A peine vous ont-ils quittés qu'ils se livrent à l'injustice. La ruine accompagne leurs pas. Dieu hait les hommes corrompus. 202 Qu'on leur parle de la crainte du Seigneur, ils s'abandonnent à l'orgueil et à l'impiété ; mais l'enfer suffira à leurs crimes. Ils y seront couchés sur un lit de douleur. 203 Il est des hommes qui se sont vendus eux-mêmes pour plaire à Dieu. Il regarde d'un œil propice ses serviteurs. 204 O croyans ! embrassez l'islamisme dans toute son étendue ; ne marchez pas sur les traces de Satan : il est votre ennemi déclaré. 205 Si vous tombez après avoir connu la vérité, sachez que Dieu est sage et puissant. 206 Attendent-ils que le Tout-Puissant vienne, dans l'ombre d'un nuage, accompagné de ses anges ? Alors tout sera consommé ; tout retournera à lui. 207 Demande aux enfans d'Israël combien de prodiges nous avons fait éclater à leurs yeux. Que celui qui rejette les faveurs de Dieu, sache qu'il est terrible dans ses vengeances. 208 La vie du monde est parsemée de fleurs pour les infidèles. Ils se moquent des croyans. Ceux qui ont la crainte du Seigneur seront élevés au-dessus d'eux, au jour de la résurrection. Dieu répand à son gré ses dons innombrables. 209 Les hommes n'avaient qu'une religion. Dieu envoya les prophètes, organes de ses promesses et de ses menaces. Il leur donna les écritures avec le sceau de la vérité, afin qu'ils jugeassent les différens des mortels. Ceux qui reçurent les apôtres ayant connu les prédictions du Seigneur, disputèrent. L'envie leur mit les armes à la main ; mais Dieu conduisit les croyans à la vérité, objet de leurs disputes. Il dirige qui il lui plaît dans le droit chemin. 210 Croyez-vous entrer dans le paradis sans avoir senti les maux qu'ont éprouvés vos pères ? Le malheur les visita. Ils ressentirent ses angoisses jusqu'au temps où leur apôtre et ceux qui avaient sa croyance s'écrièrent : Quand-nous viendra le secours du Seigneur ? Le secours du Seigneur n'est-il pas proche ? 211 Ils t'interrogeront sur le bien qu'ils doivent faire ; réponds-leur : Secourez vos enfans, vos proches, les orphelins, les pauvres et les voyageurs ; le bien que vous ferez sera connu du Tout-Puissant. 212 Il est écrit que vous combattrez, et vous avez la guerre en horreur. 213 Mais vous pouvez haïr ce qui vous est avantageux, et désirer ce qui vous est nuisible. Dieu sait ce qui vous convient, çt vous l'ignorez. 214 Ils te demanderont si l'on combattra dans les mois sacrés ; dis-leur : La guerre, pendant ce temps, vous est pénible ; mais écarter les croyans de la voie du salut, être infidèles à Dieu, chasser ses serviteurs du temple saint, sont des crimes horribles à ses yeux. L'idolâtrie est pire que le meurtre. Les infidèles ne cesseront de vous poursuivre les armes à la main, jusqu'à ce qu'ils vous aient enlevé votre foi, s'il est possible. Celui de vous qui abandonnera l'islamisme et qui mourra dans son apostasie, aura rendu vain le mérite de ses œuvres dans ce monde et dans l'autre. Il sera dévoué aux flammes éternelles. 215 Les croyans qui quitteront leur patrie et combattront pour la foi, auront lieu d'espérer la miséricorde divine. Dieu est indulgent et miséricordieux. 216 Ils t'interrogeront sur le vin et les jeux de hasard ; dis-leur qu'ils sont criminels et plus funestes qu'utiles. Ils t'interrogeront sur l'aumône : 217 Réponds-leur : Donnez votre superflu ; c'est ainsi que Dieu vous fait connaître ses lois, afin que vous gardiez son souvenir dans ce monde et dans l'autre. 218 Ils te demanderont ce qu'ils doivent aux orphelins. Dis-leur : Faites fructifier leurs héritages. 219 Si vous faites communauté de biens avec eux, souvenez-vous qu'ils sont vos frères, et que Dieu sait distinguer le coupable d'avec le juste. Il peut vous affliger à son gré. Il est puissant et sage. 220 N'épousez point les idolâtres jusqu'à ce qu'elles aient la foi. Une esclave fidèle vaut mieux qu'une femme libre infidèle, quand même celle-ci vous plairait davantage. Ne donnez point vos filles aux idolâtres, jusqu'à ce qu'ils aient embrassé votre croyance. Un esclave fidèle vaut mieux qu'un incrédule, quand même celui-ci serait plus aimable. 221 Les infidèles vous appellent au feu, et Dieu vous ouvre le Paradis. Il fait grâce à qui il lui plaît, et montre ses prodiges aux hommes, afin qu'ils gardent son souvenir. 222 Ils t'interrogeront sur les règles des femmes : Dis-leur : C'est une tache naturelle. Séparez-vous de vos épouses pendant ce temps, et ne vous en approchez que quand elles seront purifiées. Lorsqu'elles seront lavées de cette tache, venez à elles comme vous l'ordonne Dieu. Il aime ceux qui font pénitence et qui sont purs. 223 Vos femmes sont votre champ. Cultivez-le toutes les fois qu'il vous plaira. Prémunissez vos cœurs. Craignez le Seigneur, et songez que vous retournerez à lui. Annonce aux croyans le bonheur qui les attend. 224 Ne jurez point par le nom de Dieu, que vous serez justes, pieux, et que vous maintiendrez la paix parmi vos semblables. Il sait et entend tout. 225 Dieu ne vous punira pas pour une parole échappée dans vos juremens. Il vous punira si vos cœurs y ont consenti. Il est indulgent et miséricordieux. 226 Ceux qui jureront de n'avoir point de commerce avec leurs femmes 22 auront un délai de quatre mois. Si pendant ce temps ils reviennent à elles, le Seigneur est indulgent et miséricordieux. 227 Si le divorce est fermement résolu, Dieu sait et entend tout. 228 Les femmes répudiées laisseront écouler trois mois avant de se remarier. Elles ne pourront cacher, qu'elles sont enceintes, si elles croient en Dieu et au jour du jugement. Il est plus équitable alors que le mari les reprenne, s'il désire une sincère réconciliation. Il faut que les femmes se comportent avec la décence convenable, et que les maris aient sur elles la prééminence. 229 La répudiation n'aura lieu que deux fois. Les maris garderont leurs femmes avec humanité, ou les renverront avec justice. Ils ne peuvent rien retenir de leur dot, à moins que les deux époux ne craignissent de passer les bornes prescrites par le Seigneur. Alors le mari a droit de se racheter de la rigueur de la loi. Tels sont les préceptes divins. Ne les transgressez pas. Ceux qui les violentent sont criminels. 230 Celui qui répudiera trois fois une femme 23 ne pourra la reprendre qu'après qu'elle aura passé dans la couche d'un autre époux qui l'aura répudiée. Il leur sera permis alors de se réunir, s'ils croient pouvoir observer les Commandemens de Dieu. Il les annonce à ceux qui ont la science. 231 Lorsque vous aurez répudié une femme, et que le temps de la renvoyer sera venu, gardez-la avec humanité, ou la renvoyez avec bienfaisance. Ne la retenez point par force, de peur d'être prévaricateurs. Cette conduite serait injuste. Ne faites pas ua jeu des lois divines. Souvenez-vous des grâces dont le ciel vous a comblés. Souvenez-vous qu'il vous a envoyé le livre qui renferme la sagesse. Craignez le Seigneur. Sachez que sa science est infinie. 232 Lorsque la femme que vous aurez répudiée aura attendu le temps marqué, ne l'empêchez pas de former légitimement un second hymen. Ces préceptes regardent ceux qui croient en Dieu et au jour dernier. Ils sont justes et sages. Dieu sait, et vous ne savez pas. 233 Les mères allaiteront leurs enfans deux ans complets, s'ils veulent téter pendant ce temps. La nourriture et le vêtement de la femme regardent l'époux. Il doit l'entretenir comme il convient, suivant ses facultés. Les parens ne seront pas contraints de faire pour leurs enfans plus qu'ils ne peuvent, ni les tuteurs pour leurs pupilles. Usera permis à la mère de sevrer son nourrisson, du consentement du mari. Ils peuvent aussi appeler une nourrice, pourvu qu'il lui payent fidèlement ce qu'ils auront promis. Craignez le Seigneur. Sachez qu'il a l'œil ouvert sur vos actions. 234 Les femmes que vous laisserez en mourant, attendront quatre mois, et dix jours. Ce terme expiré, vous ne serez point responsables de ce qu'elles feront légitimement. Dieu voit vos œuvres. 235 Le désir d'épouser une femme, soit que vous le fassiez paraître, soit que vous le receliez dans vos cœurs, ne vous rendra point coupables devant Dieu. Il sait que vous ne pouvez vous empêcher de songer aux femmes ; mais ne leur promettez pas en secret, à moins que l'honnêteté de vos discours ne voile votre amour. 236 Ne serrez les liens du mariage que quand le temps prescrit sera accompli. Sachez que Dieu connaît le fond de vos cœurs. Craignez-le, et n'oubliez pas qu'il est clément et miséricordieux. 237 Vous ne serez soumis à aucune peine, en répudiant une femme avec qui vous n'aurez point eu commerce, ou à qui vous n'aurez point assigné de dot. Ce que vous donnerez à vos femmes doit répondre à vos facultés. Le riche et le pauvre les doteront différemment. La justice et la bienfaisance doivent régler leurs dons. 238 Celui qui répudiera une femme dotée, avant d'avoir eu commerce avec elle, lui laissera la moitié de la dot ; mais du consentement des deux époux, ou de celui seul du mari, la femme peut recevoir la dot entière, ce qui est plus digne de la piété. N'oubliez pas la bienfaisance entre vous. Le Très-Haut est témoin de vos actions. 239 Accomplissez exactement la prière, surtout celle du midi. Levez-vous et priez avec dévotion. 240 Si vous êtes dans la crainte, faites la prière en marchant, ou à cheval ; lorsque vous êtes en sûreté rappelez-vous les grâces du ciel. Songez qu'il vous a enseigné la doctrine que vous ignoriez. 241 Ceux qui laisseront des épouses en mourant leur assigneront un legs, comme l'entretien pendant une année, et un asile dans leur maison ! Si elles sortent d'elles-mêmes, les

---

22. Lorsqu'un mahométan a fait ferment de ne plus avoir de commerce avec sa femme, il a quatre mois de délai pendant lesquels il peut se réconcilier avec elle. S'il laisse passer le terme, il est obligé de la répudier. Elle devient libre et peut former de nouveaux nœuds.

23. La religion punit le mahométan qui a fait trois fois le serment de répudier une femme, en ne lui permettant de la reprendre qu'après qu'elle a passé dans la couche d'un autre homme. Le coupable qui se trouve dans cette fâcheuse circonstance tâche d'éluder la loi. Il cherche un ami sur la discrétion duquel il puisse compter, l'enferme avec son épouse en présence de témoins, et attend en tremblant l'événement incertain. L'épreuve est dangereuse. Si l'officieux ami dit en sortant qu'il répudie celle dont il est censé avoir été l'époux, le premier a droit de la reprendre ; mais si, oubliant l'amitié dans les bras de l'amour, il déclare qu'il la reconnaît pour sa femme, il l'emmène avec lui, et le mariage est valide.

héritiers ne seront point responsables de ce qu'elles feront avec décence. Dieu est puissant et sage. [242] Les dédommagemens accordés aux femmes répudiées doivent avoir pour règle la justice et la crainte de Dieu. [243] C'est ainsi qu'il vous explique ses préceptes divins, afin que vous les conceviez. [244] Ne vous rappelez-vous pas ceux que la crainte de la mort fit sortir de leurs maisons au nombre de plusieurs milles [24] ? Dieu leur dit, mourez : ensuite il leur rendit la vie, parce qu'il est plein de libéralité pour les hommes. Cependant la plupart ne le remercient point de ses bienfaits. [245] Combattez pour la défense de la foi, et sachez que Dieu sait et entend. [246] Celui qui fera au Seigneur le prêt glorieux de ses biens, les verra multiplier au centuple. Il étend, ou resserre ses faveurs à son gré. Vous retournerez tous à lui. [247] Rappelez-vous l'assemblée des enfans d'Israël, après la mort de Moïse, lorsqu'ils dirent à leur prophète, créez-nous un roi, afin que nous combattions pour la cause de Dieu. Serez-vous prêts à combattre, leur demanda le prophète, lorsque le temps sera venu? Et qui pourrait, répondirent-ils, nous empêcher de marcher sous l'étendard de la foi? Nous avons été chassés de nos maisons ; on nous a enlevé nos enfans. Lorsque le jour du combat fut venu, tous prirent la fuite, excepté un petit nombre ; mais le Tout-Puissant voit les pervers. [248] Le prophète leur dit : Dieu a élu Saül pour votre roi. Comment, reprirent les Israélites, aurait-il l'empire sur nous? Nous en sommes plus dignes que lui. Il n'a pas même l'avantage des richesses. Le Seigneur, reprit Samuel, l'a choisi pour vous commander. Il a éclairé son esprit, et fortifié son bras. Le Tout-Puissant donne les diadèmes à son gré, parce qu'il possède la science, et que rien ne borne son immensité. [249] La marque de sa royauté, continua Samuel, sera la venue de l'arche d'alliance [25]. Elle sera le gage de votre sûreté. Avec elle vous recevrez le dépôt qu'a laissé la famille de Moïse et d'Aaron. Les anges la porteront. Ce sera un prodige pour ceux qui ont la foi. [250] Saül étant sorti avec son armée, dit à ses soldats : Dieu va vous éprouver au bord de ce fleuve. Celui qui s'y désaltérera ne sera point des miens. Ceux qui s'en abstiendront, ou n'avaleront qu'un peu d'eau, dans le creux de leurs mains, seront de mon parti. Presque tous en burent avidement. Lorsque le roi, à la tête des croyans, eut traversé le fleuve, ceux qui s'y étaient désaltérés s'écrièrent : Nous n'avons point de force aujourd'hui contre Goliat et ses soldats. Les fidèles, qui croyaient au jour de la résurrection, répondirent : Combien de fois, par la permission de Dieu une petite troupe a-t-elle vaincu des armées nombreuses? Le bras du Très-Haut fortifie les braves. [251] Sur le point de combattre Goliat, ils adressèrent au ciel cette prière : Seigneur, accorde-nous la constance et le courage, affermis nos pas, et viens nous secourir contre un peuple infidèle. [252] Ils vainquirent leurs ennemis par la volonté de Dieu. David tua Goliat. Le Seigneur lui donna la royauté et la sagesse. Il lui enseigna ce qu'il voulut. Si le Tout-Puissant n'avait balancé les nations les unes par les autres, la corruption eût couvert la terre ; mais il est bienfaisant envers ses créatures. [253] Ces merveilles sont l'ouvrage du Très-Haut. Nous te les révélons, parce que tu es au nombre de ses apôtres. [254] Nous élevâmes les prophètes les uns au-dessus des autres. Dieu fit entendre sa voix à ceux-ci. Il favorisa ceux-là de dons particuliers. Nous accordâmes à Jésus, fils de Marie, le pouvoir des miracles : nous le fortifiâmes par l'esprit de sainteté. Si Dieu eût voulu, ceux qui sont venus après ses ministres, n'auraient point disputé. L'esprit de dissension s'est emparé d'eux lorsqu'ils ont vu la vérité. Une partie a cru, une partie a été infidèle. Dieu pouvait à son gré prévenir leurs divisions ; mais il fait ce qu'il lui plaît. [255] O croyans! donnez l'aumône, des biens que nous vous avons départis, avant le jour ou l'on ne pourra plus acquérir, où il n'y aura plus d'amitié, plus d'intercession. Les infidèles sont voués à l'iniquité. [256] Dieu est le seul Dieu, le Dieu vivant et éternel. Le sommeil n'approche point de lui. Il possède ce qui est dans les cieux et sur la terre. Qui peut intercéder auprès de lui, sans sa volonté? Il sait ce qui était avant le monde, et ce qui sera après. Les hommes ne connaissent de sa majesté suprême, que ce qu'il veut bien leur en apprendre. Son trône sublime embrasse les cieux et la terre. Il les conserve sans effort. Il est le Dieu grand, le Dieu Très-Haut. [257] Ne faites point de violence aux hommes à cause de leur foi. La voie

---

24. La peste ravageait Davardan, ville de Judée. La plupart des habitans prirent la fuite. Dieu leur dit : Mourez ; et ils moururent. Plusieurs années après il les ressuscita à la prière d'Ézéchiel ; mais ils conservèrent sur leurs visages les traces de la mort. *Gelaleddin*. Dans ce verset, Mahomet fait allusion à la vision d'Ezéchiel. Ch. 37.

25. Cette arche merveilleuse, envoyée du ciel à Adam, fut transmise aux enfans d'Israël : Les Amalécites les ayant vaincus, s'en emparèrent. Ils la portaient à la tête de leurs armées, et elle était pour eux le gage de la victoire. Elle renfermait un dépôt sacré, la chaussure et la baguette de Moïse, la tiare d'Aaron, un vase plein de la manne céleste, et les fragmens des tables de la loi. Les anges la portèrent à travers les airs, et vinrent la déposer aux pieds de Saül. *Gelaleddin*. Telles sont les fables que les écrivains orientaux racontent au sujet de l'arche d'alliance.

du salut est assez distincte du chemin de l'erreur. Celui qui abjurera le culte des idoles, pour embrasser la religion sainte, aura saisi une colonne inébranlable. Le seigneur sait et entend tout. [258] Dieu est le patron des croyans. Il les conduira des ténèbres à la lumière. [259] Le diable est le patron des incrédules. Il les conduit de la lumière dans les ténèbres, et ils seront précipités dans un feu éternel. [260] Vous souvient-il de ce roi qui disputa avec Abraham, du Dieu qui avait donné la royauté? Mon Dieu, dit Abraham, est celui qui donne la vie et la mort. C'est moi, répondit l'impie, qui donne la vie et la mort. Hé bien, ajouta Abraham, Dieu fait lever le soleil à l'orient, fais qu'il se lève à l'occident. L'infidèle resta confondu, parce que le Tout-Puissant n'éclaire point les pervers. [261] Vous souvient-il du voyageur [26] qui, passant près d'une ville ensevelie sons ses ruines, dit : Comment Dieu ressuscitera-t-il les habitans de cette ville détruite? Dieu le fit mourir, et il resta cent ans dans cet état, ensuite il le ressuscita, et lui demanda : combien de temps as-tu demeuré ici? Un jour ou quelques heures, répondit le voyageur. Vois ta nourriture et ta boisson, ajouta le seigneur, elles sont encore en leur entier. Regarde ton âne. Nous avons opéré cette merveille, afin que ton exemple instruise les humains. Vois comment nous allons rassembler et couvrir de chair les os de ton âne. A la vue du miracle, le voyageur s'écria : Je sais maintenant que la puissance de Dieu est infinie. [262] Lorsqu'Abraham s'écria : Seigneur, fais-moi voir comment tu ressuscites les morts ; ne crois-tu point encore, répondit le Seigneur? Je crois, reprit Abraham, mais affermis mon cœur dans la foi. Dieu ajouta : Prends quatre oiseaux [27] et les coupe en morceaux ; disperse leurs membres sur la cime des montagnes ; appelle-les ensuite, ils voleront à toi. Sache que le Très-Haut est puissant et sage. [263] Ceux qui emploient leurs richesses pour défendre la cause sainte sont semblables à un grain qui produit sept épis, dont chacun donne cent grains. Dieu augmente les biens de qui il lui plait. Sa science égale son immensité. [264] Ceux qui soutiennent la guerre sainte de leurs biens sans employer les reproches et les voies injustes pour se dédommager de leurs dépenses, ont leur récompense assurée «auprès de Dieu. Ils seront à l'abri de la crainte et des angoisses. [265] L'humanité, dans les paroles et les actions, est préférable à l'aumône que suit l'injustice. Dieu est riche et clément. [266] O croyans! ne rendez point vain le mérite de vos aumônes, par le murmure et l'iniquité. Celui qui fait l'aumône par ostentation, et qui ne croit pas en Dieu et au jour dernier, est semblable au rocher couvert de poussière. Une pluie abondante survient, et ne lui laisse que sa dureté. Ses actions n'auront aucun mérite aux yeux de l'Éternel ; parce qu'il ne dirige point les infidèles. [267] Ceux qui n'usent de leurs richesses que pour plaire à Dieu, et qui sont constans dans la pratique des vertus, ressemblent à un jardin placé sur une colline : une pluie favorable, et la rosée désaltèrent la terre, et font croître ses productions en abondance. Dieu voit vos actions. [268] Qui de vous voudrait avoir un jardin planté de palmiers, orné de vignes, entrecoupé de ruisseaux, et enrichi de tous les fruits de la terre, et être ensuite saisi par la vieillesse, laisser des enfans au berceau et voir ce jardin ravagé par un tourbillon de flammes? C'est ainsi que Dieu vous annonce ses mystères afin que vous pensiez à lui. [269] O croyans! faites l'aumône des biens que vous avez acquis, et des productions que nous faisons sortir de la terre ; ne choisissez pas ce que vous avez de plus mauvais pour le donner. [270] N'offrez point ce que vous ne voudriez pas recevoir, à moins que ce ne fût l'effet d'une convention ; sachez que Dieu est riche et comblé de louanges. [271] Le diable vous met devant les yeux l'image de la pauvreté. Il vous commande le crime : mais le Seigneur vous promet le pardon et l'abondance. Il est savant et infini. [272] Il donne la sagesse à qui il lui plaît. Celui qui reçoit cette faveur possède le plus grand des biens. Mais il n'y a que ceux qui ont un cœur à sentir ce bienfait. [273] L'aumône que vous ferez, le vœu que vous aurez formé, seront connus du ciel. La réprobation ne sera point le partage des bienfaisans. Il est bien de manifester ses bonnes œuvres ; il est mieux de les cacher, et de les verser dans le sein des pauvres. Elles effacent les péchés, parce que le Très-Haut est le témoin des actions. [274] Tu n'es point chargé de diriger les infidèles. Dieu éclaire ceux qu'il lui plaît. Vous

---

26. Les interprètes du Coran disent que ce voyageur est Ozaïr. Monté sur un âne, tenant en main un panier de figues et un vase rempli de vin, il passait près des ruines de Jérusalem détruite par les Chaldéens. Ayant formé ce doute injurieux à la puissance divine, il fut puni de mort. Dieu le ressuscita cent ans après, et lui montra sa nourriture et sa boisson préservées des injures du temps. Ensuite il lui fit remarquer les os de son âne qui blanchissaient la terre. A la voix du Tout-Puissant, ils se couvrirent de chair, se réunirent, et l'animal, rendu à la vie, se mit à braire. *Maracci.*

27. Les oiseaux sur lesquels Dieu opéra le miracle furent un paon, un aigle, un corbeau et un coq. Abraham dispersa leurs membres, et garda les têtes près de lui. A sa voix les membres se réunirent et vinrent retrouver leurs têtes. *Gelaleddin.* Ces fables pieuses, accréditées par l'ignorance, sont regardées par les mahométans comme des histoires dont la vérité est incontestable.

aurez le mérite du bien que vous ferez, et vous en recevrez la récompense ; mais vous ne devez le faire qu'en vue de Dieu. Il est des fidèles combattans sous les étendards de la foi, que leur pauvreté met hors d'état de pourvoir à leurs besoins. Discrets et modestes, l'ignorant les croit riches. Vous les reconnaîtrez à ce signe : ils ne demandent point avec importunité. La bienfaisance dont vous userez à leur égard sera connue de Dieu. 275 Faites l'aumône le jour, la nuit, en secret, en public. Vous en recevrez le prix des mains de l'Éternel, et vous serez à l'abri des frayeurs et des tourmens. 276 Ceux qui exercent l'usure ne sortiront de leurs tombeaux que comme des malheureux agités par le Démon, parce qu'ils ont dit qu'il n'y a point de différence entre la vente et l'usure. Dieu aurait-il permis l'une et défendu l'autre ? Celui à qui parviendra cet avertissement du Seigneur, et qui renoncera au mal, recevra le pardon du passé, et le ciel sera témoin de son action. Celui qui retournera au crime sera la proie d'un feu éternel. 277 Dieu détourne sa bénédiction de l'usure et la verse sur l'aumône. Il hait l'infidèle et l'impie. Mais les croyans qui feront le bien, qui accompliront la prière et feront l'aumône, auront leur récompense auprès de Dieu. Ils seront exempts de la crainte et des supplices. 278 O croyans ! craignez le Seigneur, et si vous êtes fidèles, réparez l'usure que vous avez exercée. 279 Si vous refusez d'obéir, attendez-vous à la guerre de la part de Dieu et de son apôtre. Si vous obéissez à sa voix, vous retrouverez vos richesses. Ne soyez point injustes, et on ne le sera point envers vous. 280 Si votre débiteur a de la peine à vous payer, donnez-lui du temps, ou si vous voulez mieux faire, remettez-lui sa dette. Si vous saviez ! 281 Craignez le jour où vous reviendrez à Dieu, où chacun recevra le prix de ses œuvres, et où l'exacte équité présidera aux jugemens. 282 O croyans ! lorsque vous vous obligerez à payer une dette au terme prescrit, qu'un scribe en fasse fidèlement l'obligation. Qu'il écrive, comme Dieu le lui a enseigné ; que le débiteur écrive et dicte ; qu'il craigne le Seigneur, et ne retranche aucun article de la dette. Si le débiteur était ignorant, malade, ou hors d'état de dicter, que son procureur le fasse pour lui, suivant les règles de la justice. Qu'on appelle pour témoins deux hommes, ou à défaut de l'un, deux femmes choisies à votre gré. Si l'une d'elles se trompait par oubli, l'autre pourrait lui rappeler la vérité. Que les témoins portent témoignage toutes les fois qu'ils en seront requis. Qu'on écrive en entier la dette grande ou petite, jusqu'au terme de sa liquidation. Cette précaution est plus juste devant Dieu, plus sûre pour les témoins, et plus propre à ôter les doutes. Si la vente se fait entre personnes présentes, et par échange, vous ne serez point obligés de l'écrire ; appelez les témoins dans vos pactes, et ne faites de violence ni au scribe ni aux témoins. Ce serait commettre un crime. Craignez le Seigneur. Il vous instruire lui-même. Ils possède la plénitude de la science. 283 Si vous êtes en voyage et que vous ne trouviez point de scribe, vous prendrez des gages. Que le débiteur en qui on aura eu de la confiance ait soin de retirer sa foi engagée. Qu'il craigne le Seigneur. Ne refusez point votre témoignage. Celui qui le refuse a le cœur corrompu ; mais Dieu connaît vos actions. 284 Dieu est le souverain des cieux et de la terre. Soit que vous manifestiez, soit que vous cachiez ce qui est dans vos cœurs, il vous en demandera compte. Il fera grâce à qui il voudra, et punira qui il voudra, parce que rien ne borne sa puissance. 285 Le prophète a cru dans ce que le Seigneur lui a envoyé. Les fidèles ont embrassé sa croyance. Tous ont cru en Dieu, en ses anges, en ses livres saints, en ses envoyés. Nous ne mettons point de différence entre eux ; ils ont dit : Seigneur, nous avons écouté ta voix, et nous t'avons obéi. Nous implorons ta clémence. Nous reviendrons tous à toi au jour de la résurrection. 286 Dieu n'exigera de chacun que suivant ses forces. Chacun aura en sa faveur ses bonnes œuvres, et contre lui le mal qu'il aura fait. Seigneur, ne nous punis pas pour des fautes commises par oubli. Pardonne-nous nos péchés. Ne nous impose pas le fardeau qu'ont porté nos pères. Ne nous charge pas au dessus de nos forces. Fais éclater pour tes serviteurs le pardon et l'indulgence : aie compassion de nous. Tu es notre patron. Aide-nous contre les nations infidèles.

CHAPITRE III.

La Famille d'Amran. donné à Médine, composé de 199 versets. Au nom de Dieu clément et miséricordieux.

1 **A. L. M.** Il n'y a de Dieu que le Dieu vivant et éternel. 2 Il t'a envoyé le livre qui renferme la vérité, pour confirmer les écritures qui l'ont précédé. Avant lui il fit descendre le Pentateuque et l'Évangile, pour servir de

guides aux hommes. Il a envoyé le Coran des cieux. ③ Ceux qui nieront la doctrine divine ne doivent s'attendre qu'à des supplices. Dieu est puissant, et la vengeance est dans ses mains. ④ Rien de ce qui est dans les cieux et sur la terre ne lui est caché. C'est lui qui vous forme comme il lui plait dans le sein de vos mères. Il n'y a point d'autre Dieu que lui. Il est puissant et sage. ⑤ C'est lui qui t'a envoyé le livre. Parmi les versets qui le composent, les uns renferment des préceptes évidens, et sont la base de l'ouvrage ; les autres sont allégoriques. Ceux qui ont du penchant à l'erreur, s'attachant à ces derniers, formeront un schisme en voulant les interpréter. Dieu seul en sa l'explication. Mais les hommes consommés dans la science diront : Nous croyons au Coran. Tout ce qu'il renferme vient de Dieu. Ce langage est celui des sages. ⑥ Seigneur, ne permets pas que nos cœurs s'écartent de la vérité, après que tu nous as éclairés. Ouvre-nous les trésors de ta miséricorde. Tu es la libéralité même. ⑦ Seigneur, tu rassembleras un jour le genre humain devant ton tribunal. Nous ne saurions douter de cette vérité ; car tu ne manques point à tes promesses. ⑧ Les infidèles ne retireront aucun avantage de leurs richesses et de leurs enfans, auprès de Dieu. Ils seront la victime des flammes. ⑨ Semblables à la famille du Pharaon, et à ceux qui les ont précédés, ils ont taxé notre doctrine de mensonge. Dieu les a surpris dans leur impiété, et il est terrible dans ses châtimens. ⑩ Dis aux incrédules : Bientôt vous serez vaincus et rassemblés dans l'enfer, séjour des tourmens. ⑪ La rencontre des deux armées ne vous a-t-elle pas offert un prodige ? L'une combattait pour la foi, et était de moitié moins nombreuse. Elle parut à l'armée infidèle égale en force. Dieu favorise de son secours ceux qu'il lui plaît. Cet événement est un avertissement pour ceux qui voient. ⑫ L'amour du plaisir éblouit les mortels. Les femmes, les enfans, les richesses, les chevaux superbes, les troupeaux, les campagnes, sont les objets de leurs ardens désirs. Telles sont les jouissances de la vie mondaine ; mais l'asile que Dieu prépare est bien plus délicieux. ⑬ Dis : Que puis-je annoncer de plus agréable à ceux qui ont la piété, que des jardins arrosés par des fleuves, une vie éternelle, des épouses purifiées et la bienveillance du Seigneur qui a l'œil ouvert sur ses serviteurs ? ⑭ Tel sera le partage de ceux qui disent : Seigneur, nous avons cru ; pardonne-nous nos fautes, et nous délivre de la peine du feu. ⑮ De ceux qui ont été patiens, véridiques, pieux, bienfaisans, et qui ont imploré la miséricorde divine dès le matin. ⑯ L'Éternel a rendu témoignage de lui-même, quand il a dit : Il n'y a de Dieu que moi. Les anges, ceux qui possèdent la science et la vérité, ont répété : Il n'y a de Dieu que le Dieu puissant et sage. ⑰ La religion de Dieu est l'islamisme [28]. Ceux qui ont reçu la loi écrite ne se sont divisés que lorsqu'ils en ont eu connaissance. L'envie leur soufflait son poison ; mais celui qui refusera de croire aux prodiges du Seigneur, éprouvera qu'il est exact dans ses jugemens. ⑱ Dis à ceux qui disputeront avec toi : J'ai livré mon cœur à Dieu ; ceux qui suivent ma croyance ont imité mon exemple. ⑲ Dis à ceux qui ont reçu les Écritures, et aux aveugles : Embrassez l'islamisme, et vous serez éclairés. S'ils sont rebelles, tu n'es chargé que de la prédication. Dieu sait distinguer ses serviteurs. ⑳ Annonce à ceux qui nient la vraie foi, qui versent injustement le sang des prophètes et de ceux dont l'emploi est de commander la vérité, qu'ils seront la proie des tourmens. ㉑ Ils ont rendu vain le mérite de leurs œuvres, dans ce monde et dans l'autre. Ils n'ont plus de secours à attendre. ㉒ N'as-tu pas fait attention aux juifs [29] ? On les cite au livre de Dieu pour juger leurs différens ; une partie s'y refuse et se précipite dans l'erreur. ㉓ Ils ont dit : Le feu de l'enfer ne nous atteindra que pendant un certain nombre de jours. Ils seront la victime du mensonge qu'ils ont inventé. ㉔ Quel sera leur sort, lorsque nous les rassemblerons au jour du jugement ? Chacun, dans ce jour dont on ne peut douter, recevra le prix de ses œuvres. Personne ne sera trompé. ㉕ Dis : O Dieu ! roi suprême ; tu donneras et ôteras à ton gré les diadèmes. Tu élèveras et abaisseras les humains à ta volonté. Le bien est dans tes mains. Tu es le Tout-Puissant. ㉖ Tu changes la nuit en jour, et le jour en nuit. Tu fais sortir la vie du sein de la mort, et la mort du sein de la vie. Tu verses tes trésors infinis sur ceux qu'il te plaît. ㉗ Ne prenez point pour protecteurs les infidèles, à moins que vous n'y soyez forcé par la crainte. La colère de Dieu doit vous faire trembler. C'est à lui que vous retournerez. Dis-leur : Soit que vous cachiez ce qui est dans vos cœurs, soit que vous le produisiez au grand jour, Dieu le saura. Il connaît ce qui est dans les cieux et sur la terre, parce

---

28. Suivant les mahométans, la religion que tous les apôtres ont reçue du ciel est l'islamisme. Elle est fondée sur l'unité de Dieu. *Gelaleddin.*

29. Ce verset fut révélé à l'occasion de deux juifs adultères qui se soumirent au jugement de Mahomet. Il prononça qu'ils devaient être lapidés. Les coupables rejetaient sa sentence. On apporta le Pentateuque, et l'on y trouva écrite la peine portée contre eux. Les juifs furent lapidés, et leur supplice indigna toutes leurs tribus.

que rien ne limite sa puissance. [28] Un jour l'homme aura sous les yeux le spectacle de ses œuvres bonnes et mauvaises, et désirera qu'un intervalle immense le sépare du mal qu'il aura fait. Le Seigneur vous exhorte à redouter sa colère. Il regarde d'un œil propice ses serviteurs. [29] Dis-leur : Si vous aimez Dieu, suivez-moi. Il vous aimera ; il vous pardonnera vos péchés ; il est indulgent et miséricordieux. Obéissez à Dieu et à son apôtre ; ne vous écartez pas de lui ; il hait les rebelles. [30] Dieu a choisi entre tous les hommes Adam et Noé, la famille d'Abraham et celle d'Amran. Ces familles sont sorties les unes des autres. Dieu sait et entend. [31] L'épouse d'Amran adressa au ciel cette prière : Seigneur, je t'ai voué le fruit de mon sein ; reçois-le avec bonté, ô toi qui sais et entends tout ! Lorsqu'elle eut enfanté, elle ajouta : Seigneur, j'ai mis au monde une fille (Dieu savait ce qu'elle avait mis au jour. Des caractères marqués distinguent les deux sexes.) Je l'ai nommée Marie ; je la mets sous ta protection, elle et sa postérité, afin que tu les préserves des ruses de Satan. [32] Le Seigneur reçut son offrande favorablement. Il fit produire à Marie un fruit précieux. Zacarie la prit sous sa garde. Toutes les fois qu'il l'allait visiter, dans son appartement retiré, il voyait de la nourriture auprès d'elle. D'où vous vient, lui demanda-t-il, cette nourriture ? C'est un bienfait du ciel, répondit Marie. Il nourrit abondamment ceux qu'il veut. [33] Zacarie se mit en prière et s'écria : Seigneur, ouvre-moi les trésors de ta libéralité ; donne-moi un enfant béni, ô toi qui exauces nos vœux! L'Ange l'appela tandis qu'il priait dans le sanctuaire. [34] Le Très-Haut, lui dit l'Ange, t'annonce la naissance de Jean ; il confirmera la vérité du verbe de Dieu ; il sera grand, chaste, et élevé entre les prophètes. [35] D'où me viendra cet enfant, répondit Zacarie? La vieillesse m'a atteint, et ma femme est stérile. L'Ange lui répliqua : Le Seigneur fait ce qu'il lui plaît. [36] Fais éclater un signe, reprit Zacarie, qui soit le gage de ta promesse. Tu seras muet pendant trois jours, lui dit l'Ange. Tel sera ton signe. Souviens-toi du Seigneur, et célèbre ses louanges le soir et le matin. [37] L'Ange dit à Marie : Dieu t'a choisie ; il t'a purifiée ; tu es élue entre toutes les femmes. [38] Sois dévouée au Seigneur ; adore-le ; courbe-toi devant lui avec ses serviteurs. [39] Nous te révélons ces mystères. Tu n'étais point avec eux lorsqu'ils jetaient le bâton sacré. Qui d'eux eût pris soin de Marie ? Tu ne fus point témoin de leurs disputes. [40] L'Ange dit à Marie : Dieu t'annonce son verbe. Il se nommera Jésus, le Messie, fils de Marie, grand dans ce monde et dans l'autre, et le confident du Très-Haut. [41] Il fera entendre sa parole aux hommes depuis le berceau jusqu'à la vieillesse, et sera au nombre des justes. [42] Seigneur, répondit Marie, comment aurais-je un fils ? Aucun homme ne s'est approché de moi. Il en sera ainsi, reprit l'Ange. Dieu forme des créatures à son gré. Veut-il qu'une chose existe, il dit : Sois faite, et elle est faite. [43] Il lui enseignera l'écriture et la sagesse, le Pentateuque et l'Évangile. Jésus sera son envoyé auprès des enfans d'Israël. Il leur dira : Les prodiges divins vous attesteront ma mission : je formerai de boue la figure d'un oiseau ; je soufflerai dessus ; elle s'animera à l'instant, par la volonté de Dieu : je guérirai les aveugles de naissance, et les lépreux, je ferai revivre les morts, par la permission de Dieu : je vous dirai ce que vous aurez mangé, et ce que vous aurez caché dans vos maisons. Tous ces faits seront des signes pour vous si vous êtes croyans. [44] Je viens vous confirmer le Pentateuque que vous avez reçu avant moi, et vous rendre permise cette partie de la loi qui vous avait été défendue. Dieu m'a donné la puissance des miracles. Craignez-le et obéissez-moi. Il est mon Seigneur et le vôtre. Servez-le, c'est le chemin du salut. [45] Jésus ayant connu la perfidie des juifs s'écria : Qui m'aidera à étendre la religion divine ? Nous serons les ministres du Seigneur, répondirent les apôtres ; nous croyons en lui, et vous rendrez témoignage de notre foi. [46] Seigneur, nous croyons au livre que tu as envoyé ; nous suivons ton apôtre ; écris-nous avec ceux qui te rendent témoignage. [47] Les juifs furent perfides envers Jésus. Dieu trompa leur perfidie. Il est plus puissant que les fourbes. [48] Dieu dit à Jésus : Je t'enverrai la mort, je t'élèverai à moi. Tu seras séparé des infidèles. Ceux qui t'ont suivi seront élevés au-dessus d'eux, jusqu'au jour du jugement. Vous reparaîtrez tous devant mon tribunal, et je jugerai vos différens. [49] Je punirai rigoureusement les infidèles dans ce monde et dans l'autre. Ils n'auront plus de secours à attendre. [50] Les croyans qui auront fait le bien, en recevront la récompense des mains de l'éternel qui hait les méchans. [51] Nous te révélons ces vérités tirées des signes et du souvenir du sage. [52] Jésus est aux yeux du Très-Haut un homme comme Adam. Adam fut créé de poussière. Dieu lui dit : Sois, et il fut. [53] Ces paroles sont la vérité venues du ciel. Garde-toi d'en douter. [54] Dis à ceux qui la combattront, après la science que tu as reçue : Venez, appelons nos enfans et nos femmes ; mettons-nous en prière ; et invoquons la malédiction de Dieu sur les menteurs. [55] Je vous ai fait un récit véritable. Il n'y a qu'un Dieu. Il est puissant et sage. [56] S'ils sont rebelles, le Très-Haut connaît les pervers. [57] Dis aux juifs et aux chrétiens : Terminons nos différens, n'adorons qu'un Dieu, ne lui donnons point d'égal : qu'aucun de vous n'ait d'autre Seigneur que lui. S'ils refusent d'obéir, dis-leur : Vous rendrez témoignage que nous sommes croyans. [58] Vous qui savez l'écriture, pourquoi faites-vous d'Abraham le sujet de vos disputes ? Le Pentateuque et l'Évangile ne sont venus qu'après lui. L'ignoreriez vous donc ? [59] Après que des matières dont vous êtes instruits, ont été l'objet de vos débats, pourquoi disputez-vous sur celles dont vous n'avez aucune connaissance ? Dieu sait, et vous ne savez pas. [60] Abraham n'était ni juif ni chrétien. Il était orthodoxe, musulman, et adorateur d'un seul Dieu. [61] Ceux qui professent la religion d'Abraham, suivent de plus près ses traces. Tel est le prophète et ses disciples. Dieu est le chef des croyans. [62] Une partie de ceux qui savent les écritures ont voulu vous séduire ; mais ils se sont abusés eux-mêmes, et ils ne le sentent pas. [63] O vous qui avez reçu le livre de la loi, pourquoi ne croyez-vous pas aux prodiges du Seigneur, puisque vous en avez été témoins ? [64] O vous qui avez reçu le livre de la loi, pourquoi couvrez-vous la vérité du mensonge ? Pourquoi la cachez-vous quand vous la connaissez ? [65] Une partie de ceux qui ont reçu les écritures ont dit : Ayez le matin la croyance des fidèles, et rejetez-la le soir, afin de les attirer à l'incrédulité. [66] N'ayez de croyance que celle de ceux qui ont votre religion. Dis-leur : La vraie lumière vient du ciel ; chacun en a reçu sa portion comme vous. Disputeront-ils avec vous devant l'Éternel ? Dis-leur : Les trésors sont dans ses mains ; il les distribue à son gré ; sa science égale son immensité. [67] Il fera miséricorde à ceux qu'il voudra. Sa libéralité est infinie. [68] Il est des juifs à qui tu peux confier un trésor. Il te sera fidèlement rendu. Il en est d'autres des mains desquels tu n'arracherais qu'avec peine un denier que tu leur aurais prêté. [69] La loi ne nous ordonne pas, disent-ils, d'être justes avec les infidèles. Ils mentent à la face du ciel et ils le savent ! [70] Que celui qui garde son pacte, qui a la piété, sache que Dieu aime ceux qui le craignent. [71] Ceux qui font commerce de l'alliance du seigneur et de leurs sermens, perdent, pour un vil intérêt, la portion qui leur était destinée dans l'autre vie. Dieu ne leur parlera point au jour de la résurrection. Il n'abaissera point sur eux ses regards. Il ne les purifiera point, et ils seront la proie des supplices. [72] Quelques-uns d'entr'eux corrompent le sens des écritures, et veulent vous faire croire que c'est le véritable. Ils vous disent que c'est la parole de Dieu, et ce n'est point la parole de Dieu. Ils prêtent un mensonge au Très-Haut, et ils le savent ! [73] Il ne faut pas que celui à qui Dieu a donné le livre, la sagesse et le don de prophétie, dise aux hommes : Soyez mes serviteurs, mais soyez les serviteurs de Dieu, puisque vous étudiez la doctrine du livre, et que vous vous efforcez de la comprendre. [74] Dieu ne vous commande pas d'adorer les anges et les prophètes. Vous ordonnerait-il l'impiété à vous qui avez la foi ? [75] Lorsque le Tout-Puissant reçut le pacte des prophètes [30], il leur dit : Voici ce que je vous ai apporté du livre, et de la sagesse. (L'Apôtre du ciel est venu vous confirmer cette vérité. Croyez en lui. Aidez-le de tout votre pouvoir.) Dieu ajouta : Êtes-vous résolus de garder votre engagement ? Recevez-vous mon alliance à ce prix ? Nous le garderons inviolablement, répondirent les prophètes. Soyez donc témoins, reprit le Seigneur, je rendrai témoignage avec vous. [76] Quiconque, après cet engagement, retournera à l'infidélité, sera au nombre des pervers. [77] Demanderont-ils une autre religion que celle de Dieu ? Tout ce qui est dans les cieux et sur la terre lui rend un hommage volontaire ou forcé. Vous reparaîtrez tous devant lui. [78] Dis : Nous croyons en Dieu, à ce qu'il nous a envoyé, à ce qu'il a révélé à Abraham, Ismaël, Isaac, Jacob et aux douze tribus : nous croyons aux livres saints que Moïse, Jésus et les prophètes ont reçus du ciel ; nous ne mettons aucune différence entr'eux ; nous sommes musulmans. [79] Celui qui professera un autre culte que l'islamisme, n'en retirera aucun fruit, et sera au nombre des réprouvés. [80] Comment Dieu éclairerait-il ceux qui, après avoir cru, et rendu témoignage à la vérité du prophète, après avoir été témoins des oracles divins, retournent à l'infidélité ? Dieu ne conduit point les pervers. [81] Leur récompense sera la malédiction de Dieu, des anges, et des hommes. [82] Ils en seront éternellement couverts. Leur supplice ne s'adoucira point, et Dieu ne les regardera jamais. [83] Ceux que le repentir ramènera dans la bonne voie éprouveront l'indulgence du Seigneur. [84] Les apostats qui ajouteront sans cesse à leur iniquité, n'ont plus de pardon à espérer. La réprobation est leur partage. [85] Autant d'or que la

---

30. Lorsque Dieu donna les tables de la loi à Moïse sur le mont Sinaï, il fit paraître devant lui les âmes de tous les prophètes, et forma avec elles une alliance. Elles s'engagèrent à n'adorer jamais qu'un Dieu, et il leur promit à ce prix son assistance. C'est le sentiment des docteurs musulmans et des talmudistes. *Marracci.*

terre en peut contenir ne rachèterait pas des supplices celui qui mourra dans son infidélité. Il n'est plus pour lui d'espérance. [86] Vous ne serez justifiés que quand vous aurez fait l'aumône de ce que vous avez de plus cher. Tout ce que vous donnerez sera connu de Dieu. [87] Toute nourriture fut permise aux enfans d'Israël, excepté celle que Jacob [31] s'interdit à lui-même avant la venue du Pentateuque. Dis : Apportez le Pentateuque, et lisez si vous êtes véridiques. [88] L'impie qui nierait ces vérités mentirait à la face du ciel. [89] Dis : Dieu est la vérité suprême. Suivez donc le culte d'Abraham qui adora son unité, et ne fut point souillé par l'idolâtrie. [90] Le premier temple consacré à Dieu est celui de la Mecque ; temple béni, séjour où brille la vraie lumière. [91] Ce lieu saint est fécond en merveilles. C'est là qu'Abraham s'arrêta [32]. Il est devenu l'asile inviolable des peuples. Tous les hommes qui peuvent en faire le pèlerinage doivent y venir rendre hommage à l'Éternel. [92] Que l'incrédule apprenne que le Tout-Puissant n'a pas besoin de l'encens des humains. [93] Dis à ceux qui ont reçu les écritures : Ne rejetez pas les merveilles du Seigneur ; il est le témoin de vos actions. [94] Pourquoi rejetez-vous de la voie du salut le croyant ? Vous voudriez la détourner, et vous la connaissez ; mais Dieu ne voit point vos actions d'un œil d'indifférence [95] Vous, croyans, si vous suivez la doctrine des juifs, ils vous arracheront votre foi, et vous rendront infidèles. [96] Eh quoi ! pourriez-vous devenir apostats, tandis qu'on vous révèle les oracles du ciel, tandis que vous avez au milieu de vous son apôtre ? Celui qui s'attache fortement au Seigneur, marche dans le droit chemin. [97] O croyans ! ayez de Dieu une juste crainte, et vous mourrez fidèles. [98] Embrassez la religion divine dans toute son étendue. Ne formez point de schisme. Souvenez-vous des faveurs dont le ciel vous a comblés. Vous étiez ennemis, il a mis la concorde dans vos cœurs. Vous êtes devenus frères, rendez-en grâce à sa bonté. [99] Vous étiez sur le bord de l'abîme de feu, il vous en a arrachés. C'est ainsi qu'il fait éclater sa miséricorde pour vous, afin que vous marchiez dans la voie du salut. [100] Afin qu'unis par des liens sacrés, vous appeliez les hommes à l'islamisme, vous commandiez la justice, vous proscriviez le crime, et vous jouissiez de la félicité. [101] Vous ne ressemblerez point à ceux qui, après avoir vu la vraie lumière, ont formé des schismes et des dissensions ; les tourmens seront leur partage. [102] Un jour tous les visages des hommes deviendront noirs ou resplendissans. Ceux dont le front sera couvert de ténèbres auront apostasié. Dieu leur dira : Soyez la proie des flammes, puisque vous avez abandonné la foi. [103] Ceux au contraire dont le front sera devenu radieux éprouveront la miséricorde divine et en jouiront éternellement. [104] Tels sont les oracles du ciel. Nous te les récitons avec vérité. Dieu ne veut point perdre ses créatures. [105] Il possède ce qui est dans les cieux et sur la terre. Il est le centre où tout se réunira. [106] Vous êtes le peuple le plus excellent de l'univers. Vous commandez l'équité, vous défendez le crime, vous croyez en Dieu. Si les juifs et les chrétiens embrassaient votre foi, ils auraient un sort plus heureux. Quelques-uns d'entre eux croient ; mais la plupart sont pervertis. [107] Les juifs ne sauraient vous causer que de faibles dommages. S'ils combattent contre vous, ils tourneront le dos, et n'auront point de secours à attendre. [108] L'opprobre entassé sur leurs têtes les suivra partout. L'alliance de Dieu et des hommes pourra seule assurer leurs jours. Dieu a imprimé sur leur front le sceau de sa colère. La pauvreté s'est appesantie sur eux, parce qu'ils ont refusé de croire aux prodiges divins ; qu'ils ont injustement mis à mort les prophètes ; et qu'ils sont rebelles et prévaricateurs. [109] Tous ceux qui ont reçu les écritures ne se ressemblent pas. Il en est dont le cœur est droit. Ils méditent les préceptes de Dieu pendant la nuit, et sont ses adorateurs. [110] Ils croient en Dieu et au jour dernier ; ils commandent le bien et défendent le mal. Ils se livrent avec ardeur aux œuvres de piété, et pratiquent la justice. [111] Le bien qu'ils font ne leur sera point ôté. Dieu connaît ceux qui le craignent. [112] Les infidèles ne tireront aucun avantage de leurs richesses et de leurs enfans auprès de Dieu. Ils seront les victimes d'un feu qui ne s'éteindra point. [113] Leurs aumônes sont semblables à

---

31. Jacob étant tombé malade s'interdit la chair du chameau.

32. La pierre sur laquelle se reposa Abraham lorsqu'il bâtit le temple, l'empreinte de ses pieds que le temps n'a pu effacer, l'asile inviolable qu'il offre à tous ceux qui pénètrent dans son enceinte, telles sont les merveilles que décrit *Gelaleddin*. Je ne puis m'empêcher de rapporter ici un fait qui prouve combien la prévention agit puissamment sur les esprits. On conserve dans une mosquée du vieux Caire une pierre où l'on dit qu'est gravée l'empreinte du pied de Mahomet. Cette relique précieuse est confiée à la garde d'un prêtre qui la montre à ceux qui peuvent lui faire un léger présent. Elle fait sa richesse. Pour l'accréditer il a soin de publier les miracles qui s'y opèrent. Des femmes de négocians français voulurent voir ce monument merveilleux. Elles y parvinrent à la faveur d'un habillement semblable à celui des Turques, et sous lequel il est difficile d'être reconnu. Le prêtre leur découvre la relique et y répand des parfums. Il les invite à repaître leurs yeux de l'empreinte sacrée. Elles regardent, elles considèrent avec attention ; mais elles n'aperçoivent aucune forme de pied. Cependant le gardien leur disait : Voyez ces traits, voyez ces doigts, ah ! c'est bien là le pied de Mahomet. Des femmes turques répétaient avec admiration : Ah ! c'est bien là le pied de Mahomet. La vérité est que cette pierre n'offre rien de semblable.

un vent glacial qui souffle sur les campagnes des pervers, et dévore leurs productions. Dieu ne les a point traités injustement. Ils ont été injustes envers eux-mêmes. [114] O croyants! ne formez de liaisons intimes qu'entre vous. Les incrédules s'efforceraient de vous corrompre. Ils veulent votre perte. Leurs discours ont assez manifesté leur haine. Ce qui couve dans leur sein est pire encore. Nous vous en avons donné des preuves évidentes, si vous savez comprendre. [115] Vous les aimez, et ils vous haïssent. Vous croyez dans le livre entier; ils feignent lorsqu'ils vous rencontrent, d'avoir la même croyance : à peine vous ont-ils quittés, qu'enflammés de colère, ils se mordent les doigts. Dis-leur : Vous mourrez dans votre haine, et l'Eternel connaît le fond des cœurs. [116] Le bien qui vous arrive les afflige. Ils se réjouissent de vos malheurs; mais si vous avez de la patience et de la piété, leur méchanceté ne vous nuira point, parce que le Tout-Puissant connaît leurs œuvres. [117] Quand, dès le matin, tu t'arrachas du sein de ta famille, à dessein de préparer aux fidèles un camp [33] pour combattre, Dieu suivait d'un œil attentif tes démarches. [118] Quand deux cohortes allaient prendre la fuite, il ranima leur courage. Que les fidèles mettent donc en lui leur confiance. [119] A la journée de Beder, où vous étiez inférieurs en nombre, le Tout-Puissant se hâta de vous secourir [34]. Craignez-le donc, et soyez reconnaissans. [120] Tu disais aux fidèles : Ne suffit-il pas que Dieu vous envoie du ciel trois mille anges? [121] Ce nombre suffit sans doute; mais si vous avez la persévérance à la piété, et que les ennemis viennent tout à coup fondre sur vous, il fera voler à votre aide cinq mille anges. [122] Il vous envoya ces milices célestes pour porter dans vos cœurs la joie et la confiance. Toute aide vient de Dieu. Il est puissant et sage. Il peut à son gré renverser les infidèles, les mettre en fuite ou les exterminer. [123] Soit que le Seigneur leur pardonne, soit qu'il les punisse, leur sort ne te regarde pas. Ils sont livrés à l'infidélité. [124] Dieu est le souverain des cieux et de la terre. Il fait grâce ou justice à son gré; mais il est indulgent et miséricordieux. [125] O croyants! ne multipliez point vos richesses par l'usure. Craignez le Seigneur, et vous serez heureux! [126] Craignez le feu préparé aux infidèles. Obéissez à Dieu et au prophète, afin d'obtenir miséricorde. [127] Efforcez-vous de méditer l'indulgence du Seigneur, et la possession du paradis, dont l'étendue égale les cieux et la terre, séjour préparé aux justes. [128] A ceux qui font l'aumône dans la prospérité et dans l'adversité, et qui, maîtres des mouvemens de leur colère, savent pardonner à leurs semblables. Dieu aime la bienfaisance. [129] Ceux qui, après avoir marché dans le sentier du vice et de l'erreur, se rappellent le souvenir du Seigneur, implorent le pardon de leurs crimes (quel autre que Dieu a le droit de pardonner?), et abandonnent l'iniquité après l'avoir connue, [130] Éprouveront la clémence du Seigneur, et habiteront éternellement des jardins arrosés par des fleuves. Telle sera la récompense de ceux qui travaillent. [131] Avant vous, Dieu avait donné des préceptes. Parcourez la terre, et voyez quelle a été la fin de ceux qui nous accusent de mensonge. [132] Ce livre est la lumière du monde, la règle de la foi, et l'exhortation de ceux qui sont pieux. [133] Ne perdez point courage, ne vous affligez point, vous serez victorieux si vous êtes fidèles. [134] Si le fer meurtrier vous atteint, combien de vos ennemis auront un pareil sort? Nous varions les succès parmi les mortels, afin que Dieu connaisse les croyans, qu'il choisisse parmi vous ses martyrs (il hait les méchans), [135] Et afin d'éprouver les croyans et de perdre les incrédules. [136] Croyez-vous entrer dans le paradis avant que Dieu sache ceux d'entre vous qui ont combattu et qui ont persévéré? [137] Vous désiriez la mort avant qu'elle se présentât, et lorsque vous l'avez vue, vous avez balancé. [138] Mahomet n'est que l'envoyé de Dieu. D'autres apôtres l'ont précédé. S'il mourait ou s'il était tué, abandonneriez-vous sa doctrine? Votre apostasie ne saurait nuire à Dieu; et il récompense ceux qui lui rendent grâce. [139] L'homme ne meurt que par la volonté de Dieu. Le terme de ses jours est écrit. Celui qui demandera sa récompense dans ce monde la recevra. Celui qui désirera les biens de la vie éternelle les obtiendra. Nous récompenserons ceux qui sont reconnaissans. [140] Combien de prophètes ont combattu contre des armées nombreuses, sans se décourager des disgrâces qu'ils avaient éprouvées en soutenant la cause du ciel? Le malheur ne les a point abattus. Ils ne se sont point avilis par la lâcheté. Dieu aime ceux qui ont de la constance. [141] Ils se bornaient à dire : Seigneur, pardonne-nous nos fautes, et la transgression de nos devoirs; affermis nos pas, et nous aide contre les nations infidèles. Dieu les combla de biens dans cette vie, et leur donna la félicité dans l'autre. Il aime les bienfaisans. [142] O croyants! si

---

33. C'est le camp qu'il prépara sur le penchant du mont *Ahed*, à six milles de Médine. Voyez la vie de Mahomet, troisième année de l'hégire.

34. Voyez la vie de Mahomet, seconde année de l'hégire.

vous suivez les infidèles, ils vous feront retourner sur vos pas, et vous périrez. [143] Dieu est votre protecteur. Qui mieux que lui peut vous secourir ? [144] Nous jetterons l'épouvante dans le cœur des idolâtres, parce qu'ils ont associé au Très-Haut des divinités impuissantes. Le feu sera leur habitation, séjour déplorable des pervers. [145] Dieu réalisa ses promesses quand vous poursuiviez les ennemis défaits ; mais, écoutant les conseils de la lâcheté, vous disputâtes sur les ordres du prophète. Vous les violâtes après qu'il vous eut fait voir ce qui était l'objet de vos vœux[35]. [146] Une partie d'entre vous soupirait après la vie du monde, les autres désiraient la vie future. Dieu s'est servi du bras de vos ennemis pour vous mettre en fuite et vous éprouver. Il vous a pardonné, parce qu'il est plein de bonté pour les fidèles. [147] Tandis que vous preniez la fuite en désordre, vous n'écoutiez plus la voix du prophète qui vous rappelait au combat. Le ciel vous punit de votre désobéissance. Que la perte du butin et votre disgrâce ne vous rendent pas inconsolables, toutes vos actions sont connues de Dieu. [148] Après ce funeste événement, Dieu fit descendre la sécurité et le sommeil sur une partie d'entre vous. Les autres, inquiets, osaient dans leurs folles pensées, prêter un mensonge à Dieu. Sont-ce là, disaient-ils, les promesses du prophète ? Réponds-leur : Le Très-Haut est l'auteur de ce désastre. Ils cachaient dans leur âme ce qu'ils ne te manifestaient pas. Si les promesses qu'on nous a faites, répétaient-ils, avaient quelque fondement, une partie d'entre nous n'aurait pas succombé ici. Réponds-leur : Quand vous auriez été au sein de vos maisons, ceux pour qui le combat était écrit, seraient venus tomber au lieu où ils sont morts, afin que le Seigneur connût et éprouvât le fond de vos cœurs. A lui en appartient la connaissance. [149] Ceux qui se retirèrent le jour de la rencontre des deux armées[36], furent séduits par Satan, en punition de quelque faute qu'ils avaient commise. Dieu leur a pardonné, parce que sa miséricorde est sans bornes. [150] O croyans ! ne ressemblez pas à ceux qui, devenus infidèles, disent : Nos frères ont péri en marchant à la guerre ou en combattant. S'ils fussent restés parmi nous, ils ne seraient pas morts. Ces paroles impies leur coûteront des soupirs. Dieu donne la vie et la mort. Il voit vos actions. [151] Si vous mourez ou si vous êtes tués en défendant la foi, songez que la miséricorde divine vaut mieux que les richesses que vous auriez amassées. [152] Que vous mourriez ou que vous soyez tués, Dieu vous rassemblera devant son tribunal. [153] Tu leur as fait un portrait flatteur de la clémence divine. Si, plus rigide, tu ne leur eusses montré que de la dureté, ils se seraient séparés de toi. Aie de l'indulgence pour eux, demande leur pardon, conseille-les dans leurs entreprises ; et lorsque tu délibéreras sur quelque affaire, mets ta confiance dans le Seigneur. Il aime ceux qui ont mis en lui leur confiance. [154] Si Dieu vient à votre secours, qui pourra vous vaincre ? S'il vous abandonne, qui appellerez-vous à votre aide ? Que les fidèles mettent donc leur confiance dans le Seigneur ! [155] Le prophète ne saurait vous tromper. Le fourbe paraîtra avec sa tromperie au jour de la résurrection. Dans ce jour, chacun recevra le prix de ses œuvres, et l'exacte justice présidera aux jugemens. [156] Pensez-vous que celui qui aura fait la volonté de Dieu, sera traité comme le coupable qui aura mérité sa colère, et qu'il sera livré aux tourmens de l'enfer, séjour du désespoir ? [157] Le Tout-Puissant les traitera différemment. Il pèse les actions des mortels. [158] Dieu a déjà fait éclater sa bienfaisance pour les fidèles. Il leur a envoyé un apôtre d'entre eux pour leur annoncer ses merveilles, les purifier et leur enseigner le livre et la sagesse. S'ils étaient venus plus tôt, ils auraient vécu dans l'erreur. [159] Lorsque le malheur s'est fait sentir (et vous en aviez éprouvé de semblables), vous avez dit : D'où nous vient cette disgrâce ? Réponds-leur : De vous-mêmes. La puissance de Dieu est infinie. [160] Dieu permit ce qui vous arriva le jour du combat, afin de distinguer les vrais fidèles des hypocrites. Lorsqu'on dit aux croyans : Venez combattre sous l'étendard de la foi, venez repousser l'ennemi ; ils répondirent : Si nous savions combattre, nous vous suivrions. Dans cet instant ils étaient plus près de l'infidélité que de la foi. [161] Leur cœur démentait ce que proférait leur bouche ; mais Dieu sait ce qu'ils cachaient. [162] Réponds à ceux qui, restés au sein de leurs foyers, s'écrièrent : Si nos frères nous avaient crû ils ne seraient pas morts ; mettez-vous à l'abri de la mort si vous êtes véridiques. [163] Ne croyez pas que ceux qui ont succombé soient morts ; au contraire, ils vivent et reçoivent leur nourriture des mains du Tout-Puissant. [164] Enivrés de joie, comblés des grâces du Seigneur, ils se réjouissent de ce que ceux qui marchent sur leurs traces, et qui ne les ont pas encore

---

35. Le butin.
36. Le jour où se livra le combat d'Ahed, *Abdallah* et trois soldats effrayés par le nombre des ennemis, s'en retournèrent sans combattre. (Vie de Mahomet.)

atteints, seront à l'abri des frayeurs et des peines. 165 Ils se réjouissent de ce que le Seigneur a versé sur eux les trésors de sa bienfaisance, et de ce qu'il ne laisse point périr la récompense des fidèles. 166 Ceux qui, après leur disgrâce, ont obéi à Dieu et au prophète, ont fait le bien, et craint le Seigneur, recevront un prix glorieux. 167 Ceux qui, à la nouvelle des forces que l'ennemi rassemblait, loin de s'effrayer, se sont écriés : Dieu nous suffit, il est le dispensateur de toutes choses, 168 Sont retournés comblés des faveurs du ciel. L'adversité ne les a point éprouvés, parce qu'ils ont suivi la volonté de Dieu dont la libéralité est infinie. 169 Satan s'efforcera de vous inspirer la crainte de ses adorateurs. Ne le craignez point. Craignez-moi, si vous êtes fidèles. 170 Que ceux qui courent dans la voie de l'infidélité ne t'affligent point. Ils ne sauraient nuire à Dieu. Il ne leur donnera point de part à la vie future. Ils souffriront des peines rigoureuses. 171 Ceux que l'intérêt rend apostats, ne nuisent point au Tout-Puissant. L'enfer sera leur habitation. 172 Que les incrédules ne regardent pas comme un bonheur de vivre long-temps. Si nous prolongeons leurs jours, c'est afin qu'ils mettent le comble à leurs iniquités, et qu'ils soient la proie d'un supplice ignominieux. 173 Dieu ne laisse les fidèles dans l'état où vous êtes, que jusqu'à ce qu'il ait discerné les méchans d'avec les bons. 174 Dieu ne vous élèvera pas à la connaissance de ses mystères. Il choisit les envoyés qu'il lui plaît pour les leur confier. Croyez donc en lui et en ses ministres. La foi et la crainte du Seigneur auront leur récompense. 175 Que l'avare ne regarde pas les biens qu'il reçoit de Dieu comme une faveur, puisqu'ils causeront son malheur. 176 Les objets de son avarice seront attachés à son col au jour de la résurrection. Dieu a l'héritage des cieux et de la terre. Rien de ce que vous faites n'échappe à sa connaissance. 177 Il a entendu la voix de ceux qui ont dit : Dieu est pauvre et nous sommes riches. Nous tiendrons compte de leurs discours, et du sang des prophètes injustement versé par leurs mains, et nous leur dirons : Goûtez la peine du feu. 178 Ils y seront précipités à cause de leurs crimes ; car Dieu n'est point injuste envers les hommes. 179 Il en est qui disent : Nous avons fait serment à Dieu de ne croire à aucun prophète, à moins qu'il ne présente une offrande que le feu du ciel consume. 180 Réponds-leur : Vous aviez des prophètes avant moi. Ils ont opéré des miracles, celui-là même dont vous parlez. Pourquoi avez-vous teint vos mains dans leur sang, si vous dites la vérité? 181 S'ils nient ta mission, ils ont traité de même les apôtres qui t'ont précédé, quoiqu'ils fussent doués du don des miracles, et qu'ils eussent apporté le livre qui éclaire. 182 Tous les hommes subiront la mort. Chacun recevra le prix de ses œuvres au jour de la résurrection. Celui qui aura évité le feu et qui entrera dans le paradis, goûtera la vraie félicité. La vie humaine n'est qu'une jouissance trompeuse. 183 Vous serez éprouvés dans vos biens et dans vos personnes. Vous souffrirez des blasphèmes des juifs et des idolâtres ; mais ayez la patience et la crainte du Seigneur. Toutes ces choses sont dans les décrets éternels. 184 Dieu reçut l'alliance des juifs à condition qu'ils manifesteraient le Pentateuque, et qu'ils ne cacheraient point sa doctrine. Ils l'ont jeté avec dédain, et l'ont vendu pour un vil intérêt. Malheur à ceux qui l'ont vendu! 185 Ne pensez pas que ceux qui s'enorgueillissent de leurs actions, et qui veulent être loués de ce qu'ils n'ont pas fait, soient à l'abri des châtimens. Ils seront rigoureusement punis. 186 L'empire des cieux et de la terre appartient à Dieu. Il est le Tout-Puissant. 187 La création du ciel et de la terre, la vicissitude des nuits et des jours, offrent, aux yeux du sage, des signes de sa puissance. 188 Ceux qui, debout, assis, couchés, pensent à Dieu et méditent sur la création de l'univers, s'écrient : Dieu n'a point formé en vain ces ouvrages. Que ton nom soit loué, Seigneur! préserve-nous de la peine du feu. 189 Seigneur, celui que tu précipiteras dans les flammes sera couvert d'ignominie. Il n'y aura plus d'espoir pour les pervers. 190 Seigneur, nous avons entendu la voix de ton prophète qui nous appelait à la foi, et qui criait : Croyez en Dieu, et nous avons cru. 191 Seigneur, pardonne-nous nos fautes ; lave-nous de nos péchés, et fais que nous mourions dans la voie des justes. 192 Seigneur, accorde-nous ce que tu nous as promis par ton apôtre, et ne nous couvre pas d'opprobre au jour de la résurrection, puisque tu ne manques point à tes promesses. 193 Le Seigneur leur répond : Je ne laisserai point périr les actions des hommes, chacun recevra sa récompense. 194 J'effacerai les péchés de ceux qui auront été chassés de leurs maisons, qui auront souffert, combattu, et seront morts pour défendre ma cause. Je les introduirai dans des jardins où coulent des fleuves. 195 Dieu les récompensera lui-même. Ses récompenses sont magnifiques. 196 Que la prospérité des infidèles qui sont à la Mecque ne te séduise point. Leurs jouissances seront de courte durée, et leur demeure sera l'enfer, séjour des infortunés. 197 Ceux qui craignent le Seigneur habiteront les jardins de délices. Ils y demeureront éternellement. Ils seront les hôtes de Dieu. Qui mieux que lui peut combler de biens les justes ? [198] Parmi les juifs et les chrétiens, ceux qui croient en Dieu, aux Écritures, au Coran, et qui se soumettent à la volonté du ciel, ne vendent point sa doctrine pour un vil intérêt. [199] Ils trouveront leur récompense auprès de l'Éternel, qui est exact à peser les actions des mortels. [200] O croyans ! soyez patiens. Combattez avec constance. Craignez le Seigneur, afin que vous jouissiez de la félicité.

CHAPITRE IV.

Les Femmes. donné à Médine, composé de 175 versets. Au nom de Dieu clément et miséricordieux.

[1] MORTELS, craignez le Seigneur qui vous a tous créés d'un seul homme, dont il forma la femme, et qui a couvert la terre de leur postérité. Craignez le Seigneur au nom duquel vous vous priez mutuellement. Respectez les liens du sang. Dieu observe vos actions. [2] Donnez aux orphelins ce qui leur appartient. Ne rendez pas le mal pour le bien. Ne consumez pas leur héritage pour grossir le vôtre. Cette action est un crime. [3] Si vous avez pu craindre d'être injuste envers des orphelins, craignez de l'être envers vos femmes [37]. N'en épousez que deux, trois, ou quatre. Choisissez celles qui vous auront plu. Si vous ne pouvez les maintenir avec équité, n'en prenez qu'une, ou bornez-vous à vos esclaves. Cette conduite sage vous facilitera les moyens d'être justes, et de doter vos femmes. Donnez-leur la dot dont vous serez convenus. Si la générosité les portait à vous la remettre, employez-la à vous procurer les commodités de la vie. [4] Ne confiez pas aux soins d'un insensé les biens dont Dieu vous a donné la garde. Qu'ils servent à nourrir et à vêtir vos pupilles. Vous leur devez une éducation honnête. [5] Élevez-les jusqu'à ce qu'ils soient en âge de se marier, et lorsque vous les croirez capables de se bien conduire, remettez-leur l'administration de leurs biens. Gardez-vous de les dissiper en les prodiguant ou en vous hâtant de les leur confier, lorsqu'ils sont trop jeunes. [6] Que le tuteur riche s'abstienne de toucher aux biens de ses pupilles. Celui qui est pauvre ne doit en user qu'avec discrétion. [7] Lorsque vous leur rendrez compte de leurs biens, appelez des témoins. Dieu sera le juge de vos actions. [8] Les hommes et les femmes doivent avoir une portion des richesses que leur ont laissées leurs pères et leurs proches. Cette portion doit être réglée par la loi, soit que l'héritage soit considérable, ou de peu de valeur. [9] Lorsque l'on sera rassemblé pour partager l'héritage, que l'on ait soin d'entretenir les parens pauvres et les orphelins, et de les consoler par des paroles d'humanité. [10] Que ceux qui craignent de laisser après eux des enfans dans la faiblesse de l'âge, pénétrés de commisération et de la crainte du Seigneur, élèvent leurs voix en faveur des orphelins, et règlent leur sort avec justice. [11] Ceux qui dévorent injustement l'héritage de l'orphelin, se nourrissent d'un feu qui consumera leurs entrailles. [12] Dieu vous commande, dans le partage de vos biens entre vos enfans, de donner aux mâles une portion double de celles des filles. S'il n'y a que des filles, et qu'elles soient plus de deux, elles auront les deux tiers de la succession. S'il n'y en a qu'une, elle en recevra la moitié. Si le défunt n'a laissé qu'un fils, ses parens prendront un sixième. Si le défunt n'a point laissé d'enfans, et que ses parens soient héritiers, sa mère aura un tiers de la succession, et un sixième seulement s'il a des frères, après que l'on aura acquitté les legs et les dettes du testateur. Vous ne savez qui de vos pères ou de vos enfans vous sont plus utiles. Dieu vous a dicté ces lois. Il est savant et sage. [13] La moitié des biens d'une femme morte sans postérité appartient au mari, et le quart si elle a laissé des enfans ; les legs et les dettes prélevés. [14] Les femmes auront un quart de la succession des maris morts sans enfans, et un huitième seulement s'ils en ont laissé ; les legs et les dettes prélevés. [15] Si l'héritier constitué d'un parent éloigné a un frère ou une sœur, il leur doit un sixième de la succession. Ils recevront un tiers s'ils sont plusieurs, après l'accomplissement légitime des legs et des dettes. [16] Gardez-vous de violer ces préceptes. Ils sont émanés du Dieu savant et miséricordieux. [17] Celui qui les observera et qui obéira au prophète, sera introduit dans des jardins où coulent des fleuves, séjour de délices, où il goûtera une éternelle félicité. [18] Celui qui désobéira à Dieu et à son envoyé, et qui transgressera ses lois, sera précipité dans l'abîme de feu, où il sera éternellement en proie aux tourmens et à l'opprobre. [19] Si

---

37. Lorsque ce verset descendit du ciel, la plupart des Arabes avaient huit et dix femmes. Ils les traitaient souvent avec injustice. *Gelaleddin.* La polygamie a été établie de tous temps en Orient. Mahomet l'a resserrée dans des bornes plus étroites.

quelqu'une de vos femmes a commis l'adultère, appelez quatre témoins. Si leurs témoignages se réunissent contre elle, enfermez-la dans votre maison, jusqu'à ce que la mort termine sa carrière. [20] Imposez une peine à l'homme et à la femme libres surpris dans le crime ; et si, touchés de repentir, ils se corrigent, pardonnez-leur. Le Seigneur est indulgent et miséricordieux. [21] Ceux qui, ayant péché par ignorance, retournent à Dieu avec un cœur contrit, éprouveront sa miséricorde, parce qu'il est savant et sage. [22] Le repentir est inutile pour ceux qui, ayant vieilli dans le crime, disent aux portes du tombeau : je me repens ; il est inutile pour ceux qui meurent dans l'infidélité. Nous leur avons préparé un tourment douloureux. [23] O croyans ! il ne vous est pas permis d'hériter de vos femmes contre leur volonté, ni de les empêcher de se marier [38], afin de leur ravir une partie de ce que vous leur avez donné, à moins qu'elles ne soient coupables d'un crime manifeste. Attachez-les par des bienfaits. Si vous les traitez avec rigueur, peut-être haïrez-vous celles que Dieu avait formées pour vous rendre heureux. [24] Si vous répudiez une femme à qui vous avez donné une dot considérable pour en prendre une autre, laissez-lui la dot entière. Voudriez-vous lui arracher injustement le fruit de votre générosité ? [25] Comment pourriez-vous ravir un don que vous avez fait à une personne à laquelle vous avez été uni intimement, et qui a reçu votre foi ? [26] N'épousez pas les femmes qui ont été les épouses de vos pères. C'est un crime ; c'est le chemin de la perdition, mais si le mal est fait, gardez-les. [27] Il ne vous est pas permis d'épouser vos mères, vos filles, vos sœurs, vos tantes, vos nièces, vos nourrices, vos sœurs de lait, vos grand-mères, les filles de vos femmes dont vous avez la garde, à moins que vous n'ayez pas habité avec leurs mères. Vous n'épouserez point vos belles-filles, ni deux sœurs. Si le crime est commis, le Seigneur est indulgent et miséricordieux. [28] Il vous est défendu d'épouser des femmes mariées libres, à moins que le sort des armes ne les ait fait tomber entre vos mains. Telles sont les lois du Seigneur. Tout le reste vous est permis. Employez vos richesses à vous procurer des épouses chastes et vertueuses. Évitez la débauche. Donnez à celles dont vous avez joui la dot promise, suivant la loi. Cet engagement accompli, tous les accords que vous ferez ensemble seront licites. Dieu est savant et sage. [29] Celui qui ne sera pas assez riche pour se marier à des femmes fidèles libres, prendra pour épouses des esclaves fidèles. Dieu voit votre foi. Parmi vous, les uns sont dans la dépendance des autres. N'épousez les esclaves qu'avec la permission de leurs maîtres. Dotez-les avec équité. Qu'elles soient chastes, qu'elles craignent l'impureté, et qu'elles n'aient point d'amans. [30] Si après le mariage elles se livrent à la débauche, qu'on leur inflige la moitié de la peine prononcée contre les femmes libres [39]. Cette loi est établie en faveur de celui qui craint l'adultère. Vous ferez bien d'éviter ces mariages ; mais le Seigneur est indulgent et miséricordieux. [31] Dieu vous manifeste ses volontés. Il veut vous ramener sous les lois de vos pères, et vous donner des marques de son indulgence. Il est savant et sage. [32] Il veut faire éclater pour vous sa clémence. Ceux qui suivent le torrent de leurs passions désirent vous entraîner dans l'abîme, et le Seigneur veut vous rendre son joug léger ; parce qu'il a créé l'homme faible. [33] O croyans ! ne dissipez pas vos richesses par l'usure. Qu'un mutuel consentement forme vos contrats. Ne vous donnez point la mort à vous-mêmes. Dieu est miséricordieux pour vous. [34] L'impie qui violera ces commandemens, sera jeté dans les flammes. Rien n'est plus facile à Dieu. [35] Si vous vous abstenez de transgresser les grands préceptes, nous vous laverons de vos fautes, et nous vous donnerons une place honorable dans le paradis. [36] Ne désirez point d'être semblables à celui que Dieu a élevé au-dessus de vous. Chacun aura pour partage le fruit de ses œuvres. Demandez la miséricorde du Seigneur. Il a la connaissance de toutes choses. [37] Nous vous avons désigné les héritiers à qui vous devez laisser les biens de vos pères et de vos proches. Ne négligez pas d'acquitter les engagemens contractés par le testateur. Dieu est témoin de toutes vos actions. [38] Les hommes sont supérieurs aux femmes, parce que Dieu leur a donné la prééminence sur elles, et qu'ils les dotent de leurs biens. Les femmes doivent être obéissantes, et taire les secrets de leurs époux, puisque le ciel les a confiées à leur garde. Les maris qui ont à souffrir de leur désobéissance, peuvent les punir, les laisser seules dans leur lit, et même les frapper. La soumission des femmes doit les mettre à l'abri des mauvais traitemens. Dieu est grand et sublime. [39] Si vous craignez la dissension entre le mari et la femme, appelez un juge de chaque côté, et s'ils consentent à vivre en bonne intelligence, Dieu fera régner la paix au milieu d'eux, parce que rien

---

38. Lorsque vous les avez répudiées.
39. Cinquante coups de fouet et six mois d'exil.

n'échappe à sa connaissance. [40] Servez le Seigneur. Ne lui donnez point d'égal. Exercez la bienfaisance envers vos pères, les orphelins, les pauvres, et ceux qui vous sont liés par le sang : exercez la envers les étrangers, vos compagnons d'armes, les voyageurs et les esclaves. Le Tout-Puissant hait l'homme dur et orgueilleux. [41] Les avares voudraient établir l'avarice parmi les hommes. Ils cachent les richesses dont le ciel les a comblés. Ils subiront avec les infidèles un supplice ignominieux. [42] Ceux qui font l'aumône par ostentation, et qui n'ont point la foi, seront les compagnons du Diable. Infortunés compagnons! [43] Qu'auraient-ils perdu à croire en Dieu, au jour dernier, à verser leurs richesses dans le sein de l'indigent? Le Très-Haut n'eût-il pas connu leurs œuvres? [44] Dieu ne trompera personne, pas même du poids d'un atome. Il doublera le bien que l'on aura fait, et en donnera lui-même la glorieuse récompense. [45] Que feront les infidèles, lorsque nous rassemblerons contre eux des témoins de toutes les nations, lorsque nous demanderons ton témoignage? Ils souhaiteront dans ce jour terrible d'être réduits en poussière. Ils ne pourront dérober à la connaissance de Dieu une seule de leurs actions. [46] O croyans! ne priez point lorsque vous êtes dans l'ivresse ; attendez que vous puissiez comprendre ce que vous proférez. Ne priez point lorsque vous êtes souillés, avant de vous être lavés. Lorsque vous serez malades, ou en voyage, et que vous aurez satisfait vos besoins naturels, ou que vous aurez eu commerce avec des femmes, frottez-vous le visage et les mains avec de la poussière faute d'eau. Dieu est indulgent et miséricordieux. [47] N'avez-vous pas remarqué les juifs? Ils vendent l'erreur, et voudraient vous faire quitter le droit chemin ; mais le Seigneur connaît vos ennemis. Sa protection puissante est un asile assuré contre leur malice. [48] Ceux d'entre eux qui altèrent les écritures, disent : Nous t'avons entendu, et nous ne voulons pas t'obéir. Écoute ce que tu ne saurais comprendre, et examine-nous. Ils obscurcissent le sens de leurs discours, et déchirent la religion. [49] S'ils disaient : Nous avons entendu et nous obéissons, écoute-nous et sois notre juge. Quels avantages ne retireraient-ils pas de leur obéissance I Dieu les a maudits à cause de leur perfidie. Parmi eux, il n'y a qu'un petit nombre de croyans. [50] Vous juifs, croyez au livre qui confirme la vérité du Pentateuque, avant que nous changions les visages [40], et que nous le tournions en sens contraire. Croyez avant que nous vous maudissions comme ceux qui violaient le sabat ; l'ordre de l'Éternel s'accomplit. [51] Le Seigneur ne pardonnera point aux idolâtres. Il remet à son gré tous les autres crimes ; mais l'idolâtrie est le plus grand des attentats. [52] Vous les avez vus ces hommes qui se disent justes. Dieu justifie qui il lui plaît. Il ne fera éprouver d'injustice à personne. [53] Vois-tu comme ils osent prêter un mensonge au Tout-Puissant? leur impiété n'est-elle pas assez grande? [54] N'avez-vous pas remarqué les erreurs des juifs? Ils croient au Gebet et Tagot [41], et ils soutiennent que la doctrine des infidèles est plus saine que celle des croyans. [55] Ils sont couverts de la malédiction divine. Qui pourra protéger ceux que le ciel a maudits? [56] Auront-ils leur part dans le royaume céleste, eux qui regretteraient une obole donnée à leurs semblables? [57] Enverront-ils les bienfaits du Seigneur [42]? Nous avons donné à la postérité d'Abraham les écritures, la sagesse et la possession d'un grand royaume. [58] Parmi eux les uns croient au prophète, les autres sont rebelles à sa voix ; mais le feu de l'enfer suffira à leurs crimes. [59] Ceux qui refuseront de croire aux vérités que nous annonçons, seront précipités dans les flammes. Leur peau à peine consumée se renouvellera, et ils seront en proie à de nouveaux tourmens. Dieu est puissant et sage. [60] Ceux qui joindront à la foi le mérite des bonnes œuvres, seront introduits dans les jardins où coulent des fleuves, séjour d'éternelles délices. Ils y trouveront des femmes purifiées et des ombrages délicieux. [61] Dieu vous commande de rendre le dépôt à qui il appartient, et de juger vos semblables avec équité. Il vous recommande la fidélité à ces préceptes, parce qu'il voit et entend tout. [62] O fidèles! obéissez au Seigneur, à son envoyé et à ceux d'entre vous qui ont l'autorité. Portez vos différens devant Dieu et son apôtre, si vous croyez en Dieu et au jour dernier. C'est le moyen le plus sage et le plus propre pour terminer vos contestations. [63] N'as-tu pas considéré ceux qui assurent qu'ils croient au Coran et aux écritures? Ils demandent d'être jugés devant Tagot, et il leur est défendu de croire en lui ; mais le diable s'efforce d'épaissir leurs ténèbres. [64] Si on leur propose d'écouter la doctrine du livre descendu des cieux et d'entendre le prophète, ils s'enfuient avec indignation. [65] Lorsque le malheur, juste

---

40. Suivant les mahométans, ce sera un des châtimens des réprouvés.

41. *Gebet* et *Tagot* étaient deux des idoles adorées par les Coreïshites.

42. Les juifs reprochaient à Mahomet d'avoir plusieurs femmes, et ils prétendaient que s'il eût été prophète, il aurait vécu dans le célibat. *Gelaleddin* lui oppose l'exemple de David et de Salomon qui eurent un grand nombre de femmes.

prix de leurs forfaits, s'appesantira sur eux, ils viendront à toi et ils jureront par le nom de Dieu, qu'ils n'ont soupiré qu'après le bien et la concorde. [66] Dieu lit au fond de leurs cœurs. Éloigne-toi d'eux. Avertis-les avec des paroles pénétrantes. [67] Nous avons envoyé des apôtres, afin qu'on leur obéît. Si ceux qui ont vécu dans le vice retournent à toi, s'ils demandent à Dieu la rémission de leurs fautes, et que tu intercèdes pour eux, ils éprouveront la clémence et la miséricorde divine. [68] J'en jure par ton Dieu, ils ne croiront point qu'ils ne t'aient établi l'arbitre de leurs différens. Ta décision lèvera leurs doutes, et ils y acquiesceront d'eux-mêmes. [69] Si nous leur avions prescrit de se donner la mort à eux-mêmes, ou d'abandonner leurs possessions, peu d'entre eux l'auraient fait. Cependant en exécutant la volonté de Dieu, ils auraient eu un mérite, et leur foi se serait affermie. [70] Il les aurait récompensés magnifiquement, et les aurait conduits dans le chemin du salut. [71] Ceux qui seront fidèles à Dieu et à son envoyé, entreront dans la société glorieuse des prophètes, des justes, des martyrs, des bienfaisans, que Dieu a comblés de ses plus rares faveurs. [72] Telle est la libéralité du Seigneur. Sa science est suffisante. [73] O croyans! soyez prudens dans le combat, soit que vous attaquiez séparément ou en corps. au ciel que nous eussions combattu avec eux! Nous aurions remporté un riche butin. [74] Que ceux qui sacrifient la vie du monde à la vie future, se rangent sous les étendards du Seigneur, et soit qu'ils succombent en combattant, soit qu'ils sortent victorieux du combat, ils recevront une récompense glorieuse. [75] Qui pourrait vous empêcher de combattre pour la foi, pour ceux d'entre vous qui sont faibles, pour des femmes, des enfans qui s'écrient : Seigneur tire-nous de cette ville perverse, et nous envoie un défenseur? [76] Les croyans soutiennent les intérêts du ciel, et les infidèles portent les armes sous les étendards de Tagot. Combattez contre les milices de Satan. Il n'a que de faibles ressources à vous opposer. [77] Vous avez remarqué ceux qui, exempts pendant un temps de porter les armes, doivent faire la prière et l'aumône : lorsqu'on leur a commandé de combattre, la plupart craignant les infidèles autant ou plus que Dieu même, se sont écriés : Seigneur, pourquoi nous ordonnes-tu la guerre? pourquoi ne nous laisses-tu pas parvenir au terme de nos jours? Réponds-leur : Les jouissances du monde sont passagères : la vie future est le vrai bien pour ceux qui craignent Dieu. Là, personne ne sera trompé. [78] En quelque lieu que vous soyez, la mort vous surprendra. Les tours élevées ne vous défendront point contre ses coups. Les infidèles remportent-ils quelque avantage, vous dites : C'est Dieu qui le leur envoie. Essuyez-vous quelque disgrâce, vous en accusez le prophète. Tout vient de Dieu. Mais à peine comprenez-vous ce qu'on vous explique. [79] Dieu est l'auteur du bien qui t'arrive. Le mal vient de toi. Tu es notre ministre auprès de tes semblables. Le ciel est témoin de ta mission. Son témoignage suffit. [80] Celui qui obéit au prophète, obéit à Dieu. Nous ne t'avons pas envoyé pour être le gardien de ceux qui sont rebelles à ta voix. [81] Ils disent, en ta présence : Nous obéissons. A peine t'ont-ils quitté que la plupart songent à la révolte ; mais Dieu écrit leurs projets. Fuis-les. Mets ta confiance dans le Très-Haut. Sa protection est un sûr asile. [82] N'ont-ils pas le Coran sous les jeux? Si tout autre que Dieu en était l'auteur, n'y trouveraient-ils pas une foule de contradictions? [83] Reçoivent-ils une nouvelle qui flatte leur espoir ou alarme leurs cœurs, ils la publient. S'ils l'annonçaient au prophète ou à ses lieutenans, ceux qui désireraient le savoir, l'apprendraient de leur bouche. Si la miséricorde divine ne veillait sur vous, la plupart seraient tombés dans les pièges de Satan. [84] Combattez pour la foi. Vous travaillerez pour vous-mêmes. Encourage les croyans. Le bras du Très-Haut peut arrêter l'ardeur guerrière des infidèles. Il est plus fort qu'eux, et ses châtimens sont plus terribles. [85] L'intercesseur qui produira le bien, en recevra le prix. Celui dont l'intercession aura de funestes effets, en portera la peine, car Dieu observe tout. [86] Si quelqu'un vous salue, rendez-lui le salut avec autant ou plus d'honnêteté. Dieu pèse toutes les actions. [87] Dieu est le seul Dieu. Il vous rassemblera au jour de la résurrection. Vous ne pouvez en douter. Quoi de plus vrai que sa parole! [88] Que vous importe que les impies soient divisés en deux sectes? Dieu les a rejetés. Voulez-vous conduire ceux qu'il a égarés? Il n'y a plus de lumière pour ceux qu'il a plongés dans les ténèbres. [89] Ils ont voulu vous rendre infidèles comme eux; et vous faire participer à leur impiété. Ne formez point de liaisons avec eux, jusqu'à ce qu'ils aient quitté leur patrie pour défendre sa loi. S'ils retournaient à l'infidélité, saisissez-les, et les mettez à mort partout où vous les trouverez. N'ayez parmi eux ni protecteur ni ami. [90] Exceptez de cette loi ceux qui auraient cherché un asile chez vos alliés, et ceux qui sont forcés de vous faire la guerre, ou de la faire à leur propre nation. Dieu pouvait leur donner l'avantage sur vous, et vous auriez été vaincus. S'ils cessent de porter les armes contre vous, et s'ils vous offrent la paix, Dieu vous défend de lès attaquer. [91] Il en est d'autres qui veulent allier votre croyance à. celle de leur nation. Ils deviennent rebelles toutes les fois qu'on les y invite. S'ils continuent à porter les armes contre vous, s'ils ne cessent toute hostilité, s'ils ne vous offrent la paix, arrêtez-les et les tuez partout où vous les trouverez. Nous vous donnons sur eux une puissance certaine. [92] Il n'est pas permis à un musulman d'en tuer un autre. Si le meurtre est involontaire, le meurtrier doit la rançon d'un fidèle captif, et à la famille du mort la somme fixée par la loi [43], à moins qu'elle ne lui en fasse grâce. Pour la mort d'un croyant, quoique d'une nation ennemie, on donnera la liberté à un prisonnier. Pour la mort d'un allié on rachètera un fidèle de captivité, et on payera, à la famille du défunt, la somme prescrite. Celui qui ne trouvera point de captif à racheter, jeûnera deux mois de suite. Ces peines sont émanées du Dieu savant et sage. [93] Celui qui tuera un fidèle volontairement aura l'enfer pour récompense. Il y demeurera éternellement. Dieu irrité contre lui le maudira, et le condamnera à un supplice épouvantable. [94] O croyans! lorsque vous marcherez pour la guerre sainte, pesez vos démarches. Que la soif du butin ne vous fasse pas dire de celui qui vous saluera paisiblement, c'est un infidèle. Dieu possède des richesses infinies. Telle fut votre conduite passée. Le ciel vous l'a pardonnée. Examinez avant d'agir. Dieu est le témoin de vos actions. [95] Les fidèles qui restent au sein de leur famille sans nécessité, ne seront pas traités comme ceux qui défendent la religion de leurs biens et de leurs personnes. Dieu a élevé ceux-ci au dessus des autres. Tous posséderont le souverain bien; mais ceux qui marchent au combat auront un sort plus glorieux. [96] Un rang distingué, la clémence et la miséricorde divine seront leur partage. Dieu est indulgent et miséricordieux. [97] Les anges demandèrent aux coupables qu'ils punirent de mort : De quelle religion êtes-vous? Nous étions les faibles habitans d'un pays idolâtre, répondirent-ils. La terre n'est-elle pas étendue, reprirent les anges? Ne pouviez-vous pas quitter le lieu que vous habitiez? Leur demeure sera l'enfer, séjour des tourmens. [98] Les personnes faibles de l'un et de l'autre sexe, les pères dépourvus de secours, et d'instruction, pourront éprouver la clémence du Seigneur, parce qu'il est indulgent et miséricordieux. [99] Celui qui s'expatriera pour défendre la religion sainte trouvera l'abondance, et un grand nombre de compagnons. Le fidèle qui, ayant quitté sa famille, pour se ranger sous les étendards de Dieu et de son apôtre, viendra à mourir, recevra sa récompense des mains du Dieu clément et miséricordieux. [100] Vous ne serez point coupables d'abréger vos prières pendant le voyage si vous avez lieu de craindre que les infidèles vous surprennent, parce qu'ils sont vos ennemis manifestes. [101] Lorsque tu seras à la tête de l'armée, et que tu annonceras la prière, qu'une partie prenne les armes et prie avec toi. Ceux qui auront rendu leur hommage au Seigneur se retireront derrière, et les autres prendront leur place. Qu'ils prennent leurs sûretés en priant, et qu'ils soient armés. Les infidèles voudraient que vous négligeassiez vos armes et votre bagage, afin de fondre tous ensemble sur vous. Si la maladie ou la pluie vous obligent à vous désarmer, ce ne sera pas un crime, mais soyez sur vos gardes. Dieu a préparé aux infidèles un supplice ignominieux. [102] La prière accomplie, gardez le souvenir du Seigneur, debout, assis, ou couchés. Lorsque vous serez en sûreté, faites la prière en entier aux heures où elle a été prescrite aux fidèles. [103] Que l'image des souffrances ne vous arrête point dans la poursuite des infidèles. Ils ont comme vous leurs peines, et vous avez de plus qu'eux un espoir fondé sur le Dieu savant et sage. [104] Nous t'avons envoyé des cieux le livre qui renferme la vérité, afin que tu juges les hommes comme Dieu te l'a enseigné; que tu ne disputes point avec les imposteurs, et que tu implores l'indulgence du Dieu clément et miséricordieux : [105] Et afin que tu ne prennes point la défense de ceux qui s'aveuglent eux-mêmes, parce que Dieu hait les fourbes et les impies. [106] Ils se déguisent devant les hommes; mais ils ne peuvent se cacher aux yeux de l'éternel. Il est avec eux quand, au milieu des ombres de la nuit, ils profèrent des discours qu'il abhorre. Il environne de sa science toutes leurs actions. [107] Vous défendez leur cause pendant cette vie; mais qui osera la soutenir devant le Très-Haut? Quel avocat trouveront-ils au jour de la résurrection? [108] Celui qui, après s'être égaré dans les sentiers du vice, implorera la miséricorde du Seigneur, éprouvera les effets de sa clémence. [109] Celui qui commet l'iniquité perd son âme. Dieu est savant et sage. [110] Celui qui rejette la faute ou l'injustice dont il est coupable sur un innocent, est calomniateur, et se charge d'un crime infâme. [111] Une partie des infidèles avaient conjuré ta perte, mais ils se sont perdus eux-mêmes. La bonté divine veillait sur tes jours. Ils n'ont pu te nuire. Dieu t'a

---

43. Cette somme est le prix de cent chameaux. *Gelaleddin.*

envoyé le livre et la sagesse. Il t'a enseigné ce que tu ignorais, et t'a comblé de ses faveurs. [112] Rarement le bien est l'objet de leurs nombreux discours. Celui qui commande l'aumône, la justice, la concorde entre les hommes et qui remplit ces devoirs par le désir de plaire au Seigneur, recevra une récompense magnifique. [113] Celui qui se séparera du prophète, après avoir connu le droit chemin, et qui suivra une autre doctrine que celle des fidèles, obtiendra ce qu'il a désiré : les flammes de l'enfer seront son partage. [114] Dieu ne pardonnera point aux idolâtres. Il fera grâce à qui il voudra. Eux seuls n'ont rien à espérer de sa miséricorde. Donner un égal au Très-Haut, c'est le comble de l'aveuglement. [115] Ils ont pour divinité des déesses [44] ; mais Satan est l'objet de leur culte. [116] Dieu le chargea de sa malédiction. J'attaquerai, dit le tentateur, une partie de tes serviteurs. Je les séduirai. Je ferai naître en eux les passions. Je leur ordonnerai de couper les oreilles des troupeaux [45], et de défigurer ta créature. *Ainsi parla Satan.* Mais l'apostat qui, abandonnant le Seigneur, prendra le démon pour patron, périra malheureusement. [117] Il flatte ses adorateurs par des promesses. Il allume dans leurs cœurs le feu des passions, mais la tromperie sera le fruit de ses promesses. [118] Leur demeure sera l'enfer, et il leur sera impossible d'en sortir. [119] Dieu a promis aux fidèles, qui auront pratiqué la vertu, l'entrée des jardins où coulent des fleuves. Ils y demeureront éternellement. Les promesses du Seigneur sont véritables. Quoi de plus infaillible que sa parole ! [120] Vous ne serez point traités suivant vos désirs, ni comme le souhaitent les chrétiens. Quiconque fera le mal en recevra la peine, et ne trouvera point de protection contre le Très-Haut. [121] Ceux qui auront exercé la bienfaisance et professé l'islamisme, entreront dans le paradis, et ne seront point trompés. [122] Quelle religion plus sainte que l'islamisme ! Quoi de plus agréable au Seigneur, que de tourner son front vers lui, de faire le bien, de suivre la croyance d'Abraham, qui n'adora qu'un Dieu, et mérita d'être son ami ! [123] Dieu est le souverain des cieux et de la terre. Il embrasse tout l'univers de son immensité. [124] Ils te consulteront au sujet des femmes. Dis-leur : Dieu vous apprendra vos devoirs à leur égard, et les préceptes que vous lisez dans le Coran au sujet des orphelines à qui vous ne donnez pas ce que la loi leur attribue, et que vous refusez d'épouser. Il vous instruira de ce qui concerne les enfans en bas âge, afin que vous les traitiez avec équité. Tout le bien que vous ferez sera connu de Dieu. [125] Si la dureté et l'aversion du mari faisaient craindre à la femme d'être répudiée, elle doit s'efforcer de le ramener à la douceur. La réconciliation mutuelle est le parti le plus sage. L'homme est porté à l'avarice. Soyez bienfaisans, et craignez l'injustice. Dieu est le témoin de vos actions. [126] Vous ne pourrez, malgré vos efforts, avoir un amour égal pour vos femmes ; mais vous ne ferez pencher la balance d'aucun côté, et vous les laisserez en suspens. Soyez justes. Craignez le Seigneur et vous éprouverez les effets de sa clémence. [127] Si le divorce a lieu, Dieu enrichira l'un et l'autre époux. Il est sage et infini. [128] Il possède ce qui est dans les cieux et sur la terre. Nous avons recommandé à ceux qui reçurent les écritures avant vous, et nous vous recommandons la crainte du Seigneur. Si vous êtes infidèles, Dieu n'en sera pas moins le Souverain des cieux et de la terre. Il est riche, et sa louange est en lui-même. [129] L'univers est son domaine. Sa protection vous suffit. [130] Mortels, si Dieu voulait, il vous ferait disparaître, et produirait d'autres hommes pour vous remplacer. Ce prodige n'est point au-dessus de sa puissance. [131] Désirez-vous les biens terrestres ? ils sont dans ses mains, avec le prix de la vie future. Il voit et entend tout. [132] O croyans ! que l'équité règle vos témoignages, dussiez-vous prononcer contre vous-mêmes, contre un père, un parent, un riche ou un pauvre. Dieu les touche de plus près que vous. Que la passion ne vous écarte jamais de la vérité ; qu'elle ne vous fasse pas refuser votre témoignage. Dieu voit vos actions. [133] O fidèles ! croyez en Dieu, en son apôtre ? au livre qu'il lui a envoyé, aux écritures descendues avant lui. Celui qui ne croit pas en Dieu, en ses Anges, au Coran, au prophète, et au jour du jugement, est plongé dans l'aveuglement. [134] Le croyant qui, après avoir tombé dans l'infidélité, en est sorti pour s'y enfoncer plus profondément, n'a plus à espérer de pardon de la part de Dieu. Il ne l'éclairera plus. [135] Annonce aux impies un tourment douloureux. [136] Ceux qui recherchent l'amitié des infidèles, plutôt que celle des croyans, prétendent-ils se faire un appui de leur puissance ? Toute puissance vient de Dieu. [137] Dieu vous a prédit dans le Coran que, lorsqu'on expliquera sa doctrine, la plupart ne croiront point, et s'en moqueront. Ne vous

---

44. Les Arabes croyaient que les anges étaient les filles de Dieu. Ils leur rendaient des honneurs divins. Les habitans de la Mecque adoraient particulièrement trois déesses, *Lata*, *Oza* et *Menat*.

45. Mahomet reprend la superstition des Mecquois qui coupaient l'extrémité des oreilles du dixième faon d'une femelle de chameau, et le regardaient comme un animal sacré. *Jahia.*

asseyez point avec ceux qui tiendront cette conduite, jusqu'à ce qu'ils en aient changé. En les fréquentant, vous deviendriez semblables à eux, et Dieu rassemblera dans l'enfer l'impie et l'infidèle. [138] Ceux qui observent vos démarches diront, si Dieu vous envoie la victoire : N'avons-nous pas la même croyance que vous ? Si les infidèles remportent l'avantage, ils leur tiendront ce langage : N'avions-nous pas la supériorité sur vous ? Ne vous avons-nous pas aidés contre les croyans ? Le Seigneur jugera entre vous au jour du jugement, et il ne permettra pas que les idolâtres triomphent des musulmans. [139] Les impies voudraient tromper Dieu ; mais ils seront la dupe de leur fourberie. Lorsqu'ils se lèvent pour prier, ils le font avec ostentation. Ils cherchent à fixer les regards des hommes, et peu d'entr'eux pensent au Seigneur. [140] Flottans entre la foi et l'infidélité, ils ne s'attachent ni à l'une ni à l'autre. Celui que Dieu égare ne saurait retrouver le chemin du salut. [141] O croyans ! ne cherchez d'amis que parmi les fidèles. Voulez-vous donner à Dieu une preuve évidente contre vous ? [142] Les impies seront jetés au fond de l'abîme de feu. Ils n'auront plus de secours à attendre. [143] Ceux qui, après avoir fait pénitence et s'être corrigés, s'attacheront fermement au Seigneur, et lui montreront une foi sincère, seront au nombre des fidèles que Dieu récompensera magnifiquement. [144] Pourquoi Dieu vous punirait-il, si vous avez de la reconnaissance et de la foi ? Il est lui-même reconnaissant, et sait tout. [145] Dieu n'aime point qu'on publie le mal, à moins qu'on ne soit la victime de l'oppression. Il sait et entend tout. [146] Manifestez ou cachez le bien que vous faites. Pardonnez le tort que vous avez souffert. Dieu est indulgent et puissant. [147] Ceux qui, rebelles à Dieu et à ses envoyés, veulent mettre de la différence entre eux, croyant aux uns, et niant la mission des autres, se font une religion arbitraire ; [148] Ceux-là sont les vrais infidèles, destinés à subir un supplice ignominieux. [149] Mais ceux qui croiront en Dieu, et en ses envoyés indistinctement, seront récompensés, parce que le Seigneur est indulgent et miséricordieux. [150] Fais-nous descendre un livre du Ciel, diront les juifs. Ils demandèrent davantage à Moïse, quand ils le prièrent de leur faire voir Dieu manifestement. La foudre consuma les téméraires. Ensuite ce peuple pervers adora un veau, après avoir été témoin des merveilles du Tout-Puissant. Nous leur pardonnâmes, et nous donnâmes à Moïse la puissance des miracles. [151] Nous élevâmes le mont Sinaï pour gage de notre alliance. Nous leur ordonnâmes d'entrer dans la ville sainte, en adorant le Seigneur, et nous leur défendîmes de violer le sabat. Ils nous en firent le pacte solennel. [152] Ils ont violé leur alliance, et refusé de croire à la doctrine divine. Ils ont injustement massacré les prophètes, et ont dit : Nos cœurs sont incirconcis. Dieu a imprimé sur leur front le sceau de leur perfidie. Parmi eux il n'y a qu'un petit nombre de croyans. [153] A l'infidélité ils ont joint la calomnie contre Marie. [154] Ils ont dit : Nous avons fait mourir Jésus, le Messie, fils de Marie, envoyé de Dieu. Ils ne l'ont point mis à mort. Ils ne l'ont point crucifié. Un corps fantastique a trompé leur barbarie. Ceux qui disputent à ce sujet n'ont que des doutes. La vraie science ne les éclaire point. C'est une opinion qu'ils suivent. Ils n'ont pas fait mourir Jésus. Dieu l'a élevé à lui, parce qu'il est puissant et sage. [155] Tous les juifs et les chrétiens croiront en lui avant leur mort. Au jour de la résurrection il sera témoin contre eux. [156] Nous avons retiré nos grâces des juifs, parce qu'ils ont été perfides, et qu'ils écartent leurs semblables des voies du salut. [157] Ils ont exercé l'usure qui leur avait été défendue, et consumé injustement l'héritage d'autrui. Nous avons préparé des châtimens terribles à ceux d'entre eux qui sont infidèles. [158] Mais les juifs qui sont fermes dans la foi, qui croient au Coran, au Pentateuque, qui font la prière et l'aumône, qui croient en Dieu et au jour dernier, recevront une récompense éclatante. [159] Nous t'avons inspiré, comme nous inspirâmes Noé, les Prophètes, Abraham, Ismaël, Isaac, Jacob, les Tribus, Jésus, Job, Jonas, Aaron, et Salomon. Nous donnâmes à David les psaumes. [160] Nous t'avons fait connaître une partie de nos envoyés ; il en est d'autres que nous te laissons ignorer. Dieu parla lui-même à Moïse. [161] Nous les envoyâmes avec des promesses et des menaces, afin que les hommes n'eussent plus d'excuse devant le Dieu puissant et sage. [162] Dieu est témoin du livre qu'il t'a envoyé avec sa science. Les anges en sont témoins ; mais le témoignage de Dieu suffit à son authenticité. [163] L'erreur est le partage de celui qui refuse de croire, et qui s'écarte des voies du Seigneur. [164] Dieu ne pardonnera point aux infidèles chargés de crimes. Il ne les éclairera plus. [165] Il leur montrera le chemin de l'enfer où ils demeureront éternellement ; ce qui est facile à Dieu. [166] Mortels, le prophète est venu vous annoncer les vérités célestes. Croyez : il y va de votre bonheur. Si vous êtes infidèles, le Tout-Puissant est le souverain des cieux et de la terre. Il possède la sagesse et la science. [167] O vous qui avez reçu les écritures ! ne passez pas les bornes de la foi ; ne dites de Dieu que la vérité. Jésus est le fils de Marie, l'envoyé du Très-Haut et son verbe. Il l'a fait descendre dans Marie. Il est son souffle. Croyez en Dieu et en ses apôtres. Ne dites pas qu'il y a une trinité en Dieu. Il est un. Cette croyance vous sera plus avantageuse. Loin qu'il ait un fils, il gouverne seul le ciel et la terre. Il se suffit à lui-même. 168 Jésus ne rougira pas d'être le serviteur de Dieu. Les anges qui environnent son trône lui obéissent. 169 Un jour il fera paraître devant son tribunal l'orgueilleux qui rejette son joug. 170 Ceux qui réuniront la foi et la bienfaisance, en recevront le prix. Ils seront comblés des faveurs du ciel. Ceux à qui l'orgueil fera rejeter la soumission au Très-Haut, seront livrés à la rigueur des tourmens. 171 Ils ne pourront trouver d'appui ni de protection contre Dieu. 172 Mortels, le Seigneur a fait éclater pour vous ses merveilles. Il vous a fait descendre la lumière véritable. Il versera ses grâces sur les croyans qui s'attacheront fermement à lui. Il les conduira dans le chemin du salut. 173 Ils te consulteront. Dis-leur : Dieu vous éclairera sur les parens éloignés. La sœur d'un homme mort sans enfans, aura la moitié de son héritage. Le frère héritera de sa sœur morte sans enfans. Si le défunt a deux sœurs, elles partageront les deux tiers de la succession. S'il a laissé des frères et des sœurs, les, mâles auront le double de ce qu'on donnera aux filles. Le Seigneur vous annonce ainsi ses lois de peur que vous ne vous égariez. Sa science est infinie.

CHAPITRE V.

La Table. donné à Médine, composé de 120 versets. Au nom de Dieu clément et miséricordieux.

1 O croyans ! gardez vos engagemens. Nourrissez-vous de la chair de vos troupeaux ; mais ne mangez pas des animaux qu'ils vous est défendu de tuer à la chasse pendant le voyage de la Mecque. Dieu commande ce qu'il lui plait. 2 O croyans ! ne profanez pas les lieux consacrés à Dieu, ni le mois haram, ni les victimes, ni leurs ornemens [46]. Respectez ceux qui font le pèlerinage, et qui cherchent à se procurer l'abondance et la bienveillance du Seigneur. 3 Lorsque le pèlerinage sera accompli, la chasse vous est permise. Ne vous livrez point à la haine contre ceux qui vous auront interdit l'entrée du temple, de peur que vous ne deveniez prévaricateurs. Exhortez-vous à la justice et à la piété. Prenez garde de tomber dans le crime. Craignez le Seigneur. Ses châtimens sont terribles. 4 Les animaux morts, le sang, la chair du porc, les animaux suffoqués, assommés, tués par quelque chute ou d'un coup de corne ; ceux qui sont devenus la proie d'une bête féroce, à moins que vous n'ayez le temps de les saigner, ceux qu'on a immolés aux autels des idoles, et sur lesquels on a invoqué un autre nom que celui de Dieu ; tout cela vous est défendu. La distribution des parts dues au sort des flèches [47] vous est aussi interdite. Malheur aux infidèles qui abandonnent votre religion ! Ne les craignez point. Craignez-moi. 5 Aujourd'hui j'ai mis le sceau à votre religion. Mes grâces sur vous sont accomplies. Il m'a plu de vous donner l'islamisme. Celui qui, cédant à la nécessité de la faim, sans avoir dessein de mal faire, transgressera les lois que nous avons prescrites, éprouvera l'indulgence divine. 6 Ils te demanderont ce qui leur est permis. Réponds-leur : Tout ce qui n'est pas immonde. La proie que vous procureront les animaux dressés à la chasse, d'après la science que vous avez reçue de Dieu, vous est permise. Mangez-en, et invoquez sur elle le nom du Seigneur. Craignez-le parce qu'il est exact dans ses comptes. 7 Aujourd'hui on vous a ouvert la source des biens. La nourriture des juifs vous est licite. La vôtre leur est permise. Vous pouvez épouser les filles libres des fidèles et des juifs, pourvu que vous les dotiez ; mais il vous est défendu de vivre avec elles dans la débauche, et de les avoir comme courtisanes. Celui qui trahira sa foi perdra le fruit de ses bonnes œuvres, et sera dans l'autre monde au nombre des réprouvés. 8 O croyans ! avant de commencer la prière, lavez-vous le visage et les mains jusqu'au coude. Essuyez-vous la tête et les pieds jusqu'aux talons. 9 Purifiez-vous après vous être approchés de vos épouses. Lorsque vous serez malades ou en voyage, et que vous aurez satisfait vos besoins naturels ou en commerce avec des femmes, frottez-vous le visage et les mains avec de la poussière si vous manquez d'eau. Dieu ne veut pas que vous trouviez son joug pesant. Il veut vous rendre purs, et

---

46. Les victimes que l'on conduit à la Mecque pour y être immolées, sont ornées de feuillage, de fleurs et de banderolles.

47. Les chefs du temple de la Mecque conservaient sept flèches sacrées sur lesquelles étaient gravés certains signes. Lorsqu'on allait les consulter, il les agitaient de leur souffle, et d'après leurs mouvemens, ils prononçaient des oracles. *Gelaleddin.*

accomplir sur vous ses grâces, afin que vous en soyez reconnaissans. ⟦10⟧ Souvenez-vous donc des bienfaits du Seigneur. Gardez l'alliance qu'il contracta avec vous, quand vous dites : Nous avons entendu et nous avons obéi. Craignez le Très-Haut. Il sonde le fond des cœurs. ⟦11⟧ O croyans! soyez vrais dans les témoignages que vous prêterez à la face du ciel. Que la haine ne vous porte point à commettre une iniquité. La justice est la sœur de la piété. Craignez Dieu parce qu'il connaît vos actions. ⟦12⟧ Dieu promet sa miséricorde, et une récompense éclatante à ceux qui joindront à la foi le mérite des bonnes œuvres. ⟦13⟧ Les infidèles qui accusent notre doctrine de mensonge seront les victimes de l'enfer. ⟦14⟧ O croyans! souvenez-vous des bienfaits du Seigneur. Lorsque vos ennemis songeaient à tourner leurs armes contre vous, il arrêta leur bras. Craignez-le. Que les fidèles mettent en lui leur confiance. ⟦15⟧ Dieu reçut l'alliance des enfans d'Israël. Il leur donna douze chefs, et leur dit : Je serai avec vous. Observez la prière ; faites l'aumône ; croyez en mes envoyés ; aidez-les ; employez vos richesses pour la employez vos richesses pour la défense de la religion sainte. J'expierai vos offenses ; je vous introduirai dans les jardins où coulent des fleuves. Celui qui, après ces avertissemens, refusera de croire, marchera dans le chemin de l'erreur. ⟦16⟧ Ils violèrent leur pacte, et ils furent maudits. Nous avons endurci leurs cœurs. Ils corrompent les écritures sacrées. Ils en cachent une partie. Tu ne cesseras de manifester leur fraude. Presque tous en sont coupables ; mais aie pour eux de l'indulgence. Dieu aime les bienfaisans. ⟦17⟧ Nous avons reçu l'alliance des chrétiens ; mais ils ont oublié une partie de nos commandemens. Nous avons semé entre eux la discorde et la haine. Elles ne s'éteindront qu'au jour de la résurrection. Bientôt Dieu leur montrera ce qu'ils ont fait. ⟦18⟧ O vous qui reçûtes le livre de la loi! notre envoyé vous a dévoilé beaucoup de passages que vous cachiez ; il est indulgent sur beaucoup d'autres. La lumière vous est descendue des cieux avec le Coran. Dieu s'en servira pour conduire dans le sentier du salut ceux qui suivront sa volonté. Il les fera passer des ténèbres à la lumière, et les conduira dans le droit chemin. ⟦19⟧ Ceux qui disent que le Christ, fils de Marie, est Dieu, sont infidèles. Réponds-leur : Qui pourrait arrêter le bras du Tout-Puissant, s'il voulait perdre le Messie fils de Marie, sa mère, et tous les êtres créés. ⟦20⟧ Dieu est le souverain des cieux, de la terre et de l'immensité de l'espace. Il tire à son gré les êtres du néant, parce que sa puissance est infinie. ⟦21⟧ Nous sommes les enfans chéris de Dieu, disent les juifs et chrétiens. Réponds-leur : Pourquoi vous punit-il donc de vos crimes ? Vous êtes une portion des hommes, qu'il a créés. Il pardonne ou châtie à son gré. Les cieux, la terre, l'univers, composent son domaine. Il est le terme où tout doit aboutir. ⟦22⟧ O vous qui reçûtes les Écritures! notre apôtre va vous éclairer sur la cessation des prophètes. Vous ne direz plus : Ils ont cessé ces jours où les ministres du ciel venaient nous annoncer ses menaces et ses promesses. Un d'eux est au milieu de vous, parce que la puissance de Dieu est sans bornes. ⟦23⟧ Lorsque Moïse dit aux Israëlites : Souvenez-vous des grâces que vous avez reçues de Dieu ; il vous a envoyé les prophètes ; il vous a donné des rois, et vous a accordé des faveurs qu'il n'a faites à aucune autre nation ; ⟦24⟧ Entrez dans la Terre Sainte que Dieu vous a destinée ; ne retournez pas en arrière, de peur que vous ne marchiez à votre perte. ⟦25⟧ Ce pays, répondirent les israëlites, est habité par des géans. Nous n'y entrerons point tant qu'ils l'occuperont. S'ils en sortent, nous en prendrons possession. ⟦26⟧ Présentez-vous à la porte de la ville, dirent deux hommes craignant le Seigneur et favorisés de ses grâces, vous y pénétrerez et vous remporterez la victoire. Mettez votre confiance en Dieu, si vous êtes fidèles. ⟦27⟧ Nous ne nous y présenterons point, dit le peuple à Moïse, tant que les géans l'habiteront. Va avec ton Dieu, et combattez. Nous demeurerons ici. ⟦28⟧ Seigneur, s'écria Moïse, je suis seul avec mon Père : juge entre nous et les rebelles. ⟦29⟧ Le Seigneur prononça ces mots : L'entrée de ce pays leur sera interdite pendant quarante ans. Ils erreront sur la terre. Cesse de t'alarmer pour des prévaricateurs. ⟦30⟧ Raconte-leur l'histoire des fils d'Adam [48] avec vérité. Ils présentèrent leurs offrandes. L'une fut reçue, l'autre rejetée. Celui qui fut refusé dit à son frère : Je te mettrai à mort. Dieu, répondit le juste, ne reçoit des victimes que des hommes pieux. ⟦31⟧ Si tu attentes à mes jours, je n'aurai point recours à la vengeance, parce que je crains le Dieu de l'univers. ⟦32⟧ Tu retourneras chargé de mes iniquités et des tiennes, et tu habiteras le feu destiné aux pervers. ⟦33⟧ Malgré ces menaces, la soif du sang prévalut dans le cœur de l'envieux. Il tua son frère, et fut au

---

48. Ces fils sont *Cabel* et *Habel*. L'un offrit un belier, l'autre des fruits. Le feu du ciel consuma l'offrande d'*Habel*. Celle de son frère fut rejetée. *Gelaleddin*. Caïn est appelé *Cabel* par tous les auteurs arabes. Ce mot, qui veut dire *le premier*, est peut-être son nom propre. Le surnom de Caïn, qui signifie *traître*, lui aura été donné dans la suite. Il paraît de même qu'*Habel* n'est qu'un surnom. En effet, il rappelle le triste événement qui jeta la famille d'Adam dans le deuil, et signifie proprement, *il a laissé par sa mort une mère dans les larmes*.

nombre des réprouvés. ⟦34⟧ Dieu envoya un corbeau qui creusa la terre, et lui apprit la manière d'ensevelir le corps de son frère. ⟦35⟧ Malheureux que je suis! s'écria le meurtrier, ne puis-je, comme ce corbeau, creuser la terre, et cacher les tristes restes de mon frère? Il se livra au repentir. ⟦36⟧ C'est pourquoi nous avons donné ce précepte aux enfans d'Israël : celui qui tuera un homme sans en éprouver de violence sera coupable du sang de tout le genre humain ; et celui qui sauvera la vie à un homme, sera récompensé comme s'il l'avait sauvée à tout le genre humain. ⟦37⟧ Nos envoyés ont paru au milieu d'eux. Ils ont opéré des miracles ; cependant la plupart ont été prévaricateurs. ⟦38⟧ La récompense de ceux qui combattent contre Dieu et son prophète, et qui s'efforcent d'étendre la corruption sur la terre, sera la mort, le supplice de la croix. Vous leur couperez les pieds, les mains. Vous les bannirez de leur patrie. Telle sera l'ignominie dont ils seront couverts dans ce monde. Les tourmens seront leur partage dans l'autre. ⟦39⟧ Sachez que ceux qui se repentiront, avant que vous les ayez domptés, éprouveront l'indulgence et la miséricorde du Seigneur. ⟦40⟧ O croyans! craignez Dieu. Efforcez-vous de mériter un accès auprès de lui. Combattez pour la religion et vous serez heureux. ⟦41⟧ Quand les infidèles posséderaient deux fois autant de richesses que la terre en contient, ils les offriraient en vain pour se racheter des supplices au jour de la résurrection ; ils seraient refusés ; et les tourmens qui les attendent sont épouvantables. ⟦42⟧ En vain s'efforceront-ils de s'arracher des flammes. Ils y demeureront ensevelis, et leurs souffrances seront éternelles. ⟦43⟧ Coupez les mains des voleurs, [49] hommes ou femmes, en punition de leur crime. C'est la peine que Dieu a établie contre eux. Il est puissant et sage. ⟦44⟧ Il fera grâce à celui qui touché de repentir se corrigera. La miséricorde est son partage. ⟦45⟧ Ignores-tu que Dieu est le souverain des cieux et de la terre, qu'il punit et pardonne à son gré, parce que sa puissance est sans bornes? ⟦46⟧ O prophète! ne t'afflige point de voir courir à l'infidélité ceux qui disent : Nous croyons tandis que leur cœur dément ce que leur bouche profère ; ni ceux qui, sectateurs du Judaïsme, ouvrent leurs oreilles au mensonge, et par respect humain, viennent aussi t'entendre. Ceux qui n'ont point encore écouté ta doctrine, corrompent le texte du Pentateuque, et disent : S'il vous lit l'écriture de cette manière, recevez-la. Défiez-vous-en si l'on y fait quelque changement. Qui préservera de l'erreur celui que Dieu veut égarer? ceux dont il ne purifiera point le cœur, seront chargés d'opprobre dans ce monde, et souffriront dans l'autre des tourmens rigoureux. ⟦47⟧ Ils aiment le mensonge. Les mets défendus sont leur nourriture. S'ils te prennent pour arbitre, prononce entre eux, ou fuis-les. Loin d'eux, leur méchanceté ne te nuira point ; mais si tu prends la balance, juge-les avec équité. Dieu aime ceux qui sont équitables. ⟦48⟧ Comment te prendraient-ils pour arbitre? Ils ont le Pentateuque où sont renfermés les préceptes du Seigneur ; mais ils flottent dans le doute, et ils ne croient point. ⟦49⟧ Nous avons envoyé le Pentateuque pour diriger et éclairer les hommes. Les prophètes qui suivaient l'islamisme, s'en servirent pour juger les juifs. Les docteurs et les pontifes guidèrent par ses lois, le peuple confié à leur garde. Ils étaient ses témoins. O juifs! ne craignez point les hommes. Craignez-moi. Ne vendez point ma doctrine pour un vil intérêt. Quiconque ne prendra pas pour règle de ses jugemens la vérité que Dieu a fait descendre du ciel, sera prévaricateur. ⟦50⟧ Nous avons prescrit aux juifs la peine du talion. On rendra âme pour âme, œil pour œil, nez pour nez, oreille pour oreille, dent pour dent, blessure pour blessure. Celui qui changera cette peine en aumône, aura un mérite aux yeux de Dieu. Quiconque transgressera, dans ses jugemens, les préceptes que nous vous avons donnés, sera coupable. ⟦51⟧ Après les prophètes, nous avons envoyé Jésus fils de Marie, pour confirmer le Pentateuque. Nous lui avons donné l'Évangile, qui est le flambeau de la foi, et qui met le sceau à la vérité des anciennes écritures. Ce livre éclaire et instruit ceux qui craignent le Seigneur. ⟦52⟧ Les chrétiens seront jugés d'après l'Évangile. Ceux qui les jugeront autrement seront prévaricateurs. ⟦53⟧ Nous t'avons envoyé le livre véritable qui confirme les écritures qui l'ont précédé, et qui en rend témoignage. Juge entre les juifs et les chrétiens suivant les commandemens de Dieu. Ne suis pas leurs désirs, et ne t'écarte pas de la doctrine que tu as reçue. Nous avons donné à chacun de vous des lois pour se conduire. ⟦54⟧ Dieu pouvait vous réunir tous sous une même religion. Il a voulu éprouver si vous seriez fidèles à ses divers commandemens. Efforcez-vous de faire le bien. Vous retournerez tous à lui, et il vous montrera en quoi vous aurez erré. ⟦55⟧ Que la science que

---

49. Autrefois on coupait la main à un homme qui avait volé quatre écus, ou une somme plus considérable. Pour un second larcin, il devait perdre le pied gauche, ensuite la main gauche, enfin le pied droit. *Gelaleddin*. Cette loi n'est guère en usage parmi les Turcs. La bastonnade est la peine ordinaire du vol. Souvent aussi on coupe la tête au voleur. Ce crime est bien rare dans les villes de Turquie ; mais le défaut de police le rend fréquent sur les grands chemins, et surtout dans le désert.

tu as reçue soit la règle de tes jugemens. N'écoute pas leurs désirs. Évite la séduction, et n'oublie rien de la doctrine de Dieu. S'ils s'écartent du vrai chemin, sache que le Tout-Puissant les punit pour quelque crime qu'ils ont commis. Le nombre des prévaricateurs est très-grand. [56] Désirent-ils le jugement de l'ignorance ? Quel juge plus équitable que Dieu peuvent avoir les croyans ? [57] Ô croyans ! ne formez point de liaisons avec les juifs et les chrétiens. Laissez-les s'unir ensemble. Celui qui les prendra pour amis deviendra semblable à eux, et Dieu n'est point le guide des pervers. [58] Vous verrez ceux dont le cœur est corrompu s'unir pour repousser, diront-ils, les coups de la fortune ; mais il sera facile à Dieu de donner la victoire au prophète, et des ordres qui les feront repentir de leurs desseins. [59] Sont-ce là ceux qui juraient, par le nom de Dieu, qu'ils étaient de notre parti, diront les fidèles ; leurs œuvres sont vaines, et ils périssent. [60] Ô musulmans ! si vous abandonnez votre religion, Dieu appellera d'autres peuples. Il les aimera et ils l'aimeront. S'ils sont inférieurs aux croyans, ils seront supérieurs aux infidèles. Ils combattront pour la foi, et ne craindront point les reproches de celui qui blâme. Dieu fera cette faveur à qui il voudra. Il est sage et infini. [61] Vous avez pour appui le bras du Très-Haut, les fidèles, ceux qui font la prière, l'aumône, et qui adorent le Seigneur. [62] Ceux qui marchent sous la protection du Ciel, de son apôtre et des croyans, sont les milices du Seigneur. Ils remporteront la victoire. [63] Ô croyans ! ne vous liez point avec les chrétiens, les juifs et les impies, qui font de votre culte l'objet de leurs railleries. Craignez Dieu, si vous êtes fidèles. [64] Ne vous liez point avec ceux qui se moquent de la prière, à laquelle on les invite ; ils sont dans l'ignorance. [65] Demande aux juifs : quel est le sujet de l'horreur que vous avez pour les fidèles ? Est-ce parce qu'ils croient en Dieu, aux anciennes écritures, ou parce que la plupart d'entre vous sont prévaricateurs ? [66] Que vous peindrai-je de plus terrible que la vengeance que Dieu a exercée contre vous ? Il vous a maudits dans sa colère. Il vous a transformés en singes et en porcs, parce que vous avez brûlé de l'encens devant les idoles, et que vous êtes plongés dans les plus profondes ténèbres. [67] Lorsqu'ils se sont présentés à vous, ils ont dit : Nous croyons. Ils sont entrés avec l'infidélité ; ils s'en sont retournés avec l'infidélité : mais Dieu connaît ce qu'ils recèlent. [68] Combien d'entre eux se livrent à l'iniquité ? Combien en verrez-vous se nourrir des mets défendus ? Mais malheur à leurs œuvres ! [69] Si leurs docteurs et leurs pontifes n'arrêtaient l'impiété de leurs discours, s'ils ne les empêchaient de transgresser le précepte des alimens, malheur aux maux qu'ils commettraient ! [70] Les mains de Dieu sont liées, disent les juifs. Que leurs bras soient chargés de chaînes. Qu'ils soient maudits pour prix de leurs blasphèmes. Au contraire, les mains de Dieu sont ouvertes et prêtes à verser les dons sur ceux qu'il lui plaît. La grâce qu'il t'a accordée ne fera qu'accroître leurs erreurs et leur infidélité. Nous avons semé parmi eux des haines qui fermenteront jusqu'au jour de la résurrection. Le Tout-Puissant éteindra le feu de la guerre toutes les fois qu'ils l'allumeront contre toi. Ils seront errans sur la terre, et porteront avec eux la corruption ; mais le Seigneur hait les corrupteurs. [71] S'ils avaient la foi et la crainte du Seigneur, nous effacerions leurs péchés ; nous les introduirions dans les jardins de délices. L'observation du Pentateuque, de l'Évangile et des préceptes divins, leur procurerait la jouissance de tous les biens. Il en est parmi eux qui marchent dans la bonne voie ; mais la plupart sont impies. [72] Ô prophète ! dévoile les lois que Dieu t'a révélées, afin que ta mission soit accomplie. Le bras du Tout-Puissant te conservera contre les efforts des hommes, parce qu'il n'est point le guide des infidèles. [73] Dis aux juifs et aux chrétiens : Vous n'êtes appuyés sur aucun fondement, tant que vous n'observerez pas le Pentateuque, l'Évangile et les commandemens de Dieu. Le livre que tu as reçu du ciel augmentera l'aveuglement de beaucoup d'entre eux ; mais ne t'alarme point sur le sort des infidèles. [74] Les fidèles, les juifs, les sabéens et les chrétiens qui croiront en Dieu et au jour dernier, et qui auront pratiqué la vertu, seront exempts de la crainte et des tourmens. [75] Nous reçûmes l'alliance des Israélites, et nous leur envoyâmes des prophètes. Toutes les fois qu'ils leur annoncèrent des vérités, que rejetaient leurs cœurs corrompus, ils furent accusés de mensonge, ou injustement massacrés. [76] Ils ont pensé que leurs crimes seraient impunis, et ils sont devenus aveugles et sourds. Le Seigneur leur a pardonné, et le plus grand nombre est retombé dans l'aveuglement ; mais l'Éternel est témoin de leurs actions. [77] Ceux qui disent que le Messie fils de Marie est Dieu, profèrent un blasphème. N'a-t-il pas dit lui-même : Ô enfans d'Israël, adorez Dieu, mon seigneur et le vôtre ! Celui qui donne un égal au Très-Haut n'entrera point dans le jardin de délices. Sa demeure sera le feu. Les réprouvés n'auront plus de secours à attendre. [78] Ceux qui soutiennent la trinité de

Dieu sont blasphémateurs. Il n'y a qu'un seul Dieu. S'ils ne changent de croyance, un supplice douloureux sera le prix de leur impiété. ⑦⑨ Ne retourneront-ils point au Seigneur? N'imploreront-ils point leur pardon? Il est indulgent et miséricordieux. ⑧⓪ Le Messie fils de Marie n'est que le ministre du Très-Haut : d'autres envoyés l'ont précédé. Sa mère était juste. Ils vivaient et mangeaient ensemble. Vois comme nous leur donnons des preuves de l'*unité de Dieu*, et comment ensuite ils se livrent au mensonge. ⑧① Dis-leur : Adorerez-vous une idole impuissante, qui ne saurait ni vous nuire ni vous protéger; tandis que Dieu sait et entend tout? ⑧② Dis aux juifs et aux chrétiens : Ne passez point les bornes de la foi, pour suivre le mensonge. N'embrassez pas l'opinion de ceux qui étaient avant vous dans l'erreur, et qui ont entraîné la plupart des hommes dans leur aveuglement. ⑧③ Les juifs incrédules ont été maudits par la bouche de David et de Jésus fils de Marie. Rebelles et impies, ils ne cherchaient point à se détourner du crime. Malheur à leurs œuvres! ⑧④ Vous les voyez courir en foule dans le parti des infidèles. Malheur aux forfaits dont ils sont coupables! Dieu, dans sa colère, les précipitera pour toujours dans l'horreur des tourmens. ⑧⑤ S'ils eussent cru en Dieu, au prophète, au Coran, ils n'auraient pas recherché leur alliance; mais la plupart d'entre eux sont pervertis. ⑧⑥ Vous éprouverez que les juifs et les idolâtres sont les plus violens ennemis des fidèles, et parmi les chrétiens vous trouverez des hommes humains et attachés aux croyans, parce qu'ils ont des prêtres et des religieux voués à l'humilité. ⑧⑦ Lorsqu'ils entendent la lecture du Coran ⁵⁰, vous les voyez pleurer de joie d'avoir connu la vérité. Seigneur, s'écrient-ils, nous croyons. Écris-nous au nombre de ceux qui rendent témoignage. ⑧⑧ Pourquoi ne croirions-nous pas en Dieu et à la vérité qu'il a manifestée? Pourquoi ne désirerions-nous pas d'avoir une place parmi les justes? ⑧⑨ Dieu a entendu leur voix; il leur donnera pour habitation éternelle les jardins de délices qu'arrosent des fleuves. Telle sera la récompense des bienfaisans; mais les infidèles, et ceux qui accuseront notre doctrine de mensonge, seront précipités dans l'enfer. ⑨⓪ O croyans! ne défendez point l'usage des biens que Dieu vous a permis. Ne transgressez point ses commandemens : il hait les prévaricateurs. ⑨① Nourrissez-vous des alimens licites que vous tenez de la libéralité divine. Craignez Dieu, si vous avez la foi. ⑨② Il ne vous punira pas pour un serment inconsidéré; mais si vous contractez un engagement réfléchi, son infraction vous coûtera la nourriture de dix pauvres, leur vêtement, ou la rançon d'un captif. Celui qui sera hors d'état d'accomplir cette peine jeûnera trois jours. Telle est la loi portée contre ceux qui manqueront à leurs sermens. Gardez vos pactes : c'est ainsi que Dieu vous manifeste ses préceptes, afin que vous lui en rendiez grâces. ⑨③ O croyans! le vin ⁵¹, les jeux de hasard, les statues, et le sort des flèches, sont une abomination inventée par Satan. Abstenez-vous-en, de peur que vous ne deveniez pervers. ⑨④ Le démon se servirait du vin et du jeu pour allumer parmi vous le feu des dissensions, et vous détourner du souvenir de Dieu et de la prière. Voudriez-vous devenir prévaricateurs? Obéissez à Dieu, à son apôtre, et craignez; si vous êtes rebelles, sachez que le prophète n'est chargé que de vous annoncer la vérité. ⑨⑤ Les croyans qui auront pour eux le mérite des bonnes œuvres ne seront point coupables pour avoir mangé des alimens défendus, pourvu qu'ils conservent constamment la foi, la crainte du Seigneur et l'amour du bien, parce que le Seigneur aime ceux qui exercent la bienfaisance. ⑨⑥ O croyans! la proie que vos lances vous procureront à la chasse sera pour vous une épreuve. Dieu saura celui qui le craint dans le secret. Le prévaricateur deviendra la victime des tourmens. ⑨⑦ O croyans! ne tuez point d'animal à la chasse pendant le pèlerinage de la Mecque. Celui qui violera cette défense sera puni comme s'il avait tué un animal domestique; deux hommes équitables d'entre vous le jugeront : il sera condamné à envoyer un présent au temple saint, à nourrir des pauvres, ou à subir un jeûne, afin qu'il sente la peine de sa faute. Dieu pardonne le passé, mais celui qui retombera éprouvera la vengeance céleste. Dieu est terrible dans ses châtimens. ⑨⑧ La pêche, avec ses avantages, vous est permise; vous pouvez vous en servir pendant le saint voyage; mais tout le temps qu'il durera, la chasse vous est ni de *Ham*; des infidèles sans

---

50. Ce verset fut révélé à l'arrivée des ambassadeurs du roi d'Éthiopie. Mahomet leur ayant lu un chapitre du Coran, ils versèrent des larmes de joie, et se firent musulmans. *Gelaleddin*. Ces ambassadeurs étaient chrétiens avant d'embrasser l'islamisme.

51. *Gelaleddin* pense que le prophète défend seulement l'excès du vin; qu'il est permis d'en boire, pourvu qu'on ne s'enivre pas. *Jahia* et les autres commentateurs du Coran croient que la défense est absolue. Dieu détournera pendant quarante jours ses regards du mahométan qui aura bu du vin; et s'il s'est enivré, le Seigneur ne recevra son repentir qu'après quarante jours. Si le coupable meurt pendant cet espace de temps, il sera traité comme les idolâtres, et abreuvé de poison. *Mohammed*, fils d'*Abuhamid*. La défense du vin est mieux observée en Égypte que dans les autres parties de l'empire ottoman. Partout ailleurs, les Turcs violent le précepte sans scrupule et sans crainte.

intelligence lui ont prêté ces mensonges. [99] Lorsqu'on leur a dit : Embrassez la religion que Dieu a révélée à son apôtre, ils ont répondu : La croyance de nos pères nous suffit. Peu leur importe que leurs pères n'aient eu ni science ni lumières pour se conduire. [100] O croyans! le soin de vos âmes vous regarde ; l'erreur des autres ne vous nuira point si vous êtes éclairés ; vous paraîtrez tous devant le tribunal de Dieu, et il vous montrera vos œuvres. [101] O croyans! lorsqu'au lit de la mort vous ferez votre testament, appelez pour témoins deux hommes équitables d'entre vous. Si quelque accident mortel vous surprenait en voyage, vous pouvez vous servir d'étrangers. Vous les tiendrez sous votre garde, et, après avoir fait la prière, si vous doutez de leur foi, vous leur ferez prêter ce serment devant Dieu : Nous ne recevrons point d'argent pour témoigner, pas même d'un parent ; nous ne cacherons point notre témoignage, car nous serions criminels. [102] S'il était évident que les deux témoins eussent prévariqué, on en choisirait deux autres parmi les parens du testateur. Ils jureront à la face du ciel que leur témoignage est véritable, et que s'ils sont parjures, ils seront au nombre des réprouvés. [103] Ils prêteront témoignage en présence des premiers témoins, afin qu'ils puissent craindre d'être contredits. Craignez le Seigneur, écoutez sa voix ; il ne dirige point les pervers. [104] Un jour Dieu rassemblera les prophètes, et leur demandera ce que les peuples ont répondu à leurs exhortations. Seigneur, diront les prophètes, la science n'est point notre partage ; toi seul connais les secrets. [105] Dieu dira à Jésus, fils de Marie : Souviens-toi des grâces que j'ai répandues sur toi et sur celle qui t'a enfanté ; je t'ai fortifié dans l'esprit de sainteté afin que tu instruisisses les hommes depuis ton berceau jusqu'à la vieillesse. [106] Je t'ai enseigné l'Écriture, la Sagesse, le Pentateuque, l'Évangile ; tu formas de boue la figure d'un oiseau, et ton souffle l'anima par ma permission ; tu guéris un aveugle de naissance et un lépreux par ma volonté ; tu fis sortir les morts de leurs tombeaux ; je détournai de toi les mains des juifs. Au milieu des miracles que tu fis éclater à leurs yeux, obstinés dans leur incrédulité, il s'écriaient : Tout cela n'est que prestige. [107] J'inspirai aux apôtres de croire en moi et en Jésus mon envoyé, et ils dirent : Nous croyons, rends témoignage de notre foi. [108] O Jésus, fils de Marie, dirent les apôtres : ton Dieu peut-il nous faire descendre des cieux une table préparée ? Craignez le Seigneur, répondit Jésus, si vous êtes fidèles. [109] Nous désirons, ajoutent-ils, nous y asseoir, et y manger : alors nos cœurs seront tranquilles, nous saurons que tu nous a prêché la vérité, et nous rendrons témoignage. [110] Jésus, fils de Marie, adressa au ciel cette prière : Seigneur, fais-nous descendre une table du ciel. Qu'elle soit une fête pour le premier et le dernier d'entre nous, et un signe de ta puissance. Nourris-nous ; tu est le plus libéral des dispensateurs. [111] Le Seigneur exauça sa demande et dit : Celui qui, après cette merveille, sera incrédule, subira le supplice le plus terrible qu'éprouva jamais aucune créature. [112] Dieu ayant demandé à Jésus, fils de Marie, s'il avait commandé aux hommes de l'adorer lui et sa mère comme des dieux ; Seigneur, répondit-il, leur aurais-je ordonné un sacrilège ? Si j'en étais coupable, ne le saurais-tu pas ? Tu connais ce qui est dans mon cœur, et j'ignore ce que voile ta majesté suprême. La connaissance des mystères n'appartient qu'au Très-Haut. [113] Je ne leur ai fait entendre ma voix que pour leur annoncer tes commandemens. Je leur ai dit : Adorez Dieu, mon Seigneur et le vôtre. J'ai été témoin auprès d'eux, tant que j'ai resté sur la terre. Lorsque la mort est venue par ton ordre trancher le fil de mes jours, tu as été leur gardien. Tu es le témoin universel. Si tu les punis, ils sont tes serviteurs ; si tu leur pardonnes, tu es puissant et sage. [114] Le Seigneur dit : Au jour du jugement, la justice sera utile à ceux qui l'auront pratiquée ; ils entreront dans les jardins où coulent des fleuves ; ils y demeureront éternellement. Dieu a mis en eux ses complaisances. Ils trouveront en lui leur bonheur. Ils jouiront de la souveraine béatitude. [115] Dieu est le souverain des cieux et de la terre, et de tout ce qu'ils renferment. Rien ne saurait limiter sa puissance.

CHAPITRE VI.

Les Troupeaux. donné à La Mecque, composé de 165 versets. Au nom de Dieu clément et miséricordieux.

[1] LOUANGE à l'Éternel ! Il a créé le ciel et la terre ; il a formé les ténèbres et la lumière ; et l'impie lui donne des égaux. [2] Il vous a créés de limon. Il a marqué le terme de vos jours, et vous doutez encore. [3] Il est Dieu, dans les cieux et sur la terre. Il connaît vos secrets et ce que vous dévoilez. Il est le témoin de vos actions.

4 Quelque évidens que soients les signes de sa puissance, ils les rejettent opiniâtrement. 5 Ils ont nié la vérité qu'on leur prêchait. Bientôt ils seront châtiés de leurs mépris. 6 Ignorez-vous combien de peuples nous avons fait disparaître de la face de la terre? Nous leur avions donné un empire plus stable que le vôtre. Nous envoyions les nuages verser la pluie sur leurs campagnes. Nous y faisions couler des fleuves. Leurs crimes seuls ont causé leur ruine. Nous les avons remplacés par d'autres nations. 7 Quand même nous t'aurions envoyé un livre écrit, les infidèles, en le touchant de leurs mains, se seraient écriés : C'est une imposture. 8 Si un ange, disent-ils, ne vient pas accompagner le prophète, nous ne croirons point. Quand Dieu en ferait descendre un du ciel, ils resteraient incrédules. Leur perte est certaine : on n'attendra point leur repentir. 9 Si nous faisions descendre un ange, ce serait sous la forme et les habits d'un homme. 10 Mes ministres ont été le jouet des hommes avant toi ; mais ceux qui s'en sont moqués ont subi le châtiment dont ils se riaient. 11 Dis-leur : Parcourez la terre, et voyez quel a été le sort de ceux qui accusèrent les prophètes de mensonge. 12 Dis : A qui appartient ce qui est dans les cieux et sur la terre? Réponds : A Dieu. Il a pris la miséricorde pour partage. Il vous rassemblera tous au jour de la résurrection ; vous ne pouvez en douter. Ceux qui perdent leur âme ne croiront point. 13 Il possède tout ce que voile la nuit, tout ce que le jour éclaire. Il sait et entend tout. 14 Dis-leur : Chercherai-je un autre protecteur que Dieu? Il a formé les cieux et la terre. Il nourrit et il n'est point nourri. J'ai reçu l'ordre d'embrasser le premier l'islamisme, et de ne point donner d'égal au Très-Haut. 15 Si je suis rebelle à sa voix, je dois craindre la peine du grand jour. 16 Celui qui l'évitera en sera redevable à la miséricorde divine. Son bonheur sera assuré. 17 Si Dieu vous envoie l'affliction, lui seul pourra vous en délivrer ; s'il vous est propice, sa puissance est sans bornes. 18 Il gouverne ses serviteurs. La sagesse et la science sont ses attributs. 19 Est-il un témoignage plus fort? Dieu est témoin entre moi et vous. Le Coran m'a été révélé pour votre instruction et celle de ceux à qui il parviendra. Direz-vous qu'il y a plusieurs Dieux? Je ne proférerai jamais ce blasphème. Il n'y a qu'un Dieu, et je ne dépends point de ceux que vous lui associez. 20 Ceux qui ont reçu les écritures connaissent le prophète comme ils connaissent leurs enfans ; mais ceux qui perdent leurs âmes ne croiront point en lui. 21 Quoi de plus impie que d'accuser Dieu et sa doctrine de mensonge? Le Seigneur ne fera point prospérer les pervers. 22 Le jour où nous rassemblerons les humains, nous demanderons aux idolâtres : Où sont vos divinités? 23 Ils diront pour s'excuser : Nous jurons par le Très-Haut que nous n'avons point adoré d'idoles. 24 Vois comme ils mentent contre eux-mêmes, et comme leurs dieux chimériques disparaissent. 25 Quelques-uns d'eux écouteront la doctrine du Coran ; mais ils ne comprendront point. Nous avons couvert leurs yeux d'un voile et mis un poids dans leurs oreilles. La vue des plus éclatans prodiges ne les fera pas sortir de leur incrédulité, à moins qu'ils ne viennent s'éclairer auprès de toi. Le Coran, diront les infidèles, est un amas de fables de l'antiquité. 26 En s'éloignant du prophète, ils en écartent les autres. Ils ne font de tort qu'à eux-mêmes, et ils ne le comprennent pas. 27 Si tu les voyais à l'instant où ils descendront dans les flammes, tu les entendrais s'écrier : Plût à Dieu que nous pussions retourner sur la terre! Nous ne blasphémerions plus contre la religion divine, et nous croirions en elle. 28 Ils ont vu la vérité qu'ils célaient ; quand ils reviendraient sur la terre, ils retourneraient à l'erreur. Leurs cœurs sont livrés au mensonge. 29 Il n'y a point d'autre vie que celle dont nous jouissons ; nous ne ressusciterons point ; tel fut leur langage. 30 Lorsqu'ils paraîtront devant l'Éternel, il leur demandera : N'est-ce pas là une véritable résurrection? Elle est véritable, répondront-ils : nous en jurons par ta majesté sainte. Goûtez, ajoutera le Très-Haut, la peine de votre incrédulité. 31 Ceux qui niaient la résurrection ne sont plus. La mort les surprit tout à coup, et ils s'écrièrent : Malheur à nous, pour avoir oublié ce moment fatal! Ils porteront le fardeau de leurs crimes 52 ; malheureux fardeau! 32 La vie humaine n'est qu'un jeu frivole ; une vie plus précieuse sera le partage de ceux qui craignent le Seigneur. Ne le comprendrez-vous pas? 33 Nous savons que leurs discours t'affligent. Ils ne t'accusent pas d'imposture ; mais les impies nient la doctrine divine. 34 Les prophètes qui

---

52. Lorsque l'infidèle sortira du tombeau, le mal qu'il aura fait pendant la vie s'offrira à ses yeux sous une forme horrible. A une figure hideuse, à un souffle empesté, ce monstre joindra l'outrage des discours. Épouvanté de son aspect : Quel est ton nom, lui demandera l'infidèle? — Eh quoi, lui répondra le monstre, ma laideur t'effraie! Reconnais ton ouvrage. Je suis le mal que tu as commis. Dans le monde je te portais ; tu vas me porter à ton tour. A ces mots, il montera sur ses épaules. Tous les êtres créés auront pour le coupable un aspect effrayant. Tous lui crieront : Anathème à l'ennemi de Dieu! C'est toi que menaçait ce verset du Coran : *ils porteront leur fardeau. Jahia.*

t'ont précédé furent accusés de mensonge. Ils souffrirent patiemment l'injustice des hommes, jusqu'à ce que nous vînmes à leur secours ; car la parole de Dieu est infaillible. Tu sais leur histoire. [35] Quelque pénible que te soit leur haine, trouveras-tu un chemin pour descendre au centre de la terre, ou une échelle pour monter aux cieux, afin de leur faire paraître des prodiges ? Si Dieu voulait, ne les appellerait-il pas tous au chemin du salut ? Ne sois donc pas au nombre des ignorans. [36] Certainement il exaucera ceux qui auront écouté sa voix. Il ressuscitera les morts, et ils paraîtront devant lui. [37] Nous se croirons point, disent-ils, à moins qu'un signe céleste n'atteste ta mission. Dis-leur : Dieu peut opérer des miracles, et la plupart l'ignorent. [38] Les animaux qui couvrent la terre, les oiseaux qui traversent les airs, sont ses créatures comme vous. Tous sont écrits dans le livre. Ils reparaîtront devant lui. [39] Ceux qui blasphèment contre votre doctrine, sourds et muets, errent dans les ténèbres. Dieu égare ou éclaire qui il lui plaît. [40] Dis-leur : Si le supplice était prêt, si l'heure sonnait, invoqueriez-vous un autre que Dieu, si vous êtes véridiques ? [41] Certainement vous l'invoqueriez ; et si c'était sa volonté, il vous délivrerait des peines qui vous feraient implorer sa clémence. Vous oublieriez vos idoles. [42] Avant toi nous envoyâmes des prophètes pour avertir les peuples, et nous leur fîmes sentir des calamités afin qu'ils implorassent notre miséricorde. [43] La vue de nos châtimens n'excita point leur repentir. Leurs cœurs s'endurcirent, et Satan leur fit trouver des charmes dans la rébellion. [44] Mais tandis qu'oubliant nos avertissemens, ils consumaient dans les plaisirs les biens que nous leur avions dispensés, la vengeance divine les surprit tout à coup, et ils s'abandonnèrent au désespoir. [45] Ils furent exterminés au milieu de leurs forfaits. Louange en soit rendue au souverain de l'univers ! [46] Dis-leur : Que vous en semble ? Si Dieu vous privait de l'ouïe et de la vue, s'il scellait vos cœurs, quel autre que lui pourrait vous en rendre l'usage ? Vois de combien de manières nous expliquons *l'unité de Dieu* ; et ils se refusent opiniâtrement à la lumière. [47] Dis-leur : Que vous en semble ? Si les châtimens célestes tombaient sur vous à l'improviste, ou publiquement, les impies seuls n'en seraient-ils pas les victimes ? [48] Nous n'envoyons des ministres que pour prêcher aux nations les récompenses et les peines futures. Ceux qui auront la foi et la vertu seront exempts de la crainte et des tourmens. [49] Ceux qui blasphèment contre l'islamisme recevront la peine de leur impiété. [50] Je ne vous dis pas que je possède les trésors célestes, que je connais les mystères, ni que je sois un ange. Je ne prêche que ce qui m'est révélé. L'aveugle et celui qui voit marchent-ils d'un pas égal ? Ne le comprenez-vous pas ? [51] Prêche le Coran à ceux qui craignent. Annonce leur qu'ils seront rassemblés devant l'Éternel, qu'ils n'ont d'autre patron, d'autre protecteur que lui, afin qu'ils marchent avec précaution. [52] Ne repousse point ceux qui invoquent le Seigneur le matin et le soir, et qui désirent d'attirer ses regards. Ce n'est point à toi à juger de leur intention ; ils ne doivent point juger de la tienne. Ce serait une injustice de les rebuter. [53] Nous avons éprouvé les hommes les uns par les autres, afin qu'ils disent : Sont-ce là ceux sur qui le Seigneur a rassemblé ses grâces ? Ne connaît-il pas ceux qui sont reconnaissans ? [54] Lorsque les croyans viendront à toi, dis-leur : La paix soit avec vous ; votre Seigneur a pris la miséricorde pour partage ; celui d'entre vous qui aura péché par ignorance, et qui, pénétré de repentir, se corrigera, éprouvera sa clémence. [55] C'est ainsi que nous développons la doctrine du Coran, afin que le sentier des impies paraisse au grand jour. [56] Le culte de vos idoles m'est interdit. En suivant vos désirs, je me plongerais dans l'erreur, et je cesserais d'être éclairé. [57] La volonté de Dieu est ma loi. Vous y êtes rebelles. Il ne dépend pas de moi de hâter ce que vous demandez. A Dieu seul appartient de prononcer sur votre sort. Il jugera avec vérité. Il est le plus éclairé des juges. [58] Dis-leur : S'il était en mon pouvoir de hâter son jugement, notre différent serait bientôt terminé. Dieu connaît les impies. [59] Il tient en ses mains les clefs de l'avenir ; lui seul le connaît. Il sait ce qui est sur la terre et au fond des mers. Il ne tombe pas une feuille qu'il n'en ait connaissance. La terre ne renferme pas un grain qui ne soit écrit dans le livre de l'évidence. [60] Vous lui devez le sommeil de la nuit et le réveil du matin. Il sait ce que vous faites pendant le jour. Il vous laisse accomplir la carrière de la vie. Vous reparaîtrez devant lui, et il vous montrera vos œuvres. [61] Il domine sur ses serviteurs. Il vous donne pour gardiens des Anges chargés de terminer vos jours au moment prescrit. Il exécutent soigneusement l'ordre du ciel. [62] Vous retournez ensuite devant le Dieu de vérité. N'est-ce pas à lui qu'il appartient de juger ? Il est le plus exact des juges. [63] Qui vous délivre des tribulations de la terre et des mers, lorsque, l'invoquant en public, ou dans le secret de vos cœurs, vous vous écriez : Seigneur, si tu écartes de nous ces maux, nous en serons reconnaissans ? [64] C'est Dieu qui vous en délivre. C'est sa bonté qui vous soulage de la peine qui vous oppresse ; et ensuite vous retournez à l'idolâtrie. [65] Dis : Il peut entasser le malheur sur vos têtes, ouvrir des abîmes sur vos pas, semer la discorde parmi vous, faire éprouver aux uns la détresse des autres. Voyez quels tableaux variés nous vous offrons de *la puissance divine*, afin de vous dessiller les yeux. [66] Ta propre nation accuse de mensonge le livre qui contient la vérité. Dis-leur : Je cesse d'être votre avocat. Chaque prédiction a son terme fixé. Vous verrez..... [67] Fuyez ceux qui déchirent la religion, jusqu'à ce qu'ils changent de discours. Si le tentateur vous faisait oublier ce précepte, songez, après vous l'être rappelé, que vous ne devez pas vous asseoir avec les infidèles. [68] Que ceux qui craignent le Seigneur n'aient pour eux que du mépris ; qu'ils ne se rappellent leur souvenir que pour les éviter. [69] Éloigne-toi de ceux qui, aveuglés par les charmes de la vie, se jouent de la religion. Apprends que le coupable qui aura mérité la réprobation ne trouvera aucun protecteur contre Dieu. Quelque prix qu'il offre pour se racheter, il sera refusé. Victime de ses forfaits, il aura pour se désaltérer l'eau bouillante. Il expiera au milieu des tourmens son infidélité. [70] Dis-leur : Invoquerons-nous des divinités qui ne sauraient nous servir ni nous nuire ? Retournerons-nous sur nos pas, après avoir été éclairés, semblables à ceux que Satan a séduits ? Ils avaient des compagnons qui les appelaient au chemin du salut. La religion du Seigneur est la véritable. Nous avons reçu l'ordre d'embrasser l'islamisme, c'est le culte du Dieu de l'univers. [71] Faites la prière. Craignez Dieu. Vous serez tous rassemblés devant son tribunal. [72] Architecte des cieux et de la terre, lorsqu'il veut donner l'existence aux êtres, il dit : Soyez, et ils sont. [73] Sa parole est la vérité. Roi du jour [53] où la trompette sonnera, il connaît les choses secrètes et publiques, il possède la sagesse et la science. [74] Abraham dit à son père Azar [54] : Rendrez-vous à des simulacres le culte qui n'est dû qu'à Dieu ? Vous êtes, vous et votre peuple, dans de profondes ténèbres. [75] Nous montrâmes à Abraham le royaume des cieux et de la terre, afin de rendre sa foi inébranlable. [76] Lorsque la nuit l'eut environné de ses ombres, il vit une étoile, et s'écria : Voilà mon Dieu ! L'étoile ayant disparu, il reprit : Je n'adorerai point des dieux qui disparaissent. [77] Ayant vu la lune se lever, il dit : Voilà mon Dieu ! La lune s'étant couchée, il ajouta : Si le Seigneur ne m'eût éclairé, je serais dans l'erreur. [78] Le soleil ayant paru dans l'orient, il s'écria : Celui-ci est mon Dieu ; il est plus grand que les autres. Le soleil ayant fini sa carrière, il continua : O mon peuple, je ne participe point au culte de vos divinités. [79] J'ai levé mon front vers celui qui a formé les cieux et la terre. J'adore son unité. Ma main n'offrira point d'encens aux idoles. [80] Le peuple ayant disputé avec lui, il dit : Me contesterez-vous l'unité de Dieu ? Il m'a éclairé. Je ne crains point ceux que vous lui associez. Le Dieu que je sers fait tout ce qu'il veut. Sa science embrasse l'univers. N'ouvrirez-vous point les yeux ? [81] Comment craindrais-je ceux que vous avez égalés au Très-Haut ? Il ne vous l'a pas permis. Laquelle de nos religions est la véritable ? Le savez-vous ? [82] Ceux qui croient, et qui ne revêtent point leur foi du manteau de l'erreur, possèdent la paix. Ils marchent dans la voie du salut. [83] Telles sont les preuves *de l'unité de Dieu*, que nous suggérâmes à Abraham. Le Seigneur élève ceux qu'il lui plaît. Il est sage et savant. [84] Nous lui donnâmes pour enfans Isaac et Jacob. Ils marchèrent au flambeau de la foi. Avant lui nous avions éclairé Noé. Parmi les descendans d'Abraham, nous favorisâmes de notre lumière, David, Salomon, Job, Joseph, Moïse et Aaron. C'est ainsi que nous récompensons la vertu. [85] Zacharie, Jean, Jésus, Élie, furent au nombre des justes. [86] Nous élevâmes au-dessus de leurs semblables, Ismaël, Élisée, Jonas et Loth. [87] Nous guidâmes dans le sentier du salut ceux que nous élûmes, parmi leurs pères, leurs frères et leur postérité. [88] Telle est la lumière de Dieu. Il s'en sert pour conduire ses serviteurs ; mais les idolâtres perdent le fruit de leurs œuvres. [89] Tels furent ceux à qui nous donnâmes les écritures, la sagesse et le don de prophétie. Si leur postérité méprise ces bienfaits, nous les ferons passer à une nation plus reconnaissante. [90] Tels furent ceux que Dieu éclaira. Suivez donc leur doctrine. Dis aux idolâtres : Je ne vous demande point de récompense pour le Coran. Il ne m'a été envoyé que pour l'instruction des humains. [91] Les juifs ne rendent pas hommage à la vérité, lorsqu'ils soutiennent que Dieu n'a rien révélé aux hommes. Demande-leur : Qui a

---

53. Dans ce jour, *Asraphel* se tiendra debout sur une montagne qui est près de Jérusalem. Il portera à la main une trompette qui s'étendra depuis Jérusalem jusqu'au mont Sinaï. Les âmes de tous les mortels y seront rassemblées. Au premier souffle de l'ange, elles en sortiront comme un essaim, et iront rejoindre leurs corps. Les hommes ressuscités se rendront où la voix du héraut céleste les appellera. *Jahia. Cottada.*

54. *Tareh* était le vrai nom du père d'Abraham. Le surnom d'*Azar* lui fut donné à cause de son idolâtrie. Il vient d'*iazar*, ô toi qui es dans l'erreur. *Jallia. Gelaleddin.*

envoyé à Moyse le livre de la loi, où brille la vraie lumière ; ce livre que vous écrivez et dont vous savez soustraire une partie ? Réponds : C'est Dieu. Le Coran vous a appris ce que vous ignoriez, et ce qu'ignoraient vos pères. Laisse-les plongés dans le bourbier ténébreux où ils se débattent. [92] Nous l'avons fait descendre du ciel, ce livre béni, pour confirmer les anciennes écritures, pour que tu le prêches à la Mecque et dans les villes voisines. Ceux qui ont la croyance de la vie future croient en lui. Ils seront exacts observateurs de la prière. [93] Quoi de plus impie, que de faire Dieu complice d'un mensonge ? Que de s'attribuer des révélations qu'on n'a point eues ; que de dire : Je ferai descendre un livre semblable à celui que Dieu a envoyé. Quel spectacle lorsque les pervers seront dans les angoisses de la mort, lorsque l'ange étendant son bras sur eux, prononcera ces mots : Rendez-moi vos âmes ! Aujourd'hui vous allez subir un supplice ignominieux, digne prix de vos blasphèmes, et de l'orgueil avec lequel vous méprisez le culte du Très-Haut. [94] Vous revenez à nous dépouillés de tout, tels que nous vous créâmes. Vous laissez derrière vous les biens que nous vous avions départis. Ils ne paraissent point ces intercesseurs que vous égaliez au Tout-Puissant. Vos liens sont brisés. La protection que vous attendiez d'eux s'est évanouie. [95] Dieu sépare le grain de l'épi et le noyau de la datte. Il fait sortir la vie de la mort, et la mort de la vie. Il est votre Seigneur. Comment pourrait-il vous tromper ? [96] Il sépare l'aurore des ténèbres. Il a établi la nuit pour le repos. Le soleil et la lune marquent le cours du temps. Tel est l'ordre établi par celui qui est puissant et sage. [97] C'est lui qui a placé les astres au firmament, pour vous conduire au milieu des ténèbres, sur la terre et les mers. Le sage voit dans tout l'Univers l'empreinte de sa puissance. [98] C'est lui qui vous a formés d'un seul homme. C'est lui qui vous prépare un lieu de repos dans le sein de vos mères, et qui vous dispose dans les reins de vos pères. Le sage y reconnaît les effets de sa puissance. [99] C'est lui qui fait descendre la pluie pour féconder les germes des plantes, qui couvre la terre de verdure, qui forme les grains rassemblés dans l'épi, qui fait croître les palmiers et leur fruit suspendu en grappes. Vous lui devez ces raisins, ces olives, ces grenades qui enrichissent vos jardins. Considérez la naissance et la maturité des fruits, et si vous avez la foi, vous y reconnaîtrez la puissance du Très-Haut. [100] Ils ont égalé les génies à Dieu [55], et ils sont ses créatures. Ils lui ont attribué, dans leur ignorance, des enfans. Louange à Dieu ! Loin de lui ces blasphèmes ! [101] Il est le créateur des cieux et de la terre. Il n'a point de compagne ; comment aurait-il des enfans ? L'Univers est l'ouvrage de ses mains ; sa science en embrasse l'étendue. [102] Il est votre Seigneur. Il n'y a point d'autre Dieu que lui. Tous les êtres lui doivent l'existence. Rendez hommage à sa puissance. Il conserve ses ouvrages. [103] Il voit l'œil, et l'œil ne saurait l'apercevoir. Tout est plein de sa bonté et de sa science. [104] Il vous a manifesté sa religion. Celui qui a ouvert les yeux aura pour partage la lumière. Celui qui les a fermés restera dans les ténèbres. Dieu ne m'a point confié le soin de vous garder. [105] C'est ainsi que nous expliquons sa doctrine, afin qu'on rende témoignage de notre zèle, et que la religion soit dévoilée aux yeux des sages. [106] Suis les inspirations du Seigneur. Il est le Dieu unique. Éloigne-toi des idolâtres. [107] S'il eût voulu, ils n'auraient pas adoré de faux dieux. Tu ne seras ni leur gardien ni leur avocat. [108] Ne traite point leurs idoles ignominieusement, de peur qu'ils ne s'en prennent à Dieu, dans leur ignorance. Nous montrons aux hommes leurs devoirs. Ils paraîtront devant l'Éternel qui leur présentera le tableau de leurs œuvres. [109] Ils se sont engagés, par un serment solennel, à croire en Dieu, s'il opérait devant eux des miracles. Dis-leur : Les merveilles sont en sa puissance ; mais il n'en produit pas, parce qu'à leur vue vous resteriez dans l'incrédulité. [110] Nous détournerons leurs yeux et leurs cœurs de la vérité. Ils n'ont pas cru au premier miracle. Nous les laisserons s'égarer dans la nuit de l'erreur. [111] Quand nous eussions fait descendre les anges du ciel, quand les morts leur auraient parlé, quand nous eussions rassemblé devant eux tous les prodiges, ils n'auraient pas cru, si Dieu ne l'eût permis. La plupart d'entre eux ignore cette vérité. [112] Nous avons donné, pour ennemi aux Prophètes, le tentateur des hommes et des génies. Il emploie des discours séduisans pour tromper. Fuis-le, et abhorre ses mensonges. [113] Laisse ceux qui nient la vie future ouvrir leurs cœurs à la séduction, qu'ils aiment. Laisse-les gagner ainsi le prix dont ils sont dignes. [114] Chercherai-je un autre juge que Dieu ? C'est lui qui a envoyé le Coran, où le mal et le bien sont pesés. Les juifs savent qu'il est véritablement descendu, du ciel ; garde-toi d'en douter. [115] La parole de Dieu s'est accomplie avec vérité et avec justice. Rien ne peut changer les décrets de celui qui voit et entend. [116] La plupart des hommes n'ont

---

55. Les génies sont, suivant les Arabes, des créatures qui tiennent le milieu entre les anges et les hommes, etc.

pour règle que l'opinion et le mensonge. Si tu les suis, ils t'écarteront du sentier de Dieu. [117] Ton Dieu connaît ceux qui sont dans l'erreur, et ceux que la foi éclaire. [118] Si vous croyez en sa doctrine, ne mangez que des animaux sur lesquels on aura invoqué son nom. [119] Pourquoi ne suivriez-vous pas ce précepte? Il vous a fait connaître les alimens qui vous sont défendus. La loi de la nécessité peut seule vous les rendre licites. La plupart des hommes s'égarent, séduits par leurs passions et aveuglés par l'ignorance : mais Dieu connaît les prévaricateurs. [120] Évitez le crime en secret et en public. Le méchant recevra le prix de ses œuvres. [121] Ne mangez point des animaux sur lesquels on n'aura pas invoqué le nom de Dieu : c'est un crime. Les démons inspireront à leurs adorateurs de combattre ce précepte. Si vous cédez à leurs instances, vous deviendrez idolâtres. [122] Celui qui était mort, et à qui nous avons donné la vie et la lumière, pour se conduire parmi les hommes, sera-t-il semblable à celui qui est plongé dans des ténèbres, d'où il ne sortira point? Le crime s'embellit aux yeux des pervers. [123] Nous avons mis dans chaque ville des scélérats pour tromper; mais ils ne trompent qu'eux-mêmes, et ils ne le savent pas. [124] Après que les habitans de la Mecque ont été témoins d'un prodige, ils ont dit : Nous ne croirons point jusqu'à ce que nous ne voyons des merveilles semblables à celles qu'opérèrent les prophètes. Dieu sait où il doit diriger sa mission. Les coupables seront dévoués à l'opprobre et à la rigueur des tourmens, digne prix de leurs iniquités. [125] Dieu dilatera le cœur de celui qu'il voudra éclairer. Il lui fera goûter les douceurs de l'islamisme. Celui qu'il égarera aura le cœur oppressé, semblable à l'homme qui s'efforcerait de s'élever dans les airs. L'abomination sera le partage des incrédules. [126] Cette doctrine est celle de Dieu. Elle est la véritable. Nous l'avons démontrée à ceux qui sont intelligens. [127] Ils habiteront le séjour de la paix que le Seigneur leur a préparé. Sa protection sera le prix de leurs œuvres. [128] Au jour de l'assemblée universelle, nous dirons aux génies : Vous avez trop long-temps trompé les hommes. Seigneur, répondront leurs adorateurs, ils ont secouru beaucoup d'entre nous pendant la vie dont nous avons accompli le cours. Le Seigneur répliquera : Le feu sera votre demeure; vous y resterez à ma volonté. Le Très-Haut est savant et sage. [129] Nous établirons un ordre entre les coupables, suivant leurs actions. [130] Une voix criera : O assemblée d'hommes et de génies! n'avez-vous pas eu au milieu de vous les ministres du Seigneur? Ne vous ont-ils pas raconté ses merveilles? Ne vous ont-ils pas rappelé le souvenir du grand jour? Les réprouvés répondront : Nous le confessons contre nous-mêmes. La vie du monde les avait séduits. Ils témoigneront qu'ils ont été infidèles. [131] Dieu leur envoya les prophètes, parce qu'il ne punit les villes coupables qu'après avoir averti les habitans. [132] Les récompenses seront proportionnées aux mérites. Dieu ne néglige point vos œuvres. [133] Le Tout-Puissant est riche et miséricordieux. Il peut à son gré vous faire disparaître et produire à votre place des hommes nouveaux, de même qu'il vous a fait sortir des générations passées. [134] Il accomplira ses promesses, et vous ne pourrez les anéantir. [135] Dis à l'homme : Travaille suivant tes forces; je proportionnerai mes bienfaits à ma puissance. [136] Vous verrez quels seront ceux à qui le paradis sera ouvert. Les idolâtres ne jouiront point de la félicité. [137] Ils ont donné à Dieu une portion de leurs moissons et de leurs troupeaux, et une autre à leurs divinités [56]. Ce qu'ils leur ont offert a été rejeté de Dieu; et l'offrande qu'ils lui devaient, ils l'ont présentée à leurs idoles. Malheur à l'iniquité de leurs jugemens! [138] Pour cimenter leur culte, et attirer leurs semblables dans l'abîme, ils se sont fait un mérite du massacre de leurs enfans. Si le Très-Haut eût voulu, il eût empêché cette barbarie. Fuis-les, eux et leurs blasphèmes. [139] Ils ont dit : Ces troupeaux et ces moissons sont défendus. Personne ne pourra s'en nourrir sans notre permission. Ils se perdent dans de faux raisonnemens. Ils ont des animaux qu'ils défendent de charger; d'autres qu'ils égorgent sans invoquer le nom de Dieu. Ils font Dieu complice de leurs mensonges. Ils les récompensera suivant leurs œuvres. [140] Ils permettent aux hommes et interdisent aux femmes les intestins des animaux. Tous mangent de ceux qui sont morts. Dieu les récompensera suivant leurs œuvres. Il est savant et sage. [141] L'abîme a englouti ceux qui, dans leur aveugle ignorance, immolaient leurs enfans, et qui, appuyés sur le mensonge, défendaient les alimens qu'il a permis. Ils se sont perdus, et n'ont point connu la lumière. [142] C'est Dieu qui a produit les légumes et les arbres qui ornent vos jardins. C'est lui qui fait éclore les olives, les oranges, les fruits divers dont la forme et le goût sont variés à l'infini. Usez des dons qu'il vous a faits. Donnez les décimes aux jours de la moisson. Évitez l'excès. Il hait la prodigalité. [143] Parmi vos animaux domestiques, les uns sont faits pour

---

56. Les habitans de la Mecque offraient une portion de leurs moissons et de leurs troupeaux à Dieu, une autre à leurs idoles. *Gelaled.*

porter, les autres en sont incapables. Mangez de ceux dont la nourriture vous est permise, et n'écoutez pas les séductions du tentateur. Il est votre ennemi déclaré. [144] Les idolâtres prétendent que Dieu a défendu huit couples d'animaux, deux couples de moutons, deux couples de chèvres. Demande-leur : Sont-ce les mâles ou les femelles qu'il a interdits, ou indifféremment ce qu'elles portent? Répondez-moi, avec quelque fondement, si vous êtes véridiques. [145] Ils ajoutent deux couples de chameaux et deux couples de bœufs. Demande-leur : Sont-ce les mâles ou les femelles qu'il a interdits, ou indifféremment ce qu'elles portent? Étiez-vous témoins lorsque Dieu donna ce précepte? Quoi de plus impie que de prêter un mensonge au Seigneur, afin d'égarer les ignorans? Certainement il ne dirigera point les pervers. [146] Dis-leur : La loi que Dieu m'a révélée au sujet des alimens, ne défend que les animaux morts, le sang et le porc : tout cela est immonde. Les animaux sur lesquels on a invoqué un autre nom que celui de Dieu, sont compris dans la défense. Celui qui, pressé par la nécessité et non par le désir de satisfaire son appétit, ou par l'envie de désobéir, aura transgressé le précepte, éprouvera la clémence du Seigneur. [147] Pour les juifs, nous leur avons interdit tous les animaux qui n'ont pas la corne du pied fendue, et la graisse des bœufs et des moutons, excepté celle du dos, des entrailles, et celle qui est mêlée avec des os. Cette défense est la peine de leurs crimes. Nous sommes équitables. [148] S'ils t'accusent d'imposture, dis-leur : Votre Dieu est plein de miséricorde; mais il fera sentir sa vengeance aux scélérats. [149] Si Dieu eût voulu, disent les idolâtres, ni nous ni nos pères n'aurions offert de l'encens aux idoles. On ne nous en a point fait la défense. Tel fut le langage de ceux qui les ont précédés, jusqu'au moment où nos fléaux fondirent sur eux. Réponds-leur : Si ce discours a quelque fondement, faites-nous le connaître. Ne prenez pas l'opinion pour guide, et ne mentez pas impudemment. [150] Dis-leur : Le jugement du Seigneur sera le véritable; s'il veut, il vous éclairera tous. [151] Dis-leur : Appelez vos témoins, pour attester que Dieu vous a défendu les animaux que vous prohibez. S'ils prêtent ce témoignage, garde-toi de les imiter. Ne suis pas les désirs de ceux qui blasphèment contre l'islamisme, ni de ceux qui nient la vie future et qui offrent de l'encens aux idoles. [152] Dis-leur : Venez entendre les commandemens du ciel. Ne donnez point d'égal à Dieu. Soyez bienfaisans envers vos proches. Ne tuez point vos enfans, par la crainte de la pauvreté. Nous vous donnerons de la nourriture pour vous et pour eux. Évitez le crime en public et en secret. Ne mettez point votre semblable à mort, excepté en justice. Le Seigneur vous en fait la défense expresse. Tels sont les préceptes que Dieu vous a donnés afin de vous rendre sages. [153] Ne touchez point aux biens de l'orphelin, à moins que ce ne soit pour les faire fructifier, jusqu'à ce qu'il soit parvenu à l'âge fixé. Remplissez la mesure. Pesez avec équité. Nous n'exigerons de chacun que ce qu'il peut. Soyez vrais dans vos discours, dans vos sermens, fut-ce contre vous mêmes. Tels sont les préceptes du Seigneur. Gardez-en le souvenir. [154] Tel est le chemin du salut. Il est droit. Ne suivez pas des sentiers detournés qui vous en écarteraient. Le Seigneur vous donne des lois afin que vous le craigniez. [155] Nous apportâmes à Moïse les tables sacrées. Elles conduisent le juste à la perfection. Les juifs y trouvent la distinction de toutes choses, la lumière, la miséricorde et la croyance de la vie future. [156] Croyez au Coran, ce livre béni que nous avons fait descendre des cieux. Craignez le Seigneur et vous éprouverez les effets de sa miséricorde. [157] Vous ne direz plus : Deux peuples ont reçu avant nous les écritures, et nous en avons négligé l'étude. [158] Vous ne direz plus : Si l'on nous eût envoyé un livre nous aurions été plus éclairés qu'eux. Vous avez reçu les oracles divins, la lumière et les grâces du ciel. Quoi de plus injuste maintenant que de blasphémer contre la religion sainte, et de s'en éloigner? Nous réservons à ceux qui la rejettent un supplice digne de leur rébellion. [159] Attendent-ils la venue des anges, l'apparition de Dieu ou les signes de ses vengeances? Le jour où il les manifestera, la foi sera inutile à celui qui n'aura pas cru et fait le bien auparavant. Dis-leur : Attendez. Nous attendrons. [160] N'embrasse point le parti de ceux qui, divisés dans leur croyance, ont formé différentes sectes. C'est à Dieu à juger de leurs débats et à leur montrer leurs actions. [161] Les bonnes œuvres auront pour prix un bien dix fois aussi grand. Le mal aura le mal pour récompense. Personne ne sera trompé. [162] Dis : Le Seigneur m'a conduit dans le droit chemin. Il m'a enseigné une religion sainte, le culte d'Abraham qui crut en l'unité de Dieu, et qui refusa de l'encens aux idoles. [163] Dis-leur : Ma prière, ma foi, ma vie et ma mort sont voués à l'Éternel. Il est le souverain de l'univers. Il n'a point d'égal. Il m'a commandé cette croyance. Je suis le premier des croyans. [164] Chercherai-je un autre Seigneur que celui qui gouverne le monde? Chacun aura pour soi ses œuvres. Personne ne portera le fardeau d'autrui. Tous les hommes paraîtront devant le tribunal de Dieu. Il leur dira en quoi ils se sont écartés de ses commandemens. [165] Il vous a établis sur la terre après les générations passées. Il élève les uns au dessus des autres ; ses faveurs sont une épreuve. Il est prompt à punir ; mais il est clément et miséricordieux.

CHAPITRE VII.

Elaraf. donné à La Mecque, composé de 205 versets. Au nom de Dieu clément et miséricordieux.

[1] A. **L. M. S.** [57] Le Coran t'a été envoyé du Ciel. Ne crains point de t'en servir pour menacer les méchans et exhorter les fidèles. [2] Suivez la doctrine qui vous est venue de Dieu. N'ayez point d'autre patron que lui. Combien peu écouteront ces avertissemens ! [3] Combien de villes nous avons détruites pendant les ténèbres de la nuit, ou à la clarté du jour, tandis que les habitans goûtaient les douceurs du repos ! [4] Poursuivis par notre vengeance, ils s'écriaient : Nous sommes coupables. [5] Nous demanderons compte aux peuples à qui nous avons envoyé des ministres, et à nos ministres eux-mêmes. [6] Nous leur dévoilerons, avec connaissance, ce qu'ils auront fait, car nous avons été témoins. [7] Le jugement du grand jour sera équitable. Ceux qui feront pencher la balance [58], jouiront de la félicité. [8] Ceux dont les œuvres ne se trouveront pas de poids, auront perdu leurs âmes, parce qu'ils auront méprisé la religion. [9] Nous vous avons placés sur la terre ; nous vous y avons donné la nourriture. Combien peu vous êtes reconnaissans ! [10] Nous vous créâmes et nous vous formâmes dans le premier homme ; ensuite nous dîmes aux anges : Adorez Adam, et ils l'adorèrent. *Eblis* seul lui refusa son hommage. [11] Pourquoi n'obéis-tu pas à ma voix ? lui dit le Seigneur. Pourquoi n'adores-tu pas Adam ? Je suis d'une nature supérieure à la sienne, répondit *Eblis*. Tu m'as créé de feu, et tu l'as formé d'un vil limon. [12] Fuis loin de ces lieux, ajouta le Seigneur ; le paradis n'est point le séjour des superbes. Fuis : l'abjection sera ton partage. [13] Diffère tes vengeances, repartit l'esprit rebelle, jusqu'au jour de la résurrection. [14] Le Tout-Puissant lui accorda sa demande. [15] Puisque tu m'as tenté, continua Satan, je m'efforcerai d'écarter les hommes de tes voies. [16] Je multiplierai mes attaques. Je sèmerai des pièges devant et derrière eux, à leur droite, à leur gauche. Bien peu te rendront des actions de grâces. [17] L'Éternel prononça ces mots : Sors du Paradis, couvert d'opprobre et sans espoir de pardon. Ceux qui te suivront, seront tes compagnons dans l'enfer. [18] O Adam ! Habite le Paradis avec ton épouse. Mangez à discrétion de tous les fruits qui y croissent ; mais ne vous approchez point de cet arbre, de peur que vous ne deveniez coupables. [19] Le diable voulant leur ouvrir les yeux sur leur nudité, leur dit : Dieu vous a défendu de goûter du fruit de cet arbre de peur que vous ne deveniez deux anges, et que vous ne soyez immortels. [20] Il leur assura, avec serment, que c'était la vérité, et qu'il était un conseiller fidèle. [21] Trompés par cette ruse, ils mangèrent du fruit défendu. Aussitôt ils virent leur nudité [59]. Ils se couvrirent avec des feuilles. Ne vous avais-je pas interdit l'approche de cet arbre, leur dit le Seigneur ? Ne vous avais-je pas averti que Satan était votre ennemi ? [22] Seigneur, nous sommes coupables, et si ta miséricorde n'éclate en notre faveur, notre perte est certaine. [23] Descendez, leur dit Dieu ; vous avez été ennemis l'un de l'autre. La terre sera votre habitation jusqu'au temps. [24] Vous y vivrez ; vous y mourrez ; et vous en sortirez un jour. [25] Enfans d'Adam, nous vous avons donné des vêtemens pour vous couvrir ; mais le plus précieux est la piété. Dieu a opéré ces merveilles pour vous instruire. [26] Enfans d'Adam, que Satan ne vous séduise pas, comme il a séduit vos pères. Il leur enleva le Paradis, quand il fit tomber le voile qui couvrait leur nudité. Lui et ses compagnons nous voient. Vous ne les voyez pas. Ils sont les chefs des infidèles. [27] Les pervers disent en violant les lois : Nous suivons les usages de nos pères. Le ciel nous a ordonné d'agir ainsi. Réponds-leur : Dieu ne saurait commander le crime. Direz-vous de lui ce que vous

---

57. Les docteurs mahométans avouent qu'ils ignorent la signification de ces caractères. *Gelaleddin*, le plus habile d'entre eux, se contente de dire : Dieu sait ce qu'ils signifient. *Allah aalem bemourado bezalec.*

58. Les bassins de la balance où seront pesées les œuvres des mortels, auront autant d'étendue que la surface des cieux et de la terre. C'est la croyance que doit avoir tout musulman. *Elgazel.*

59. Adam égalait en hauteur les palmiers élevés. Une longue chevelure flottait sur ses épaules. Après sa désobéissance, il aperçut sa nudité, et s'enfuit pour se cacher. Un arbre l'arrêta par les cheveux. Laissez-moi aller, lui cria Adam. Va, répondit l'arbre. Dieu l'appela et lui dit : O Adam ! fuis-tu ma présence ? Seigneur, répondit le coupable, je rougissais de paraître devant toi. *Jahia* rapporte ces paroles, qu'il dit avoir recueillies de la bouche du prophète.

ignorez ? [28] Dis : Dieu m'a commandé la justice. Tournez votre front vers le lieu où on l'adore. Invoquez son nom. Montrez-lui une religion pure. Tels il vous a créés, tels vous retournerez à lui. Il éclaire une partie des hommes et laisse les autres dans l'erreur, parce qu'ils ont choisi les démons pour patrons. Ils croient posséder la lumière. [29] O enfans d'Adam ! Prenez vos plus beaux habits quand vous allez au temple. Mangez, buvez avec modération. Le Seigneur hait les excès. [30] Dis : Qui peut défendre aux serviteurs de Dieu de se parer en son honneur des biens qu'ils ont reçus de lui, et de se nourrir des alimens purs qu'ils tiennent de sa libéralité. Ce sont les droits des fidèles qui croient à cette vie et au jour du jugement. C'est ainsi que nous dévoilons la doctrine divine aux yeux des sages. [31] Dieu a défendu le crime public et secret. Il a défendu l'injustice et la violence sans droit. Il ne vous a point donné le pouvoir de créer des idoles, ni de dire de lui ce que vous ne savez pas. [32] Le terme de la vie est fixé. Nul ne saurait le prévenir, ni le différer d'un instant. [33] Enfans d'Adam ! Il se lèvera du milieu de vous des apôtres. Ils vous manifesteront mes volontés. Celui qui craindra le Seigneur et pratiquera la vertu, sera exempt des frayeurs et des supplices. [34] L'orgueilleux qui s'écartera de l'islamisme, et qui en niera la vérité, sera dévoué aux flammes éternelles. [35] Quoi de plus impie que de blasphémer contre le Très-Haut, et d'accuser ses oracles de mensonge ! Les idolâtres jouiront d'une partie des avantages annoncés dans le Coran, jusqu'à ce que l'ange de la mort vienne leur demander : Où sont les dieux que vous invoquiez ? Ils répondront qu'ils ont disparu, et ce témoignage mettra le sceau à leur réprobation. [36] Dieu leur dira : Entrez dans l'enfer avec les génies et les hommes qui y sont condamnés. Descendez dans les flammes. Ils maudiront les sectes qui les ont précédés, jusqu'à ce qu'ils y soient tous rassemblés. Seigneur, s'écrieront les derniers, voilà les sectaires qui nous ont séduits. Fais-leur endurer des tourmens doubles des nôtres. Dieu leur dira : Nous les avons augmentés pour vous tous ; mais vous l'ignorez. [37] Qu'avez-vous de plus que nous, répondront les sectaires ? Souffrez donc la peine qu'ont méritée vos crimes. [38] L'impie qui, dans son orgueil, accusera notre doctrine de fausseté, trouvera les portes du ciel fermées 60. Il n'y entrera que quand un chameau passera dans le trou d'une aiguille. C'est ainsi que nous récompenserons les scélérats. [39] L'enfer sera leur lit, le feu leur couverture ; juste prix de leurs attentats. [40] Nous n'exigerons de chacun que ce qu'il peut. Les croyans qui auront exercé la bienfaisance habiteront le paradis, séjour d'éternelles délices. [41] Je bannirai l'envie de leurs cœurs. Les ruisseaux couleront sous leurs pas. Ils s'écrieront : Louange à l'Éternel qui nous a introduits dans ce séjour ! Si sa lumière ne nous eût éclairés, nous n'aurions, pas trouvé la route qui y conduit. Les promesses des prophètes se sont vérifiées. Une voix fera entendre ces paroles : Voilà le paradis, dont vos œuvres vous ont acquis l'héritage. [42] Les bienheureux diront aux habitans du feu : Nous avons éprouvé la vérité des promesses du Seigneur ; avez-vous fait la même épreuve ? On leur répondra : Nous l'avons faite. Un héraut prononcera du milieu d'eux ces mots : Malédiction de Dieu sur les impies ! [43] Ils ont écarté leurs semblables de sa loi ; ils se sont efforcés d'en corrompre la pureté. Ils ont nié la vie future. [44] Une barrière s'élèvera entre les élus et les réprouvés. Sur *Elaraf* 61 seront des hommes qui connaîtront les uns et les autres à des signes certains. Ils diront aux hôtes du paradis : La paix soit avec vous ! et malgré l'ardeur de leurs désirs ils ne pourront y entrer. [45] Lorsqu'ils tourneront leurs regards vers les victimes du feu, ils s'écrieront : Seigneur, ne nous précipite pas avec les pervers. [46] Ils crieront aux réprouvés qu'ils reconnaîtront au sceau de réprobation gravé sur leurs fronts : A quoi vous ont servi vos richesses et votre orgueil ? [47] Ceux qui, suivant vos sermens, ne devaient jamais éprouver la miséricorde divine, n'ont-ils pas entendu ces consolantes paroles ? Entrez dans le paradis ; que la crainte et la tristesse soient bannies de vos cœurs. [48] Les réprouvés crieront aux bienheureux : Répandez sur nous de cette eau et de ces biens dont Dieu vous nourrit. On leur répondra : Cet avantage est interdit aux infidèles. [49] Ils ont fait un jeu de la religion. Ils se sont laissé séduire par les

---

60. Lorsque les âmes des impies se présenteront pour entrer dans le ciel, elles trouveront les portes fermées, et seront précipitées au fond de l'enfer ; mais les âmes des justes seront reçues dans le septième ciel. *Gelaleddin.*C'est là que les mahométans établissent leur paradis. C'est là que ces hommes sensuels ont placé des ombrages toujours verts, des ruisseaux qui coulent sans cesse, des fruits exquis, et des vierges aux yeux noirs, qui ne connaîtront d'autre besoin que celui d'aimer.

61. *Elaraf* est le nom d'un mur élevé entre le paradis et l'enfer. C'est la barrière qui sépare les damnés des bienheureux. Ce mot vient du verbe *araf*, connaître. Le mur est ainsi nommé, parce que ceux qui y seront relégués connaîtront les élus et les réprouvés ; les premiers, à l'éclat dont brilleront leurs fronts ; les autres, aux ténèbres répandues sur leurs visages. *Maracci. Elaraf* sera l'asile des croyans qui auront combattu sous l'étendard de la foi contre la volonté de leurs parens, et qui auront péri les armes à la main. Ils ne seront pas précipités dans l'enfer, parce qu'ils sont martyrs. Ils n'entreront pas dans le paradis, parce qu'ils ont désobéi. *Gelaleddin.*

charmes de la vie mondaine. Nous les oublions aujourd'hui, parce qu'ils ont oublié le jour du jugement, et qu'ils ont rejeté nos oracles. 50 Nous avons apporté aux hommes un livre où brille la science qui doit éclairer les fidèles, et leur procurer la miséricorde divine. 51 Attendent-ils l'accomplissement du Coran? Le jour où il sera accompli, ceux qui auront vécu dans l'oubli de ses maximes, diront : Les ministres du Seigneur nous prêchaient la vérité. Où trouverons-nous maintenant des intercesseurs? Quel espoir avons-nous de retourner sur la terre, pour nous corriger? Ils ont perdu, leurs âmes, et leurs illusions se sont évanouies. 52 Votre Dieu créa les cieux et la terre en six jours ; ensuite il s'assit sur son trône. Il fit succéder la nuit au jour. Elle le suit sans interruption. Il forma le soleil, la lune et les étoiles, humblement soumis à ses ordres. Les créatures et le droit de les gouverner lui appartiennent. Béni soit le Dieu souverain de l'univers! 53 Invoquez le Seigneur en public et en secret, mais évitez l'ostentation ; il hait les superbes. 54 Ne souillez pas la terre après qu'elle a été purifiée ; priez Dieu avec crainte et espérance ; sa miséricorde est proche des bienfaisans. 55 C'est lui qui envoie les vents avant-coureurs de ses bienfaits, porter les nuages chargés d'eau sur les campagnes arides. La pluie féconde la terre stérile et lui fait produire des fruits en abondance ; ainsi nous ferons ressusciter les morts, nous opérerons ces merveilles pour votre instruction. 56 La bonne terre produit de bons fruits par la permission de Dieu ; la mauvaise terre ne donne que de mauvais fruits. C'est ainsi que nous expliquons la doctrine divine au peuple qui en est reconnaissant. 57 Noé, chargé de notre mission [62], dit à son peuple : Adorez le Seigneur, il n'y a point d'autre Dieu que lui ; je crains pour vous la peine du grand jour. 58 Ton aveuglement est extrême, répondirent les princes du peuple. 59 Je ne suis point dans l'erreur, reprit Noé ; je suis le ministre du souverain de l'univers. 60 Je viens vous annoncer les ordres du Très-Haut, et vous donner des conseils salutaires ; Dieu m'a donné des connaissances que vous n'avez pas. 61 Est-il étonnant qu'il ait choisi parmi vous un homme pour être l'organe de ses promesses et de ses menaces, afin que vous le craigniez et que vous méritiez son indulgence? 62 Noé fut traité d'imposteur ; nous le sauvâmes avec ceux qui étaient dans l'arche ; les aveugles qui avaient nié notre doctrine furent ensevelis dans les eaux. 63 Nous envoyâmes *Hod* aux *Adéens* [63] ses frères. O mon peuple! leur dit-il, adorez le Seigneur, il n'y a point d'autre Dieu que lui ; ne le craindrez-vous donc pas? 64 Tu es un insensé et un imposteur, lui dirent les principaux du peuple qui étaient voués à l'infidélité. 65 Je ne suis point un insensé, répondit *Hod* ; je suis le ministre du souverain de l'univers. 66 Je remplis la mission dont il m'a chargé, et je viens vous donner des conseils salutaires. 67 Est-il surprenant que le Très-Haut ait choisi un homme d'entre vous pour vous faire connaître ses volontés? Souvenez-vous qu'il vous a fait remplacer sur la terre les descendans de Noé, qu'il vous a multipliés, qu'il a augmenté votre puissance ; rappelez-vous ses bienfaits si vous voulez être heureux. 68 Es-tu venu, repartirent les *Adéens*, nous prêcher le culte d'un seul Dieu, et nous exhorter à quitter ceux qu'ont adorés nos pères? Si tes menaces sont véritables, fais-nous en voir l'accomplissement. 69 La vengeance et la colère de Dieu vont fondre sur vous, ajouta le prophète. Disputerez-vous avec moi sur les noms que vous et vos pères avez donnés à vos idoles? Dieu ne leur a accordé aucune puissance. Attendez, je vais être spectateur de votre ruine. 70 Nous sauvâmes *Hod* [64] et ceux qui furent dociles à sa voix, par un effet de notre miséricorde, et nous exterminâmes jusqu'au dernier des incrédules qui accusaient notre doctrine de mensonge. 71 *Saleh* [65], ministre de nos volontés, auprès des

---

62. Noé avait cinquante ans lorsque Dieu l'envoya prêcher. Il était charpentier. *Zamchascar.*

63. Les *Adéens* descendaient d'*Aod*, fils d'*Aous*, fils d'*Aram*, fils de *Sem*, le premier des enfans de Noé. Ils se livrèrent à l'idolâtrie et à l'orgueil. Ils habitaient *Hader Maut*. Le ciel leur envoya *Hod* pour les ramener au culte d'un Dieu unique. Leur histoire est remplie de confusion et d'obscurité. *Ismaël*, fils d'*Ali*, dans sa chronique.*Pokoke, Hoctinger, Eutiches d'Alexandrie* et *George Elmacin*, prétendent que *Hod* est le même qu'*Heber*, un des prophètes du peuple juif. *Heber* était fils de *Saleh*, fils d'*Arphaxad*, fils de *Sem. Maracci.*

64. (1) Hod fut un des prophètes que Dieu envoya après Noé et avant Abraham. Plusieurs pensent que c'est le même qu'*Hébor*. Dieu lui ordonna d'aller prêcher les *Adéens* qui adoraient trois idoles, et habitaient *Elahkaph*. Ils avaient pour roi *Elgiagian*. *Hod* les appela long-temps au culte d'un Dieu unique. Les *Adéens*, loin d'écouter ses prédications, le battirent de verges. Peu se convertirent. Le Seigneur leur refusa l'eau des nuages pendant quatre ans. Tous leurs animaux périssaient, et la nation était près de sa ruine. Ils envoyèrent à la Mecque *Locman* avec soixante hommes pour demander de la pluie. *Mauvia*, qui en était roi, reçut les étrangers avec bonté et leur donna l'hospitalité pendant un mois. Enfin ils entrèrent dans le temple, et après s'être purifiés, ils firent leur prière. Dieu leur fil paraître trois nuages, l'un blanc, l'autre rouge, et le troisième noir. Il leur laissa la liberté du choix. Les envoyés préférèrent le dernier, croyant qu'il renfermait de la pluie ; mais à peine furent-ils de retour dans leur patrie, que ce nuage produisit une affreuse tempête. Elle renversa les maisons des *Adéens*, arracha leurs arbres, et fit périr la nation. *Locman* fut le seul épargné. Dieu lui accorda la grâce de vivre sept âges d'aigle. Chronologie d'*Ismaël*, fils d'*Ali*.

65. Le même auteur raconte ainsi cette histoire. *Saleh*, fils d'*Abid* fut élu prophète. Dieu l'envoya aux *Thémudéens* après *Hod* et avant

Thémudéens, leur dit : Adorez le Seigneur, il n'y a point d'autre Dieu que lui. Cette femelle de chameau est un signe de sa puissance. Laissez-la paître dans le champ du Seigneur. N'attentez pas à ses jours, vous en seriez rigoureusement punis. 72 Souvenez-vous qu'il vous a fait remplacer sur la terre la postérité d'*Aod*, qu'il vous y a établis, qu'il vous a donné des plaines ou vous élevez des palais, et des rochers que vous taillez en maisons ; Souvenez-vous des faveurs du ciel, et ne répandez pas la corruption sur la terre. 73 Les chefs des *Thémudéens*, que l'orgueil dominait, dirent au peuple qui plus humble avoit cru au prophète : Croyez-vous que *Saleh* soit l'envoyé du Seigneur ? Nous croyons à sa mission répondit le peuple. 74 Persistant dans leur orgueil, les chefs ajoutèrent : Nous rejetons votre croyance. 75 Ils coupèrent les pieds de la femelle de chameau, violèrent la défense de Dieu, et dirent à *Saleh* : Fais-nous voir l'accomplissement de tes menaces, si tu es l'interprète du ciel. 76 A l'instant ils sentirent la terre trembler sous leurs pas, et le matin on les trouva étendus morts dans leurs maisons. 77 Le prophète, en quittant le peuple, leur dit : Je vous ai donné de sages avertissemens, mais vous ne les aimez pas. 78 Loth dit aux habitans de Sodôme : Vous abandonnerez-vous à un crime inconnu à toutes les nations de la terre ? 79 Vous approcherez-vous des hommes, dans vos désirs criminels, au lieu des femmes ? Violerez-vous les lois de la nature ? 80 Les habitans de Sodôme ne répondirent rien. Ils se dirent les uns aux autres, chassons Loth de notre ville, puisqu'il ne veut pas suivre notre exemple. 81 Nous sauvâmes Loth et sa famille : Mais sa femme fut punie [66]. 82 Une pluie vengeresse [67] fit périr les coupables. Voyez quelle est la fin des scélérats ? 83 Nous envoyâmes *Chaïb* [68] aux Madianites ses frères : O mon peuple, leur dit-il, rendez hommage au seul Dieu de l'univers. Il vous a fait voir des marques de sa puissance. Remplissez la mesure. Rendez la balance égale. Ne retranchez rien de ce que vous devez. Ne souillez pas la terre après qu'elle a été purifiée. Vous retirerez les fruits de cette conduite, si vous avez la foi. 84 Ne répandez point la terreur sur les chemins. Ne détournez point de la loi divine celui qui croit en elle. Ne lui donnez point de fausses interprétations. Souvenez-vous que vous étiez en petit nombre et que Dieu vous a multipliés. Promenez vos regards sur la terre, et voyez quel a été le sort des méchans. 85 Si une partie de vous croit à ma mission, tandis que les autres la rejettent, attendez que Dieu prononce entre nous. Il est le plus équitable des juges. 86 Les principaux des Madianites, énivrés d'orgueil, dirent au prophète : Nous te chasserons de notre ville avec ceux qui ont ta croyance, ou vous reviendrez à notre culte. En vain, reprit *Chaïb*, vous voudriez vaincre l'horreur qu'il nous inspire. 87 Nous mentirions à Dieu si nous embrassions votre croyance. Il nous en a délivrés. Lui seul peut nous ordonner de la reprendre. Sa science embrasse l'univers. Nous avons mis en lui notre confiance. Seigneur, tiens la balance entre nous et le peuple. Tu es le plus équitable des juges. 88 Les chefs, qui avaient refusé de croire, dirent au peuple : Si vous suivez *Chaïb*, votre perte est certaine. 89 Ils furent renversés par un tremblement de terre, et le matin on les trouva morts dans leurs maisons, le visage prosterné contre terre. 90 Ceux qui accusèrent *Chaïb* d'imposture ont disparu, et sont dévoués à la réprobation. 91 Il dit aux Madianites, en les quittant : J'ai rempli auprès de vous la mission de Dieu ; je vous ai donné de sages avis ; pourquoi m'affligerais-je sur le sort des incrédules ? 92 Nos châtimens ont toujours accompagné nos ministres, dans les villes où nous les avons envoyés. Nous punissons les peuples afin de les rendre humbles.

Abraham. Ces peuples habitaient les montagnes. Ils étaient forts et orgueilleux. Leur roi se nommait *Genda*. La terre de *Cus* (c'est-à-dire l'Éthiopie) avait été leur première habitation. Ils étaient venus s'établir dans ce pays montueux où ils taillaient des maisons dans les rochers. *Saleh* leur prêcha le culte d'un seul Dieu. Ses longues prédications ne convertirent que quelques hommes du peuple. Les idolâtres firent un pacte avec le prophète, et s'engagèrent à embrasser sa religion s'il opérait le miracle qu'ils lui demanderaient : c'était de faire sortir d'un rocher qu'ils désignèrent une femelle de chameau. *Saleh* se mit en prières, et Dieu fit sortir du rocher l'animal miraculeux avec son faon sevré. La femelle du chameau allait paître pendant le jour et rentrait à la ville vers le soir. Elle criait en passant devant les maisons : Que celui qui veut du lait s'approche. Les *Thémudéens* en prenaient autant qu'il leur plaisait. *Anisa*, femme très-riche, avait quatre filles ; elle les para et offrit à *Cadar* de choisir celle qu'il voudrait, à condition qu'il tuerait la femelle de chameau. Il y consentit, prit une des filles, sortit avec huit hommes et tua l'animal miraculeux. Le faon s'était enfui dans les montagnes. Il fut poursuivi et l'on partagea sa chair. Trois jours après, un cri épouvantable, sorti du ciel, et plus éclatant que le tonnerre, fut le signal de la ruine des coupables. Leurs cœurs furent brisés, et le matin on les trouva morts dans leurs maisons. *Saleh* s'en alla dans la Palestine, d'où il passa dans l'Arabie Pétrée. Toujours fidèle adorateur de Dieu, il mourut âgé de cinquante-huit ans. Chronologie d'*Ismaël*, fils d'*Ali*.

66. La femme de Loth s'arrêta pour regarder derrière elle. Une pierre tombée du ciel la tua. *Zamchascar*.

67. Cette pluie vengeresse était formée de pierres cuites dans les brasiers de l'enfer. Elles frappaient les coupables, et ils périssaient sur-le-champ. *Gelaleddin*.

68. Plusieurs auteurs arabes cités par *Elmacin* pensent que *Chaïb* est le même que *Jetro*, beau-père de Moïse. Cassée nous le dépeint ainsi. *Chaïb* était doué d'une grande beauté. Il avait la taille fine, le corps délié. Il parlait peu, et paraissait fort recueilli. Lorsqu'il fut parvenu à l'adolescence, Dieu lui donna la sagesse et la science. Les Hébreux nous apprennent que *Jetro* eut sept noms.

[93] Après le malheur, nous les avons fait jouir de la prospérité, et tandis qu'enorgueillis de nos faveurs ils disaient : Ainsi que nos pères nous avons éprouvé la bonne et la mauvaise fortune, nous les avons exterminés à l'instant où ils ne s'y attendaient pas. [94] Si les habitans des villes coupables eussent eu la foi et la crainte de Dieu, nous les aurions enrichis des biens célestes et terrestres. Nos fléaux ont été le prix de leurs mensonges. [95] Qui pouvait les assurer que notre vengeance ne les surprendrait pas, au milieu de la nuit et dans les bras du sommeil ? [96] Qui pouvait les assurer qu'elle n'éclaterait point sur leur têtes pendant le jour, et au milieu de leurs amusemens ? [97] Pensaient-ils échapper à la vigilance de Dieu ? Les pervers seraient-ils donc les seuls qui pussent s'y soustraire ? [98] Héritiers de la terre que leur ont laissée des générations anéanties, ne voient-ils pas que nous pouvons les punir ? Nous gravons notre sceau sur leurs cœur, afin qu'ils ne puissent comprendre. [99] Nous te racontons les malheurs des villes auxquelles nous envoyâmes des apôtres avec la puissance des miracles. Leurs habitans rejetèrent constamment une doctrine qu'ils avaient taxée de fausseté. Ainsi Dieu ferme le cœur des infidèles. [100] Dans ces villes nous trouvâmes bien peu d'hommes fidèles à leur alliance. La plupart étaient prévaricateurs. [101] Moïse, qui suivit ces envoyés, se présenta à la cour de Pharaon. Il y opéra des prodiges, sans pouvoir vaincre l'opiniâtreté du roi et des grands. Voyez quelle est la fin des impies. [102] Je suis le ministre du souverain de l'univers, dit Moïse au prince. [103] Les ordres que je t'annoncerai de la part de Dieu sont véritables. Je ferai éclater devant toi des signes de sa puissance. Laisse partir avec moi les enfans d'Israël. Si tu as le pouvoir d'opérer des miracles, répondit le roi, qu'ils servent à attester ta mission. [104] Moïse jeta sa baguette, et elle se changea en serpent. [105] Il tira sa main de son sein, et sa blancheur étonna les spectateurs. [106] Cet homme, dirent les courtisans, est un enchanteur habile. [107] Il veut nous faire abandonner notre pays. Que dois-je faire, dit Pharaon ? [108] Retenez-le, lui et son frère, et envoyez dans toutes les villes de votre empire, [109] Avec ordre d'amener tous les habiles magiciens. [110] Les Mages, rassemblés en grand nombre, firent au roi cette demande : Prince, serons-nous récompensés si nous sommes vainqueurs ? [111] Comptez sur ma générosité et sur ma faveur, répondit Pharaon. [112] Jette ta baguette, dirent les Mages à Moïse, ou bien nous jetterons les nôtres. [113] Commencez, dit Moïse. Ils jetèrent leurs baguettes et produisirent, aux regards des spectateurs, un spectacle étonnant. [114] Nous inspirâmes à notre ministre de jeter sa baguette. Elle se changea en serpent qui dévora les autres. [115] La vérité brilla dans tout son jour, et leurs prestiges furent vains. [116] Les Mages vaincus s'humilièrent. [117] Ils se prosternèrent pour adorer le Seigneur, [118] Et dirent : Nous croyons au Dieu de l'univers ; [119] Nous croyons au Dieu de Moïse et d'Aaron. [120] Vous avouez votre foi, leur dit Pharaon, avant que je vous aie permis de croire ; c'est une fourberie que vous avez préméditée dans la ville, pour en faire sortir les habitans ; mais bientôt vous verrez. [121] Je vous ferai couper les pieds et les mains, et vous serez crucifiés. [122] Nous devons tous retourner à Dieu, répondirent les magiciens. [123] Nous avons cru aux prodiges dont nous avons été témoins : voilà le crime qui nous attire ton indignation. Seigneur, répands sur nous la patience, et fais que nous mourions croyans. [124] Laisserez-vous partir Moïse et Aaron, dirent les courtisans au roi, pour qu'ils souillent la terre de leurs crimes et qu'ils abandonnent vos Dieux ? Faisons mourir leurs enfans mâles, répondit Pharaon ; n'épargnons que leurs filles, et nous serons plus puissans qu'eux. [125] Moïse dit aux Israélites : Implorez le secours du ciel ; soyez patiens. La terre appartient au Très-Haut. Il en donne l'héritage à ceux qu'il lui plaît. La vie future sera le partage de ceux qui le craignent. [126] Nous avons été opprimés avant toi, répondirent-ils ; nous le sommes encore depuis que tu es notre guide. Dieu peut exterminer vos ennemis, ajouta le prophète, et vous donner leur royaume, pour voir comment vous vous conduirez. [127] Déjà nous avons fait sentir aux Égyptiens la stérilité et la famine, afin de leur ouvrir les yeux. [128] Ils regardaient comme une dette les biens dont ils ont joui. Ils rejettent sur Moïse et son peuple la cause de leurs calamités, et ils doivent l'attribuer à Dieu ; mais la plupart l'ignorent. [129] Les Égyptiens déclarèrent à Moïse qu'ils ne croiraient point, quelque prodige qu'il opérât pour les séduire. [130] Nous leur envoyâmes le déluge, les sauterelles, la vermine, les grenouilles et le sang, signes évidens de notre puissance ; mais ils persévérèrent dans leur orgueil et leur impiété. [131] Écrasés sous le bras du Très-Haut, ils dirent à Moïse : Invoque ton Dieu, suivant l'alliance que tu as contractée avec lui. S'il nous délivre de ses fléaux, nous croirons et nous laisserons partir avec toi les enfans d'Israël. Nous suspendîmes nos châtimens jusqu'au terme qu'ils avaient demandé, et ils violèrent leurs sermens. [132] Nous nous vengeâmes d'eux ; nous les engloutîmes

dans les abîmes de la mer, parce qu'ils avaient traité nos prodiges d'imposture. [133] Nous donnâmes à des nations faibles l'Orient et l'Occident, sur lesquels nous répandîmes notre bénédiction. Les Israélites virent l'accomplissement de nos promesses. Ils furent récompensés de leurs souffrances. Les travaux et les édifices du pharaon et des Égyptiens furent détruits. [134] Nous ouvrîmes, un chemin aux Israélites, à travers les eaux de la mer, et ils arrivèrent dans un pays idolâtre. [135] Aussitôt ils pressèrent Moïse de leur faire des dieux semblables à ceux qu'on y adorait. Enfans d'Israël, leur dit le prophète, quelle est votre ignorance? [136] Ces divinités sont chimériques. Le culte qu'on leur rend est vain et sacrilège. [137] Vous proposerais-je un autre Dieu que celui qui vous a élevés au-dessus de toutes les nations. [138] Nous vous avons délivré de la famille du pharaon, qui vous tyrannisait, qui faisait mourir vos enfans mâles, n'épargnant que vos filles ; c'est une faveur éclatante de la bonté divine. [139] Nous fixâmes à quarante nuits [69] le temps que Moïse devait rester, sur la montagne. En partant il dit à son frère Aaron : Remplis ma place auprès du peuple ; conduis-toi avec sagesse, et ne suis pas le sentier des prévaricateurs. [140] Moïse s'étant rendu au temps marqué, et ayant entendu la voix de Dieu, lui adressa cette prière : Seigneur, daigne me laisser voir ta face. Tu ne saurais en supporter la vue, répondit Dieu ; regarde sur la montagne ; si elle demeure immobile tu me verras. Dieu ayant paru environné de sa gloire, la montagne réduite en poudre s'affaissa, et Moïse épouvanté se renversa par terre. [141] Moïse relevé s'écria : Louange au Très-Haut! Soumis à ses volontés, je suis le premier des croyans. [142] Je t'ai choisi entre tous les hommes, lui dit le Seigneur, pour te charger de mes ordres. A toi seul j'ai fait entendre ma voix. Reçois ce don, et en sois reconnaissant. [143] C'étaient les tables où nous avions gravé des préceptes et des lois propres à diriger les hommes dans toutes leurs actions. Nous lui ordonnâmes de les recevoir avec affection, et de les faire observer au peuple. Je leur montrerai la demeure des prévaricateurs. [144] J'écarterai de la foi l'homme injuste et superbe. La vue des miracles ne vaincra point son incrédulité. La vraie doctrine lui paraîtra fausse. Il prendra le chemin de l'erreur pour celui de la vérité. [145] Cet aveuglement sera le prix de ses mensonges, et du mépris de nos commandemens. [146] Les actions de celui qui blasphème contre la religion, et qui nie la résurrection, seront vaines. Serait-il traité autrement qu'il a agi? [147] Les Israélites, après le départ de Moïse, fondirent leurs anneaux et formèrent un veau mugissant [70]. Ne voyaient-ils pas qu'il ne pouvait leur parler ni les conduire? [148] Ils en firent leur Dieu, et devinrent sacrilèges. [149] Le veau ayant été renversé au milieu d'eux, ils reconnurent leur erreur, et dirent : C'est fait de nous si le Dieu clément et miséricordieux ne nous pardonne. [150] Moïse, de retour vers les Israélites, s'écria plein d'indignation : Vous vous êtes livrés à l'impiété depuis mon départ. Voulez-vous hâter la vengeance divine? Il jeta les tables, saisit son frère par la tête et le tira à lui. O mon frère, lui dit Aaron, le peuple m'a fait violence ; il a été sur le point de me mettre à mort ; ne réjouis pas mes ennemis en m'accusant ; ne me mets pas au nombre des prévaricateurs. [151] Dieu clément, dit Moïse, ayez pitié de moi et de mon frère ; exerce envers nous ta miséricorde infinie. [152] Ceux qui adorèrent le veau, frappés de la colère divine, seront couverts d'opprobre, dans cette vie ; c'est ainsi que nous récompensons les sacrilèges. [153] Ceux qui, après un repentir sincère de leurs crimes croiront au Seigneur, éprouveront les effets de sa clémence. [154] Le courroux de Moïse s'étant apaisé, il prit les tables de la loi, où ceux qui ont la piété voient briller la lumière et la miséricorde du Seigneur. [155] Moïse sépara du peuple soixante-dix Israélites, suivant nos ordres. Un tremblement de terre les engloutit. Seigneur, dit Moïse, tu aurais pu les faire périr avant ce jour et m'envelopper dans leur ruine. Nous extermineras-tu par ce qu'il y a eu des insensés parmi nous? Tu égares et diriges les humains à ton gré. Tu es notre protecteur. Tu as voulu éprouver ton peuple. Aie compassion de nous et nous pardonne : ta clémence est sans bornes. [156] Verse tes dons sur nous dans ce monde et dans l'autre puisque nous sommes retournés à toi. Dieu répondit : Je choisirai les victimes de mes vengeances. Ma miséricorde s'étend sur toutes les créatures. Elle sera le prix de ceux qui ont la piété, qui font

---

69. Les Arabes comptent par le mot *nuits*, le temps que nous comptons par le mot *jours*. La chaleur excessive de leur climat a sans doute donné lieu à cet usage. Ils habitent des sables brûlans, et tandis que le soleil est sur l'horizon, ils se tiennent ordinairement sous des tentes. Ils en sortent lorsqu'il va se coucher, et jouissent alors du plus beau ciel et de la fraîcheur. La nuit est en partie pour eux, ce que le jour est pour nous. Aussi leurs poètes ne célèbrent jamais les charmes d'un beau jour ; mais ces mots *leili! leili!* ô nuit! ô nuit! sont répétés dans toutes leurs chansons.

70. Les commentateurs du Coran qui veulent tout expliquer, disent que le veau d'or qu'adorèrent les israélites mugissait, parce que le cheval de Gabriel, en galopant, lui avait fait voler de la poussière dans la bouche. Ils prétendent que les pieds du cheval de l'archange donnent la vie à tout ce qu'ils touchent.

l'aumône prescrite, et qui croient à mes commandemens. [157] Ceux qui croiront au prophète que n'éclaire point la science humaine et dont le Pentateuque et l'Évangile font mention ; ceux qui l'honoreront, l'aideront et suivront la lumière descendue du ciel, auront la félicité en partage. Il commandera la justice, proscrira l'iniquité, permettra l'usage des alimens purs, défendra ceux qui sont immondes, et déchargera les fidèles de leurs fardeaux et des chaînes qu'ils portaient. [158] Dis : Je suis l'interprète du ciel. Ma mission est divine. Elle embrasse tout le genre humain. Il n'y a de Dieu que le souverain du ciel et de la terre. Il donne la vie et la mort. Embrassez l'islamisme ; Suivez le prophète qui n'est point éclairé par la science humaine, qui croit en Dieu, et vous marcherez dans le chemin du salut. [159] Il est parmi des Israélites, des docteurs et des juges équitables. [160] Nous partageâmes les Hébreux en douze tribus ; et lorsqu'ils demandèrent de l'eau à Moïse, nous lui inspirâmes de frapper le rocher de sa baguette. Il en jaillit douze sources, et tout le peuple connut le lieu où il devait se désaltérer. Nous abaissâmes les nuages pour les ombrager. Nous leur envoyâmes la manne et les cailles, et nous leur dîmes : Usez des biens que nous vous offrons. Leurs murmures ne firent tort qu'à eux-mêmes. [161] Nous leur dîmes : Habitez cette ville. Les biens qu'elle renferme sont à votre discrétion. Adorez le Seigneur en y entrant ; implorez sa clémence ; nous vous pardonnerons vos fautes, et les justes seront comblés de mes faveurs. : [162] Ceux d'entr'eux qui étaient livrés à l'impiété, violèrent l'ordre du Seigneur. La vengeance punit leur désobéissance. [163] Demandez-leur l'histoire de cette ville [71] maritime, dont les habitans transgressaient le sabbat. Ils voyaient dans ce saint jour les poissons paraître à la surface de l'eau. Les autres jours ils disparaissaient. C'est ainsi que nous leur manifestions leur impiété. [164] Laissez les prévaricateurs, disait-on à ceux qui les exhortaient : le ciel va les exterminer, ou leur faire subir les plus rudes châtimens. Nous les prêchons, répondaient les sages, pour nous justifier devant Dieu, et pour leur inspirer de la crainte. [165] Ils oublièrent des avis salutaires. Nous sauvâmes ceux qui les leur avaient donnés, et nous fîmes éprouver aux coupables des peines dignes de leur iniquité. [166] Ils persévérèrent orgueilleusement dans leur désobéissance, et nous les transformâmes en vils singes. Dieu annonça aux juifs que le malheur les poursuivrait jusqu'au jour du jugement. Il est prompt dans ses châtimens ; mais il est clément et miséricordieux. [167] Nous les avons dispersés sur la terre. Il en est parmi eux qui ont conservé la justice ; les autres se sont pervertis. Nous les avons éprouvés par la prospérité et l'infortune, afin de les ramener à nous. [168] Une autre génération les a remplacés sur la terre. Résignés à la Providence divine, soumis à tous ses décrets, ils ont mis leur confiance dans la miséricorde du Seigneur ; ils ont reçu l'alliance du Pentateuque, à condition qu'ils ne diraient de Dieu que la vérité, et qu'ils se livreraient avec zèle à l'étude des écritures. Le paradis sera la récompense fortunée de ceux qui marchent dans la crainte. Ne le comprenez-vous pas ? [169] Ceux qui, assidus à la lecture du Pentateuque, font la prière prescrite, recevront la récompense de leurs bonnes œuvres. [170] Quand nous élevâmes la montagne qui les ombragea ; quand ils croyaient que son sommet ébranlé allait fondre sur leurs têtes, nous leur dîmes : Recevez avec zèle ces tables que nous vous offrons ; souvenez-vous des préceptes qui y sont gravés, afin que vous craigniez le Seigneur. [171] Dieu ayant tiré toute la postérité d'Adam des reins de ses fils [72], leur demanda : Suis-je votre Seigneur ? Tu es notre Dieu, répondirent-ils. Nous avons gardé leur témoignage, afin qu'au jour de la résurrection vous ne puissiez vous excuser sur votre ignorance, [172] Ni dire : Nos pères étaient idolâtres ; serons-nous punis pour les crimes qu'ils ont commis ? [173] Ainsi nous expliquons notre doctrine, afin de ramener les hommes à la vraie foi. [174] Récite-leur l'histoire de celui qui refusa de croire à notre religion [73] ; le diable le suivit, et le fit tomber dans ses pièges. [175] Si nous avions voulu, nous l'aurions élevé à la sagesse ; mais il était attaché à la terre, et n'écoutait que ses passions, semblable au chien qui aboie quand tu le chasses, qui aboie quand tu t'éloignes de lui. Tels sont ceux qui nient la. vérité de notre religion. Offre-leur cet exemple, et qu'il leur serve d'avertissement. [176] Ceux qui blasphèment contre l'islamisme, et

---

71. Aïla près du Suès.

72. Les écrivains arabes expliquent ainsi ce passage : Dieu fit descendre Adam dans l'Inde. Il lui frotta le dos avec la main, et tira de ses reins et des reins de ses fils tous les hommes qui devaient naître jusqu'au jour de la résurrection. Ensuite il leur dit : Ne suis-je pas votre Dieu ? Nous attestons que tu es notre Dieu, répondirent-ils. Il dit aux anges : Soyez témoins de leur croyance. Nous en sommes témoins, repondirent les anges. Dieu fit rentrer, continue *Elhacan*, toute la postérité d'Adam dans ses reins. *Jahia* rapporte Ce passage sur la foi d'*Ebnabbas*.

73. C'est *Balaam*, fils de *Beor*. Ayant reçu des présens pour vomir des imprécations contre Moïse, il en porta la peine. La langue lui sortit de la bouche, et tomba jusque sur sa poitrine. *Gelaleddin. Zamchascar.*

qui souillent leurs âmes, ont une malheureuse ressemblance. [177] Ceux que Dieu éclaire marchent dans les voies du salut, ceux qu'il égare courent à leur perte. [178] Combien nous avons créé de génies et d'hommes dont l'enfer sera le partage ! Ils ont un cœur, et ils ne sentent point ; ils ont des yeux, et ils ne voient point ; ils ont des oreilles, et ils n'entendent point. Semblables aux bêtes brutes, ou plus aveugles qu'elles, ils restent dans leur abrutissement. [179] Les plus beaux noms appartiennent à Dieu [74]. Sers-t'en pour l'invoquer. Fuis ceux qui les emploient sacrilégement. Ils recevront le prix de leurs œuvres. [180] Il est des hommes qui se conduisent avec sagesse et dont l'équité règle toutes les actions. [181] Ceux pour qui l'islamisme n'est qu'imposture seront punis à l'instant où ils ne s'y attendront pas. [182] Si ma vengeance est lente, elle n'en est que plus terrible. [183] N'ont-ils pas dû penser que Mahomet n'était point possédé d'un esprit, lui qui n'a d'autre fonction que de prêcher la parole divine ? [184] N'ont-ils pas sous les yeux le spectacle du ciel et de la terre, cette chaîne d'êtres que Dieu a créés ? Ne voient-ils pas que la mort peut les surprendre ? En quel autre livre croiront-ils ? [185] Ceux que Dieu plongera dans l'erreur ne verront plus la lumière. Il les laissera ensevelis dans leur aveuglement. [186] Ils te demanderont quand arrivera l'heure ? Réponds-leur : Dieu s'en est réservé la connaissance. Lui seul peut la révéler. Ce jour effrayera les cieux et la terre. Il surprendra les mortels. [187] Ils te demanderont si tu en as la connaissance. Réponds-leur : Dieu seul le connaît, et la plupart des hommes ignorent cette vérité. [188] Je ne puis jouir d'aucun avantage, ni éprouver de disgrâce, sans la volonté de Dieu. Si l'avenir m'était dévoilé, je rassemblerais des trésors, et me mettrais à l'abri des coups du sort ; mais je ne suis qu'un homme chargé d'annoncer aux croyans les menaces et les promesses divines. [189] Dieu vous a tous créés d'un seul homme, dont il forma la femme pour être sa compagne. Ils eurent commerce ensemble, et elle porta d'abord un léger fardeau [75] qui ne gênait point sa marche. Il devint plus pesant, et les deux époux adressèrent au ciel cette prière : Seigneur, si tu nous donnes un enfant bien conformé, nous te rendrons des actions de grâces. [190] Le ciel exauça leurs vœux, et ils partagèrent entre Dieu et Satan, le tribut de leur reconnaissance. Loin de lui ce culte sacrilège ! [191] Lui donneront-ils pour égaux des dieux qui ne sauraient rien créer, qui ont été créés, qui sont incapables de les aider, et de s'aider eux-mêmes ? [192] Appelez-les au chemin du salut, ils ne vous suivront point ; invoquez-les, ou non, ils ne vous procureront aucun avantage. [193] Ils sont esclaves comme vous. Priez-les, et qu'ils vous exaucent, si votre culte est véritable. [194] Ont-ils des pieds avec lesquels ils puissent marcher, des mains pour saisir, des yeux pour voir, des oreilles pour entendre ? Dis-leur : Appelez-vos dieux, et me tendez des embûches. Ne croyez pas que je les craigne. [195] J'aurai pour protecteur celui qui a fait descendre le Coran. Il protège les justes. [196] Les idoles, à qui vous offrez votre encens, ne peuvent vous secourir. Elles ne sauraient se secourir elles-mêmes. [197] Pressez-les d'entrer dans la voie du salut. Elles ne vous entendront point. Vous voyez leurs yeux tournés vers vous ; mais elles ne vous aperçoivent pas. [198] Que l'indulgence soit ton partage. Commande la justice, et fuis les ignorans. [199] Oppose aux pièges du tentateur l'assistance du Très-Haut. Il sait et entend tout. [200] Que ceux qui craignent le Seigneur se rappellent ses bienfaits quand ils seront tentés, et il les éclairera. [201] Mais les infidèles ne pourront plus dissiper le nuage ténébreux que Satan épaissira autour d'eux. [202] Si tu ne fais briller à leurs yeux quelque signe éclatant, ils diront : De quelles fables viens-tu nous bercer ? Réponds-leur : Je ne vous prêche que ce que le ciel m'a révélé. Ce livre renferme les préceptes divins : il est la lumière des croyans, et le gage de la miséricorde divine. [203] Écoutez en silence la lecture du Coran, afin que vous soyez dignes de la clémence du Seigneur. [204] Entretiens dans ton cœur le souvenir de Dieu. Prie-le avec crainte, avec humilité, et sans l'ostentation des paroles. Remplis ce devoir soir et matin. [205] Les anges qui sont dans la présence du Très-Haut, loin de refuser orgueilleusement d'obéir à

---

74. Ces noms, suivant les auteurs arabes, sont au nombre de quatre-vingt-dix-neuf. Les habitans de la Mecque les employaient sacrilégement en nommant trois de leurs idoles, *menat, allat, elaza*. Ils avaient tiré ces trois dénominations de *allah, elaziz, menan*. Dieu, *puissant, miséricordieux*.

75. *Hève* sentit d'abord un fardeau léger qui ne l'empêchait point de marcher. Satan se présenta à elle sous la forme humaine, et lui demanda ce qu'elle portait dans son sein. Je l'ignore, répondit-elle. C'est peut-être, ajouta le tentateur, un animal semblable à ceux que tu vois paître. *Hève* ayant répliqué qu'elle n'en savait rien, il se retira. Lorsqu'elle fut avancée dans sa grossesse, il revint et lui demanda comment elle se trouvait. Je crains, répondit-elle, que ta prédiction ne soit vraie. J'ai de la peine à marcher et à me lever lorsque je suis assise. Satan continua : Si Dieu, à ma prière, t'accorde un enfant semblable à toi et à Adam, l'appelleras-tu de mon nom ? *Hève* promit. Lorsqu'elle eut enfanté, Satan revint et la somma d'exécuter sa promesse. Quel est ton nom, lui demanda-t-elle ? *Abdelharès*, répliqua le tentateur. *Hève* ayant donné ce nom à son fils, il mourut sur-le-champ. *Jahia* cité par *Caleb*.

ses lois, le louent, et l'adorent sans cesse.

CHAPITRE VIII.

Le Butin. donné à Médine, composé de 76 versets. Au nom de Dieu clément et miséricordieux.

[1] ILS t'interrogent au sujet du butin[76]. Réponds leur : Il appartient à Dieu et à son envoyé. Craignez le Seigneur. Que l'amitié règle vos partages ; et, si vous êtes fidèles, obéissez à Dieu et au prophète. [2] Les croyans que la parole de Dieu pénètre de crainte, qui sentent augmenter leur foi au récit de ses merveilles, qui mettent en lui leur unique confiance, [3] Qui font la prière, et versent dans le sein de l'indigent une portion des biens que nous leur avons dispensés, [4] Sont les vrais fidèles. Ils occuperont des degrés sublimes dans le royaume céleste. Ils jouiront de l'indulgence et des bienfaits de Dieu. [5] C'est Dieu lui-même qui t'a fait quitter ta maison, malgré l'opposition d'une partie des fidèles. [6] Ils combattaient contre toi la vérité, dont l'évidence frappait leurs yeux, comme si on les eût conduits à la mort, et qu'ils l'eussent vue présente. [7] Le Seigneur vous promit qu'une des deux nations devait tomber sous votre glaive. Vous désiriez qu'il vous livrât celle qui était sans armes ; mais le ciel voulut accomplir ses promesses, et exterminer jusqu'au dernier des infidèles, [8] Afin que la vérité brillât, que la vanité s'anéantît, malgré les efforts des impies. [9] Lorsque vous implorâtes l'assistance du Très-Haut, il répondit : Je vous enverrai un secours de mille anges[77]. [10] Il vous fit cette promesse, afin de porter dans vos cœurs la joie et la confiance. Toute aide vient de celui qui est puissant et sage. [11] Dieu vous envoya le sommeil de la sécurité. Il fit descendre la pluie du ciel pour vous purifier et vous délivrer de l'abomination de Satan, pour lier vos cœurs par la foi, et affermir votre courage. [12] Il dit à ses anges : Je serai avec vous ; encouragez les croyans ; j'épouvanterai les impies. Appesantissez vos bras sur leurs têtes ; frappez-les sur les pieds et les mains, et n'épargnez aucun d'eux. [13] Qu'ils soient punis du schisme qu'ils ont fait avec Dieu et son apôtre. Quiconque se séparera de Dieu et du prophète éprouvera qu'il est terrible dans ses vengeances. [14] Qu'ils subissent le tourment du feu, préparé aux infidèles. [15] O croyans ! lorsque vous rencontrerez l'armée ennemie marchant en ordre, ne prenez pas la fuite. [16] Quiconque tournera le dos au jour du combat, à moins que ce ne soit pour combattre, ou pour se rallier, sera chargé de la colère de Dieu, et aura pour demeure l'enfer, séjour de misère. [17] Ce n'est pas vous qui les avez tués ; ils sont tombés sous le glaive du Tout-Puissant. Ce n'est pas toi, Mahomet, qui les a assaillis ; c'est Dieu, afin de donner aux fidèles des marques de sa protection. Il sait et entend tout. [18] Son bras vous a protégés ; c'est lui qui renverse les stratagèmes des ennemis. [19] Infidèles, la victoire a assuré la décision de notre cause. Il vous importe de quitter les armes. Si vous retournez au combat, vous nous trouverez prêts ; mais quelque nombreuse que soit votre armée, vous n'éprouverez pas un meilleur sort. Le ciel protège les fidèles. [20] O croyans ! obéissez à Dieu et à son apôtre ; ne vous écartez jamais de ce devoir. Vous écoutez sa parole. [21] Ne ressemblez pas à ceux qui disent : Nous entendons et ils n'entendent point. [22] Un état plus vil que celui de la brute, aux yeux de l'Éternel, est d'être sourd, muet, et de ne point comprendre. [23] Si Dieu leur eût connu quelque bonne disposition, il leur aurait donné l'entendement ; mais ce bienfait n'eût servi qu'à les rendre plus obstinés dans leur éloignement pour la foi. [24] O croyans ! répondez à la voix de Dieu et du prophète, puisqu'il vous fait vivre. Souvenez-vous qu'il est entre l'homme et son cœur, et que vous retournerez tous à lui. [25] Craignez la rébellion. Les impies ne seront pas les seuls parmi lesquels elle se fera sentir. Sachez que le Tout-Puissant est terrible dans ses vengeances. [26] Souvenez-vous que faibles, et en petit nombre dans les murs de la Mecque, vous craigniez d'être exterminés par vos ennemis. Le ciel a protégé votre faiblesse. Il vous a donné un asile, une nourriture abondante, afin que vous soyez reconnaissans. [27] O croyans ! gardez-vous de tromper Dieu et le prophète. Écartez la fraude de vos traités, puisque vous êtes éclairés. [28] Songez que vos richesses et vos enfans sont un

---

76. Le partage du butin après le combat de *Beder* ayant fait naître des différens entre les croyans, Mahomet fit descendre ce chapitre où il établit les lois que l'on doit observer à ce sujet.

77. Les compagnons de Mahomet étaient sur le point de prendre la fuite. Il les rassura en leur promettant un secours de mille anges. Il leur persuada si fortement que cette milice zéleste combattait pour eux, qu'il les rendit invincibles. (Vie de Mahomet.)

sujet de tentation, et que la récompense que Dieu vous prépare est magnifique. [29] O croyans ! si vous craignez le Seigneur, il vous séparera des méchans ; il expiera vos fautes ; il vous les pardonnera, et versera sur vous les trésors de ses libéralités. [30] Tandis que les infidèles te tendaient des embûches, tandis qu'ils voulaient te saisir, te mettre à mort ou te chasser, Dieu, dont la vigilance surpasse celle du fourbe, détruisait leurs complots. [31] Qu'on lise aux incrédules la doctrine divine, ils répondent : Nous l'avons entendue. Il nous serait facile d'en produire autant. Ce n'est qu'un tissu des rêveries de l'antiquité. [32] Dieu tout-puissant, se sont-ils écriés, si le Coran renferme la vérité, fais pleuvoir les pierres sur nos têtes, fais-nous éprouver les plus terribles fléaux. [33] Le ciel ne les punit pas, parce que tu étais avec eux, et qu'ils implorèrent leur pardon. [34] Dieu pouvait leur faire éprouver ses vengeances, quand ils détournaient les fidèles du temple de la Mecque. Ils n'étaient pas ses amis. Les hommes vertueux méritent seuls de l'être, et la plupart l'ignorent. [35] Leur prière dans le lieu saint n'était qu'un sifflement des lèvres et un battement de mains. Ils entendront ces mots : Goûtez la peine de votre impiété. [36] Ils emploient leurs richesses pour combattre la religion. Ils les dissiperont. Un repentir amer en sera le fruit, et ils seront vaincus. [37] Tous les infidèles seront réunis dans l'enfer. [38] Dieu séparera les bons d'avec les méchans. Il rassemblera les scélérats, et les livrera aux tourmens du feu. Leur perte sera consommée. [39] Dis aux pervers que, s'ils abandonnent l'infidélité, ils obtiendront le pardon du passé ; mais que s'ils y retombent, ils ont sous les yeux l'exemple des anciens peuples. [40] Combattez-les jusqu'à ce qu'il n'y ait plus de schisme, et que la religion sainte triomphe universellement. S'ils se convertissent, Dieu sera le témoin de leur action. [41] S'ils persistent dans la révolte, songez que Dieu est votre maître, et que vous devez compter sur sa protection puissante. [42] Souvenez-vous que vous devez la cinquième part du butin à Dieu, au prophète, à ses parens, aux orphelins, aux pauvres et aux voyageurs, si vous croyez en Dieu, et à ce que nous révélâmes à notre serviteur, dans ce jour mémorable où les deux armées se rencontrèrent. La puissance du Seigneur est infinie. [43] Vous étiez postés près du ruisseau [78], les ennemis étaient sur la rive opposée. Votre cavalerie était inférieure. Malgré vos conventions la discorde se serait mise parmi vous ; mais le Tout-Puissant voulut accomplir ce qui était arrêté dans ses décrets ; [44] Afin que celui qui devait périr succombât, et que celui qui devait survivre à la victoire fût témoin de sa gloire. Dieu sait et entend tout. [45] Dieu vous montra en songe l'armée ennemie peu nombreuse. S'il vous l'eût fait paraître plus formidable, vous auriez perdu courage, et la discorde vous eût désunis. Il vous épargna ce tableau parce qu'il connaît le fond des cœurs. [46] Lorsque vous commençâtes le combat, il diminua à vos regards le nombre des ennemis ; il diminua de même à leurs yeux le nombre de vos soldats, afin d'accomplir ce qui était déterminé dans ses décrets. Il est le terme de toutes choses. [47] O croyans ! lorsque vous marchez aux ennemis, soyez inébranlables. Rappelez-vous à chaque instant le souvenir du Seigneur, afin que vous soyez heureux. [48] Obéissez à Dieu et au prophète. Craignez la discorde, de peur qu'elle n'éteigne le feu de votre courage. Soyez fermes. Dieu est avec ceux qui souffrent avec constance. [49] Ne ressemblez pas à ceux qui quittent leurs foyers avec ostentation, et détournent leurs semblables des voies du Seigneur. Il voit leurs actions. [50] Le diable exaltant le mérite de leurs exploits leur dit : Aujourd'hui vous serez invincibles ; je marcherai à votre tête. Lorsque les deux armées furent en présence il revint sur ses pas. Je vous abandonne, ajouta-t-il : Je vois ce qui échappe à vos regards [79]. Je crains Dieu dont les chatimens sont terribles. [51] Les incrédules, et ceux dont le cœur est corrompu disaient : Leur foi les a trompés ; mais celui qui met sa confiance en Dieu éprouve qu'il est savant et sage. [52] Quel spectacle lorsque les anges donnent la mort aux infidèles [80] ! Ils frappent leurs visages et leurs reins, et font entendre ces paroles : Allez goûter la peine du feu. [53] Ce supplice est dû à leurs crimes ; car Dieu n'est point injuste envers ses serviteurs. [54] Ils ressemblaient

---

78. Mahomet était campé près de *Beder*. C'est le nom d'un puits. Ce poste était très-avantageux, parce qu'il le mettait à portée de l'eau qui est très-rare en Arabie. Le courage qu'il sut inspirer à ses soldats les fit triompher des Coreïshites, trois fois supérieurs en nombre.

79. *Gelaleddin* explique ainsi ce passage : Satan ayant pris la ressemblance de *Saraca*, fils de *Malec*, prince de cette contrée, marchait à la tête des Coreïshites. Il tenait la main de *Harès*, fils de *Hascem*. Ayant aperçu les anges qui se préparaient à combattre avec les fidèles, il prit la fuite. Les idolâtres lui ayant reproché de les abandonner dans un danger éminent : Je vous quitte, répondit-il, parce que je vois des anges que vous n'apercevez pas. *Gelaleddin*.

80. Lorsque l'homme meurt, *Monker* et *Nakir*, deux anges terribles, viennent l'examiner. Ils font, tenir debout le patient et l'inter-rogent sur l'unité de Dieu et la mission du prophète. Quel est ton Dieu, ton prophète, ton culte, lui demandent-ils ? S'ils le trouvent infi-dèle, ils le frappent d'une manière épouvantable. *El-gazel*. Les Thalmudistes ont à peu près la même croyance. Lorsque l'homme meurt, disent-ils, l'ange de la mort, vient s'asseoir sur le sépulcre ; aussitôt l'âme se réunit au corps. Le patient se lève sur ses pieds. L'ange lui fait subir un examen, et s'il est coupable, il le frappe avec une chaîne dont la moitié est de fer et le reste de feu. *Thalmud*.

à la famille du pharaon et aux incrédules qui les ont précédés. Dieu les a surpris au milieu de leurs forfaits, et il est terrible dans ses châtimens. [55] Il ne retire ses grâces d'un peuple que quand il est perverti. Il voit et entend tout. [56] Ils ressemblaient à la famille du pharaon et à ceux qui avant eux ont nié notre doctrine. Notre vengeance les a surpris au milieu de leurs crimes ; ainsi nous fîmes périr l'armée du pharaon dans les flots, parce qu'elle était impie. [57] L'incrédule qui refuse de croire à l'islamisme est plus abject que la brute aux yeux de l'Éternel. [58] Ceux qui violent à chaque occasion le pacte qu'ils ont contracté avec toi, n'ont point la crainte du Seigneur. [59] Si le sort des armes les fait tomber entre tes mains, effraye par leur supplice ceux qui les suivent, afin qu'ils y songent. [60] Rejette la crainte de ceux dont tu crains la fraude. Traites-les comme ils agissent ; parce que Dieu hait les trompeurs. [61] Que l'infidèle ne croie pas se soustraire à la vengeance divine. Il ne saurait la suspendre. [62] Unissez vos efforts, rassemblez vos chevaux, afin de jeter l'épouvante dans l'âme des ennemis de Dieu, des vôtres, et de ceux que vous ignorez. Dieu les connaît. Tout ce que vous aurez dépensé pour son service, vous sera rendu. Vous ne serez point trompés. [63] Donne ton consentement à la paix, s'ils la recherchent. Mets ta confiance dans le Seigneur. Il sait et entend tout. [64] S'ils voulaient te trahir, Dieu arrêtera leurs complots. Il t'a fortifié de son aide et de celui des fidèles. Il a uni leurs cœurs. Tous les trésors de la terre n'auraient pu produire cette union. Elle est un effet de sa bonté. Il est puissant et sage. [65] O prophète ! la protection de Dieu est un asile suffisant pour toi et pour les fidèles qui te suivront. [66] O prophète ! encourage les croyans au combat. Vingt braves d'entr'eux terrasseront deux cents infidèles. Cent en mettront mille en fuite, parce qu'ils n'ont point la sagesse. [67] Dieu veut adoucir votre tâche. Il connaît votre faiblesse. Cent braves d'entre vous vaincront deux cents ennemis, et mille triompheront de deux mille, par la permission de Dieu qui est avec les hommes courageux. [68] Aucun prophète n'a jamais fait de prisonniers, qu'après avoir versé le sang d'un grand nombre d'ennemis. Vous désirez les biens terrestres, et Dieu veut vous donner les trésors du ciel. Il est puissant et sage. [69] S'il ne vous avait envoyé ses préceptes, les dépouilles que vous avez remportées vous auraient attiré sa vengeance. [70] Nourrissez-vous des biens licites enlevés aux ennemis, et craignez le Seigneur. Il est clément et miséricordieux. [71] O prophète ! Dis aux prisonniers que vous avez faits : Si Dieu voit la droiture dans vos cœurs, il vous donnera des richesses plus précieuses que celles qu'on vous a enlevées, et il vous pardonnera, parce qu'il est indulgent et miséricordieux. [72] S'ils veulent te tromper, ils ont été fourbes envers Dieu. Il t'établit l'arbitre de leur sort, il est savant et sage. [73] Les croyans qui auront abandonné leurs familles, pour défendre, de leurs biens et de leurs personnes la cause de Dieu, partageront le butin avec ceux qui ont donné du secours et un asile au prophète. Vous n'aurez point de société avec les fidèles qui auront resté dans leurs maisons jusqu'à ce qu'ils aient marché au combat. S'ils implorent votre appui pour la défense de leur religion, vous le leur accorderez, à moins que ce ne soit contre vos alliés. Le Très-Haut est témoin de vos actions. [74] Les infidèles sont unis entr'eux. Si une semblable union ne règne parmi vous, le schisme et la corruption couvriront la terre. [75] Les croyans qui ont quitté leur patrie pour combattre sous l'étendard de la foi, et ceux qui ont donné à un asile et du secours au prophète, sont les vrais fidèles. Ils jouiront de l'indulgence du Seigneur et des avantages glorieux du paradis. [76] Ceux qui dans la suite embrasseront la foi, qui s'expatrieront et combattront pour la défense de l'islamisme, deviendront vos compagnons. Ceux qui vous sont unis sont plus ou moins honorablement écrits dans le livre, parce que la science du Tout-Puissant embrasse l'univers.

CHAPITRE IX [81].
La Conversion. donné à Médine, composé de 130 versets.

[1] DÉCLARATION de la part de Dieu et du prophète, aux idolâtre avec lesquels vous aurez fait alliance. [2] Voyagez avec sécurité pendant quatre mois, et songez que vous ne pouvez arrêtez le bras du Tout-Puissant

---

81. Ce chapitre est le seul qui ne porte point pour épigraphe ces mots : *Au nom de dieu clément et miséricordieux.* Les auteurs arabes en donnent plusieurs raisons. Cette formule, disent-ils, annonce des grâces, et ce chapitre publie la vengeance. *Ali Otman,* fils d'*Aphan,* ayant été interrogé sur cette omission, répondit que le chapitre de la pénitence n'ayant paru qu'une suite de celui du butin, on ne l'avait point distingué par l'épigraphe ordinaire.

qui couvrira d'opprobre les infidèles. ③ Dieu et son envoyé déclarent qu'après les jours du pélerinage, il n'y a plus de pardon pour les idolâtres. Il vous importe de vous convertir. Si vous persistez dans l'incrédulité, souvenez-vous que vous ne pourrez suspendre la vengeance céleste. Annonce aux infidèles des supplices douloureux. ④ Gardez fidèlement l'alliance contractée avec les idolâtres, s'ils l'observent eux-mêmes, et s'ils ne fournissent aucun secours à vos ennemis. Dieu aime ceux qui le craignent. ⑤ Les mois sacrés écoulés, mettez à mort les idolâtres, partout où vous les rencontrerez. Faites-les prisonniers. Assiégez leurs villes. Tendez-leur des embûches de toutes parts. S'ils se convertissent, s'ils accomplissent la prière, s'ils paient le tribu sacré, laissez-les en paix. Le Seigneur est clément et miséricordieux. ⑥ Accorde une sauve-garde aux idolâtres qui t'en demanderont, afin qu'ils entendent la parole divine. Qu'elle leur serve de sûreté pour s'en retourner, parce qu'ils sont ensevelis dans les ténèbres de l'ignorance. ⑦ Dieu et le prophète peuvent-ils avoir un pacte avec les idolâtres? Cependant s'ils observent le traité formé près du temple de la Mecque, soyez-y fidèles. Dieux aime ceux qui le craignent. ⑧ Comment l'observeront-ils? S'ils ont l'avantage sur vous, ni les liens du sang, ni la sainteté de leur alliance, ne pourront les empêcher d'être parjures. ⑨ Ils ont vendu la doctrine du Coran pour un vil intérêt. Ils ont écarté les croyans du chemin du salut. Toutes leurs actions sont marquées au coin de l'iniquité. ⑩ Ils ont rompu tous les freins. Ils violent et les liens du sang et leurs sermens. ⑪ Si, revenus de leurs erreurs, ils accomplissent la prière et paient le tribut sacré, ils seront vos frères en religion. J'explique les préceptes du Seigneur à ceux qui savent les comprendre. ⑫ Si, manquant à la solennité de leur pacte, ils troublent votre culte, attaquez les chefs des infidèles, puisque leurs sermens ne peuvent les retenir. ⑬ Refuseriez-vous de combattre un peuple parjure, qui s'est efforcé de chasser votre apôtre, qui vous a attaqué le premier? Le craindriez-vous? Mais la crainte de Dieu ne doit-elle pas être plus forte, si vous êtes fidèles. ⑭ Attaquez-les. Dieu les punira par vos mains. Il les couvrira d'opprobre. Il vous protégera contre eux, et fortifiera le cœur des fidèles. ⑮ Il dissipera leur indignation, et fera grâce à qui il voudra, parce qu'il est savant et sage. ⑯ Avez-vous pensé que vous seriez abandonnés, quand Dieu ne connaissait pas encore ceux d'entre vous qui devaient combattre; quand, sans alliés, vous n'aviez pour appui que le bras du Seigneur, son apôtre et quelques fidèles? Le Très-Haut connaît vos actions. ⑰ L'entrée du temple Saint doit être interdite aux idolâtres. L'irréligion qu'ils professent les en rend indignes. Leurs œuvres sont vaines. Le feu sera leur demeure éternelle. ⑱ Mais ceux qui croient en Dieu et au jour dernier, qui font la prière, qui paient le tribut sacré, n'ayant d'autre crainte que celle de Dieu, visiteront son temple; pour eux la voie du salut est facile. ⑲ Pensez-vous que ceux qui portent de l'eau aux voyageurs [82], ou qui visitent les saints lieux, ont un mérite égal au croyant qui défend la foi les armes à la main? Le Seigneur attache à leurs œuvres un prix différent. Il n'éclaire point les pervers. ⑳ Les croyans qui s'arracheront du sein de leurs familles, pour se ranger sous les étendards de Dieu, sacrifiant leurs biens et leurs vies, auront les places les plus honorables dans le royaume des cieux. Ils jouiront de la félicité suprême. ㉑ Dieu leur promet sa miséricorde. Ils seront l'objet de ses complaisances, et ils habiteront les jardins de délices où régnera la souveraine béatitude. ㉒ Là, ils goûteront d'éternels plaisirs, parce que les récompenses du Seigneur sont magnifiques. ㉓ O croyans! cessez d'aimer vos pères, vos frères, s'ils préfèrent l'incrédulité à la foi. Si vous les aimez, vous deviendrez pervers. ㉔ Si vos pères, vos enfans, vos frères, vos épouses, vos parens, les richesses que vous avez acquises, le commerce dont vous craignez la ruine, vos habitations chéries, ont plus d'empire sur vos cœurs que Dieu, son envoyé et la guerre sainte, attendez le jugement du Très-Haut. Il n'est point le guide des prévaricateurs. ㉕ Combien de fois le Tout-Puissant vous a-t-il fait sentir les effets de sa protection? Souvenez-vous de la journée de *Honein*, où le nombre de vos troupes vous enflait le cœur; à quoi vous servit cette armée formidable? La terre vous semblait trop étroite dans votre fuite précipitée. ㉖ Dieu couvrit de sa sauve garde le prophète et les croyans; il fit descendre des bataillons d'anges invisibles à vos yeux pour punir les infidèles. Tel est le sort des prévaricateurs. ㉗ Il pardonnera à qui il voudra. Il est indulgent et miséricordieux. ㉘ O croyans! les idolâtres sont immondes. Qu'ils n'approchent plus du temple de la Mecque après cette année. Si vous craignez l'indigence, le ciel vous ouvrira ses trésors. Dieu est savant et sage. ㉙ Combattez ceux qui ne croient point en Dieu, et au jour dernier, qui ne défendent point ce que Dieu et le prophète ont interdit, et qui ne professent point la religion véritable

---

82. C'est l'eau du puits de *Zemzem* que l'ange découvrit à *Agar*, et dont les pèlerins boivent avec un respect religieux.

des juifs et des chrétiens. Combattez-les jusqu'à ce qu'ils paient le tribut de leurs propres mains, et qu'ils soient soumis. [30] Les juifs disent qu'*Ozaï* est fils de Dieu ; les chrétiens disent la même chose du Messie. Ils parlent comme les infidèles qui les ont précédés. Le ciel punira leurs blasphèmes. [31] Ils appellent seigneurs leurs pontifes, leurs moines, et le Messie, fils de Marie ; et il leur est commandé de servir un seul Dieu. Il n'y en a point d'autre. Anathème sur ceux qu'ils associent à son culte ! [32] Ils voudraient éteindre de leur souffle la lumière de Dieu ; mais il la fera briller malgré l'horreur qu'elle inspire aux infidèles. [33] Il a envoyé son apôtre pour prêcher la foi véritable, et pour établir son triomphe sur la ruine des autres religions, malgré les efforts des idolâtres. [34] O croyans ! sachez que la plupart des prêtres et des moines dévorent inutilement les biens d'autrui, et écartent les hommes de la voie du salut. Prédis à ceux qui entassent l'or dans leurs coffres, et qui refusent de l'employer pour le soutien de la foi, qu'ils subiront des tourmens douloureux. [35] Un jour cet or, rougi dans le feu de l'enfer, sera appliqué sur leurs fronts, leurs côtés et leurs reins, et on leur dira : Voilà les trésors que vous aviez amassés, jouissez-en maintenant. [36] Quand, le Tout-Puissant créa les cieux et la terre il écrivit l'année de douze mois [83]. Ce nombre fut gravé dans le livre saint. Quatre de ces mois sont sacrés ; c'est la vraie croyance. Fuyez pendant ces jours l'iniquité ; mais combattez les idolâtres en tout temps, comme ils vous combattent. Sachez que le Seigneur est avec ceux qui le craignent. [37] Transporter à un autre temps les mois sacrés, est un excès d'infidélité. Les idolâtres autorisent ce changement une année, et le défendent la suivante [84], afin d'accomplir les mois sacrés. Ils permettent ce que Dieu a défendu. Ils se font gloire de leurs crimes. Dieu n'éclaire point les impies. [38] O croyans, quelle fut votre consternation, lorsqu'on vous dit : Allez combattre pour la foi ! Préféreriez-vous donc la vie du monde à la vie future ? Mais que sont les biens terrestres, en comparaison des jouissances du ciel ? [39] Si vous ne marchez au combat, Dieu vous punira sévèrement : il mettra à votre place un autre peuple, et vous ne pourrez suspendre sa vengeance, parce que sa puissance est infinie. [40] Si vous refusez votre secours au prophète, il aura Dieu pour appui. Son bras le protégea quand les infidèles le chassèrent. Un des compagnons [85] de sa fuite le secourut lorsqu'ils se réfugièrent dans la caverne. Ce fut alors que Mahomet lui dit : Ne t'afflige point, le Seigneur est avec nous. Le ciel lui envoya la sécurité et une escorte d'anges invisibles à vos yeux. Les discours de l'impie furent anéantis, et la parole de Dieu exaltée. Il est puissant et sage. [41] Jeunes et vieux, marchez au combat, et sacrifiez vos richesses et vos vies pour la défense de la foi. Il n'est point pour vous de plus glorieux avantage. Si vous saviez ! [42] L'espoir d'un succès prochain et facile, les aurait fait voler au combat ; mais la longueur du chemin les a effrayés. Ils jureront par le nom de Dieu que, s'ils avaient pu, ils auraient suivi tes drapeaux. Ils perdent leurs armes, car Dieu connaît leurs mensonges. [43] Puisse le ciel te pardonner ta condescendance à leurs désirs ! Il te fallait du temps pour distinguer les menteurs d'avec ceux qui disaient la vérité. [44] Ceux qui croient en Dieu et au jour dernier, ne te demanderont point d'exemption. Ils sacrifieront leurs richesses, et verseront leur sang pour la cause de Dieu. Il connaît ceux qui le craignent. [45] Mais ceux qui ne croient ni en Dieu, ni au jugement dernier, et qui errent dans le vague du doute, te prieront de les exempter du combat. [46] S'il avaient eu dessein de suivre l'étendard de la foi, ils auraient fait des préparatifs ; mais le ciel a rejeté leur service ; il a augmenté leur lâcheté, et on leur a dit : Restez avec les femmes. [47] S'ils étaient partis avec vous, ils n'auraient servi qu'à vous causer des dépenses, et à semer la division parmi vos troupes. Plusieurs eussent prêté l'oreille à leurs discours séditieux ; mais le Seigneur connaît les pervers. [48] Déjà ils ont voulu allumer le feu de la rébellion. Ils ont contrarié tes projets jusqu'à ce que la vérité étant descendue du ciel, la volonté de Dieu s'est manifestée contre leur opposition. [49] Plusieurs d'entre eux te diront : exempte-nous de la guerre ; ne nous enveloppe

---

83. L'année des Arabes est lunaire. Elle est composée de douze mois ; mais comme ils n'admettent point de jour intercalaire, leurs mois ne suivent point le cours des saisons. Ils parcourent toute l'année, et le même se trouve successivement dans le printemps, l'été, l'automne et l'hiver.

84. Ce changement s'opérait ainsi : Lorsque les Arabes idolâtres étaient en guerre pendant un des mois sacrés, par exemple pendant le mois de *Moharram*, ils continuaient les hostilités, et rejetaient la défense au mois de *Safar*, qu'ils rendaient sacré. *Gelaleddin.* Mahomet abolit cet usage qui perpétuait les maux de la guerre. Les anciens Arabes avaient de même quatre mois sacrés pendant lesquels toute hostilité devait cesser. Ces mois sont *Moharram, Rajeb, Delcaada, Delhajj,* le premier, le septième, le onzième et le douzième de leur année. Les Arabes, depuis Abraham et Ismaël, ont toujours célébré le pèlerinage de la Mecque le dixième jour du mois *Elhajj abou abd allah Mohammed abuahmed.* Le mot *elhajj* signifie pèlerinage. Les pèlerins se nomment *Haggi.*

85. C'est *Abubecr.*

pas dans la dissension. N'y sont-ils pas tombés? Mais l'enfer environnera les infidèles. [50] Vos succès les affligeront, et au bruit de vos disgrâces, ils s'écrieront : Nous avons pris notre parti d'avance. Ils retourneront à l'infidélité, et se réjouiront de vos malheurs. [51] Dis-leur : Il ne nous arrivera que ce que l'Éternel a écrit. Il est notre Seigneur. Que les fidèles mettent en lui leur confiance. [52] Quel est votre espoir? Que nous soyons victorieux ou martyrs. Et nous, nous espérons que Dieu vous punira, ou remettra en nos mains sa vengeance. Attendez, nous attendrons avec vous. [53] Dis-leur : Offrez vos biens volontairement où à contre cœur, ils seront refusés, parce que vous êtes impies. [54] Dieu rejette leurs offrandes, parce qu'ils ne croient point en lui et en son apôtre ; parce qu'ils font la prière avec tiédeur, et que leurs secours sont offerts à regret. [55] Que leurs trésors et le nombre de leurs enfans ne t'en imposent point. Ce sont des dons funestes, dont le ciel se servira pour les punir, en les faisant mourir dans leur infidélité. [56] Ils jurent, par le nom de Dieu, qu'ils sont de votre parti. La crainte de vos châtimens leur arrache ce parjure. [57] Les antres, les cavernes, sont les lieux qu'ils recherchent. Ils courent y cacher leur lâcheté. [58] Ils t'accusent dans la distribution des aumônes. Ils sont contens quand il les partagent, et s'irritent quand on les leur refuse. [59] Ne devraient-ils pas être satisfaits de ce qu'ils ont reçu de Dieu et du prophète? Ne devraient-ils pas dire : La faveur du ciel nous suffit ; Dieu et le prophète nous combleront de biens, parce que nous invoquons le nom du Seigneur? [60] Les aumônes doivent être employées pour le soulagement des pauvres, des indigens, de ceux qui les recueillent, de ceux qui sont résignés à la volonté de Dieu, pour la rédemption des captifs, pour secourir ceux qui sont chargés de dettes, pour les voyageurs, et pour le soutien de la guerre sainte. Telle est la distribution prescrite par le Seigneur. Il est savant et sage. [61] La calomnie attaque le prophète. On lui reproche de prêter l'oreille à tous les rapports. Réponds : Il écoute tout ce qui peut vous être utile ; il croit en Dieu et aux fidèles. [62] La miséricorde est le partage des croyans. Les tourmens seront la récompense de ceux qui calomnient le ministre du Très-Haut. [63] Ils prodiguent les sermens pour capter votre bienveillance. Il leur serait plus avantageux de rechercher la faveur de Dieu et du prophète, s'ils avaient la foi. [64] Ignorent-ils que celui qui se sépare de Dieu et de son envoyé aura pour demeure éternelle l'enfer, et sera couvert d'ignominie? [65] Les impies craignent que Dieu ne fasse descendre un chapitre où il dévoilera ce qui est dans leurs cœurs. Dis-leur : Riez. Dieu mettra au grand jour ce que vous cachez. [66] Interrogez-les sur cette crainte, ils répondent : Ce n'était qu'une feinte. Nous nous moquions de vous. Réponds-leur : Vous vouliez donc vous jouer de Dieu, de sa religion et de son ministre? [67] N'apportez plus d'excuse. Vous avez quitté la foi pour suivre l'erreur. Si quelques-uns d'entre vous peuvent espérer leur pardon, les autres, livrés à l'impiété, seront dévoués à des peines déchirantes. [68] Les impies s'unissent pour commander le crime et abolir la justice. Leurs mains sont fermées pour l'aumône. Ils oublient Dieu dont ils sont oubliés, parce qu'ils sont prévaricateurs. [69] Dieu a promis aux scélérats et aux infidèles le feu de l'enfer. Ils y expieront leurs forfaits, chargés de sa malédiction, et dévorés par des tourmens éternels. [70] Vous êtes semblables aux impies qui vous ont précédés. Ils furent plus forts, plus puissans que vous par leurs richesses et le nombre de leurs enfans. Ils jouirent des biens terrestres que le ciel leur départit. Vous avez joui comme eux de votre portion. Vous avez parlé comme ils parlèrent. Leurs actions ont été vaines dans ce monde et dans l'autre, et ils ont été dévoués à la réprobation. [71] Ignorent-ils l'histoire des premiers peuples, de Noé, d'*Aod*, d'Abraham, des Madianites, et des villes renversées? Ils eurent des prophètes qui opérèrent des miracles sous leurs yeux. Dieu ne les traita point injustement. Ils furent eux-mêmes les auteurs de leur ruine. [72] Les fidèles forment une société d'amis. Ils font fleurir la justice, proscrivent l'iniquité, sont assidus à la prière, paient le tribut sacré, et obéissent à Dieu et à son envoyé. Ils obtiendront la miséricorde du Seigneur, parce qu'il est puissant et sage. [73] Il leur destine des jardins arrosés par des fleuves. Introduits dans les délicieuses demeures d'*Éden* [86], ils jouiront éternellement des grâces du Seigneur, et goûteront la volupté suprême. [74] O prophète! combats les incrédules et les impies. Traites-les avec rigueur. L'enfer sera leur affreuse demeure. [75] Ils jurent, par le nom de Dieu, qu'ils ne t'ont point calomnié. Ils sont infidèles dans leurs discours comme dans leur foi. L'objet de leurs vœux ardens leur est échappé. Ils n'ont été ingrats que parce que Dieu et le prophète les ont comblés de biens. Leur conversion serait pour eux une source d'avantages.

---

86. Le mot *Éden* est un des noms du paradis. *Elhaçan.* En hébreu il signifle un lieu de délices. *Marracci.* En arabe il signifie un lieu propre pour le pâturage des troupeaux.

S'ils la diffèrent, Dieu les punira dans cette vie et dans l'autre. Ils n'auront plus sur terre ni protecteur ni ami. [76] Quelques-uns d'entr'eux ont promis à Dieu que, s'il ouvrait pour eux les trésors de sa bienfaisance, ils feraient l'aumône et embrasseraient le parti de la vertu. [77] Dieu a comblé leurs désirs ; l'avarice, l'éloignement de la foi, ont été le prix de ses bienfaits. [78] Il fera persévérer l'iniquité dans leurs cœurs, jusqu'au jour où ils paraîtront devant lui, parce qu'oubliant leurs sermens, ils ont été parjures. [79] Ne savaient-ils pas que Dieu connaissait leurs secrets et leurs discours clandestins, puisque rien n'est caché à ses yeux ? [80] Ceux qui blâment les aumônes des fidèles généreux, de ceux qui n'ont pour vivre que le fruit de leurs travaux, et qui se moquent de leur crédulité, seront l'objet de la risée de Dieu, et la victime de ses tourmens. [81] En vain tu implorerais soixante-dix fois pour eux la miséricorde divine. Dieu ne leur pardonnera point, parce qu'ils ont refusé de croire en lui et au prophète, et qu'il n'éclaire point les prévaricateurs. [82] Satisfaits d'avoir laissé partir le prophète, ils ont refusé de soutenir la cause du ciel, de leurs biens et de leurs personnes, et ils ont dit : N'allons pas combattre pendant la chaleur. Réponds-leur : Le feu de l'enfer sera plus terrible que la chaleur. S'ils le comprenaient ! [83] Qu'ils rient quelques instans ! de longs pleurs seront le fruit de leur conduite. [84] Si Dieu te ramène du combat ; et qu'ils demandent à te suivre, dis-leur : Je ne vous recevrai point au nombre de mes soldats ; vous ne combattrez point sous mes étendards. Dès la première rencontre vous avez préféré l'asile de vos maisons au combat. Restez avec les lâches. [85] Si quelqu'un d'entre vous meurt, ne prie point pour lui ; ne t'arrête point sur sa tombe, parce qu'ils ont refusé de croire en Dieu et en son envoyé, et qu'ils sont morts dans leur infidélité. [86] Que leurs richesses et le nombre de leurs enfans ne t'éblouissent pas. Dieu s'en servira pour les châtier dans ce monde, et ils mourront dans leur iniquité. [87] Lorsque Dieu fit descendre un chapitre où il leur commandait de croire en lui et en son apôtre, et de le suivre au combat, les plus puissans d'entre eux, te priant de les en exempter, demandèrent à rester au sein de leurs familles. [88] Ils ont voulu demeurer avec les lâches. Dieu a scellé leurs cœurs. Ils n'écouteront plus la sagesse. [89] Mais le prophète et les croyans, qui ont sacrifié leurs biens, et versé leur sang, pour la défense de l'islamisme, seront comblés des faveurs du ciel, et jouiront de la félicité. [90] Ils habiteront éternellement le séjour que Dieu leur a préparé, les jardins de délices arrosés par des fleuves, lieux où régnera la souveraine béatitude. [91] Plusieurs des Arabes du désert sont venus s'excuser d'aller à la guerre. Ceux qui ne croient point en Dieu et au prophète sont restés chez eux. Ils recevront le châtiment de leur infidélité. [92] Les faibles, les malades, les bienfaisans, et ceux qui ne pourraient s'entretenir, ne sont point obligés de combattre, pourvu qu'ils consultent Dieu et son envoyé. Ils éprouveront l'indulgence et la miséricorde du Seigneur. [93] Les croyans qui, t'ayant demandé des chevaux que tu ne pus leur fournir, s'en retournèrent les larmes aux yeux, désespérés de ne pouvoir verser leur sang pour la cause de Dieu, n'ont point de reproche à craindre. [94] Mais les riches qui te demandent des exemptions sont coupables. Ils préfèrent de rester dans leurs maisons. Dieu imprime le sceau de sa réprobation sur leurs cœurs, et ils l'ignorent. [95] Ils viendront s'excuser à votre retour. Dis-leur : Vos excuses sont vaines. Nous ne vous croyons point. Dieu nous a manifesté votre conduite. Dieu et son ministre l'examineront. Vous serez conduits devant celui qui connaît les secrets. Il dévoilera à vos yeux ce que vous aurez fait. [96] Ils vous conjureront, lorsque vous reviendrez du combat, de vous éloigner d'eux. Fuyez-les ; ils sont immondes. L'enfer sera le prix de leurs œuvres. [97] Ils vous conjureront de leur rendre votre amitié. Si vous condescendez à leurs désirs, souvenez-vous que le Seigneur hait les prévaricateurs. [98] Les Arabes du désert sont les plus opiniâtres des infidèles et des impies. Il convient qu'ils ignorent les lois que le ciel a dictées au prophète. Dieu est savant et sage. [99] Plusieurs d'entre eux pensent que les aumônes sont employées à acquitter les dettes du public. Ils désirent que vous éprouviez les revers de la fortune. Ils éprouveront la vicissitude du mal. Dieu sait et entend. [100] Quelques Arabes qui croient en Dieu et au jour dernier, pensent que le tribut sacré les approche de l'Éternel, et les fait participer aux prières du prophète. Certainement il les approche de la majesté divine. Il leur procurera l'indulgence du Dieu clément et miséricordieux. [101] Ceux qui les premiers ont quitté leur pays pour aller à la guerre sainte, ceux qui ont suivi cet exemple glorieux, ont mérité l'amitié du Dieu qu'ils aimaient, et il leur a préparé des jardins où coulent des fleuves et où ils goûteront des plaisirs éternels. [102] Parmi les Arabes pasteurs qui vous environnent, parmi les habitans de Médine, il est encore des impies. Tu ne les connais pas ; mais nous les connaissons. Un double châtiment leur est destiné, et ensuite ils seront livrés au grand supplice. 103 D'autres se sont avoués coupables. Ils ont voulu racheter leur faute par une bonne œuvre. Peut-être le Soigneur abaissera-t-il sur eux un regard propice. Il est indulgent et miséricordieux. 104 Reçois une portion de leurs biens en aumône, afin de les purifier et d'expier leur désobéissance. Prie pour eux. Tes prières rendront la paix à leurs âmes. Dieu sait et entend tout. 105 Ignorent-ils que le Seigneur reçoit la pénitence et les aumônes de ses serviteurs, parce qu'il est indulgent et miséricordieux? 106 Dis-leur : Agissez ; Dieu, son envoyé et les fidèles verront vos actions. Vous paraîtrez au tribunal de celui devant qui tous les secrets sont dévoilés. Il vous montrera vos œuvres. 107 D'autres attendent le jugement de Dieu, préparés à recevoir ses châtimens ou ses faveurs. Le Très-Haut est savant et sage. 108 Ceux qui ont bâti ce temple, séjour du crime et de l'infidélité, sujet de discorde entre les fidèles, lieu où ceux qui ont porté les armes contre Dieu et son ministre, dressent leurs embûches, jurent que leur intention est pure ; mais le Tout-Puissant est témoin de leur mensonge. 109 Garde-toi d'y entrer. Le vrai temple a sa base établie sur la piété. C'est là que tu dois faire la prière ; c'est là que les mortels doivent désirer d'être purifiés, parce que le Seigneur aime ceux qui sont purs. 110 De deux temples, dont l'un est fondé sur la crainte du Seigneur, et l'autre est bâti sur l'argile que mine un torrent, et qui est prête à s'abîmer avec lui dans le feu de l'enfer, lequel est assis sur une base plus solide? Dieu n'est point le guide des méchans. 111 Leurs coeurs seront déchirés, lorsque cet édifice qu'ont élevé leurs doutes croulera. Dieu est savant et sage. 112 Dieu a acheté la vie et les biens des fidèles. Le paradis en est le prix. Ils combattront, mettront à mort leurs ennemis, tomberont sous leurs coups ; les promesses qui leur sont faites dans le Pentateuque, l'Évangile et le Coran, s'accompliront ; car qui est plus fidèle à son alliance que Dieu ? Réjouissez-vous de votre pacte ; il est le sceau de votre bonheur. 113 Ceux qui font pénitence, qui servent le Seigneur, qui le louent, le prient, l'adorent, qui jeûnent, qui commandent la justice, qui empêchent le crime et gardent les commandemens divins, seront heureux. 114 Le prophète et les croyans ne doivent point intercéder pour les idolâtres, fussent-ils leurs parens, lorsqu'ils savent qu'ils sont ensevelis dans l'enfer. 115 Abraham, ayant promis de prier pour son père, satisfit à sa promesse ; mais lorsqu'il connut évidemment qu'il était l'ennemi de Dieu, il rompit son engagement ; cependant Abraham était pieux et humain. 116 Dieu ne laisse point retourner à l'erreur ceux qu'il a éclairés, jusqu'à ce qu'il leur ait manifesté ce qu'ils doivent craindre, parce que sa science est infinie. 117 Dieu est le souverain du ciel et de la terre. Il donne la vie et la mort. Vous n'avez de patron et de protecteur que lui. 118 Il fit éclater sa bonté pour le prophète, les fidèles et leurs alliés, le jour du combat : quand une partie de l'armée des croyans était sur le point de prendre la fuite, un regard propice les arrêta. Il est pour eux indulgent et miséricordieux. 119 Trois d'entre eux étaient restés derrière. Bannis de la société, en exil au milieu de leurs concitoyens, ils pensèrent, dans leur détresse, qu'ils n'avaient d'autre refuge qu'en Dieu. Il les regarda avec bonté, parce qu'ils se convertirent, et qu'il est indulgent et miséricordieux. 120 O croyans! craignez le Seigneur, et exercez la justice. 121 Les habitans de Médine et les Arabes d'alentour n'avaient aucune raison de se détacher du prophète, et de préférer leurs vies à la sienne. La faim, la soif, la fatigue qu'ils ont endurées pour la cause de Dieu, leurs marches contre les infidèles, les dommages qu'ils en ont essuyés, étaient autant de mérites dont on leur tenait compte, parce que le Seigneur ne laisse point périr la récompense de ceux qui font le bien. 122 Leurs dépenses, le passage d'un torrent, toutes leurs démarches écrites dans le livres de Dieu, étaient, autant de titres à ses bienfaits glorieux. 123 Il ne faut pas que tous les fidèles prennent les armes à la fois. Il est bon qu'une partie de chaque corps demeure, afin que, s'instruisant de la foi, ils puissent instruire les autres à leur retour. 124 O croyans! combattez vos voisins infidèles. Qu'ils trouvent des ennemis implacables. Souvenez-vous que le Très-Haut est avec ceux qui le craignent. 125 Lorsqu'un nouveau chapitre vous sera envoyé du ciel, ils diront : Qui de vous peut croire cette doctrine ? Mais elle fortifiera la croyance des fidèles, et ils y trouveront leur consolation. 126 Elle augmentera la plaie de ceux dont le cœur est gangrené, et ils mourront dans leur impiété. 127 Ne voient-ils pas qu'une ou deux fois par an, le courroux du ciel s'appesantit sur eux? Ces avertissemens ne dessillent point leurs yeux, et n'excitent point leur repentir. 128 Lorsqu'on leur enverra un autre chapitre, ils se regarderont mutuellement, et si personne ne les voit, ils prendront la fuite. Dieu a égaré leurs cœurs, parce qu'ils n'écoutent point la sagesse. 129 Du milieu de vous s'est levé un prophète distingué. Il est chargée de vos fautes. Le zèle de votre salut l'enflamme, et les fidèles ne doivent attendre de lui qu'indulgence et miséricorde. 130 S'il refusent de croire la doctrine que tu leur enseignes, dis-leur : Dieu me suffit. Il n'y a point d'autre Dieu que lui. J'ai mis en lui ma confiance. Il est le souverain du trône sublime.

CHAPITRE X.

Jonas. La paix soit avec lui. donné à La Mecque, composé de 109 versets. Au nom de Dieu clément et miséricordieux.

[1] A. **L. M.** TELS sont les signes du livre qui contient la sagesse. [2] Doivent-ils être surpris que nous ayons favorisé de nos révélations un de leurs citoyens, que nous lui ayons commandé d'annoncer des peines aux méchans et des récompenses aux fidèles? Cependant les incrédules ont dit : Mahomet est un imposteur. [3] Votre Seigneur est le Dieu qui, après avoir créé le ciel et la terre en six jours, s'assit sur son trône pour gouverner l'univers. On ne peut intercéder auprès de lui sans sa volonté. Il est votre Dieu. Adorez sa majesté suprême. N'ouvrirez-vous point les yeux? [4] Vous retournerez tous à lui. Ses promesses sont infaillibles. Celui qui a formé l'homme le fera reparaître devant son tribunal. Il récompensera avec justice les croyans qui auront pratiqué la vertu. Les infidèles auront pour boisson l'eau bouillante, et subiront les tourmens dignes de leur incrédulité. [5] Il a donné la lumière au soleil, la clarté à la lune ; il a réglé ses phases ; elles servent aux hommes à partager le temps, et à compter les années. Il a créé tout l'univers avec vérité. Il offre partout aux yeux du sage des marques de sa puissance. [6] La succession de la nuit, et au jour, l'harmonie de tous les corps créés aux cieux et sur la terre, sont des signes éclatans pour ceux qui craignent le Seigneur. [7] Ceux qui n'attendent point la résurrection, qui, épris des charmes de la vie terrestre, s'y endorment avec sécurité, et ceux qui méprisent nos oracles. [8] Auront pour prix de leurs actions le feu de l'enfer. [9] Dieu dirigera dans leur foi les croyans vertueux ; ils reposeront sur le bord des fleuves dans les jardins de la volupté. [10] Ils y publieront les louanges du Très-Haut. La paix soit avec vous, sera leur salutation mutuelle. [11] Leur prière finira par ces mots : Louange à Dieu souverain des mondes. [12] Si la main du Tout-Puissant dispensait le mal aux mortels, avec la même promptitude qu'ils désirent le bien, leurs jours ne seraient qu'un éclair. Nous laissons ceux qui nient la résurrection s'endormir au sein de leurs erreurs. [13] Le malheur a-t-il visité l'homme ; couché, assis, debout, il élève vers nous sa voix plaintive. A peine l'avons-nous délivré du fardeau qui l'opprimait, qu'il passe comme si nous ne l'avions pas soulagé. Ainsi l'impie se plaît dans son ingratitude. [14] Avant vous, notre vengeance fit disparaître des nations criminelles, après que nous leur eûmes envoyé des prophètes pour les appeler à la foi. C'est ainsi que nous récompensons les prévaricateurs. [15] Après leur destruction, nous vous avons mis sur la terre pour voir comment vous vous conduiriez. [16] Lorsque nous leur dévoilons l'islamisme, les incrédules disent : Apporte-nous un autre Coran ou change celui-ci. Réponds-leur : Je ne puis rien changer. Je n'écris que ce qui m'est révélé ; si je désobéissais à Dieu, j'aurais à craindre le supplice du grand jour. [17] Dis : Si Dieu eût voulu, je ne vous aurais point lu ses commandemens, je ne vous les enseignerais pas. N'ai-je pas vécu au milieu de vous un grand nombre d'années [87] avant le Coran? Ne le comprenez-vous pas? [18] Quoi de plus coupable que de prêter à Dieu un mensonge, et d'accuser ses prodiges d'imposture? Les impies ne prospéreront point. [19] Ils rendent des honneurs divins à des idoles qui ne peuvent leur nuire, ni les secourir, et ils disent : Voilà nos protecteurs auprès de Dieu. Demande-leur : Apprendrez-vous au Tout-Puissant quelque chose qu'il ignore dans les cieux ou sur la terre? Louange à sa majesté suprême! Anathème contre leurs dieux chimériques. [20] Tous les hommes n'avaient originairement qu'une croyance. Ils se livrèrent dans la suite aux disputes sur la religion [88]. Si le décret éternel n'avait été prononcé, un instant eût vu finir leurs débats. [21] Dieu, demandent-ils, n'a-t-il pas distingué le prophète par quelque signe? Réponds-leur : Les secrets lui appartiennent. Attendez ; j'attendrai avec vous. [22] Notre

---

87. Mahomet avait quarante ans lorsqu'il commença à prêcher la doctrine du Coran.

88. Cette religion est l'islamisme, c'est-à-dire le culte d'un seul Dieu. Elle subsista depuis Adam jusqu'à Noé. *Gelaleddin. Jahia* est du même sentiment. Il ajoute que les peuples commencèrent à former des sectes lorsqu'il leur vint des prophètes, parce que les uns crurent à leur doctrine et les autres la nièrent.

miséricorde les a délivrés des maux qui les affligeaient, et ils ont été fourbes dans leur religion. Dis : Dieu est plus puissant pour tromper que vous. Les anges qui vous observent écrivent votre perfidie. [23] C'est Dieu qui vous ouvre des chemins sur la terre et les mers. Lorsque vous êtes embarqués sur un vaisseau qui vogue au gré d'un vent favorable, vous vous livrez à la joie. Le vent renforce, la tempête gronde, les flots sont soulevés de toutes parts, vous vous croyez engloutis ; vous appelez Dieu à votre aide, et vous lui montrez une foi pure. Seigneur, si tu nous délivres du péril, nous te rendrons des actions de grâces. [24] A peine êtes-vous sauvés, qu'écoutant la voix de vos passions, vous oubliez toute justice. O mortels ! Vous acquerrez au prix de vos âmes les jouissances terrestres. Vous paraîtrez devant notre tribunal, et nous vous montrerons vos œuvres. [25] La vie du monde est semblable à la pluie que nous faisons tomber des nuages. Elle pénètre dans la terre pour féconder le germe des plantes qui servent de nourriture aux hommes et aux animaux. Les plantes croissent, la terre s'embellit de leur parure, et ses habitans comptent sur de nouvelles richesses. Alors, soit dans l'ombre de la nuit, soit à la clarté du jour, nous envoyons la désolation, et les moissons ont disparu, comme si la veille elles n'avaient pas enrichi les campagnes. C'est ainsi que nous expliquons les merveilles du Très-Haut, afin que les hommes ouvrent les yeux. [26] Dieu appelle les humains au séjour de la paix, et conduit ceux qu'il veut dans les voies du salut. [27] Une récompense magnifique sera le partage des bienfaisans. La noirceur et la honte ne voileront point leur front ; ils habiteront éternellement le séjour de délices. [28] Les scélérats recevront la peine de leurs crimes. L'opprobre les couvrira. Ils n'auront point d'intercesseur auprès de Dieu. Un voile semblable à la nuit ténébreuse enveloppera leurs visages. Ils seront les victimes d'un feu éternel. [29] Le jour où nous rassemblerons tous les hommes, nous dirons aux idolâtres : Voilà vos places et celles de vos divinités. Nous mettrons de la différence entre eux. Elles nieront le culte qu'ils leur ont rendu. [30] Le Ciel est témoin que nous rejetions votre encens. [31] Rassemblés devant le Créateur, leur Dieu véritable, ils recevront le prix de leurs œuvres. Leurs idoles disparaîtront. [32] Demandez-leur : Qui vous nourrit des biens célestes et terrestres ? Qui est le maître de l'ouïe et de la vue ? Qui fait sortir la vie du sein de la mort, et la mort du sein de la vie ? Qui gouverne l'univers ? Ils répondent : C'est Dieu. Dis-leur : Ne le craindrez-vous donc pas ? [33] Il est votre Seigneur véritable. Que vous reste-t-il après la vérité, si ce n'est l'erreur ? Pourquoi vous éloignez-vous donc de la foi ? [34] La parole de Dieu s'est accomplie sur ceux qui commettaient le crime ; ils ne croiront point. [35] Est-il quelqu'un de vos dieux qui puisse former une créature, et la faire reparaître devant lui ? Dieu a créé les hommes, et il les rassemblera devant son tribunal. Pourquoi lui refusez-vous donc votre encens ? [36] Est-il quelqu'un de vos dieux qui conduise à la vérité ? Dis-leur : Dieu conduit à la vérité ; il dirige les hommes au chemin du salut. N'est-il donc pas plus digne d'avoir des adorateurs que ceux qui, étant eux-mêmes dans les ténèbres, ne sauraient éclairer personne ? Sur quel fondement appuyez-vous donc vos jugemens ? [37] Ils n'ont d'autre règle que leur opinion, et elle n'a rien de conforme à la vérité. Le Très-Haut connaît leurs actions. [38] Le Coran est l'ouvrage de Dieu. Il confirme la vérité des écritures qui le précèdent. Il en est l'interprétation. On n'en saurait douter. Le Souverain des mondes l'a fait descendre des cieux. [39] Direz-vous que Mahomet en est l'auteur ? Réponds-leur : Apportez un chapitre semblable à ceux qu'il contient, et appelez à votre aide tout autre que Dieu, si vous êtes véridiques. [40] Ils accusent de fausseté un livre dont ils ne comprennent pas la doctrine, et dont ils n'ont pas encore vu l'accomplissement. C'est ainsi que les prophètes venus avant eux furent traités d'imposteurs ; mais attendez la fin des impies. [41] Les uns croient au Coran, les autres nient sa doctrine ; mais le Seigneur connaît les hommes corrompus. [42] S'ils t'accusent de mensonge, réponds-leur : J'ai pour moi mes œuvres. Que les vôtres parlent en votre faveur. Vous ne serez point responsables de ce que je fais, je suis innocent de ce que vous faites. [43] Il en est qui écouteront ta doctrine ; mais peux-tu faire entendre les sourds ? Ils sont privés d'intelligence. [44] Les uns attacheront sur toi leurs regards ; mais peux-tu éclairer les aveugles ? Leurs yeux sont fermés à la lumière. [45] Dieu n'est point injuste envers les hommes ; ils le sont envers eux-mêmes. [46] Alors qu'ils seront rassemblés devant lui, le séjour qu'ils ont fait sur la terre ne leur paraîtra avoir duré qu'une heure. Ils se reconnaîtront mutuellement. Ceux qui niaient la résurrection ont péri ; ils n'ont point été éclairés. [47] Soit que tu sois témoin d'une partie des châtimens qui leur sont préparés, soit que nous t'envoyions la mort auparavant, ils reviendront à nous, et le Tout-Puissant rendra témoignage de leurs œuvres. [48] Tous les peuples eurent des prophètes qui les jugèrent avec équité. Ils n'ont point été traités injustement. [49] Quand s'accompliront tes menaces, demandent les infidèles ? Marque-nous le terme, si tu es véritable. [50] Réponds-leur : Les trésors et les vengeances célestes ne sont point dans mes mains. Dieu seul en est le dispensateur. Chaque nation a son terme fixé. Elle ne saurait ni le hâter, ni le retarder d'un instant. [51] Si la punition divine vous surprend, ou le jour ou la nuit, pensez-vous que les impies l'aient accélérée ? [52] Lorsque vous la verrez, y croirez-vous ? Alors vous sentirez ces fléaux que vous vouliez hâter. [53] Alors on dira aux méchans : Souffrez des peines éternelles. N'êtes-vous pas récompensés suivant vos œuvres ? [54] Ils désireront savoir de toi si ces menaces sont véritables. Elles sont la vérité même ; j'en jure par le nom de Dieu. Ils ne pourront en suspendre l'exécution. [55] Alors l'impie donnerait, pour racheter son âme, tous les trésors de la terre. A l'aspect de la vengeance divine, il cachera son repentir. Le genre humain sera jugé avec équité. Personne ne sera trompé. [56] Les cïeux et la terre ne sont-ils pas le domaine du Très-Haut ? Ses promesses ne sont-elles pas infaillibles ? Mais la plupart l'ignorent. [57] Il donne la vie et la mort, et vous reviendrez tous à lui. [58] O mortels ! Dieu vous a envoyé des avertissemens, un remède pour vos cœurs, la lumière et la miséricorde pour les fidèles. [59] Dons précieux de sa libéralité et de sa clémence. Que leur possession vous comble de joie ! Combien est-elle préférable aux richesses du monde ! [60] Dis-leur : Répondez-moi : parmi les alimens que le ciel vous a départis, il en est dont vous défendez l'usage, il en est dont vous le permettez. Est-ce un précepte divin que vous autorise, ou l'attribuez-vous faussement à Dieu ? [61] A quoi songe le blasphémateur qui nie la résurrection ? Le Seigneur est plein de bonté pour ses créatures, et la plupart ne le paient que d'ingratitude. [62] En quelque état que vous soyez nous vous accompagnons. Nous sommes présens lorsque vous lisez le Coran. Nous assistons à toutes vos actions, et nous en rendrons témoignage. Le poids d'une fourmi, sur la terre ou dans les cieux, le poids le plus petit comme le plus grand, n'échappe point à la connaissance du Très-Haut. Tout est écrit dans le livre de l'évidence. [63] La crainte et la douleur n'approcheront point des amis de Dieu. [64] Ils ont réuni la foi et la piété. [65] Consolés dans ce monde par d'heureuses promesses, ils en verront l'accomplissement dans l'autre. La parole du Seigneur ne change point. Ils jouiront de la félicité suprême. [66] Que les discours de l'impie ne t'affligent point. La puissance appartient à Dieu. Il sait et entend tout. [67] Il possède ce que les cieux et la terre renferment. Ceux qui adorent d'autres divinités ne suivent-ils pas leur seule opinion ? Ont-ils d'autre appui que le mensonge ? [68] Il a établi la nuit pour le repos des humains, et le jour pour le travail. Ce sont des signes pour ceux qui entendent. [69] Les infidèles disent : Dieu a un fils. Loin de lui ce blasphème ! il se suffit à lui-même. Les cieux et la terre sont en sa puissance. Sur quel fondement établissez-vous votre croyance ? Ne dites-vous point de Dieu ce que vous ne savez pas ! [70] Dis-leur : Ceux qui blasphèment contre sa majesté suprême n'arriveront point au séjour du bonheur ; [71] Après de courtes jouissances, nous les citerons à notre tribunal, et nous punirons leur incrédulité par des tourmens terribles. [72] Rapporte-leur l'histoire de Noé, lorsqu'adressant la parole à son peuple, il dit : Si mon séjour au milieu de vous, et la prédication des commandemens de Dieu, vous sont à charge, mon unique confiance est dans le Seigneur. Rassemblez vos efforts et vos divinités ; agissez au grand jour ; ordonnez contre moi, et ne balancez pas un instant. [73] Si vous rejetez mes instructions, je ne vous en demande point le prix ; je n'attends de récompense que du ciel ; il m'a commandé d'embrasser l'islamisme. [74] Noé fut traité d'imposteur. Nous le sauvâmes dans l'arche avec sa famille. Nous avons établi sa postérité sur la terre. Ceux qui niaient notre doctrine furent ensevelis dans les eaux. Voyez quelle est la fin des incrédules. [75] Après Noé, nous envoyâmes aux nations des apôtres avec la puissance des miracles. Elles refusèrent de croire ce qu'elles avaient nié auparavant. C'est ainsi que nous endurcissons le cœur des prévaricateurs. [76] Dans la suite nous chargeâmes Moïse et Aaron d'annoncer nos volontés à Pharaon et à ses courtisans. Elles furent reçues avec mépris par un peuple corrompu. [77] Ils virent la vérité, et ils la taxèrent de mensonge. [78] Est-ce ainsi, dit Moïse, que vous parlez de la vérité qui vous éclaire ? Sont-ce là des prestiges ? Les magiciens ne prospéreront point. [79] Avez-vous résolu, s'écrièrent les courtisans, de nous faire abandonner la religion de nos pères, et de commander parmi nous ? Nous ne croirons point. [80] Pharaon ordonna qu'on lui amenât tous les mages habiles ; et lorsqu'ils furent venus, Moïse leur dit : jetez vos baguettes. [81] Ils obéirent. Le Seigneur, ajouta le prophète, va anéantir votre prodige ; il ne fait point réussir les œuvres des méchans. [82] Il confirmera la vérité de sa parole, malgré l'opposition des prévaricateurs. [83] Les Israélites crurent seuls. La crainte de Pharaon et des grands retint les Égyptiens. Pharaon était puissant et impie. [84] O mon peuple! dit Moïse, mettez votre confiance en Dieu, si vous croyez en lui et si vous êtes fidèles. [85] Il est notre unique appui, répondirent les Israélites; Seigneur, ne nous laisse pas sous l'oppression des pervers. [86] Fais éclater ta miséricorde; délivre-nous des infidèles! [87] Nous inspirâmes à Moïse et à son frère de bâtir en Égypte des maisons pour les Israélites, de les tourner vers le lieu où l'on fait la prière, de faire célébrer les louanges du Très-Haut, et d'annoncer nos récompenses aux croyans. [88] Seigneur, s'écria Moïse, tu as donné à Pharaon et aux grands de son empire, la splendeur et les biens terrestres. Écarte-les de ta loi; anéantis leurs richesses, endurcis leurs cœurs; qu'ils soient fermés à la foi jusqu'à ce qu'ils voient fondre sur eux tes châtimens terribles. [89] Ta prière est exaucée, répondit le Seigneur. Soyez justes; éloignez-vous de ceux qui sont dans l'aveuglement. [90] Nous ouvrîmes aux Israélites un chemin à travers les eaux. Pharaon et son armée les poursuivirent les armes à la main. Ils furent engloutis dans la mer. Pharaon s'écria alors : Je crois qu'il n'y a de Dieu que le Dieu des Hébreux; j'embrasse leur croyance. [91] Tu crois, et jusqu'à cet instant tu as été rebelle et corrompu. [92] Nous retirerons ton corps de la mer [89] afin qu'il serve d'exemple à la postérité. Combien peu d'hommes sont zélés pour la religion! [93] Nous donnâmes aux enfans d'Israël une habitation sûre [90] et des alimens purs. Ils n'ont disputé sur la religion que quand ils ont vu la lumière. Le Très-Haut jugera leurs différens au jour de la résurrection. [94] Si notre doctrine élevait quelques doutes en ton cœur, interroge ceux qui ont lu le Pentateuque avant toi. Dieu t'a envoyé la vérité. Garde-toi d'en douter [91]. [95] N'imite pas ceux qui accusent de fausseté les oracles divins, si tu ne veux être au nombre des réprouvés. [96] Ceux contre qui les décrets immuables ont été prononcés ne croiront point. [97] Leur opiniâtreté triomphera des plus grands miracles, jusqu'à l'instant où ils verront les feux éternels. [98] Autrement, plusieurs villes auraient embrassé la foi, et en auraient goûté les avantages. Le peuple seul de Jonas [92] crut à sa prédication. Il fut délivré de la peine ignominieuse qui le menaçait dans ce monde. Nous le laissâmes subsister jusqu'au temps. [99] Si le Seigneur eût voulu, une même croyance aurait uni tous les mortels. Veux-tu forcer la terre à embrasser l'islamisme? [100] La foi est un don que le ciel dispense à son gré. Dieu couvrira d'opprobre ceux qui ne veulent point comprendre. [101] Dis-leur : Le spectacle merveilleux des cieux et de la terre, les miracles et les prédications ne serviront de rien à ceux qui ne croient pas. [102] Quel est leur espoir? Un sort semblable à celui des peuples qui les ont précédés sera leur partage. Dis-leur : Attendez; j'attendrai avec vous. [103] Notre protection sauva les prophètes et les croyans. Leur salut est pour nous une loi. [104] Mortels, si ma religion vous laisse des doutes, n'attendez pas que je serve vos divinités. J'adore le Dieu qui vous enverra la mort. Il m'a ordonné d'embrasser l'islamisme. [105] Ouvre ton cœur à la croyance de l'unité de Dieu, et refuse de l'encens aux idoles. [106] N'invoque point des dieux chimériques qui ne peuvent ni te servir ni te nuire. Si tu violes ma défense, tu seras au nombre des réprouvés. [107] Dieu seul peut retirer et les maux et les biens qu'il t'envoie. Il dispense ses faveurs à son gré; il est clément et miséricordieux. [108] Mortels, la vérité a brillé à vos yeux; celui qui l'a vue a rempli son âme de lumière; celui qui s'en est écarté a perdu son âme. Je ne suis point votre protecteur. [109] Suis les inspirations divines et attends le jugement de ton Dieu. Il est le plus équitable des juges.

---

89. Quelques Israélites ayant douté de la mort de Pharaon Gabriel retira son corps de la mer et l'exposa à leurs yeux. *Ebnabbas.*

90. Une habitation sûre : la Syrie.

91. Mahomet répondit à l'ange qui lui apporta ce verset : Je ne doute point, et je n'interrogerai personne. *Gelaleddin.*

92. Jonas, de la tribu de Benjamin, élu prophète, alla prêcher les Ninivites après la mort de *Joathan,* fils d'*Ozias,* roi de Jérusalem. Ils adoraient des idoles. Le prophète menait avec lui sa femme et ses deux fils. Il perdit l'aîné au passage du Tigre; un loup emporta l'autre, et sa femme disparut sur les bords du fleuve. Jonas s'abandonna aux larmes et aux gémissemens. Une révélation lui apprit que sa famille lui serait rendue et calma sa douleur. Il continua la route et alla prêcher les Ninivites. Il les exhortait à embrasser la vraie religion. Les injures et les mauvais traitemens furent le prix de son zèle. Il implora le Seigneur dans sa détresse; et, obéissant à l'inspiration divine, il sortit de la ville, et prédit à ses habitans une vengeance terrible. Dieu couvrit tout le pays d'un nuage affreux qui s'abaissa sur la terre. Il en sortait des flammes qui réduisaient en cendres tout ce qu'elles touchaient. Les Ninivites ayant en vain cherché Jonas, implorèrent le secours du Dieu qu'il adorait. Hommes, femmes, enfans, tous sortirent de la ville, et fléchirent par leurs prières et leurs gémissemens la miséricorde divine. Ils furent délivrés du fléau vengeur. Jonas arriva. Ne voyant point le châtiment dont il les avait menacés, et ignorant leur repentir, il s'en alla plein d'indignation, et jura de ne plus retourner à Ninive. Il s'embarqua sur le fleuve. Le vaisseau demeura immobile. Le patron ayant jeté le sort, il tomba sur Jonas, qui fut précipité dans les eaux. Un poisson l'avala; et l'ayant porté près de la ville d'*Aïla,* le vomit sur le sable après quarante jours. Dieu fit croître une citrouille dont les rameaux s'étendirent et le couvrirent de leurs feuilles. Il était absolument nu. Gabriel lui toucha la tête, et elle se couvrit de cheveux. Le Seigneur le reprit avec bonté, et lui rendit son épouse et ses deux fils. Il retourna à Ninive. Le roi et le peuple vinrent au-devant de lui, et le reçurent avec de grandes marques de joie. Il demeura parmi eux jusqu'à la mort. *Ismaël,* fils d'*Ali,* chap. I, *Jonas.*

CHAPITRE XI.

Hod. La paix soit avec lui. donné à La Mecque, composé de 123 versets. Au nom de Dieu clément et miséricordieux.

⚀A. **R. L.** Un ordre judicieux règne dans ce livre. Il est l'ouvrage de celui qui possède la sagesse et la science. ⚁ L'unité de Dieu vous y est recommandée. Je suis le ministre chargé de vous annoncer ses peines et ses récompenses. ⚂ Implorez la miséricorde divine. Convertissez-vous. Le Seigneur vous comblera de faveurs jusqu'au terme marqué. Celui qui aura acquis éprouvera sa libéralité. Si vous rejetez mes avis, je crains pour vous les tourmens du grand jour. ④ Vous paraîtrez devant le tribunal de celui dont la puissance est infinie. ⑤ N'enveloppent-ils pas leurs cœurs d'un double voile, pour se dérober aux regards du Très-Haut ? ⑥ Mais quelques efforts qu'ils fassent pour se couvrir, il connaît ce qu'ils cachent et ce qu'ils cachent et ce qu'ils laissent paraître. ⑦ Il sonde le fond des cœurs. ⑧ Le plus vil des reptiles est nourri de ses mains. Il connaît son repaire, et le lieu où il doit mourir. Tout est écrit dans le livre de l'évidence. ⑨ Il créa les cieux et la terre dans six jours. Son trône ⑩ Mais leurs œuvres seront vaines et sans prix pour la vie éternelle. Le feu sera leur récompense. ⑪ Ceux qui sont dociles aux instructions du prophète, qu'accompagne partout un témoin fidèle, que précéda le Pentateuque où brillent la lumière et la miséricorde, divine, croiront à sa doctrine. Les sectaires qui la rejettent n'ont pour attente que les tourmens de l'enfer. Que le Coran ne fasse naître aucun doute en ton esprit. Il est la vérité descendue du ciel ; cependant la plupart des hommes persisteront dans leur incrédulité. ⑫ Quel crime plus horrible que d'accuser Dieu de mensonge ? Ceux qui en seront coupables paraîtront devant son trône. Voilà, diront les témoins, voilà ceux qui ont blasphémé contre le Tout-Puissant. Les impies ne seront-ils pas couverts de sa malédiction ? ⑬ Ceux qui écartent leurs semblables de la religion, ceux qui lui donnent de fausses interprétations, et qui ne croient point à la vie future, ne rendront point Dieu impuissant. Ils n'auront aucun abri contre sa colère. Leurs tourmens seront horribles, parce qu'ils n'ont voulu ni voir ni entendre. ⑭ Ils ont perdu leurs âmes, et ont vu disparaître leurs dieux chimériques. ⑮ Leur réprobation est certaine. ⑯ Les croyans vertueux, qui auront mis leur confiance dans le Seigneur, seront les hôtes du séjour de délices. Ils y demeureront éternellement. ⑰ Les uns ressemblent aux sourds et aux aveugles, les autres à ceux qui voient et entendent ; peuvent-ils être comparés ? Cet exemple ne vous éclairerat-il point ? ⑱ Noé, notre ministre, dit à son peuple : Je suis chargé de vous prêcher la parole divine. ⑲ N'adorez qu'un Dieu ; je tremble que vous ne subissiez les châtimens du jour de douleur. ⑳ Les premiers du peuple voués à l'incrédulité répondirent : Tu n'es qu'un homme comme nous ; la plus vile populace t'a suivi sans réflexion. Vous ne possédez aucun mérite qui vous rende supérieurs à nous. Nous vous croyons des imposteurs. ㉑ O mon peuple, reprit Noé, pensez-vous que si je n'étais dirigé par la lumière de Dieu, et favorisé de sa grâce (hélas ! elle est éteinte pour vous), je vous solliciterais à l'implorer, tandis que vous l'avez en horreur ? ㉒ Je ne vous demande point le prix de mon zèle ; toute ma récompense est en Dieu ; mais je ne dois pas éloigner de moi les croyans. Ils comparaîtront devant lui, et je vous vois ensevelis dans l'ignorance. ㉓ O mon peuple, si je les rejetais, qui me protégerait auprès du Seigneur ? N'ouvrirez-vous point les yeux ? ㉔ Je ne vous dis point : Les trésors du ciel sont à ma disposition, je lis dans l'avenir, je suis un ange, ceux que dédaigne l'orgueil de vos regards ne jouiront point des biens célestes ; de tels discours seraient un crime. L'Éternel lit au fond des cœurs. ㉕ Ils répondirent au prophète : Depuis long-temps tu disputes avec nous. Fais que tes menaces s'accomplissent, si tu es véridique. ㉖ Certainement, dit Noé, Dieu les accomplira si c'est sa volonté ; et vous ne pourrez en adoucir la rigueur. ㉗ Mes avis salutaires vous seront inutiles, si Dieu veut vous jeter dans l'erreur. Il est votre Seigneur et le mien ; nous retournerons tous à lui. ㉘ Diront-ils : Mahomet est l'auteur du Coran ? S'il en est ainsi, j'en porterai le crime ; mais je suis innocent des vôtres. ㉙ Noé eut cette révélation : Il n'y aura de croyans parmi ton peuple que ceux qui ont déjà embrassé la foi ; ne t'afflige point des actions de l'impie. ㉚ Construis sous nos yeux l'arche dont nous t'avons donné le plan ; n'élève plus ta voix en faveur des pervers ; ils doivent périr dans les eaux. ㉛ Noé, travaillant à l'arche, était en butte aux railleries des passans. ㉜ Vous vous moquez de moi, disait-il, je me rirai de vous à mon tour. Bientôt vous saurez sur qui tombera la vengeance céleste, qui confondra les coupables, et leur fera subir des supplices éternels. ㉝ Lorsque nos ordres eurent été donnés, et que tout fut prêt, nous dîmes à Noé : Fais entrer dans l'arche un couple de chaque espèce d'animaux, et ta famille, excepté celui qui est destiné à périr [93]. Fais-y entrer les croyans, mais le nombre en était très-petit. [34] Noé leur dit : Montez dans l'arche au nom de Dieu qui la fera voguer et s'arrêter, parce qu'il est indulgent et miséricordieux. [35] Le vaisseau les portait sur les flots [94], qui s'élevaient comme des montagnes. Noé appela son fils qui était demeuré sur la terre. O mon fils, lui dit-il, entre avec nous, ne reste pas avec les infidèles. [36] Je me retirerai sur la montagne, répond-il ; elle me mettra à l'abri des eaux. Personne n'évitera la punition de Dieu, repartit Noé, excepté ceux pour lesquels il a fait éclater sa miséricorde. Les eaux s'élevèrent, et tous les hommes furent engloutis. [37] Il fut dit : O terre ! absorbe tes eaux ; cieux, fermez-vous. L'eau diminua. L'arrêt du ciel fut accompli. L'arche s'arrêta sur le mont *Joudi* [95] ; et il fut dit : Loin d'ici les impies ! [38] Noé adressa à Dieu cette prière : Seigneur, mon fils est de ma famille ; tes promesses sont véritables ; tu es le plus équitable des juges. [39] Il n'est point de ta famille, répondit le Seigneur ; ta demande est injuste ; ne me prie point, quand tu ignores quels vœux tu formes. Je t'avertis afin que tu ne sois pas au nombre des ignorans. [40] Seigneur, ajouta Noé, tu es mon refuge. Ne permets pas que je t'adresse des vœux indiscrets. C'est fait de moi si ta miséricorde n'éclate en ma faveur. [41] Il fut dit : O Noé ! descends de l'arche. Que notre salut et notre bénédiction soient avec toi et avec une partie de ceux qui t'accompagnent. Nous laisserons les autres se plonger dans les plaisirs, et ensuite ils éprouveront nos châtimens. [42] Nous te révélons cette histoire tirée du livre des mystères. Ni toi, ni ton peuple, n'en aviez connaissance. Soyez patiens dans vos souffrances. Ceux qui craignent Dieu auront une fin heureuse. [43] *Hod*, ministre du Très-Haut, dit aux *Adéens* ses frères : Servez le Seigneur ; il n'y a point d'autre Dieu que lui. Les divinités que vous formez sont chimériques. [44] O mon peuple ! je ne vous demande point le prix de mes soins ; ma récompense est dans les mains de Dieu. N'ouvrirez-vous point les yeux ? [45] O mon peuple ! retournez à Dieu ; faites pénitence. Il fera descendre la pluie sur vos campagnes. [46] Il augmentera votre puissance. Ne retombez pas dans le crime de l'idolâtrie. [47] Tu ne nous a donné aucune preuve de ta mission, répondirent les *Adéens*. Nous ne quitterons pas nos dieux à ta voix ; nous ne croirons point en toi. [48] Quelqu'un de nos dieux t'a frappé de sa vengeance. Je prends le Seigneur à témoin, et vous aussi, reprit *Hod*, que je suis innocent de votre idolâtrie. [49] Environnez-moi de vos pièges, et n'attendez pas que je les redoute. [50] J'ai pour appui le bras du Très-Haut, mon Seigneur et le vôtre. Il contient par sa puissance les êtres créés. Il enseigne la voie du salut. [51] Si vous persistez dans l'incrédulité, je me suis acquitté de ma mission. Dieu mettra un autre peuple à votre place. Vous ne pourrez lui nuire. Il conserve la nature entière. [52] L'arrêt terrible fut prononcé, *Hod* et les croyans, à l'ombre de notre protection, furent sauvés d'un supplice épouvantable. [53] Le peuple d'*Aod* rejeta nos commandemens ; il fut rebelle à notre envoyé, et suivit aveuglément les volontés des infidèles puissans. [54] La malédiction de Dieu les a poursuivis dans ce monde et dans l'autre. N'avaient-ils pas été incrédules ? Ne s'étaient-ils pas éloignés du Seigneur ? [55] *Saleh* déclara nos volontés aux *Thémudéens* ses frères. O mon peuple ! leur dit-il, adorez le Seigneur ; il n'y a point d'autre Dieu que lui. Il vous a formés de terre ; il vous y a donné une habitation. Faites pénitence. Retournez à lui. Il est proche de vous, et vous entend. [56] O *Saleh* ! Répondirent les *Thémudéens*, toi que nous attendions avec empressement, viens-tu nous interdire le culte des dieux qu'ont adorés nos pères ? Ta doctrine nous parait suspecte, et nous en doutons. [57] Jugez-moi, dit le prophète. Chargé des ordres du ciel, favorisé de ses grâces, si je lui désobéis, qui me mettra à l'abri de sou courroux ? Vos efforts ne feraient que hâter ma perte. [58] O mon peuple ! cette femelle de chameau est un signe de la puissance divine. Laissez-la paître dans le champ sacré. Gardez-vous de lui nuire. Votre désobéissance serait suivie d'un prompt châtiment. [59] Ils tuèrent la femelle de chameau, et *Saleh* leur dit : Jouissez. Dans trois jours vous ne serez plus. L'arrêt est inévitable. [60] Notre vengeance éclata. *Saleh* et

---

93. Excepté celui qui est destiné à périr. *Elhaçan* pense que c'est un des petits-fils de Noé, dont le nom n'est pas parvenu jusqu'à nous. Noé, Sem, Cham, Japhet, et leurs trois femmes, furent les seuls sauvés dans l'arche. *Gottada*. D'autres auteurs arabes font monter le nombre de ceux qui entrèrent dans l'arche avec Noé, jusqu'à quatre-vingt personnes.

94. L'arche ayait, suivant *Elhaçan*, douze cents coudées de long et six cents de large. C'est l'interprétation fidèle de ces mots : *Cal elhacen ou can toul elsafinat elf draa, ou maëtan draa, ou ardeha set màiat draa*. *Marracci* a traduit ainsi ces mots : L'arche avait douze cents coudées de haut et six cents de large. Il a donné au mot *toul* qui signifie *longueur*, la signification de *largeur*, ensuite il s'est récrié sur l'imbécillité des auteurs arabes, et sur le ridicule des proportions d'un navire qui aurait douze cents coudées de haut et six cents de large. Ignorait-il que le ridicule qu'il répand si volontiers devait retomber sur lui-même ? *Marracci*. Réfutations sur le chapitre XI du Coran.

95. Le mont *Joudi* est dans la Mésopotamie. Les auteurs arabes prétendent que l'arche s'y arrêta. Ce sentiment est détruit par l'autorité du Pentateuque, qui la fait s'arrêter sur le mont *Ararat*, dans l'Arménie.

les croyans, sous l'aile de notre sauvegarde, furent délivrés d'un supplice ignominieux. Ton Seigneur est le Dieu fort, le Dieu puissant. 61 Les coupables ne purent éviter notre punition. On les trouva le matin dans leurs maisons étendus morts, le visage contre terre. 62 Ils ne se relevèrent plus. N'avaient-ils pas été rebelles à Dieu! Ne s'étaient-ils pas éloignés de lui? 63 Nos envoyés étant venus apporter une heureuse nouvelle à Abraham, lui dirent : La paix soit avec toi. Il leur rendit le salut, et leur servit un veau rôti. 64 Lorsqu'il vit qu'ils ne lui touchaient pas la main [96], il les prit pour des étrangers et se défia d'eux. Ne crains point, lui dirent-ils, nous sommes députés vers le peuple de Loth. 65 Nous lui annonçâmes la naissance d'Isaac et de Jacob ; mais sa femme rit de notre prédiction. 66 O ciel! s'écria-t-elle ; je suis avancée dans la vieillesse, mon mari est vieux, et j'enfanterais! cela n'est-il pas merveilleux? 67 Vous défiez-vous de la puissance du Seigneur, répondirent les anges? Famille d'Abraham, sa miséricorde et sa bénédiction sont avec toi. La louange et la gloire appartiennent au Tout-Puissant. 68 Cette prédiction heureuse ayant dissipé la frayeur d'Abraham, il disputa avec nous en faveur du peuple de Loth, parce qu'il était doux, humain et pieux. 69 Cesse de nous prier, lui dirent les Anges, l'ordre de Dieu est donné, et la peine portée est inévitable. 70 Nos ministres arrivèrent chez Loth. Il s'affligea pour eux, et ne pouvant les protéger, il s'écria : O jour plein d'amertume! 71 Un peuple depuis long-temps accoutumé au crime, vint en foule se présenter à lui : Voilà mes filles, leur dit Loth ; vous serez moins coupables en abusant d'elles. Ne me déshonorez pas dans la personne de mes hôtes. Toute pudeur serait-elle éteinte parmi vous? 72 Tu sais, répondirent les habitans de Sodôme, que nous n'avons aucun droit à tes filles, et tu n'ignores pas ce que nous demandons. 73 Ciel! reprit Loth, ne pourrai-je réprimer vos désirs infâmes, ni trouver d'asile contre vous? 74 Nous sommes les ministres du Très-Haut, dirent les anges à Loth. Ces scélérats ne t'insulteront point. Sors cette nuit de la ville. Que personne de vous ne se détourne pour regarder. Ta femme seule enfreindra cette défense. Elle subira le sort des coupables. L'arrêt du ciel s'exécutera au lever du jour. L'instant de leur ruine est proche. 75 L'heure arriva. Nous renversâmes Sodôme, et nous fîmes pleuvoir sur les habitans des pierres marquées de la main de Dieu. Peu s'en faut que la Mecque ne soit aussi coupable que Sodôme. 76 *Chaïb*, ministre du Très-Haut, dit aux Madianites ses frères : O mon peuple! adorez le Seigneur ; il n'y a point d'autre Dieu que lui. Ne retranchez rien du poids ni de la mesure. Vous êtes dans un état florissant, mais je crains pour vous la peine du grand jour. 77 O mon peuple remplissez le boisseau. Pesez avec justice. Ne touchez point au bien d'autrui, et ne répandez pas la corruption sur la terre. 78 Alors vos richesses, avouées du ciel, produiront de plus grands avantages si vous avez la foi. 79 Je ne suis point votre gardien. 80 O *Chaïb*! répondirent les Madianites, ta loi nous ordonne-t-elle d'abandonner le culte de nos pères? nous défend-elle d'user de nos biens comme il nous plaît? Es-tu donc le sage, le savant par excellence? 81 Jugez-moi, reprit Chaïb : chargé des ordres du Très-Haut, comblé de ses faveurs, dois-je vous imiter dans les choses que je vous défends? Mon unique désir est de vous rendre meilleurs, si je le puis. Toute ma confiance est en Dieu. Il est mon soutien. Je retourne à lui. 82 O mon peuple! que votre schisme n'attire pas sur vous les fléaux qui ont fait périr le peuple de Noé, les *Adéens*, les *Thémudéens*, et les habitans de Sodôme dont le châtiment est encore récent. 83 Implorez la miséricorde du Seigneur. Retournez à lui, puisqu'il est aimant et miséricordieux. 84 O *Chaïb*! répliquèrent les Madianites, nous ne saurions comprendre ta doctrine. Tu es sans appui au milieu de nous. Si nous n'avions pitié de ta famille, nous t'aurions lapidé. Tu n'aurais pu te dérober à nos coups. 85 O mon peuple! continua *Chaïb*, ma famille a-t-elle plus de pouvoir sur vos cœurs que Dieu? L'avez-vous oublié? Il voit toutes vos actions. 86 Agissez au gré de vos désirs, j'agirai de mon côté. 87 Bientôt vous verrez sur qui tombera un châtiment ignominieux, et qui de nous est livré au mensonge. Attendons l'événement. 88 L'instant marqué arriva. *Chaïb* et les croyans éprouvèrent les effets de notre miséricorde. Notre vengeance éclata sur les coupables. On les trouva le matin étendus morts dans leurs maisons. 89 Ils ne se relevèrent plus. Semblables aux *Thémudéens*, les Madianites ne s'étaient-ils pas éloignés de Dieu? 90 Moïse, ministre du Très-Haut, avait fait briller à la cour de Pharaon la foi accompagnée de prodiges ; mais les courtisans suivirent

---

96. Lorsque les Orientaux se rencontrent, après la salutation ordinaire *la paix soit avec vous* (salam alaicom), ils portent la main du côté du cœur, et se la serrent mutuellement. Lorsqu'ils sont étroitement liés, ils réitèrent cette cérémonie en se faisant des souhaits heureux. S'ils ne connaissent point la personne qu'ils rencontrent, ils lui donnent simplement le salut ; et si c'est un infidèle, ils se contentent de lui souhaiter le bonjour. Abraham, voyant que les deux envoyés célestes ne lui touchaient point la main, les prit pour des étrangers dont il n'était point connu.

la volonté du prince, et sa volonté était injuste. 91 Pharaon précédera son peuple au jour de la résurrection. Il le conduira dans les brasiers de l'enfer, séjour du désespoir. 92 Il a eu des imitateurs maudits dans ce monde et dans l'autre. Malheur à l'association des méchans ! 93 Nous te révélons ces exemples tirés de l'histoire des villes. Quelques-unes d'elles subsistent encore ; les autres sont entièrement détruites. 94 Nous ne fûmes point injustes envers leurs habitans. Ils se perdirent eux-mêmes. Les dieux qu'ils adoraient, loin de les mettre à l'abri des châtimens célestes, ne servirent qu'à hâter leur ruine. 95 C'est ainsi que ton Dieu punit des villes coupables. Ses vengeances sont terribles. 96 Qu'elles servent d'exemple à celui qui craint les peines de la vie future, les peines du jour où tous les hommes seront rassemblés, et où l'on rendra témoignage. 97 Nous le différons jusqu'au temps marqué. 98 Dans ce jour, personne n'élèvera la voix, sans la permission de Dieu. Une partie du genre humain sera dévouée au malheur ; l'autre jouira de la félicité. 99 Les malheureux précipités dans les flammes pousseront des cris et des soupirs. 100 Ils y demeureront aussi long-temps que les cieux et la terre subsisteront, aussi long-temps qu'il plaira au Tout-Puissant ; car il fait ce qu'il lui plaît. 101 Les bienheureux habiteront le paradis, aussi longtemps que les cieux et la terre subsisteront, aussi long-temps qu'il plaira au Seigneur, qui ne les privera point du don qu'il leur a fait. 102 Ne sois point en doute sur le culte qu'ils professent. Ils servent les dieux de leurs pères, et nous n'adoucirons point les peines qui leur sont préparées. 103 Nous donnâmes le Pentateuque à Moïse. Il fut un sujet de dispute. Si l'arrêt du ciel n'eût été prononcé, les débats des infidèles auraient été terminés. Maintenant ils errent dans le vague du doute. 104 Dieu rendra à chacun suivant ses œuvres. Rien n'échappe à sa connaissance. 105 Suis la justice qui t'a été recommandée. Que les croyans la suivent. Ne vous en écartez jamais. Dieu est témoin de vos actions. 106 N'imitez pas les pervers, de peur que vous ne soyez la proie des flammes. Vous n'avez point de protection ni d'asile contre le Tout-Puissant. 107 Faites la prière au commencement du jour, au coucher du soleil, et dans la nuit. Les bonnes œuvres chassent le mal. Ce précepte s'adresse à ceux qui gardent le souvenir du Seigneur. 108 Souffrez avec patience. Dieu ne laisse point périr la récompense de ceux qui font le bien. 109 Parmi les nations qui vous ont précédées, un petit nombre de justes s'opposèrent au torrent du vice. Nous les sauvâmes ; mais les méchans, abandonnés aux délices de la vie, se plongèrent dans le crime. 110 L'iniquité n'approche point de l'Éternel : Il n'aurait pas détruit des villes dont les habitans eussent été vertueux. 111 S'il eût voulu, une seule religion aurait régné sur la terre. Ceux que sa grâce éclaire seront les seuls unis. L'esprit de dissension divisera le reste des mortels. Tels ils ont été créés. La parole divine s'accomplira. L'enfer sera rempli de génies, et d'hommes de toutes les nations. 112 Nous te révélons ces vérités tirées de l'histoire des prophètes, afin qu'elles éclairent et affermissent ton cœur, et qu'elles servent d'exemple et d'avertissement aux fidèles. 113 Dis aux incrédules : Agissez au gré de vos désirs ; nous agirons de notre côté. Attendons l'événement. 114 Dieu connaît les mystères des cieux et de la terre. Il est le terme où tout doit aboutir. Adore sa majesté suprême. Mets ta confiance en lui, et songe qu'il a l'œil ouvert sur tes actions.

CHAPITRE XII [97].
Joseph. La paix soit avec lui. donné à La Mecque, composé de 111 versets. Au nom de Dieu clément et miséricordieux.

1 **A. R. L.** Tels sont les signes du livre de l'évidence. 2 Nous l'avons fait descendre du ciel, en langue arabe, afin que vous le compreniez [98]. 3 Nous allons te réciter une histoire admirable, [99] puisque nous t'avons révélé le Coran. Avant sa venue tu l'aurais ignorée. 4 Joseph dit à son père : J'ai vu onze étoiles, le soleil et la lune qui m'adoraient. 5 O mon fils ! répondit Jacob, ne raconte pas cette vision à tes frères, de peur qu'ils ne te dressent des embûches. Satan est l'ennemi de l'homme. 6 Tu seras l'élu de Dieu. Il te donnera l'interprétation

---

97. Le mahométan qui lira ce chapitre, ou qui l'enseignera à ses amis et à ses serviteurs, aura une mort douce et la force de ne porter envie à personne. *Bedavi.*

98. Des docteurs juifs ayant engagé les principaux citoyens de la Mecque à Mahomet l'histoire de Joseph, Dieu lui révéla ce chapitre. *Bedavi. Zamchascar.*

99. Cette histoire est admirable, dit *Zamchascar*, parce qu'elle est racontée d'une manière nouvelle, et que le style en est divin.

des choses futures. Il accomplira ses grâces sur toi, sur la famille de Jacob, comme il les a accomplies sur Abraham et Isaac, parce qu'il est savant et sage. [7] L'histoire de Joseph et de ses frères servira d'exemple à la postérité. [8] Les frères de Joseph tinrent entre eux ce discours : Joseph et Benjamin ont toute la tendresse de Jacob ; cependant nous valons mieux qu'eux. Il nous fait une injustice marquée. [9] Mettons Joseph à mort, ou l'envoyons dans une terre étrangère, afin que le cœur de notre père nous soit ouvert. Dans la suite nous nous convertirons. [10] Ne trempons point nos mains dans le sang de notre frère, répondit l'un d'eux ; descendons-le dans une citerne profonde ; quelque voyageur l'emmènera. [11] Pourquoi, dirent-ils à Jacob, ne nous confies-tu pas Joseph ? Nous le conserverions avec soin. [12] Laisse-le partir demain avec nous, afin qu'il se livre en liberté aux amusemens de l'enfance. Repose-toi sur nous du soin de ses jours. [13] Je vous le remets en tremblant, dit Jacob [100] ; je crains votre négligence ; je crains que mon fils ne devienne la proie d'une bête féroce. [14] Si une bête féroce l'attaque, nous sommes en grand nombre, et nous périrons pour le défendre. [15] Ils partirent et convinrent de le descendre dans une citerne. Nous lui révélâmes qu'il raconterait cette action à ses Èères, sans qu'ils pussent la comprendre. [16] Ils revinrent le soir trouver Jacob, et ils pleuraient. [17] Nous nous exercions à la course, lui dirent-ils, et nous avions laissé Joseph auprès de nos habits. Une bête l'a dévoré. Tu ne nous croirais pas quoique nous disions la vérité ; [18] Voici sa chemise ensanglantée. C'est vous, dit le vieillard, qui êtes coupables de sa mort. Il faut souffrir. Dieu seul peut me secourir dans le malheur que vous m'annoncez. [19] Des voyageurs passèrent. On envoya puiser de l'eau à la citerne. Celui qui descendit le seau, s'écria : Heureuse nouvelle ! voici un enfant. Les fils de Jacob cachèrent qu'il fût leur frère, pour en retirer de l'argent ; mais Dieu voyait leur action. [20] Ils le vendirent à vil prix, et s'en défirent ainsi. [21] L'Égyptien qui l'acheta dit à sa femme : Traite cet enfant avec distinction ; il pourra un jour nous être utile ; adoptons-le pour fils. C'est ainsi que nous établîmes Joseph en Égypte. Nous lui apprîmes à lire dans l'avenir. La volonté du Très-Haut s'exécute infailliblement ; et la plupart des hommes ignorent cette vérité. [22] Lorsque Joseph fut parvenu à l'âge viril, nous lui donnâmes la sagesse et la science, juste récompense de la vertu. [23] La femme du seigneur égyptien porta ses vues sur Joseph. Elle ferma la porte, et le sollicita au mal. Dieu est mon refuge, dit le fils de Jacob. Il m'a comblé de biens dans cette maison ; les ingrats ne prospéreront point. [24] Elle s'efforça de triompher de sa résistance ; il était prêt de céder à ses désirs, lorsqu'une vision l'arrêta [101]. Ainsi nous l'éloignâmes du crime, parce qu'il était notre fidèle adorateur. [25] Elle courut après Joseph qui fuyait vers la porte, et lui déchira sa robe par-derrière. Le mari se trouva à l'entrée de l'appartement. Que mérite, lui dit-elle, celui qui vient d'attenter à l'honneur de ta femme, sinon la prison, ou un châtiment rigoureux ? [26] Seigneur, dit Joseph, c'est votre épouse qui m'a sollicité. Un des parens prononça ces paroles : Si le manteau est déchiré par-devant, votre femme dit la vérité, et Joseph est coupable ; [27] Mais s'il est déchiré par-derrière, elle est criminelle et Joseph innocent. [28] Le seigneur égyptien, voyant le manteau déchiré par-derrière, dit à son épouse : Voilà de vos fourberies ! sont-elles assez grandes ? [29] O Joseph ! garde le silence sur cette aventure, et toi, implore le pardon de ta faute, tu es seule coupable. [30] Les femmes se dirent dans la ville : L'épouse du seigneur a voulu jouir de son esclave. L'amour a enflammé son cœur ; elle est dans l'aveuglement. [31] Ayant appris leurs discours, l'épouse du seigneur les invita à un grand festin [102]. Elle leur donna des couteaux tranchans, et elle fit paraître Joseph. Charmées de sa beauté, toutes les femmes le comblèrent de louanges. Elles se coupaient les doigts par distraction, et s'écriaient : O Dieu ! ce n'est pas un homme, c'est un ange adorable. [32] Voilà, leur dit l'épouse du seigneur, celui qui m'a rendue coupable à vos yeux. C'est lui qui m'a fait naître des désirs. Jusqu'à présent il y a été insensible ; mais s'il n'écoute ma passion, je le ferai renfermer dans une prison, et il sera misérable. [33] Grand Dieu ! s'écria Joseph : La prison est préférable au crime ; mais si tu ne me délivres des poursuites de ces femmes, je succomberai, et je serai au nombre des insensés. [34] Le ciel exauça ses vœux. Il fut délivré des pièges tendus à son innocence. Dieu sait et entend tout. [35] Il fut mis en prison quoique

---

100. La crainte de Jacob venait de ce qu'il avait vu en songe une bête féroce dévorer Joseph.

101. Ce fut Jacob qui lui apparut, et le frappa à la poitrine. Aussitôt le feu de la concupiscence sortit de son cœur. *Gelaleddin*

102. Les femmes égyptiennes se visitent fréquemment et se donnent des festins. Les hommes en sont exclus. On n'y admet que les esclaves nécessaires pour le service. Aux plaisirs de la table, elles font succéder la musique et la danse. Elles aiment l'une et l'autre avec passion. Les *Almé*, c'est-à-dire les *filles savantes*, font le charme de ces festins. Elles chantent des airs à la louange des convives et finissent par des chansons d'amour. Elles forment ensuite des danses voluptueuses dont la licence va souvent à l'excès.

son innocence fût reconnue. [36] Deux jeunes seigneurs y étant entrés avec lui, un d'eux lui dit : J'ai songé que je pressais du raisin dans mes mains ; l'autre ajouta : J'ai songé que je portais sur ma tête des pains que les oiseaux venaient becqueter, ô toi, qui es juste ! donne-nous l'interprétation de ces songes. [37] Je vous en donnerai l'explication, dit Joseph, avant que vous ayez reçu de la nourriture. Le Seigneur m'a instruit, parce que j'ai abandonné la secte de ceux qui ne croient ni en Dieu, ni à la vie future. [38] Je professe la religion de mes pères Abraham, Isaac et Jacob. Le culte des idoles nous a été défendu. C'est une faveur de Dieu, qui comble de biens tous les hommes ; mais la plupart ne l'en remercient pas. [39] O mes compagnons d'infortune ! Des idoles doivent-elles être préférées au Dieu unique dont la puissance s'étend sur l'univers ? [40] Vos dieux ne sont que de vains noms que vous avez inventés ou reçus de vos pères. Ils sont dépourvus de puissance. Dieu seul a le pouvoir de juger. Il a commandé qu'on n'adorât que lui. C'est la vraie religion ; mais la plupart des hommes ne la connaissent pas. [41] O mes compagnons d'infortune ! Un de vous deviendra l'échanson de son roi, l'autre sera crucifié, et les oiseaux se nourriront de sa chair. Voilà l'explication que vous me demandiez. [42] Il dit à celui qui devait échapper au supplice : Souviens-toi de moi auprès du prince ; mais Satan effaça de sa mémoire le souvenir de Joseph, et il resta plusieurs années en prison. [43] Le roi dit à ses courtisans [103] : j'ai vu en songe sept vaches grasses que sept vaches maigres ont dévorées, et ensuite sept épis verts auxquels sept épis arides ont succédé. Expliquez ma vision, si vous avez cette science. [44] Seigneur, lui répondirent-ils ; ce sont là des fantômes du sommeil, et nous ne savons point interpréter les songes. [45] L'échanson s'étant ressouvenu de Joseph, dit au roi : Prince, laissez-moi sortir, je vous en rapporterai l'explication. [46] O toi qui ne trompe point ! dit-il à Joseph : Explique-nous ce que signifient sept vaches grasses que sept maigres dévorent, et sept épis verts suivis de sept épis arides, afin que je l'apprenne à ceux qui m'ont envoyé. [47] Vous sèmerez, répondit Joseph, sept années de suite ; mais laissez dans l'épi le grain que vous aurez moissonné, excepté ce qui sera nécessaire pour votre subsistance. [48] Ces années seront suivies de sept autres entièrement stériles, qui consumeront presque tout ce que vous aurez mis en réserve. [49] Un temps viendra ensuite où les hommes se corrompront, et presseront le raisin. [50] Qu'on m'amène Joseph, dit le roi. Un exprès l'alla trouver et lui dit : Prie ton Dieu de te faire connaître quel était le dessein des femmes qui se sont coupé les doigts, parce que le prince est instruit de leur malice. [51] Le roi leur demanda : Quel a été le succès de vos poursuites auprès de Joseph ? Prince, répondirent-elles, son cœur a résisté au mal. Rendons hommage à la vérité, ajouta la femme du seigneur. J'ai voulu séduire sa jeunesse ; mais il est innocent. [52] Mon maître verra, dit Joseph, que je ne l'ai point trompé pendant son absence. Dieu ne dirige point les complots des méchans. [53] Je ne me crois pas exempt de péché. L'homme est enclin au mal. Ceux que le ciel favorise de ses grâces peuvent seuls l'éviter. Le Seigneur est clément et miséricordieux. [54] Qu'on fasse venir Joseph, dit le roi, je veux me l'attacher. Après l'avoir entretenu, il lui dit : Demeure dès ce jour auprès de moi, et jouis de ma confiance. [55] Joseph lui répondit : Prince, donne-moi l'administration des grains de ton empire, je saurai les conserver. [56] Nous établîmes ainsi Joseph en Egypte. Il s'y choisit une habitation à son gré. Nous versons nos faveurs sur ceux qu'il nous plaît, et nous ne laissons point périr le prix dû à la vertu. [57] La récompense de l'autre vie, bien plus magnifique, sera le partage de ceux qui ont la foi et la crainte du Seigneur. [58] Les frères de Joseph vinrent se présenter à lui. Il les reconnut aussitôt ; mais ils ne purent le reconnaître. [59] Il leur fit donner les choses dont ils avaient besoin, et leur dit : Amenez-moi celui de vos frères qui est resté auprès de votre père. Ne voyez-vous pas que je remplis la mesure, et que je reçois bien mes hôtes ? [60] S'il ne vous accompagne, à votre retour, l'achat du grain vous sera interdit, et vous n'approcherez plus de moi. [61] Nous le demanderons instamment à notre père, répondirent-ils, et nous ferons ce que vous ordonnez. [62] Joseph commanda qu'on mît dans leurs sacs le prix de leur blé, afin que de retour chez eux, l'ayant trouvé, ils revinssent. [63] Arrivés dans leur famille, ils dirent à Jacob : L'achat du grain nous est interdit. Envoie Benjamin avec nous, si tu veux qu'on nous en mesure une seconde fois. Repose-toi sur nous du soin de sa conservation. [64] Vous le confierai-je, répondit Jacob, comme je vous confiai son frère ? Mais Dieu est le meilleur des gardiens. Sa miséricorde est infinie. [65] Lorsqu'ils eurent ouvert leurs sacs, ils trouvèrent leur argent, et s'écrièrent : O Jacob ! Qu'avons-nous à désirer ? Voilà le prix du blé. Il nous a été rendu. Nous en achèterons une seconde fois pour notre famille. Nous

---

103. Ce roi, dit *Gelaleddin*, était *Elrian*, fils d'*Éloualid*.

conserverons notre frère, et en sa faveur on nous accordera la charge d'un chameau. Cette grâce est facile à obtenir. 66 Je ne le laisserai point partir, reprit le vieillard, à moins que vous ne vous obligiez devant Dieu à me le ramener, s'il ne se rencontre pas d'obstacle invincible. Lorsqu'ils lui eurent donné cette assurance, il s'écria : Le ciel est témoin de votre serment. 67 O mes fils ! continua-t-il, n'entrez pas tous ensemble dans la ville ; entrez-y par différentes portes ; mais Dieu seul peut vous rendre cette précaution utile. Il possède la sagesse. J'ai mis en lui ma confiance. C'est en lui que tout croyant doit mettre son appui. 68 Ils entrèrent dans la ville, suivant l'ordre de leur père, et ils n'en retirèrent d'autre avantage que celui de satisfaire son désir. Jacob était doué de science. Nous avions éclairé son esprit, et la plupart des hommes sont aveuglés par l'ignorance. 69 Ils vinrent se présenter à Joseph qui appela Benjamin et lui dit : Je suis ton frère. Ne t'afflige point de ce qui est arrivé. 70 Lorsqu'il eut pourvu à leurs besoins, il fit mettre un vase dans le sac de Benjamin, et quand ils s'en retournaient, un héraut leur cria : O étrangers ! Il y a parmi vous des voleurs. 71 Les fils de Jacob s'étant retournés, dirent : Que demandez-vous ? 72 Nous cherchons la coupe du roi : celui qui la produira aura pour récompense autant de blé qu'en peut porter un chameau. Nous sommes garans de cette promesse. 73 Au nom de Dieu, vous savez que nous ne sommes point venus porter la corruption parmi vous, et que jamais on ne nous accusa de larcin. 74 Quelle doit être, reprirent les Égyptiens, la peine de celui qui en sera coupable, si vous nous en imposez ? 75 Que celui qui a volé la coupe, répondirent-ils, soit livré pour elle, c'est ainsi que nous punissons ce crime. 76 On commença à fouiller dans les sacs des frères de Benjamin, et ensuite dans le sien, d'où on retira la coupe. Nous suggérâmes cet artifice à Joseph. Il n'aurait pu faire esclave son frère, suivant la loi du roi [104], si Dieu ne l'eût permis. Nous élevons qui il nous plaît ; mais au-dessus de tous les savans, est celui qui possède la science. 77 Si Benjamin, dirent-ils, a commis ce larcin, son frère en commit un avant lui. [105] Joseph repassait ces choses en son esprit, et ne leur en faisait rien paraître. Vous êtes plus à plaindre que nous, disait-il en lui-même ; Dieu sait ce que vous racontez. 78 Seigneur, ajoutèrent-ils, son père est fort âgé, prenez un de nous en la place de Benjamin : nous savons que vous êtes bienfaisant. 79 A Dieu ne plaise, répondit Joseph, que je retienne un autre que le coupable. Je serais injuste moi-même. 80 Désespérant de le fléchir, ils se retirèrent et tinrent conseil entre eux. Avez-vous oublié, dit l'aîné, que Jacob a reçu notre serment à la face du ciel ? Rappelez-vous ce que vous fîtes à Joseph. Je ne sortirai point d'Égypte que Jacob ne me l'ait permis, ou que Dieu n'ait manifesté sa volonté. Il est le plus équitable des juges. 81 Retournez à votre père et lui dites : Ton fils a volé. Nous n'attestons que ce que nous avons vu. Nous n'avons pu être garants de ce que nous ignorions. 82 Interroge la ville où nous étions, et les marchands avec qui nous sommes partis ; ils rendront témoignage que nous disons la vérité. 83 Vous avez inventé ce mensonge, leur dit Jacob. La patience est le seul remède à mes maux. Peut-être que Dieu me rendra tous mes enfans. Il est savant et sage. 84 Il se détourna d'eux et s'écria ! O Joseph, objet de ma douleur ! Le chagrin répandit la pâleur sur son visage. Son cœur était plein d'amertume. 85 Au nom de Dieu, lui représentèrent ses fils, vous ne cesserez de nous parler de Joseph que quand la mort aura terminé vos jours. 86 Hélas ! répondit le vieillard, je me plains de l'impuissance de ma douleur ; je porte mes pleurs devant Dieu ; il m'a donné des connaissances que vous n'avez pas. 87 O mes enfans ! Allez, informez-vous de Joseph et de son frère. Ne désespérez pas de la miséricorde divine. Il n'y a que les infidèles qui en désespèrent. 88 Ils retournèrent vers Joseph, et lui dirent : Seigneur, la misère s'est appesantie sur nous et sur notre famille. Nous venons vers vous avec peu d'argent. Remplissez pour nous le boisseau. Faites éclater votre bienfaisance. Dieu récompense ceux qui font le bien. 89 Avez-vous oublié, leur dit-il, ce que vous fîtes à Joseph, et à son frère lorsque vous étiez dans l'égarement ? 90 Seriez-vous Joseph, s'écrièrent-ils ? Il leur répondit : Je suis Joseph : Voilà mon frère. Dieu vous a regardés d'un œil favorable. Celui qui craint le Seigneur et souffre avec patience, éprouvera qu'il ne laisse point périr la récompense de la vertu. 91 Le Seigneur, lui dirent-ils, t'a élevé au-dessus de nous parce que nous avons péché. 92 Ne craignez de moi aucun reproche, continua Joseph. Dieu vous pardonne. Sa clémence est infinie. 93 Allez, portez ce manteau à

---

104. Il n'aurait pu faire esclave son frère suivant la loi du pays, parce que l'esclavage n'était pas chez les Égyptiens la peine du vol. Ils se contentaient de flageller le voleur ou de lui faire rendre le double de ce qu'il avait pris ; mais Joseph pouvait retenir son frère esclave comme Hébreu, parce que parmi les juifs, le voleur payait le larcin de sa liberté. *Gelaleddin.*

105. Joseph avait volé une idole d'or à son grand-père *Laban*, et l'avait brisée. *Gelaleddin.*

mon père [106] ; couvrez-en son visage ; il recouvrera la vue. Amenez ici toute ma famille. [94] Lorsque la caravane partit d'Égypte, Jacob dit à ceux qui l'environnaient : Je sens l'odeur de Joseph, et ne croyez pas que je sois en délire. [95] Vous voilà encore, lui répondirent-ils, dans votre ancienne erreur. [96] Celui qui apportait l'heureuse nouvelle, étant arrivé, jeta le manteau sur la tête du vieillard, et il recouvra la vue. [97] Ne vous avais-je pas fait connaître, dit-il, ce que Dieu m'avait révélé, et ce que vous ignoriez ? [98] Implorez notre pardon, lui dirent ses fils. Nous avons péché. [99] Je prierai Dieu pour vous, répondit le vieillard ; il est indulgent et miséricordieux. [100] Lorsque la famille de Joseph fut arrivée, il alla recevoir son père et sa mère, et leur dit : Entrez en Égypte. Fasse le ciel que vous y passiez des jours tranquilles ! [101] Il fit asseoir son père et sa mère sur un trône, et tous s'étant prosternés pour l'adorer ; voilà dit-il à Jacob l'interprétation de ma vision. Le ciel l'a accomplie. Il m'a comblé de ses faveurs. Il m'a délivré de la prison. Il vous a tirés du désert pour vous conduire ici, après que Satan a eu mis la désunion entre moi et mes frères. Le Seigneur vient facilement à bout de ses desseins, il est savant et sage. [102] Seigneur, tu m'as donné la puissance ; tu m'as enseigné l'interprétation des songes. Architecte des cieux et de la terre, tu es mon appui dans ce monde et dans l'autre. Fais que je meure fidèle à la foi. Introduis-moi dans, l'assemblée des justes. [103] Nous te révélons cette histoire. Elle est tirée du livre des mystères. Tu n'étais pas avec eux lorsqu'ils se réunirent pour perdre leur frère, et qu'ils lui tendirent un piège. La plupart des hommes, malgré tes désirs, ne croiront point. [104] Garde-toi de leur demander le prix du Coran. Il a été envoyé du ciel pour appeler les hommes à leurs devoirs. [105] Les cieux et la terre leur offrent des merveilles sans nombre. Ils passent et ne veulent pas ouvrir les yeux. [106] La plupart ne croient point en Dieu sans mêler à son culte celui des idoles. [107] Peuvent-ils croire que la punition divine les enveloppera, que l'heure fatale les surprendra tout à coup sans réfléchir à ces vérités ? [108] Dis : Voilà ma doctrine. J'appelle les hommes à Dieu ; j'offre l'évidence à ceux qui me suivent ; je rends grâces au Très-Haut de n'être point idolâtre. [109] Nous n'avons envoyé avant toi que des hommes inspirés et choisis dans les villes. Les idolâtres n'ont-ils point voyagé sur la terre ? N'ont-ils pas vu quel fut le sort de ceux qui les ont précédés ? La vie future est la meilleure. Ceux qui craignent le Seigneur l'ont choisie. Ne le comprenez-vous pas ? [110] Lorsque les ministres de la foi n'avaient plus d'espoir, et qu'ils pensaient qu'on les croirait menteurs, ils éprouvèrent les effets pervers de notre protection. Nos élus furent sauvés ; mais rien ne put écarter nos fléaux des impies. [111] L'histoire des prophètes est remplie d'exemples que doivent retenir les hommes sensés. Ce livre n'est point une fable inventée à plaisir ; il confirme ceux qui l'ont précédé ; il explique clairement toute chose. Il est la lumière et la grâce des croyants.

CHAPITRE XIII.

Le Tonnerre. donné à La Mecque, composé de 43 versets. Au nom de Dieu clément et miséricordieux.

[1] A. L. R. [107] Tels sont les signes du Coran. La doctrine que tu as reçue du ciel est véritable ; cependant le plus grand nombre des hommes ne croiront point. [2] Dieu éleva les cieux sans colonnes visibles, et s'assit sur son trône. Il ordonna au soleil et à la lune de remplir leur tâche. Tous les corps célestes se meuvent dans la route qu'il leur a tracée. Il gouverne l'univers. Il vous offre des merveilles sans nombre, afin que vous croyez à la résurrection. [3] C'est lui qui étendit la terre, qui éleva les montagnes, qui forma les fleuves, qui vous donna les fruits divers. Il créa l'homme et la femme ; il fait succéder le jour et la nuit. Ces prodiges sont des signes pour ceux qui pensent. [4] La terre offre à chaque pas un tableau diversifié : ici sont des jardins ornés de vignes et de légumes ; là croissent des palmiers isolés ou réunis sur une souche. Tous les fruits sont arrosés par la même eau. Cependant ils diffèrent en bonté. Ainsi nous donnons des marques de notre puissance à ceux qui comprennent. [5] Si leur infidélité t'étonne, quelle doit être ta surprise, lorsque tu les entends dire : Se peut-il

---

106. Ce manteau est tout-à-fait miraculeux. Gabriel l'apporta à Abraham lorsqu'il fut jeté dans les flammes. Il était fait de soie du, paradis. Abraham le laissa à Isaac qui le transmit à Jacob, des mains duquel il était passé à Joseph. *Zamchascar.*Ce manteau répandait une odeur divine et guérissait tous les malades qu'il touchait. *Gelaleddin.*

107. **A. L. R.** *Gelaleddin* se débarrasse à son ordinaire de l'explication de ces caractères en disant : Dieu saint ce qu'ils signifient.

que la poussière de nos corps devienne une créature nouvelle ? ⑥ Ils ne croient point en Dieu. Leurs cous seront chargés de chaînes, et ils seront éternellement en proie aux flammes. ⑦ Ils te solliciteront plutôt de hâter le courroux du ciel que ses bienfaits. De semblables exemples les ont précédés ; mais si le Seigneur est indulgent pour le coupable, il est terrible dans ses châtimens. ⑧ Quel signe divin distingue-t-il le prophète ? demandent les incrédules. Tu n'es chargé que de la prédication. Chaque peuple a eu son guide. ⑨ Dieu sait ce que la femme porte dans son sein, de combien la matrice se resserre ou s'élargit. Tout est pesé devant lui. ⑩ Tous les secrets sont dévoilés à ses yeux. Il est le grand, le Très-Haut. ⑪ Celui qui parle en public, celui qui s'enveloppe des ombres de la nuit, et celui qui paraît au grand jour, lui sont également connus. ⑫ L'homme est environné d'anges [108] qui se succèdent sans cesse. Dieu les a chargés de veiller à sa conservation. Il ne retire ses grâces que quand l'homme est perverti. Lorsqu'il voudra le punir, rien ne pourra lui mettre obstacle, parce qu'il n'y a point d'abri contre sa puissance. ⑬ C'est lui qui fait briller la foudre à vos regards [109], pour inspirer la crainte et l'espérance. C'est lui qui élève les nuages chargés de pluie. ⑭ Le tonnerre célèbre ses louanges [110]. Les anges tremblent en sa présence. Il lance la foudre et elle frappe les victimes marquées. Les hommes disputent de Dieu. Il est le fort, le puissant. ⑮ Il est l'invocation véritable. Ceux qui implorent d'autres dieux ne seront point exaucés. Ils ressemblent au voyageur qui, pressé par la soif, tend la main vers l'eau qu'il ne peut atteindre. L'invocation des infidèles se perd dans la nuit de l'erreur. ⑯ Tout ce qui est dans les cieux et sur la terre rend à l'Éternel un hommage volontaire ou forcé. L'ombre du soir et du matin l'adore. ⑰ Quel est le souverain des cieux et de la terre ? Réponds : C'est Dieu. L'oublierez-vous pour chercher des patrons impuissans qui ne peuvent ni se protéger ni se nuire ? Comparerez-vous l'aveugle à celui qui voit, et les ténèbres à la lumière ? Leurs divisions chimériques ont-elles produit une création semblable à celle de dieu ? Dis : L'univers est son ouvrage. Il est le Dieu unique. Tout est soumis à sa puissance. ⑱ Il fait descendre la pluie des cieux, et les torrens roulent dans leurs lits, entraînant dans leur cours l'écume qui surnage. Telle est dans la fournaise l'écume des métaux que les hommes travaillent pour leur utilité et leur parure. Dieu tire ainsi l'instruction de la vérité et de la vanité. L'écume disparaît bientôt. Ce qui est utile reste dans la terre. Ainsi Dieu propose ses paraboles. ⑲ Ceux qui sont soumis à sa volonté posséderont le souverain bien ; mais les rebelles, quand ils auraient une fois plus de trésors que la terre n'en contient, ne pourront se racheter des tourmens. L'enfer sera leur demeure. Ils y seront couchés sur un lit de douleur. ⑳ Celui qui sait que Dieu t'a envoyé la vérité du ciel ressemblera-t-il à l'aveugle ? Les sages ouvriront les yeux. ㉑ Ceux qui, dociles aux commandemens du Seigneur, n'enfreignent point son alliance, ceux qui unissent ce qu'il lui a plu d'unir [111], qui craignent Dieu, et le compte qu'ils auront à rendre ; ㉒ Ceux que l'espoir de voir Dieu rend constans dans l'adversité, qui font la prière, qui donnent, en secret ou en public, une portion des biens que nous leur avons dispensés, et qui effacent leurs fautes par de bonnes œuvres, seront les hôtes du paradis. ㉓ Ils seront introduits dans les jardins d'*Eden*. Leurs pères, leurs épouses et leurs enfans qui auront été justes, jouiront du même avantage. Là, ils recevront la visite des anges qui entreront par toutes les portes. ㉔ La paix soit avec vous, leurs diront-ils. Vous avez été patiens. Jouissez du bonheur qu'a mérité votre persévérance. ㉕ Ceux qui violent le pacte de Dieu, qui divisent ce qu'il a uni, et qui répandent la corruption sur la terre, seront précipités dans l'enfer, chargés de malédictions. ㉖ Dieu étend ou resserre ses faveurs à son gré. Ils se livrent aux jouissances de cette vie ; mais qu'elles sont faibles en comparaison de la félicité éternelle ! ㉗ Sa mission, disent les infidèles, est-elle annoncée par quelque signe céleste ? Réponds-leur : Dieu égare qui il lui plaît, et éclaire ceux qui se repentent. ㉘ La pensée de Dieu fera régner la paix dans l'âme des croyans. Son souvenir n'est-il pas la paix des cœurs ? Les fidèles qui auront fait le bien posséderont la béatitude. ㉙ Nous t'avons envoyé à un peuple que d'autres ont précédé, afin que tu lui enseignes nos révélations. Ils ne croient point au miséricordieux.

---

108. Ce sont, dit *Elhaçan*, quatre anges chargés de veiller les actions de chaque homme, deux pendant le jour et deux pendant la nuit. Ils se succèdent sans relâche dans cet emploi. *Jahia.*

109. L'ange qui fait briller la foudre est celui qui préside aux nuages. il les pousse les uns contre les autres ; Il publie les grandeurs de loéternel, et répète sans cesse ces mots : *Louange à Dieu! Gelaleddin.*

110. Mahomet avait envoyé un musulman zélé pour convertir un idolâtre et lui faire embrasser l'islamisme. Quel est ton Dieu ? lui demanda l'infidèle? est-il formé d'or, d'argent ou de cuivre ? La foudre frappa l'impie et il périt. *Gelaleddin.*

111. Unir ce que Dieu a voulu unir, c'est, suivant les auteurs arabes, croire à tous les prophètes, et ne mettre aucune différence entre eux.

Dis-leur : Il est mon Seigneur. Il n'y a de Dieu que lui. J'ai mis ma confiance en sa bonté. Je reparaîtrai devant son tribunal. [30] Quand le Coran ferait mouvoir les montagnes [112] ; quand il partagerait la terre en deux, et ferait parler les morts, ils ne croiraient pas ; mais Dieu est le juge des actions. Les croyans ignorent-ils qu'il peut à son gré éclairer toute la terre ? [31] L'infortune s'est attachée sur les pas des infidèles, parce qu'ils sont criminels. Nous ne cesserons d'assiéger leurs villes jusqu'à ce que les promesses du ciel soient accomplies. Ses promesses sont infaillibles. [32] Avant toi, mes ministres furent les objets de la raillerie ; mais après avoir laissé les incrédules s'endormir au sein des plaisirs, je les châtiai, et quels furent mes châtimens ! [33] Quel est celui qui observe toutes les actions des hommes ? Ils ont donné des égaux à l'Éternel. Dis-leur : Nommez vos divinités. Apprendrez-vous à Dieu quelque chose qu'il ignore ? Ou les noms que vous créez ne sont-ils qu'un vain son ? Ils se sont parés de leur iniquité, et ont quitté la voie du salut, parce que ceux que Dieu égare, marchent sans guide. [34] Ils ont été punis dans ce monde. Leurs supplices seront bien plus terribles dans l'autre ; ils n'auront point de protecteur contre Dieu. [35] Les jardins de délices, arrosés par des fleuves, ces jardins où l'on trouvera une nourriture éternelle, et des ombrages toujours verts, seront le prix de la piété. Les incrédules auront les flammes pour récompense. [36] Ceux qui ont reçu les écritures se réjouissent des vérités qui t'ont été révélées. D'autres à qui ont les propose en rejette une partie. Dis-leur : Dieu m'a commandé de l'adorer, de ne point lui donner d'égal. J'invoque son nom. Je retournerai à lui. [37] Nous t'avons envoyé le coran en langue arabe. Après la science dont le ciel t'a favorisé, si tu suivais leurs désirs, quel asile trouverais-tu contre un Dieu vengeur ? [38] D'autres prophètes t'ont précédé [113]. Nous leur donnâmes des épouses et une postérité. Ils n'opérèrent de miracle sans la volonté du Seigneur. Chaque livre a son temps marqué. [39] Il efface et laisse subsister ce qu'il veut. L'original est en ses mains [114]. [40] Soit que nous te fassions voir l'accomplissement d'une partie de nos menaces, soit que ta mort les prévienne, ton emploi se borne à la prédication. A nous appartient le soin de juger. [41] Ne voient-ils pas que nous avons pénétré dans leur pays, et que nous en avons resserré les limites ? Dieu juge, et ses arrêts sont irrévocables. Il est prompt dans ses comptes. [42] Leurs pères étaient fourbes ; mais Dieu ne peut être trompé. Il connaît les mérites de chacun. Les infidèles verront quels seront les hôtes du paradis. [43] Les incrédules nieront la vérité de ta mission. Réponds-leur : Le témoignage de Dieu et de ceux qui possèdent les écritures, est une preuve suffisante en ma faveur.

CHAPITRE XIV.

Abraham. La paix soit avec lui. donné à La Mecque, composé de 52 versets. Au nom de Dieu clément et miséricordieux.

[1] A. **L. R.** Nous t'avons envoyé ce livre, pour tirer les hommes des ténèbres, les éclairer, et les conduire dans la voie excellente et glorieuse. [2] Le domaine des cieux et de la terre appartient au Très-Haut. Malheur aux infidèles ! Ils seront la proie des tourmens. [3] Ceux qui préfèrent les charmes du monde à la vie future, qui éloignent leurs semblables de la religion sainte, et qui s'efforcent d'en corrompre la pureté, sont plongés dans l'aveuglement. [4] Tous nos ministres parlèrent la langue des peuples qui prêchaient, afin de se faire entendre. Dieu égare et conduit ceux qu'il veut. Il est puissant et sage. [5] Nous donnâmes à Moïse le pouvoir d'opérer des miracles, pour conduire son peuple des ténèbres à la lumière, et lui rappeler les merveilles du Seigneur ; exemple frappant pour celui qui souffre patiemment et qui rend grâce à Dieu. [6] Souvenez-vous des bienfaits du Seigneur, disait Moïse aux Israélites. Il vous a délivrés de la famine de Pharaon qui vous opprimait, qui

---

112. Ce verset fut révélé à Mahomet lorsque les infidèles lui dirent : Si tu es prophète, transporte les montagnes de la Mecque, fais en jaillir des fontaines, fais-en couler des fleuves, afin que nous puissions planter et semer. Ranime les cendres de nos pères, et qu'ils attestent que tu es l'apôtre de Dieu. *Gelaleddin.*

113. Mahomet oppose ce verset aux juifs qui lui reprochaient la polygamie. Il dit que les prophètes venus avant lui, qu'Abraham, Jacob, David, Salomon, eurent plusieurs femmes.

114. L'original est en ses mains : c'est la table gardée où tout est écrit, et où rien ne s'altère. Dieu y a tracé la chaîne de tous les êtres. *Gelaleddin.*

faisait périr vos enfans mâles, et n'épargnait que vos filles [115]. Votre délivrance est une preuve éclatante de la bonté divine. [7] Dieu vous promit que l'augmentation de ses grâces serait le prix de votre connaissance, et que la rigueur des peines le vengerait de votre ingratitude. [8] Quand vous seriez incrédules, ajouta Moïse, quand toute la terre serait impie, Dieu est riche et comblé de louanges. [9] Ignorez-vous l'histoire des nations qui vous ont précédés, de Noë, d'*Aod*, de *Themod*? [10] L'histoire de leur postérité n'est connue que de Dieu. Ces peuples eurent des prophètes qui leur offrirent l'évidence ; mais, voués à l'infidélité, ils portaient leurs mains à la bouche, et s'écriaient : Nous nions votre mission, et nous doutons de votre doctrine. [11] Pouvez-vous douter de Dieu, leur représentaient nos envoyés? Il est l'architecte du ciel et de la terre. Il vous appelle pour vous pardonner. Il vous attend jusqu'au temps marqué. [12] Vous n'êtes que des hommes comme nous, leur répondait-on. Voulez-vous nous faire abandonner le culte de nos pères? Montrez-nous des miracles. [13] Nous ne sommes que des hommes comme vous ; mais Dieu favorise de ses grâces ceux qu'il veut. Nous ne pouvons opérer de miracle sans sa permission. [14] Que les fidèles mettent en lui leur confiance! [15] Pourrions-nous lui refuser notre confiance? Il nous a tracé le chemin qu'il faut suivre. Nous souffrirons patiemment vos persécutions. Que ceux qui veulent un appui le cherchent en Dieu! [16] Nous vous chasserons de notre pays, reprirent les idolâtres, ou vous embrasserez notre religion. Dieu dit aux prophètes : J'exterminerai les impies. [17] Vous habiterez la terre après eux ; cette faveur est due à ceux qui ont craint mes commandemens et mes menaces. [18] Les prophètes élevèrent leur voix vers le ciel. L'orgueilleux et l'incrédule furent anéantis. [19] L'enfer les engloutit. L'eau corrompue sera leur breuvage. [20] Ils l'avaleront goutte à goutte, et elle aura peine à passer. La mort se présentera à eux de tous côtés, et ils ne mourront point. Cette boisson sera suivie de tourmens horribles. [21] Les œuvres de l'incrédule sont semblables à la poussière qu'un vent violent disperse dans un jour orageux. Ils n'en retireront aucune utilité. Ce sera le comble de l'égarement. [22] Ne voyez-vous pas que Dieu a créé les cieux et la terre avec vérité? Il peut à son gré vous faire disparaître, et mettre d'autres créatures à votre place. [23] Cela est facile à sa puissance. [24] Tous les hommes paraîtront devant Dieu. Les idolâtres diront à leurs chefs. Nous vous avons suivis ; diminuerez-vous nos supplices? [25] Les chefs répondront : Si Dieu nous eût éclairés, nous vous aurions conduits dans le droit chemin. [26] Le murmure ou la patience sont également inutiles dans notre malheur. Il est sans espoir. [27] Lorsque l'arrêt sera prononcé, Satan leur dira : Les promesses de Dieu étaient véritables, les miennes trompeuses ; mais je ne vous ai point forcés d'y ajouter foi. [28] Je vous ai sollicités, vous m'avez répondu. Ne me faites point de reproches ; n'en faites qu'à vous-mêmes. Je ne puis ni vous donner du secours, ni en recevoir de vous. Quand vous m'égalisez au Très-Haut, je n'ai point cru être son égal. Un tourment douloureux est préparé aux impies. [29] Les croyans vertueux entreront dans les jardins où coulent des fleuves. Ils y demeureront éternellement, par la permission de Dieu. Leur salutation mutuelle sera : *La paix soit avec vous.* [30] Ne savez-vous pas à quoi Dieu compare la parole de la foi? A un arbre salutaire qui a poussé des racines profondes, et dont les rameaux s'élèvent dans les cieux. [31] Il produit du fruit dans toutes les saisons. Le Seigneur parle aux hommes en paraboles pour les instruire. [32] Il compare la doctrine de l'infidèle à un arbre mauvais dont les racines sont à fleur de terre, et qui n'a point de stabilité. [33] Dieu affermira les croyans dans cette vie [116] et dans l'autre, par la parole immuable. Il égarera les méchans. Il fait ce qu'il lui plaît. [34] Ne vois-tu pas que ceux qui, foulant aux pieds les grâces du ciel, sont devenus impies, ont conduit les peuples à leur perte? [35] Ils seront précipités dans les brasiers de l'enfer, séjour des misérables. [36] Les idolâtres donnent à Dieu des égaux, pour écarter des humains du sentier du salut. Dis-leur : Enivrez-vous des plaisirs terrestres, l'enfer sera votre réceptacle. [37] Dis à mes serviteurs, aux

---

115. La prédiction d'un devin fut, suivant les auteurs arabes, la cause de cette persécution. Il prédit qu'un des enfans qui naîtrait des Israélites renverserait l'empire de Pharaon. aussitôt on fit mourir leurs enfans mâles, et la nation fut opprimée. *Gelaleddin.*

116. Dieu affermira la foi des croyans dans cette vie en leur faisant prononcer ces paroles, *la ila ella allah ou Mahammed raçoul allah. Il n'y a de Dieu que Dieu, et Mahomet est son prophète.* Il l'affermira dans l'autre en leur faisant répondre comme il convient aux deux anges examinateurs qui les interrogeront dans le tombeau. *Gelaleddin.* Ces paroles *la ila ella allah ou Mahammed raçoul allah*, forment la profession de foi des mahométans. ils la profèrent toutes les fois qu'ils entrent dans leurs mosquées, et qu'ils craignent la tentation. En 1778, ayant paru, contre la coutume des Européens, habillé à la française dans les rues de Damiette, je vis l'horreur peints sur tous les visages. Les femmes me regardaient avec une curiosité mêlée d'effroi, les enfans prenaient la fuite en criant, et les hommes, fronçant le sourcil, murmuraient entre leurs dents, *la illa ella allah*, etc. Il ne faudrait pas répéter ces mots devant des Turcs. Ils ne souffrent pas qu'on plaisante sur la religion ; et si l'on était entendu, on courrait risque d'être empalé ou circoncis.

croyans : Accomplissez la prière, faites l'aumône en secret et en public des biens que nous vous avons départis, avant le jour où l'on ne pourra plus acquérir, et où les liens de l'amitié seront rompus. [38] C'est Dieu qui a tiré du néant les cieux et la terre, et qui a fait descendre la pluie pour faire éclore les fruits divers qui servent à votre nourriture. Le vaisseau fend les ondes à sa voix. Il a soumis les fleuves à votre utilité. Il a ordonné au soleil et à la lune de vous dispenser libéralement leur lumière. Il a formé la nuit et le jour pour servir à vos besoins. Il vous a donné tous les biens que vous lui avez demandés. Ses bienfaits sont innombrables. O combien l'homme est injuste dans son ingratitude ! [39] Abraham adressa à dieu cette prière : Seigneur, protège [117] cette contrée ; éloigne-moi, éloigne ma postérité du culte des idoles. [40] Elles ont couvert de ténèbres une partie de la terre. Celui qui me suivra sera ton adorateur. Celui qui s'éloignera de moi... Seigneur tu es indulgent et miséricordieux. [41] Seigneur, j'ai établi [118] une partie de ma famille dans la vallée stérile, près de ta demeure sainte. Fais qu'ils accomplissent la prière. Dispose en leur faveur le cœur d'une partie des humains. Prends soin de leur subsistance, afin qu'ils te rendent des actions de grâces. [42] Tu sais ce que l'homme recèle, comme ce qu'il publie. Tout ce qui est dans les cieux et sur la terre est dévoilé à tes yeux. Louange au Dieu qui, dans ma vieillesse, m'a donné Ismaël et Isaac ! Il exauce les vœux des mortels. [43] Seigneur, fais que j'observe la prière, fais que ma postérité soit fidèle. Daigne entendre mes vœux. Pardonne-moi ; pardonne à mes pères et aux croyans, au jour du jugement. [44] Ne croyez pas que Dieu néglige les actions des méchans. Il diffère leur punition jusqu'au jour où ils porteront leurs regards vers le ciel. [45] Ils se hâteront, ils lèveront la tête. Leurs regards seront immobiles, et leurs cœurs saisis d'effroi. Prédis à la terre le jour des vengeances. [46] Seigneur, s'écriront les impies, attends-nous encore quelque temps. [47] Nous écouterons ta parole ; nous obéirons à tes ministres. On leur répondra : Ne juriez-vous pas que vous ne changeriez jamais ? [48] Vous habitiez au milieu des pervers ; vous avez été témoins de la manière dont nous les avons traités ; vous avez entendu nos paraboles. Ils ne cessèrent de dresser leurs embûches ; mais Dieu pouvait détruire leurs artifices, quand même ils eussent été assez puissans pour transporter les montagnes. [49] Ne pensez pas que Dieu anéantisse la promesse faite à ses apôtres. Il est puissant, et la vengeance est dans ses mains. [50] Dans ce jour la terre et les cieux seront changés [119]. Le genre humain se hâtera de paraître devant le tribunal du Dieu unique et victorieux. [51] Dans ce jour, vous verrez les pervers chargés de chaînes. [52] Leurs habits seront de poix. Le feu couvrira leur front. Dieu rend à chacun suivant ses œuvres. Il est exact dans ses jugemens. [53] J'annonce ces vérités aux hommes, pour qu'elles leur servent d'avertissement, et qu'ils sachent qu'il n'y a qu'un Dieu. O vous qui avez un cœur, gardez ce souvenir !

FIN DE LA PREMIÈRE PARTIE.

CHAPITRE XV.

Hegr [120]. donné à La Mecque, composé de 100 versets. Au nom de Dieu clément et miséricordieux.

[1] A. **L. R.** Tels sont les signes du livre qui enseigné la vérité. [2] Un jour les infidèles regretteront de n'avoir pas eu la foi. [3] Laisse-les jouir des délices de la vie, et nourrir dans leurs cœurs de douces espérances. Bientôt ils verront. [4] Les villes que nous avons détruites avaient leur terme fixé. [5] Aucun peuple ne peut avancer ni retarder l'instant marqué pour sa ruine. [6] Ils ont dit au prophète : O toi qui as reçu le Coran, tu n'es qu'un insensé ! [7] Si tu apportais la vérité, ne viendrais-tu pas accompagné d'anges ? [8] Les anges ne viendront que

117. Cette contrée est le lieu où est bâtie la Mecque. C'est une plaine de sable environnée de montagnes dont le sol ingrat se refuse à toute espèce de culture. Ce fut là que l'ange découvrit à Agar le puits de *Zemsem*, qui signifie *de l'eau qui murmure*. Cette source miraculeuse, consacrée par la religion, est devenue très fameuse. Le huitième jour de la solennité du pèlerinage, les musulmans se rendent au puits de *Zemsem* et s'y désaltèrent avec un respect religieux. Ismaël s'étant établi dans la vallée stérile, enseigna aux Arabes la religion qu'il avait reçue de son père Abraham, et leur apprit à n'adorer qu'un Dieu unique créateur du ciel et de la terre. Il transmit ce culte à sa postérité ; mais ensuite l'idolâtrie prévalut, et le sanctuaire d'Ismaël fut entouré d'idoles jusqu'au temps où Mahomet les renversa par terre.

118. Ismaël et sa mère.

119. Lorsque les hommes ressusciteront, la terre blanche, unie et pure, suivant la tradition des deux vieillards. *Gelaleddin.*

120. *Hegr* est une vallée située entre Médine et la Syrie. C'était là qu'habitaient les *Thémudéens. Gelaleddin.*

quand il sera nécessaire ; alors les impies ne seront plus attendus. [9] Nous avons fait descendre le livre [121] des avertissemens. Nous sommes chargés de sa conservation. [10] Nous envoyâmes des prophètes aux sectes des anciens. [11] Ils furent tous en butte aux traits de la raillerie. [12] Ainsi nous endurcissons le cœur des méchans. [13] Il ne croiront point, malgré l'exemple des peuples qui les ont précédés. [14] Si nous ouvrions la porte du ciel, et qu'ils fussent prêts à y entrer, [15] Ils s'écrieraient : L'ivresse offusque nos yeux, ou nous sommes dans l'illusion. [16] Nous avons placé au firmament des signes [122] pour contenter les regards. [17] Nous les défendons contre les attentats des démons percés de traits [123]. [18] Si quelqu'un d'eux ose y pénétrer pour entendre, il sera poursuivi par les flammes. [19] Nous avons étendu la terre et affermi les montagnes. Nous y avons fait éclore toutes les plantes dans un ordre admirable. [20] Nous y avons mis tout ce qui vous sert d'aliment, et les animaux que vous ne nourrissez pas. [21] La source de toutes choses est dans nos mains. Nous les dispensons avec une sage économie. [22] Nous envoyons les vents qui portent la fécondité. Nous faisons couler l'eau des nuages pour vous désaltérer. Vous n'en avez pas les réservoirs. [23] Nous donnons la vie et la mort. Tout l'univers est notre héritage. [24] Nous connaissons ceux qui vous ont précédés, comme ceux qui vous suivront. [25] Ton Dieu les rassemblera tous devant lui. Il est savant et sage. [26] Nous avons créé l'homme du noir limon de la terre. [27] Avant lui nous avons créé les esprits de feu pur. [28] Dieu dit à ses anges : Je formerai l'homme du limon de la terre. [29] Lorsque j'aurai consommé mon ouvrage, et que je l'aurai animé de mon son souffle, prosternez-vous devant lui pour l'adorer. [30] Tous les anges l'adorèrent. [31] *Eblis* seul refusa d'obéir à l'ordre du Créateur. [32] Pourquoi n'adores-tu pas l'homme, lui dit l'Éternel ? [33] Me prosternerai-je, répondit *Eblis*, devant un être formé de boue ? [34] Sors de ce séjour, *continua le Très-Haut*, tu seras réprouvé. [35] Ma malédiction te poursuivra jusqu'au jour du jugement. [36] Seigneur répliqua *Eblis*, diffère ta vengeance jusqu'au jour de la résurrection. [37] Je t'attendrai, dit Dieu, [38] Jusqu'au terme marqué. [39] Puisque tu m'as fait tomber, ajouta l'esprit rebelle, je rendrai le mal agréable aux hommes, et je les séduirai tous. [40] Tes serviteurs sincères seront seuls épargnés. [41] Dieu dit : Je suis la voie du salut ; [42] Tu n'auras aucune puissance sur mes adorateurs ; les infidèles seuls t'obéiront. [43] L'enfer est leur unique promesse. [44] Il a sept portes. Ils auront leur place marquée auprès de chaque porte. [45] Les jardins et les fontaines seront le partage de ceux qui craignent le Seigneur. [46] Ils y entreront avec la paix et la sécurité. [47] Nous ôterons l'envie de leurs cœurs. Ils reposeront sur des lits, et auront les uns pour les autres une bienveillance fraternelle. [48] La fatigue n'approchera point du séjour de délices. On ne leur en ravira point la possession. [49] Prêche à mes serviteurs mon indulgence et ma miséricorde. [50] Prêche-leur mes châtimens terribles. [51] Récite-leur l'histoire des hôtes d'Abraham. [52] Lorsqu'ils se furent approchés, et qu'ils lui eurent donné le salut, il laissa voir quelques mouvemens de frayeur. [53] Ne crains point, lui dirent-ils, nous venons te prédire un fils doué de science. [54] Vous m'annoncez, répondit Abraham, un enfant dans ma vieillesse ; qui me prouvera votre prédiction ? [55] La vérité, ajoutèrent les anges. Ne désespère point. [56] Et qui peut, dit Abraham, désespérer de la miséricorde divine, si ce n'est l'impie ? [57] Ministre du Très-Haut, quelle est votre mission ? [58] Nous allons punir des coupables. [59] Nous sauverons la famille de Loth. [60] Son épouse seule sera enveloppée dans la ruine générale. [61] Lorsque les anges furent arrivés à la maison de Loth, [62] Il leur dit : Je ne vous connais point. [63] Nous venons tirer tes concitoyens du doute. [64] Nous sommes véridiques ; nous ne connûmes jamais l'imposture. [65] Sors cette nuit avec ta famille. Marche après elle. Qu'aucun de vous ne détourne la tête. Allez où l'on vous ordonne. [66] Nous

121. Ce livre est le Coran. Il est confié à la garde des anges. Ils doivent veiller à ce qu'il ne souffre ni changement ni altération. *Geladeddin.* Lorsque Dieu envoya le Coran à Mahomet, Gabriel fut chargé du message. Des anges furent placés devant et derrière pour empêcher que les démons portassent atteinte à sa pureté. Les esprits célestes furent chargés de veiller à sa conservation. *Zamchascar.*

122. Nous avons placé des signes au firmament. Ce sont, suivant les Arabes, les signes du Zodiaque dont voici les noms : *Elhaml, eltôr, eljauza, elsartan, elaçad, elsembala, elmizan, elacrab, elcaus, elgedi, eldelou, elhaut.* Le belier, le taureau, les gémeaux, le cancer, le lion, l'épi, la balance, le scorpion, le sagittaire, le capricorne, le verseau, les poissons.

123. Les mahométans croient qu'avant Mahomet, les démons s'élevaient jusqu'aux signes du Zodiaque, qu'ils y écoutaient les discours des anges, et les révélaient ensuite aux devins et aux magiciens. A l'instant où Mahomet vint au monde, Dieu les chassa des sphères célestes, et leur défendit d'écouter les secrets du ciel. Il en est encore qui font des efforts pour y pénétrer ; mais des traits enflammés les en précipitent. Les météores que l'on voit briller au milieu des ténèbres, et que Virgiles décrit ainsi :

Sœpe etiam stellas, vento impendente, videbis Præcipites cœlo labi, noctisque per umbras, Flammarum longos à tergo albescere tractus. Les Turcs les regardent comme des traits de feu que le Très-Haut lance contre les démons qui s'efforcent de s'élever jusqu'aux signes du Zodiaque. *Maracci*, page 384.

lui fîmes connaitre l'arrêt porté contre les coupables qui devaient tous être exterminés au lever du jour. 67 Les habitans de Sodôme vinrent tout joyeux à la maison de Loth. 68 Ce sont mes hôtes, leur représenta l'homme juste. Ne me déshonorez pas. 69 Craignez Dieu, et ne me couvrez pas d'opprobre. 70 Ne t'avons-nous pas défendu l'hospitalité, lui répondit le peuple? 71 Voilà mes filles, ajouta Loth ; contentez-vous-en. 72 Par ta vie, ô Mahomet! ils persistaient dans leur coupable ivresse. 73 Au lever du soleil le cri de l'ange précipita sur eux nos fléaux. 74 Nous ensevelîmes Sodôme sous ses ruines, et nous fîmes tomber sur ses habitans une pluie de pierres. 75 Ce sont des signes pour ceux qui voient. 76 Sodôme était située sur le grand chemin. 77 Cet exemple sert d'avertissement aux fidèles. 78 Les habitans d'*Aleïca* [124] étaient corrompus. 79 Nous leur fîmes éprouver nos châtimens. Ces deux villes étaient situées sur la voie publique. 80 Les habitans d'*Hegr* [125] accusèrent nos envoyés d'imposture. 81 Nous leur montrâmes des prodiges, et ils persistèrent dans leur incrédulité. 82 Ils bâtissaient des maisons dans le rocher, et se croyaient en sûreté. 83 Le cri de l'ange les anéantit au lever de l'aurore. 84 Leurs travaux ne leur furent d'aucune utilité. 85 Nous avons créé le ciel et la terre, et tout ce que renferme l'espace qui les sépare. La vérité préside à notre ouvrage. Certainement l'heure viendra. O Mahomet! fais une retraite glorieuse! 86 Ton Dieu est le créateur, le savant. 87 Nous t'avons apporté les sept versets [126] qui servent de prière, et le Coran précieux. 88 N'arrête point tes regards sur les biens que nous avons dispensés aux pervers. Ne t'afflige point de leur sort. Étends les ailes sur les fidèles. 89 Dis-leur : Je suis votre apôtre véritable. 90 Nous avons puni ceux qui divisent les livres sacrés ; 91 Qui partagent le Coran. 92 J'en atteste ton Dieu, nous leur ferons rendre un compte rigoureux. 93 Toutes leurs actions seront pesées. 94 Manifeste nos commandemens, et fuis les idolâtres. 95 Notre assistance te suffit contre ceux qui se moquent de la religion. 96 Ceux qui donnent un égal à Dieu verront. 97 Nous savons que leurs discours t'affligent ; 98 Mais célèbre les louanges de ton Dieu ; adore sa majesté suprême. 99 Sers le Seigneur jusqu'à l'instant qui terminera les jours.

CHAPITRE XVI.

Les Abeilles. donné à La Mecque, composé de 128 versets. Au nom de Dieu clément et miséricordieux.

1 La vengeance céleste s'approche. Ne la hâtez pas. Louange au Très-Haut! Anathème contre les idoles! 2 A sa voix les anges descendront accompagnés de l'esprit [127]. Il inspirera à son gré ses serviteurs. Prêche l'unité de Dieu. Mortels, craignez-moi. 3 Il est le véritable créateur des cieux et de la terre. Anathème contre les fausses divinités! 4 Il a créé l'homme de boue, et il dispute avec opiniâtreté. 5 Il a formé les troupeaux qui servent à vous vêtir, à vous nourrir, et dont vous retirez plusieurs autres avantages. 6 Il vous est également glorieux de les ramener au bercail [128], ou de les conduire aux pâturages. 7 Ils portent vos fardeaux aux lieux où vous ne parviendriez qu'avec peine. Ton Dieu est clément et miséricordieux. 8 Il a tiré du néant les chevaux, les mulets et les ânes qui servent à vos commodités et à votre luxe, et beaucoup d'autres animaux que vous ne connaissez pas. 9 C'est à lui d'enseigner le vrai chemin dont tant d'hommes s'écartent. S'il eût voulu, il aurait éclairé toute la terre. 10 Il fait descendre la pluie du ciel. Elle sert à vous désaltérer. Elle sert à la croissance des arbres et des herbes qui nourrissent vos troupeaux. 11 Elle féconde les germes des plantes. Elle fait éclore l'olive, la datte, le raisin, et tous les autres fruits. Ne sont-ce pas là des signes pour ceux qui réfléchissent? 12 Il a parlé, et à sa voix, la nuit, le jour, le soleil, la lune et les étoiles, se sont empressés de servir à vos besoins : prodige éclatant pour ceux qui comprennent! 13 Il a formé les diverses couleurs que la terre étale à vos yeux : signe manifeste pour ceux qui pensent! 14 Il a soumis la mer à votre usage.

---

124. La ville d'*Aleïca* était située dans le désert près de Madian, sur le bord de la mer rouge.

125. Les hahitans d'*Hegr*, c'est-à-dire les *Thémuddens*. *Saleh* fut leur apôtre. *Voyez ci-dessus.*

126. Ce sont les sept versets qui composent le chapitre de l'introduction. Les musulmans les récitent toutes les fois qu'ils font la prière, c'est-à-dire, au loyer de l'aurore, à midi, à trois heures, au coucher du soleil, et deux heures après.

127. C'est-à-dire Gabriel.

128. Les Arabes sont, de tous les peuples de la terre, ceux qui ont le plus conservé les mœurs antiques. La vie pastorale est encore honorée parmi eux. Les princes ne dédaignent pas de conduire leurs troupeaux. Leurs filles vont encore puiser de l'eau à la fontaine.

Les poissons qu'elle renferme dans son sein deviennent votre nourriture. Vous y pêchez des ornemens qui décorent vos habits. Vois le vaisseau fendre les flots, et le navigateur chercher l'abondance, et rends grâce au Très-Haut. [15] Il a posé de hautes montagnes sur la terre pour l'affermir ; il y a tracé le cours des fleuves, et des chemins pour vous conduire. [16] Il a placé au firmament les étoiles où l'homme lit la route qu'il doit suivre. [17] Le Créateur sera-t-il semblable à celui qui ne peut rien créer ? N'ouvrirez-vous point les yeux ? [18] Il vous serait impossible de nombrer ses bienfaits. Il est indulgent et miséricordieux. [19] Il sait ce que vous voilez, et ce que vous produisez au grand jour. [20] Les dieux chimériques qu'ils invoquent ne sauraient rien créer ; ils ont été créés eux-mêmes. [21] Ils sont dépourvus de vie et de sentiment. [22] Ils ignorent le temps où ils ont été fabriqués. [23] Votre Dieu est le Dieu unique. Ceux qui ne croient point à la vie future ont l'impiété dans le cœur et repoussent orgueilleusement la vérité. [24] Certainement il connaît leurs pensées secrètes et celles qu'ils dévoilent. [25] Il n'aime pas les superbes. [26] Demande-leur : Quel est le livre descendu du ciel ? Ils répondent : Un tissu de fables de l'antiquité. [27] Ils porteront au jour du jugement le poids entier de leurs crimes, et une partie de celui des aveugles qu'ils ont égarés. Malheureux fardeau ! [28] Leurs prédécesseurs étaient fourbes comme eux. Dieu sapa dès le fondement leur édifice [129]. Le toit se renversa sur eux, et le châtiment les surprit du côté qu'ils ne prévoyaient pas. [29] Le Seigneur les couvrira de honte au jour de la résurrection, quand il leur demandera : Où sont les dieux qui étaient l'objet de vos disputes ? Ceux qui ont reçu la science s'écrieront : L'opprobre et le malheur vont assaillir les idolâtres. [30] Lorsque l'ange de la mort frappe les impies, ils demandent grâce, et s'écrient : Nous n'avons point fait de mal. Vous êtes coupables, leur dit l'ange et Dieu connaît vos attentats. [31] Descendez dans l'enfer. Habitez éternellement la demeure affreuse des superbes. [32] Quelles faveurs avez-vous reçues de Dieu, demandera-t-on aux justes ? Il nous a comblés de biens sur la terre, répondront-ils ; mais la vie éternelle offre bien d'autres jouissances. Bonheur au séjour des hommes vertueux ! [33] Introduits dans les jardins d'*Eden*, arrosés par des fleuves, ils auront à souhait tout ce que le cœur peut désirer. C'est ainsi que Dieu récompense la piété. [34] Les anges diront aux justes, après avoir tranché le fil de leurs jours : La paix soit avec vous. Entrez dans le paradis, digne prix de vos œuvres. [35] L'infidèle attend-il que l'ange de la mort s'approche ? Attend-il que l'arrêt du ciel soit prononcé ? Tels furent leurs prédécesseurs. Dieu ne les trompa point. Ils se trompèrent eux-mêmes. [36] Ils ont reçu la peine de leurs crimes. La vengeance dont ils se moquaient les a surpris. [37] Si Dieu eût voulu, disent les idolâtres, nous et nos pères, n'aurions adorés que lui ; nous n'aurions interdit que ce qu'il a défendu. Ainsi parlaient ceux qui les précédèrent. Nos ministres ne sont chargés que de prêcher la vérité. [38] Tous les peuples ont eu des prophètes qui leur ont recommandé le culte de Dieu, et défendu celui des idoles. Les uns ouvrirent les yeux à la lumière ; les autres par un jugement de Dieu restèrent dans l'aveuglement. Parcourez la terre, et voyez quelle fut la fin de ceux qui accusèrent nos apôtres d'imposture. [39] Si le zèle de leur salut t'enflamme, songe que Dieu n'est point le guide de ceux qu'il a égarés, et qu'ils n'auront point de protecteurs. [40] Ils ont juré par le nom du Très-Haut, le plus terrible des sermens, que Dieu ne ressusciterait point les morts. Insensés ! Peut-il manquer à ses promesses ? Mais la plupart sont dans l'ignorance. [41] Il les ressuscitera pour manifester les vérités dont ils disputaient, et pour que les infidèles voient qu'ils étaient menteurs. [42] Voulons-nous qu'une chose existe ? Nous disons : Sois ; et elle est. [43] Nous donnerons une habitation honorable sur la terre à ceux qui, injustement opprimés, se seront expatriés pour la défense de la foi. La récompense de l'autre vie sera bien plus magnifique. S'ils le savaient ! [44] Nous récompenserons ceux qui supporteront l'adversité avec constance, et qui auront mis leur confiance dans le Seigneur. [45] Tous les prophètes qui t'ont précédé, n'étaient que des hommes à qui nous révélâmes nos volontés. Interrogez ceux qui ont reçu les Écritures, si vous l'ignorez. [46] Des signes et des livres furent les marques de leur mission. Nous t'avons envoyé le Coran pour rappeler aux hommes la doctrine qu'ils ont reçue, afin qu'ils en gardent le souvenir. [47] Ceux qui t'ont dressé des embûches croient-ils être en sûreté ? Dieu ne saurait-il ouvrir la terre sous leurs pas, et les abîmer à l'instant qu'ils s'y attendent le moins ? [48] Ne saurait-il les surprendre dans leurs voyages ? Suspendraient-ils un instant sa vengeance ? [49] Ne saurait-il les

---

129. *Gelaleddin* pense que Mahomet parle dans ce verset de la tour de *Babel*. Nemrod, dit-il, bâtit une tour fort élevée. Il voulait monter dans les cieux et faire la guerre contre ses habitans. Dieu sapa dès le fondement son édifice. Il envoya un violent tremblement de terre, et la tour fut renversée.

punir par la perte de leurs biens ? Certainement le Seigneur est indulgent et miséricordieux. [50] Ne voient-ils pas que tous les corps que Dieu a créés fléchissent leur ombre à droite et à gauche, pour l'adorer, et s'humilier devant lui ? [51] Tout ce qu'il y a de créatures au ciel et sur la terre, adorent le Seigneur. Les anges l'adorent et ne se livrent point à l'orgueil. [52] Ils craignent Dieu élevé au-dessus d'eux, et exécutent ses volontés. [53] N'adorez point deux dieux, dit le Seigneur ; je suis le Dieu unique ; craignez-moi. [54] Il est le souverain des cieux et de la terre. Un culte perpétuel lui est dû. Adorerez-vous un autre que lui ? [55] Tous les biens dont vous jouissez viennent de lui. Quand le malheur vous visite, c'est vers lui que vous élevez une voix suppliante. [56] A peine a-t-il soulagé votre misère, que la plupart d'entre vous portent leur encens aux autels des faux dieux. [57] Nos faveurs ne servent qu'à les rendre ingrats. Jouissez, pervers. Bientôt vous saurez. [58] Ils offrent, à des divinités inconnues, une partie des biens que nous leur avons dispensés. J'en atteste le Tout-Puissant, vous rendrez compte de vos mensonges. [59] Ils attribuent des filles au Très-Haut [130]. Loin de lui ce blasphème ! Eux-mêmes forment d'autres vœux. [60] Si quelqu'un d'eux apprend la naissance d'une fille, la tristesse élève un nuage sur son front. [61] Accablé de cette nouvelle, il se cache du peuple, incertain s'il n'outragera pas le messager, ou s'il ne l'ensevelira pas dans la poussière. Leurs jugemens ne sont-ils pas sacriléges ? [62] Ceux qui ne croient point à la vie future sont les méchans. Dieu est le Très-Haut, le Tout-Puissant, le Sage. [63] S'il surprenait l'homme dans son péché, il ne laisserait point de créatures sur la terre. Il diffère ses châtimens jusqu'au terme marqué que l'on ne saurait hâter ni retarder d'une heure. [64] Ils attribuent à Dieu ce qu'ils dédaignent. Ils disent que le Paradis sera leur récompense ; ils profèrent un mensonge. Ils seront précipités dans les flammes. [65] J'en jure par l'Éternel, nous envoyâmes avant toi des prophètes aux nations. Satan leur couvrait le vice de fleurs. Il était leur patron sur la terre ; mais les supplices ont été leur partage. [66] Nous t'avons envoyé le Coran pour éclaircir les dogmes contestés de la religion, pour conduire les fidèles et leur annoncer les grâces du Seigneur. [67] Dieu fait descendre la pluie des cieux, et la terre stérile devient féconde. N'est-ce pas là un signe pour ceux qui comprennent ? [68] Les animaux vous offrent des exemples propres à vous instruire : leur lait élaboré dans l'estomac, entre le chyle et le sang, devient pour vous une boisson salutaire. [69] Du fruit, du dattier et de la vigne, ne formez-vous pas une liqueur enivrante, ou un aliment sain ? Ce sont des signes pour ceux qui entendent. [70] Dieu a inspiré à l'abeille de se construire une maison sur les montagnes, dans les arbres, et d'habiter celle que l'homme lui bâtit ; [71] De se nourrir de tous les fruits, et d'errer à son gré. L'abeille tire de son sein une substance liquide, diversement colorée, et salutaire aux hommes : signe frappant pour ceux qui réfléchissent. [72] Dieu vous a donné la vie. Il vous l'ôtera. Il en est parmi vous qui parviendront à la décrépitude, et oublieront tout ce qu'ils avaient appris. Dieu est savant et puissant. [73] Il a dispensé ses dons inégalement. Ceux qu'il a comblés de richesses les partagent-ils avec leurs esclaves de manière à les rendre leurs égaux ? Nieront-ils les bienfaits du Seigneur ? [74] Il vous a donné des femmes formées de votre sang ; d'elles il vous a fait naître des enfans et une postérité ; sa bonté vous a nourris d'alimens purs. Croirez-vous aux idoles ? N'aurez-vous que de l'ingratitude pour ses bienfaits ? [75] Ils adorent des divinités dépourvues de puissance, qui ne peuvent leur ouvrir les trésors du ciel, ni ceux de la terre. [76] Ne donnez point d'égal à Dieu. Il sait, et vous ne savez pas. [77] Il vous offre l'exemple d'un esclave qui n'a aucun pouvoir, et d'un homme libre comblé de nos biens, et qui les distribue en secret et en public : ces deux hommes sont-ils égaux ? Louange au Très Haut ! La plupart sont dans l'ignorance. [78] Il propose la parabole de deux hommes, dont l'un muet de naissance, incapable de tout, est à charge à son maître, et ne réussit à rien, et dont l'autre commande le bien, et marche dans les voies de la justice : ces deux hommes se ressemblent-ils ? [79] Dieu connaît les secrets du ciel et de la terre. Le jugement universel ne durera qu'un clin d'œil, ou sera plus prompt encore parce que rien ne limite sa puissance. [80] Dieu vous a tirés du sein de vos mères, dépourvus de connaissances. Il vous a donné l'ouïe, la vue, et un cœur pour lui rendre grâce. [81] Ne voient-ils pas l'oiseau fendre les airs ? Dieu seul peut l'arrêter dans son vol. C'est un signe pour ceux qui ont la foi. [82] Dieu vous a donné des maisons pour habiter, et les peaux des animaux pour former des tentes faciles à porter en voyage, et à dresser lorsque vous vous arrêtez. La laine de vos troupeaux, leur poil et leur crin, servent à votre utilité et à votre parure. [83] Il a formé

---

130. Les Arabes idolâtres croyaient que les anges étaient les filles de Dieu. *Gelaleddin.*

pour vous les ombrages et les antres des rochers. Il vous a donné des vêtemens pour vous mettre à l'abri [131] de la chaleur, d'autres pour vous couvrir dans les combats ; c'est ainsi qu'il accomplit ses grâces sur vous afin que vous embrassiez l'islamisme. [84] S'ils s'éloignent de toi, ton ministère se borne à la prédication. [85] Ils nient les dons du ciel qu'ils connaissent ; la plupart sont infidèles. [86] Un jour nous susciterons un témoin pour accuser chaque peuple. Les incrédules ne seront point écoutés, et il n'y aura plus de pardon pour eux. [87] Ils verront les tourmens qui leur sont préparés, sans pouvoir les adoucir, ni les différer d'un instant. [88] L'idolâtre, à la vue des objets de son culte, dira : Seigneur, voilà les dieux que j'ai invoqués. Tu es un vil menteur, lui répondront-ils. [89] Il demandera pardon à Dieu, et ses divinités se déroberont à ses regards. [90] L'infidèle qui aura détourné ses semblables de la voie du salut subira des peines plus rigoureuses, parce qu'il aura été corrupteur. [91] Dans ce jour, nous ferons lever du milieu de chaque nation un prophète, pour témoigner contre elle. Tu témoigneras contre les Arabes. Nous t'avons envoyé le livre qui instruit sur tous les devoirs, qui est la lumière, la grâce, et le bonheur des musulmans. [92] Dieu commande la justice, la bienfaisance et la libéralité envers les parens. Il défend le crime, l'injustice et la calomnie. Il vous exhorte afin que vous réfléchissiez. [93] Accomplissez le pacte formé à la face du ciel. Ne violez pas vos sermens, parce que vous avez pris Dieu pour garant de leur sainteté, et il sait ce que vous faites. [94] Ne ressemblez pas à celle qui rompt son fil après qu'il est retors ; ne faites pas présider la fraude à vos engagemens, parce qu'une partie des contractans est plus puissante que l'autre. Dieu vous tentera dans ce point, et vous montrera, au jour de la résurrection, ce qui fit l'objet de vos débats. [95] Dieu pouvait donner la même religion à tous les hommes ; mais il dirige ou égare ceux qu'il lui plaît. Vous lui rendrez compte de vos actions. [96] Évitez le parjure, de peur que le pied qui était bien affermi ne glisse, que le malheur ne s'attache à vos pas pour avoir écarté les hommes du chemin du salut, et que vous ne deveniez la proie des tourmens. [97] Ne vendez pas la religion pour un vil intérêt. Un prix infini vous attend dans les mains de Dieu. Si vous saviez ! [98] Vos jouissances sont passagères ; celles que Dieu vous promet sont permanentes. Ceux qui auront souffert avec patience, recevront une récompense proportionnée au bien qu'ils auront fait. [99] Quiconque aura exercé la bienfaisance et professé la foi, jouira d'une vie semée de plaisirs et du prix de ses bonnes œuvres. [100] Lorsque tu lis le Coran, prie le Seigneur qu'il te délivre des embûches de Satan foudroyé. [101] Il n'a point de pouvoir sur le croyant qui met sa confiance en Dieu. [102] Sa puissance se borne à ceux qui le prennent pour patron, et qui l'égalent au Très-Haut. [103] Si nous changeons un verset du Coran, les infidèles t'accuseront de ce changement ; mais Dieu sait ce qu'il envoie, et la plupart sont dans l'ignorance. [104] Dis : L'esprit de sainteté [132] l'a apporté du ciel avec vérité, pour affermir les croyans, pour leur montrer la lumière et les promesses du Seigneur. [105] Je connais leurs discours : un homme, disent-ils, dicte le Coran à Mahomet [133]. Celui qu'ils soupçonnent parle *une langue étrangère*, et l'arabe du Coran est pur et élégant. [106] Ceux qui rejettent les préceptes du Seigneur ne l'auront point pour guide. Ils seront la proie des supplices.

---

131. *Gelaleddin* pense qu'au lieu de ces mots *elhar de la chaleur*, on doit entendre *elbard du froid. Maracci*, suivant sa manière honnête d'expliquer les difficultés, s'écrie : *Nimis stolidum facit prophetam suum, qui caloris nomine frigus intelligat.* C'est toute son explication, p. 400, réfutation du chapitre XVI. Nous osons croire que *Gelaleddin* s'est trompé, et que sous la zone torride, les vêtemens sont aussi nécessaires à la conservation de l'homme exposé à l'action d'un soleil brûlant, qu'ils le sont sous la zone glaciale à celle du sauvage enfoncé dans la neige ; du moins l'expérience dépose-t-elle en faveur de ce sentiment. Les Arabes sont toujours couverts de longs manteaux de laine qui arrêtent l'activité des rayons du soleil, et qui les empêchent de brûler au milieu des torrens de feux que réfléchit de toutes parts le réverbère des sables embrasés.

132. L'esprit de sainteté : c'est ainsi que Mahomet nomme l'archange Gabriel.

133. Les auteurs ne s'accordent point sur celui qu'on soupçonnait d'instruire Mahomet. *Gelaleddin* pense que c'était *Caïn*, chrétien que le prophète visitait de temps en temps. *Jahia* croit que c'était un esclave chrétien qui était libraire. *Zamchascar* dit que c'était un jeune homme nommé *Aïch*, qui travaillait dans la librairie, et qui était fervent musulman. D'autres prétendent que deux esclaves nommés *Haber* et *Infer*, armuriers à la Mecque, l'instruisaient. En effet, lorsque Mahomet passait devant leur maison, il entrait chez eux, et ils lui lisaient le Pentateuque et l'Évangile. Plusieurs croient que ces paroles, *une langue étrangère*, désignent *Salman*, Persan, dans lequel il avait beaucoup de confiance.Cette variété d'opinions peut nous conduire à la vérité. Mahomet voulant faire passer son livre pour divin, commença par protester qu'il ne savait ni lire ni écrire. Il feignit que la doctrine qu'il prêchait lui était révélée par Gabriel. Pour jouer ce rôle avec succès, il lui fallait des connaissances qu'un génie élevé ne peut pas donner seul. Il s'était instruit dans ses voyages. La retraite qu'il faisait chaque année dans une caverne du mont *Tour*, lui servait à lier ensemble les différentes parties de son système religieux ; mais il lui fallait connaître la religion chrétienne, la juive, et la tradition de son pays. Il ne pouvait puiser ces connaissances que dans les livres et dans le commerce des hommes. Aussi fréquentait-il les chrétiens, les juifs, les Persans ; aussi se faisait-il lire leurs livres sacrés. C'est pour cela qu'on lui reprochait d'être instruit par des hommes et non par des anges. Ainsi, les différentes opinions des commentateurs peuvent se concilier. Chacun des hommes cités aura contribue à instruire Mahomet. Il a ensuite combiné son système de religion, et composé le Coran.

[107] Ceux qui nient l'islamisme, ajoutent le blasphème au mensonge. [108] Les croyans qui deviendront apostats, seront dévoués au courroux et à la vengeance du ciel, à moins qu'ils n'aient cédé à la violence, et que leur cœur ne soit sincèrement attaché à la foi. [109] Ils ont préféré la vie mondaine à la vie future. Dieu ne conduit point les infidèles. [110] Il a scellé leurs cœurs, leurs oreilles et leurs yeux. Ils sont ensevelis dans le sommeil de l'insouciance. Leur réprobation est certaine. [111] Ceux que la tyrannie a fait fuir, et qui ensuite ont combattu et supporté l'infortune avec constance, éprouveront la miséricorde divine. [112] Un jour chacun plaidera sa cause, et recevra le prix de ses œuvres. Personne ne sera traité injustement. [113] Dieu propose l'exemple d'une ville qui reposait dans une profonde sécurité. L'affluence des biens lui venait de toutes parts. Elle fut ingrate envers le Seigneur, et il la revêtit du manteau de la famine et de la crainte, à cause de son infidélité. [114] Un prophète de leur nation s'est levé du milieu d'eux. Ils l'ont accusé d'imposture ; mais le châtiment les a surpris dans leur iniquité. [115] Nourrissez-vous des alimens permis que Dieu vous a donnés, et soyez reconnaissans de ses bienfaits, si vous êtes ses serviteurs. [116] Il vous a interdit les animaux morts, ceux qui ont été immolés devant les idoles, le sang et la chair du porc ; mais celui qui sans convoitise aurait cédé à la nécessité, éprouvera combien le Seigneur est indulgent et miséricordieux. [117] Gardez-vous de proférer un mensonge, en disant : Cela est permis, cela est défendu. Les menteurs ne prospéreront point. [118] Après de courtes jouissances, ils seront livrés à des peines éternelles. [119] Nous avons interdit aux juifs ce que nous t'avons déjà révélé. Nous ne les avons point traités injustement. Ils ont été injustes envers eux-mêmes. [120] Ceux qui, après avoir tombé par ignorance, se convertiront et pratiqueront la vertu, éprouveront la miséricorde divine. [121] Abraham est le chef des croyans. Il fut soumis à Dieu. Il adora son unité, et refusa de l'encens aux idoles. [122] Reconnaissant des grâces du ciel, il fut l'élu du Seigneur, qui le conduisit dans la voie du salut. [123] Comblé sur la terre des faveurs célestes, il sera dans l'autre monde, au nombre des justes. [124] Nous t'avons inspiré d'embrasser la religion d'Abraham, qui reconnut l'unité de Dieu, et qui n'adora que sa majesté suprême. [125] Le Seigneur établit le *sabbat* parmi les juifs qui disputaient à ce sujet. Il jugera leurs différents au jour de la résurrection. [126] Emploie la voix de la sagesse et la force de la persuasion pour appeler les hommes à Dieu. Combats-les avec le charme de l'éloquence. Dieux connaît parfaitement ceux qui sont dans l'égarement, et ceux qui marchent au flambeau de la foi. [127] Si vous vous vengez, que la vengeance ne passe pas l'offense. Ceux qui souffriront avec patience feront une action plus méritoire. [128] Sois constant ; Dieu aidera ta constance. Ne pleure point sur leur sort. Ne t'alarme point des piéges qu'ils te tendent. Dieu est avec ceux qui le craignent et qui sont bienfaisans.

CHAPITRE XVII [134].

Le Voyage nocturne. donné à La Mecque, composé de 111 versets. Au nom de Dieu clément et miséricordieux.

[1] Louange à Dieu, qui a transporté poenant la nuit son serviteur du temple de la Mecque au temple de Jérusalem, dont nous avons béni l'enceinte pour y laisser des marques de notre puissance. Dieu voit et entend. [2] Nous donnâmes le Pentateuque à Moïse, pour conduire les enfans d'Israël, et nous leur défendîmes de rechercher d'autre protection que celle de Dieu. [3] Nous portâmes dans l'arche Noé et sa postérité. Il fut un serviteur reconnaissant. [4] Nous prédîmes aux Hébreux, dans les livres sacrés, que deux fois corrompus, ils se livreraient à des excès inouïs. [5] Lorsque la première époque arriva, nous suscitâmes contre vous nos serviteurs. Ils rassemblèrent des armées formidables ; ils portèrent la guerre au sein de vos maisons ; et la prédiction fut accomplie. [6] Après ce désastre, nous vous accordâmes la victoire sur vos ennemis ; nous augmentâmes votre puissance et le nombre de vos enfans. [7] Ce que vous faites de bien et de mal, vous le faites à vous-mêmes.

---

134. Ce chapitre est nommé *Esra*, qui veut dire *il a transporté durant la nuit*. Mahomet dit seulement dans le Coran que Dieu l'a transporté pendant la nuit du temple de la Mecque dans celui de Jérusalem. Il était trop prudent pour décrire ce voyage miraculeux, imaginé pour donner du poids à la nouvelle manière de prier qu'il voulait établir. Il se contenta de le raconter de vive voix, et voyant qu'il ne prenait pas dans le public, il n'en parla plus. La tradition a transmis le voyage nocturne comme une de ces vérités que les mahométans doivent croire sans examen. Les auteurs les plus graves le regardent comme une vision. Ils soutiennent que Mahomet ne fut transporté qu'en esprit. (*Voyez vie de Mahomet.*)

Lorsque la seconde période de vos malheurs fut venue, vos ennemis répandirent la consternation parmi vous ; ils entrèrent dans le temple, comme la première fois, et le démolirent. 8 Dieu peut vous pardonner encore ; mais si vous retournez au crime, son bras est prêt à frapper. L'enfer sera la prison des méchans. 9 Le Coran conduit dans la voie la plus sûre. Il promet le bonheur aux fidèles. 10 Il annonce aux bienfaisans une récompense glorieuse. 11 Les incrédules seront dévoués à la rigueur des supplices. 12 L'homme demande le mal au lieu du bien, et il est ardent dans ses vœux. 13 La nuit et le jour attestent notre puissance. Nous avons couvert la nuit d'un voile, et éclairé la face du jour, afin que vous l'employiez à chercher l'abondance. Il vous sert à compter les années et le temps. Partout brille l'empreinte de notre sagesse. 14 L'homme porte son sort attaché au cou 135. Nous lui montrerons au jour de la résurrection un livre ouvert. 15 Nous lui dirons : Lis ce livre et vois toi-même ton compte. 16 Suivez la lumière ou les ténèbres, c'est pour vous que vous travaillez. Vous ne porterez point le fardeau d'autrui. Nous n'avons point puni de peuple avant de l'avoir averti par la voix de nos prophètes. 17 Lorsque nous voulûmes détruire une ville, nous prévînmes les principaux du peuple. Ils persistèrent dans leur aveuglement. Notre parole s'accomplit. La cité fut ensevelie sous ses ruines. 18 Combien, depuis Noé, avons-nous exterminé de nations ? Toutes les fautes des hommes sont dévoilées aux yeux de l'Éternel. 19 Nous dispenserons à notre gré les biens terrestres à celui qui les demandera avec ardeur. (Nous les donnons à qui il nous plaît.) Ensuite nous le précipiterons dans les brasiers de l'enfer, où il sera dévoué à l'ignominie. 20 Enflammé du désir de la vie future, le croyant qui marchera dans le sentier de la justice sera agréable à Dieu. 21 Nous accorderons nos grâces aux uns et aux autres. Elles ne seront refusées à personne. 22 Vois comme nous avons établi des degrés parmi les hommes. Dans la vie future, les rangs seront bien plus distincts, bien plus glorieux. 23 Ne donne point d'égal à Dieu, et ne reste point assis sans gloire et sans vertu. 24 Dieu te commande de n'adorer que lui. Il te prescrit la bienfaisance pour les auteurs de tes jours, soit que l'un d'eux ait atteint la vieillesse, ou qu'ils y soient parvenus tous deux. Garde-toi de leur marquer du mépris ou de les reprendre, et ne leur parle qu'avec respect. 25 Sois pour eux tendre et soumis, et adresse au ciel cette prière : Seigneur, fais éclater ta miséricorde pour ceux qui m'ont nourri dans mon enfance. 26 Dieu lit au fond de vos cœurs. Il sait si vous êtes justes. 27 Il pardonnera à ceux qui reviendront à lui. 28 Rends à tes proches ce que tu leur dois. Fais l'aumône aux pauvres, aux voyageurs, et ne dissipe point follement tes richesses. 29 Les dissipateurs sont les frères de Satan, et Satan fut infidèle à Dieu. 30 Si tu t'éloignes de l'indigent, obligé toi-même d'avoir recours à la miséricorde divine, parle-lui au moins avec humanité. 31 Ne te lie pas le bras au cou ; ne l'étends pas de toute son étendue, de peur que tu ne sois exposé au blâme ou à la mendicité. 32 Dieu ouvre ou ferme ses trésors à son gré. Il voit et connaît ceux qui le servent. 33 Que la crainte de l'indigence ne vous fasse pas tuer vos enfans. Nous fournirons à leurs besoins et aux vôtres. Cette action est un attentat horrible. 34 Évitez la débauche. C'est un crime, et le chemin de l'enfer. 35 Ne versez point le sang humain, si ce n'est en justice. Dieu vous le défend. Le meurtrier sera en la puissance des héritiers du défunt ; mais ils ne doivent point excéder les bornes qui leur sont prescrites, en exigeant sa mort, parce qu'ils sont sous la protection des lois. 36 Ne touchez point aux biens de l'orphelin, à moins que ce ne soit pour les améliorer, jusqu'à ce qu'il ait atteint l'âge fixé. Observez vos engagemens. Vous en rendrez compte. 37 Remplissez la mesure. Rendez la balance égale, et vous remplirez les lois de la justice et de l'honnêteté. 38 Ne cherchez point à pénétrer ce que vous ne pouvez savoir ; vous rendrez compte de l'ouie, de la vue et de votre cœur. 39 Ne marchez point orgueilleusement sur la terre. Vous ne pouvez ni la partager en deux, ni égaler la hauteur des montagnes. 40 Toutes ces actions sont des crimes aux yeux du Tout-Puissant. 41 Dieu t'a révélé cette doctrine tirée du livre de la sagesse. Ne lui donne point d'égal, de peur que tu ne sois jeté dans l'enfer, couvert d'opprobre. 42 Direz-vous que Dieu vous a choisis pour ses enfans, et que du commerce avec les anges il a eu des filles ? Pouvez-vous proférer ce blasphème ? 43 Nous avons voulu expliquer aux hommes leurs devoirs dans le Coran ; mais notre zèle n'a servi qu'à les éloigner de la foi. 44 Dis : S'il y avait d'autres dieux que le Très-Haut, ils s'efforceraient de s'ouvrir une route jusqu'à son trône. 45 Louange au Tout-Puissant ! Loin de lui ces blasphèmes ! 46 Les sept cieux le louent. La terre répète ses louanges. Tout ce que renferme

---

135. L'homme porte son sort attaché au cou. Tous les musulmans croient à la prédestination. Ils pensent que le destin de l'homme est écrit à l'instant de sa naissance. Cette opinion les rend patiens dans le malheur et hardis dans le danger.

l'univers publie ses grandeurs ; mais vous ne sauriez comprendre leurs cantiques. Le Tout-Puissant est doux et miséricordieux. [47] Lorsque tu liras le Coran, nous étendrons entre toi et ceux qui ne croient pas à la vie future, un voile impénétrable. [48] Nous en envelopperons leurs cœurs, afin qu'ils ne puissent comprendre. Nous mettrons un poids dans leurs oreilles. [49] Lorsque tu célèbres dans le Coran un seul Dieu, ils fuient d'un pas précipité. [50] Nous savons ce qu'ils entendent quand ils t'écoutent, et ce qu'ils inventent quand dans leur injustice ils disent : Nous ne suivons qu'un insensé. [51] Vois à quoi ils te comparent. Ils sont dans l'erreur, et ils ne trouveront plus la vérité. [52] Se peut-il, disent les incrédules, qu'après que nous serons devenus os et poussière, nous soyons ranimés de nouveau ? [53] Dis-leur : Fussiez-vous pierre, fer, ou ce qu'il vous plaira, vous ressusciterez. Qui nous fera retourner à la vie ? Celui qui vous a créés la première fois. Ils secouent la tête, et demandent quand cet événement arrivera. Réponds-leur : Peut-être qu'il n'est pas éloigné. [54] Un jour Dieu vous appellera du tombeau. Vous lui répondrez en publiant ses louanges. Il vous semblera n'y avoir demeuré qu'un instant. [55] Recommande à mes serviteurs l'honnêteté dans les paroles, de peur que Satan ne sème la discorde entre eux. Il est l'ennemi déclaré de l'homme. [56] Dieu connaît le fond des cœurs. Il peut à son gré vous pardonner ou vous punir. Nous ne t'avons point envoyé pour être leur défenseur. [57] Il sait ce qui est dans les cieux et sur la terre. Nous élevâmes les prophètes les uns au-dessus des autres. Nous donnâmes à David le livre des psaumes. [58] Dis-leur : Invoquez vos dieux. Ils ne pourront ni ôter, ni changer le mal qui vous oppresse. [59] Ceux à qui ils adressent leurs vœux, font eux-mêmes tous leurs efforts pour s'approcher du Très-Haut. Ils attendent sa miséricorde et craignent ses châtimens terribles. [60] Nous détruirons ou punirons rigoureusement toutes les villes de la terre, avant le jour de la résurrection : c'est un arrêt écrit dans le livre. [61] Nous aurions accompagné ta mission de prodiges, si l'on avait cru ceux que nous opérâmes avant toi. Les *Themudéens* ne tuèrent-ils pas cette merveilleuse femelle de chameau que nous leur avions donnée ? Nous n'avons fait éclater des miracles que pour inspirer la terreur. [62] Nous t'avons déclaré que la puissance de Dieu embrasse tous les hommes. La vision dont nous t'avons favorisé sera un sujet de tentation, ainsi que l'arbre maudit, [136] dont il est parlé dans le Coran. Il épouvantera les infidèles ; mais il n'accroîtra que leurs erreurs. [63] Nous ordonnâmes aux anges d'adorer Adam. Tous se prosternèrent devant lui. *Éblis* seul refusa d'obéir. Adorerai-je, dit l'esprit rebelle, celui que tu as formé de boue ? [64] Seigneur, ajouta-t-il, si tu diffères tes châtimens jusqu'au jour de la résurrection, j'enchaînerai la postérité de celui que tu as élevé au-dessus de moi. Peu échapperont à mes piéges. [65] Va, répondit Dieu : Ceux qui te suivront, seront précipités avec toi dans l'enfer. Ils auront les tourmens pour récompense. [66] Rends les hommes dociles à ta voix ; attaque-les avec tes légions ; augmente leurs richesses et le nombre de leurs enfans ; flatte-les par de douces espérances. Tes promesses seront trompeuses. [67] Tu n'auras point de pouvoir sur mes serviteurs. Ma protection sera pour eux un asile assuré. [68] Votre Dieu est celui qui fait voguer le navire sur les flots, afin que vous vous procuriez l'abondance. Il est plein de bonté pour vous. [69] Si le malheur vous poursuit au milieu des eaux, vos dieux s'enfuiront loin de vous. Si Dieu vous délivre du péril, et vous rend à votre patrie, vous l'abandonnerez, parce que l'homme est ingrat. [70] Croyez-vous être à l'abri de ses coups ? Ne peut-il ouvrir un abîme sous vos pas, ou faire fondre sur vos têtes un nuage chargé de pierres ? Où trouveriez-vous un refuge ? [71] Êtes-vous sûrs qu'il ne vous ramènera point sur les mers, et que pour punir votre ingratitude, il ne déchaînera point contre vous un vent impétueux qui vous engloutira dans les eaux ? Vous n'auriez point de libérateur. [72] Nous honorâmes les enfans d'Adam. Nous les portâmes sur la terre et les mers. Nous les nourrîmes d'alimens purs, et nous les élevâmes au-dessus de beaucoup de créatures. [73] Un jour je rassemblerai chaque nation avec son chef. Ceux qui recevront leur livre dans la main droite le liront, et ne seront point traités injustement. [74] Celui qui dans cette vie aura été aveugle, le sera dans l'autre. Il a perdu le vrai chemin. [75] Peu s'en est fallu que les infidèles ne t'aient fait abandonner notre doctrine, et changer nos préceptes. Cette condescendance t'eût procuré leur amitié. [76] Si nous n'avions affermi ton cœur, tu étais près de céder à leurs désirs. [77] Si tu les eusses suivis, nous t'aurions fait éprouver, les infirmités de la vie et de la mort, et tu n'aurais pu éviter notre

---

136. L'arbre maudit c'est l'arbre *zacoum*. Il s'élève du fond de l'enfer. Lorsque Mahomet assure qu'il sera un sujet de tentation, il fait allusion aux débats des infidèles qui disaient : Le feu consume les pierres, comment l'arbre *zacoum* peut-il croître au milieu des flammes ? *Gelaleddin.* Le *zacoum* est un arbre épineux qui croît en Arabie, et dont les fruits sont extrêmement amers. C'est sans doute à cause de ces qualités malfaisantes que Mahomet le place dans l'enfer.

courroux. [78] Peu s'en est fallu qu'ils n'aient jeté la frayeur dans ton âme, et qu'ils ne t'aient fait fuir de Médine. Ils n'y auraient pas demeuré long-temps. [79] Suivant la loi établie en faveur des prophètes qui t'ont précédé, loi qui est immuable : [80] Fais la prière depuis le coucher du soleil jusqu'à la nuit. Lis le Coran au point du jour. Les anges seront témoins de ta lecture. [81] Lis le Coran une partie de la nuit. Ce sera un accroissement de mérites, et le Seigneur t'élèvera à un rang glorieux. [82] Dis : Seigneur, fais que la vérité préside à mon entrée [137], fais qu'elle préside à ma sortie ; couvre-moi du bouclier de ta puissance. [83] Dis : La vérité a paru, et le mensonge s'est dissipé comme une vapeur légère. [84] Les fidèles trouveront dans le Coran leur guérison, et les grâces du Seigneur ; mais il hâtera la perte des incrédules. [85] L'homme comblé de nos faveurs s'éloigne de nous dans son ingratitude. Est-il en proie au malheur ? Il se livre au désespoir. [86] Dis : Chacun prend ses désirs pour lois ; mais Dieu sait celui qui marche dans le sentier du salut. [87] Ils t'interrogeront sur l'âme. Dis-leur : Dieu s'en est reservé la connaissance. Il nous a laissé bien peu de lumières. [88] Nous pouvons anéantir ce que nous t'avons révélé. Tu ne saurais mettre d'obstacle à nos volontés. [89] La miséricorde de Dieu serait ton seul asile. Il t'a comblé de ses grâces. [90] Dis : Quand l'enfer s'unirait à la terre pour produire un ouvrage semblable au Coran, leurs efforts seraient vains. [91] Nous y avons donné des instructions à l'homme sur tous ses devoirs ; mais opiniâtre dans son incrédulité, il rejette la lumière. [92] Les infidèles ont dit : Nous ne croirons point à ta mission, si tu ne fais jaillir de la terre une source d'eau vive ; [93] Ou si du milieu d'un jardin, planté de palmiers et de vignes, tu ne fais sortir des ruisseaux ; [94] Ou si tu n'abaisses la voûte des cieux, comme tu nous l'a promis en vain, et si tu ne nous fais voir Dieu et les anges à découvert ; [95] Si tu ne bâtis une maison d'or, ou si tu ne montes dans les cieux par une échelle, et nous ne croirons point encore, à moins que tu ne nous envoies du ciel un livre que nous puissions lire. Dis-leur : Louange au Très-Haut ! Je ne suis qu'un homme qui vous a été envoyé. [96] Les hommes n'ont point cru lorsque la vraie religion leur a été annoncée, parce qu'ils ont dit : Dieu aurait-il choisi un mortel pour être l'organe de ses volontés ? [97] Réponds-leur : Si les Anges habitaient la terre, s'ils conversaient avec vous, nous vous aurions envoyé un ange pour ministre. [98] Dis : Le témoignage de Dieu me suffit contr'eux. Il a l'œil ouvert sur ses serviteurs. [99] Celui que Dieu conduit marche dans le vrai chemin. Ceux qu'il égare n'auront point d'abri contre sa vengeance. Nous les rassemblerons au jour de la résurrection. Aveugles, muets et sourds, ils auront le front prosterné. L'enfer sera leur demeure. Si les flammes viennent à s'éteindre, nous les rallumerons et nous en augmenterons l'ardeur. [100] Ils souffriront ces tourmens parce que, rebelles à la foi, ils ont dit : Est-il possible que devenus os et poussière nous retournions à la vie ? [101] Ne voient-ils pas que le créateur des cieux et de la terre peut former d'autres hommes semblables à eux, et fixer le terme de leurs jours ? Cette vérité est incontestable ; mais les infidèles se refusent opiniâtrement à l'évidence. [102] Dis : Si la miséricorde divine vous avait dispensé des trésors, vous n'oseriez y toucher, parce que l'homme est avare. [103] Nous donnâmes à Moïse le pouvoir d'opérer sept miracles. Interroge les enfans d'Israël dont il fut le guide. Tu n'es à mes yeux, lui dit Pharaon, qu'un imposteur entouré de prestiges. [104] Tu sais, lui répondit Moïse, que ces merveilles ne peuvent être que l'ouvrage du Souverain des cieux et de la terre. Ce sont des signes évidens. O Pharaon ! Je vois ta perte certaine. [105] Pharaon voulut chasser les Hébreux d'Égypte. Nous l'ensevelîmes dans les eaux avec une partie de son peuple. [106] Nous dîmes ensuite aux enfans d'Israël : Habitez la terre ; lorsque la promesse de la vie future sera venue, nous vous rassemblerons tous. Nous avons envoyé ce livre avec vérité. La vérité l'a apporté du ciel. Nous t'avons choisi pour annoncer aux humains nos promesses et nos menaces. [107] Nous avons divisé le Coran, afin que tu puisses le lire avec des pauses. Nous l'avons envoyé par chapitres. [108] Croyez ou rejetez sa doctrine ; lorsqu'on la lit à ceux qui avant sa venue reçurent la science, ils se courbent avec adoration, et s'écrient : Louange à Dieu qui a accompli ses promesses. [109] Ils se prosternent en esprit, versent des larmes, et semblent augmenter leur soumission à Dieu. [110] Invoquez Dieu, ou invoquez le miséricordieux ; ces deux noms sont également beaux. Ne lis ni d'un ton trop bas ni trop élevé. Tiens un juste milieu. [111] Dis : Louange au Très-Haut ! Il n'a point de fils. Il ne partage point l'empire de l'univers. Il n'a point besoin d'aide. Publie ses grandeurs.

---

137. Lorsque Mahomet entra triomphant à la Mecque, le temple était environné de trois cent soixante idoles. Il les frappa avec une baguette qu'il tenait à la main, en criant jusqu'à ce qu'elles furent renversées : la vérité a paru, le mensonge va s'évanouir. *Gelaleddin*. (Voyez vie de Mahomet, huitième année de l'Hégire.)

CHAPITRE XVIII [138].

La Caverne. donné à La Mecque, composé de 110 versets. Au nom de Dieu clément et miséricordieux.

[1] Louange à Dieu! qui a envoyé à son serviteur le livre qui ne trompe point : [2] Pour effrayer les coupables par la rigueur des châtimens, et réjouir les croyans vertueux par l'espoir d'un bonheur éternel ; [3] Et pour servir d'avertissement à ceux qui disent que Dieu a un fils. [4] Ils avancent cette assertion sans fondement. Leurs pères étaient dans la même erreur. Il ne sort de leur bouche que mensonge. [5] S'ils ne croient pas à ta doctrine, tes efforts pour les y ramener seront vains, et ta douleur inutile. [6] Nous avons embelli l'habitation des hommes. Nous leur avons offert des jouissances pour les éprouver et voir qui d'entre eux en ferait meilleur usage. [7] Nous réduirons en poussière tout ce qui décore la terre. [8] Avez-vous fait attention que l'histoire des enfans qui se retirèrent dans la caverne, offrait un prodige éclatant? [9] Lorsqu'ils y furent entrés, ils adressèrent à Dieu cette prière : Seigneur, couvre-nous de l'ombre de ta miséricorde, et fais que la justice préside à notre entreprise. [10] Nous les plongeâmes dans un sommeil profond, pendant un grand nombre d'années. [11] Nous les réveillâmes ensuite, pour voir qui d'entre eux saurait mieux compter le temps qu'ils y étaient restés. [12] Nous te racontons leur histoire avec vérité. Ces enfans croient en Dieu, et nous fortifiâmes leur foi. [13] Nous mîmes la constance dans leurs cœurs, lorsque rendant hommage à la vérité, ils dirent : Notre Dieu est le Souverain des cieux et de la terre ; nous n'en invoquerons point d'autre ; car nous serions impies. [14] Peuple, adorez vos idoles. Nous leur refuserons notre encens aussi long-temps qu'elles ne nous donneront point des marques éclatantes de leur puissance. Quoi de plus impie que de prêter à Dieu le mensonge? [15] Éloignons-nous des infidèles, jusqu'à ce qu'ils soient revenus au culte d'un Dieu unique. Retirons-nous dans la caverne. La miséricorde divine veillera sur nous et pourvoira à nos besoins. [16] Tout le temps qu'ils demeurèrent dans la grotte, on vit le soleil en respecter l'entrée. Lorsqu'il se levait, il fléchissait à droite ses rayons enflammés ; il les portait à gauche quand il tournait vers l'Occident. La main du Tout-Puissant opéra ce miracle. Celui que Dieu dirige est dans le vrai chemin. Celui qu'il égare ne retrouvera plus la lumière, et n'aura plus de protecteur. [17] On les eût crus éveillés, et ils dormaient. Nous les tournions d'un côté et de l'autre. Leur chien était couché les pates étendues à l'entrée de la caverne. Quiconque les eût aperçus à l'improviste, aurait fui épouvanté. [18] Nous les tirâmes de leur sommeil afin qu'ils s'interrogeassent mutuellement. Combien de temps demanda l'un d'eux sommes-nous restés ici? Un jour, lui répondit-on, ou moins encore. Dieu sait, reprirent les autres, ce que nous y avons demeuré. Envoyons quelqu'un de nous avec cet argent à la ville [139], pour acheter des alimens. Qu'il se comporte avec civilité, et qu'il garde le silence sur notre retraite. [19] Si les habitans nous voyaient ici, ils nous lapideraient, ou nous forceraient de retourner à leur idolâtrie, et le bonheur serait éteint pour nous. [20] Nous les ramenâmes à leurs concitoyens, afin qu'ils vissent l'accomplissement des promesses du Seigneur ; car sa parole est immuable. La ville disputait à leur sujet. On proposa de bâtir un oratoire sur la caverne où ils s'étaient retirés. Le ciel les protégeait, et les fidèles qui défendaient leur cause s'écrièrent : Sans doute nous y élèverons un temple. [21] On disputera sur leur nombre, et l'on dira qu'ils étaient trois et leur chien, cinq et leur chien, sept et leur chien [140] ; mais c'est vouloir pénétrer un mystère que peu de personnes savent. Dis : Dieu connaît parfaitement leur nombre. [22] Ne parle d'eux qu'avec science, et ne raconte point leur histoire aux infidèles. [23] Ne dis jamais [141] : Je ferai cela demain, sans ajouter : si c'est la volonté de Dieu. Élève vers lui ta pensée lorsque tu as oublié quelque chose, et dis : Peut-être qu'il m'éclairera et qu'il me fera connaître la vérité. [24] Ces enfans demeurèrent trois cent sept ans dans la caverne. [25] Dieu sait parfaitement le temps qu'ils y restèrent. Les secrets des cieux et de la terre lui sont dévoilés. Il voit et entend tout. Il n'y a point d'autre protecteur que lui, et il n'associe personne à ses jugemens. [26] Lis le Coran

---

138. Ce chapitre est intitulé *Elcahaf*, la caverne, parce que Mahomet y parle de plusieurs enfans qui s'étoient retirés dans une caverne pour conserver leur foi. Cette fable a beaucoup de rapport avec l'histoire des sept dormans d'Éphèse.

139. Quelques interprètes pensent que la ville dont il est fait mention dans ce verset est Tharse de Cilicie.

140. On dira qu'ils étaient sept. C'est le sentiment que l'on doit adopter suivant *Ebnabbas*.

141. Ne dis jamais, etc. Quelques chrétiens ayant demandé à Mahomet l'histoire des sept dormans. Je vous la raconterai demain, répondit-il ; il oublia d'ajouter, *si c'est la volonté de Dieu*. Il fut repris de cette omission, et ce verset lui fut révélé : Ne dis jamais : Je ferai cela demain sans ajouter : *si c'est la volonté de Dieu.* Les Turcs ont parfaitement bien retenu cette maxime. Ils ne font jamais de réponse absolue. Qu'on leur demande viendrez-vous? irez-vous? terminerez-vous cette affaire? Ils ajoutent toujours à la fin de leur réponse : *en cha allah, si c'est la volonté de Dieu.*

que Dieu t'a révélé. Sa doctrine est immuable. Il n'y a point d'abri contre le Très-Haut. [27] Sois constant avec ceux qui l'invoquent le matin et le soir, et qui recherchent ses grâces. Ne détourne point d'eux tes regards, pour te livrer aux charmes de la vie mondaine. Ne suis pas celui dont le cœur nous a oublié, et qui n'a pour guide que ses désirs et ses passions déréglées. [28] Dis : La vérité vient de Dieu. L'homme est libre de croire ou de persister dans l'incrédulité. Nous avons allumé des brasiers pour les méchans. Un tourbillon de flammes et de fumée les enveloppera. S'ils demandent des adoucissemens, on leur offrira de l'eau qui, semblable à de l'airain fondu, brûlera leur bouche. Ils avaleront cet affreux breuvage, et seront étendus sur un lit de douleur. [29] Le croyant vertueux ne verra point périr le bien qu'il aura fait. [30] Possesseur des jardins d'*Éden*, où coulent des fleuves, paré de bracelets d'or, vêtu d'habits verts tissus en soie et en or, rayonnant de gloire, il reposera sur le lit nuptial, prix fortuné du séjour de délices. [31] Propose cette parabole : Un homme possédait deux jardins plantés de vignes, entourés de palmiers et enrichis de diverses semences. Ils devinrent féconds, et son attente ne fut point trompée. [32] Nous avions fait couler un ruisseau au milieu. Une abondante récolte allait enrichir le possesseur. Il se livra à l'orgueil, et dit à son voisin : Je suis plus riche que toi, et ma famille est plus nombreuse. [33] Fier au milieu de ses possessions, il s'écria : Je ne pense pas que ces campagnes puissent jamais être ravagées. [34] Je ne crois point à la résurrection, et quand je ressusciterais, j'aurai pour partage des richesses plus précieuses que celles-ci. [35] Nieras-tu, lui répondit le fidèle d'un ton assuré, l'existence de celui qui t'a créé de poussière, et qui t'a dessiné dans l'homme ? [36] Il est le vrai Dieu. Il est mon Seigneur, et je ne lui donnerai point d'égal. [37] Lorsque tu entres dans tes jardins, ne diras-tu jamais : La volonté de Dieu soit faite ? Lui seul possède la force. J'ai moins de richesses et d'enfans que toi ; [38] Mais Dieu peut me donner une campagne plus riche que la tienne ; il peut faire tomber la foudre sur tes moissons, et les réduire en poussière mobile. [39] L'eau qui les arrose peut s'engloutir dans la terre, et tu ferais de vains efforts pour la puiser. [40] Les jardins du superbe furent dévastés. Il ne resta des vignes que leurs appuis. Il regretta ses dépenses, et dit : Plût à Dieu que je n'eusse point adoré les idoles ! [41] Ses esclaves nombreux n'arrêtèrent point le bras du Tout-Puissant. Il ne put se défendre lui-même. [42] Au jour du jugement, il n'y aura de refuge qu'en Dieu. Personne ne sait mieux récompenser que lui, ni conduire à une fin plus heureuse. [43] Propose-leur la parabole de la vie mondaine. Elle ressemble à la pluie que nous faisons tomber des nuages pour féconder les plantes. Elles brillent un instant ; mais tout à coup desséchées, elles deviennent le jouet des vents. La puissance de Dieu est infinie. [44] Les richesses et les enfans font l'ornement de la vie ; mais les vrais biens, ceux qui sont agréables à Dieu, et dont la récompense est certaine, sont les bonnes œuvres. [45] Un jour nous transporterons les montagnes. La terre sera aplanie. Nous rassemblerons tous les hommes. Aucun d'eux ne sera oublié. [46] Ils paraîtront chacun à leur tour devant le tribunal de Dieu, qui leur dira : Vous paraissez devant moi dans l'état où je vous ai créés, et vous pensiez que je n'aurais pas gardé mes promesses. [47] Ils auront tous un livre à la main [142]. Les impies y liront en tremblant, et s'écrieront : Malheur à nous ! Quel livre ! Les plus petites choses y sont marquées avec autant d'exactitude que les plus grandes. Il y verront toutes leurs actions écrites. Dieu ne les trompera en rien. [48] A notre voix, tous les anges adorèrent Adam. *Éblis*, un des esprits rebelles, refusa seul d'obéir. Rechercherez-vous sa protection, et celle de sa postérité [143], plutôt que la mienne ? Ils sont vos ennemis. Malheur au choix des infidèles. [49] Je ne les appelai point à mon secours quand je créai les cieux et la terre, ni quand je les tirai eux-mêmes du néant. Je n'ai point eu besoin de l'aide des démons. [50] Un jour nous dirons aux infidèles : Appelez vos dieux. Ils les invoqueront ; mais ils ne recevront point de réponse. Nous mettrons entre eux le fleuve du malheur. [51] Les scélérats verront les flammes où ils seront précipités, et ils n'auront point de libérateur. [52] Nous avons répandu dans le Coran des instructions diverses ; mais l'homme dispute de tout. [53] Lorsque la vérité a paru, les pervers l'ont niée. Ils n'ont point recouru à la miséricorde divine ; mais l'arrêt porté contre leurs prédécesseurs, ou une punition éclatante, sera le prix de leur infidélité. [54] Nous n'avons envoyé des prophètes que pour annoncer nos promesses et nos menaces. L'infidèle armé du mensonge combat la vérité. Il se rit de mes commandemens et de mes

---

142. Toutes les actions des hommes seront écrites dans ce livre. Les croyans le recevront dans la main droite, et les infidèles dans la main gauche. *Gelaleddin.*

143. Les génies, comme nous l'avons déjà dit, tiennent le milieu entre les anges et les hommes. Ils peuvent donner l'existence à des êtres semblables à eux. *Éblis*, dont nous avons fait le mot *Diable*, fut leur père.

menaces. [55] Quel être plus injuste que celui qui rejette la doctrine divine qu'on lui a prêchée, et qui oublie le mal qu'il a fait ? nous étendons un voile sur le cœur des ingrats ; nous posons un poids dans leurs oreilles, afin qu'ils ne comprennent point. [56] En vain vous voudriez les ramener au chemin du salut ; ils ne seront plus éclairés. [57] Dieu est indulgent et miséricordieux. S'il eût proportionné ses châtimens à leurs forfaits, il aurait hâté leur supplice ; mais ses promesses sont immuables. Un jour ils ne trouveront point d'abri contre sa colère. [58] Nous avions prédit, aux villes coupables que nous renversâmes, l'instant de leur ruine. [59] Je ne cesserai de marcher, dit Moïse à son serviteur [144], jusqu'à ce que je sois parvenu à l'endroit où les deux mers se joignent. [60] Lorsqu'ils y furent arrivés, ils oublièrent leur poisson, qui s'en retourna dans la mer par une voie souterraine. [61] Ils passèrent outre, et Moïse dit à son serviteur : Apporte-moi de la nourriture. Notre voyage a été fatigant. [62] Avez-vous fait attention, lui répondit le serviteur, à ce qui est arrivé auprès du rocher où nous avons passé ? J'y ai laissé le poisson. Satan me l'a fait oublier, et il est miraculeusement retourné dans la mer [145]. [63] C'est ce que je désirais, reprit Moïse ; et ils s'en retournèrent. [64] Ils rencontrèrent un serviteur de Dieu, comblé de ses grâces et éclairé de sa science. [65] Permets-moi de te suivre, lui dit Moïse, afin que je m'instruise dans la vraie doctrine qui t'a été révélée. [66] Tu ne seras point assez constant, lui répondit le sage, pour rester avec moi. [67] Comment pourras-tu t'abstenir de m'interroger sur des événemens que tu ne comprendras point ? [68] S'il plaît à Dieu, reprit Moïse, j'aurai de la constance et une obéissance entière. [69] Si tu m'accompagnes, ne m'interroge sur aucun fait, avant que je t'en aie parlé. [70] Ils partirent. Étant entrés dans une barque, le serviteur de Dieu la mit en pièces. Était-ce pour nous faire périr, lui demanda Moïse, que tu as brisé cette barque ? Voilà une action bien merveilleuse ! [71] Ne t'ai-je pas dit, que tu n'étais point assez patient pour rester avec moi ? [72] Que l'oubli de ma promesse ne t'irrite pas. Ne m'impose point une obligation trop difficile. [73] Ils se remirent en chemin, et ayant rencontré un jeune homme, le serviteur de Dieu le tua. Eh quoi ! s'écria Moïse, tu viens de mettre à mort un innocent. Il n'est coupable d'aucun meurtre. Tu as commis un crime. [74] Ne t'ai-je pas dit que tu n'étais point assez patient pour rester avec, moi ? [75] Excuse-moi encore, ajouta Moïse, mais si désormais je te fais une seule question, ne me permets plus de t'accompagner. [76] Ils continuèrent leur route et arrivèrent aux portes d'une cité [146]. Ils demandèrent l'hospitalité aux habitans. On la leur refusa. Un mur menaçait ruine. Le serviteur de Dieu le rétablit dans sa première solidité. Tu aurais pu, lui dit Moïse, attacher un prix à ce bienfait. [77] Ici nous nous séparerons, répondit le serviteur de Dieu ; mais auparavant je veux t'apprendre la signification de ces actions sur lesquelles tu n'as pu garder le silence. [78] La barque appartenait à de pauvres mariniers ; je l'ai mise en pièces, parce qu'il y avait à sa poursuite un roi qui enlevait tous les bateaux par force. [79] Le jeune homme était né de parens fidèles, et j'ai craint qu'il ne les infectât de ses erreurs et de son incrédulité. [80] J'ai voulu que Dieu leur donnât des fils meilleurs, plus tendres, et plus dignes de ses grâces. [81] Le mur était l'héritage de deux jeunes orphelins. Il cachait un trésor qui leur appartenait. Leur père fut juste, et Dieu a voulu les laisser parvenir à l'âge de raison, avant qu'ils retirassent leur trésor. Voilà l'explication des événemens qui ont excité tes questions. [82] Ils t'interrogeront au sujet d'Alexandre [147]. Dis-leur : Je vous raconterai son histoire. [83] Nous affermîmes sa puissance sur la terre, et nous lui donnâmes les moyens de surmonter tous les obstacles. [84] Il marcha jusqu'à ce qu'il fut arrivé au couchant. Il vit le soleil disparaître dans une mer en feu [148]. Ces contrées étaient habitées par un peuple

144. Josué fils de *Nun*.
145. La fuite de ce poisson était le signe auquel Moïse devait reconnaître la rencontre prochaine de celui qu'il cherchait. *Gelaleddin*.
146. Antioche.
147. Alexandre est nommé dans le Coran *Zou Cornain*, c'est-à-dire *possesseur de deux cornes*. Quelques Auteurs arabes prétendent qu'il se nommait ainsi parce qu'il portait deux cornes à sa couronne ; d'autres parce qu'il possédait deux empires, celui des Perses et celui des Grecs. *Zamchascar.Ismaël*, fils d'*Ali*, dans son histoire d'Alexandre, fils de Philippe, soutient que celui dont il est parlé dans le Coran n'est point Alexandre-le-Grand. Il assure, d'après le sentiment de plusieurs auteurs, que *Zou Cornain* vivait du temps d'Abraham, qu'on doit entendre par ce nom *Afrid*, fils d'*Asphian*, sixième roi de Perse, ou bien *Essaab*, fils d'*Elraïs*, roi de l'Arabie heureuse. Quoi qu'il en soit, le sentiment le plus généralement reçu, est que *Zou Cornain* est le même qu'Alexandre-le-Grand.
148. Il vit le Soleil se coucher *dans une mer en feu*. Ces mots *fiaïn hamiat, dans une mer en feu*, *Marracci* les a traduits ainsi : *dans une fontaine de boue noire*. Il est vrai que le mot *aïn* signifie *une fontaine*, mais il a bien d'autres acceptions ; il signifie aussi *un courant d'eau, une étendue d'eau. Hamiat* est un dérivée de la cinquième conjugaison du verbe *hama, il a produit de la chaleur. Maracci* a pris *hamaat*, qui veut dire *de la boue noire*, pour *hamiat, être en feu* ; et il a traduit : *il vit le soleil se coucher dans une fontaine de boue noire*. Peut-être aussi que cette manière de rendre le texte, fournissant une plus ample matière à réfutation, lui a paru préférable.

infidèle. [85] Nous lui commandâmes d'exterminer cette nation, ou de l'emmener en captivité. [86] Je châtierai les infidèles, répondit Alexandre, et ils retourneront à Dieu qui les livrera à la rigueur des supplices. [87] Mais ceux qui croiront et qui feront le bien auront la félicité pour partage. Ils trouveront nos préceptes faciles. [88] Il continua de marcher, [89] Jusqu'à ce qu'il fut arrivé aux régions où se lève le soleil. Elles étaient habitées par un peuple, auquel nous n'avons point donné de vêtemens pour se mettre à l'abri de la chaleur. [90] Cette narration est véritable. Nous connaissons tous ceux qui étaient avec Alexandre. [91] Il se remit en chemin, [92] Et il arriva entre deux montagnes, au pied desquelles habitait une nation qui avait peine à l'entendre. [93] O Alexandre! Lui dirent-ils, *Jagog* et *Magog* dévastent nos contrées. Reçois de nous un tribut à condition que tu élèveras entre nous et nos ennemis une barrière. [94] Offrez à Dieu votre tribut, dit le prince; c'est lui qui a établi ma puissance. Secondez mes efforts; j'élèverai, pour vous défendre, un rempart impénétrable. [95] Apportez-moi du fer, afin que je réunisse les deux montagnes [149]. Soufflez jusqu'à ce qu'il s'enflamme, et jetez dessus de l'airain fondu. [96] *Jagog* et *Magog* [150] ne purent ni escalader le mur ni le percer. [97] Cet ouvrage, dit Alexandre, est un effet de la miséricorde divine. [98] Lorsque le temps marqué par le Seigneur sera venu, il le réduira en poussière. Ses promesses sont infaillibles. [99] Dans ce jour tous les hommes seront confondus. La trompette sonnera, et ils seront tous rassemblés. [100] Nous donnerons aux infidèles l'enfer pour demeure. [101] Leurs yeux furent couverts d'un voile, et leurs oreilles fermées à la vérité. [102] Les impies ont-ils pensé qu'ils rendaient impunément à mes créatures des honneurs divins? l'enfer sera leur partage. [103] Dis : Vous ferai-je connaître ceux dont les œuvres sont vaines? [104] Ceux dont le zèle est aveugle, et qui croient leurs actions méritoires? [105] Ce sont ceux qui ont nié l'islamisme et la résurrection. Le mensonge présidait à leurs œuvres. Elles seront sans poids au jour du jugement. [106] Incrédules, ils ont fait de ma religion et de mes ministres l'objet de leur risée. L'enfer sera leur récompense. [107] Le croyant qui fera le bien, aura pour demeure les jardins du paradis. [108] Habitant éternel du séjour de délices, il ne désirera aucun changement à son sort. [109] Si les flots de la mer se coloraient en noir, pour décrire les louanges du Seigneur, ils seraient épuisés avant d'avoir célébré ses merveilles. Un autre océan semblable ne suffirait point encore. [110] Dis : Je suis un homme comme vous; j'ai été favorisé des révélations célestes; il n'y a qu'un Dieu. Que celui qui croit à l'assemblée universelle fasse le bien, et ne partage point l'encens qu'il doit à l'Éternel.

CHAPITRE XIX.

Marie. La paix soit avec elle. donné à La Mecque, composé de 98 versets. Au nom de Dieu clément et miséricordieux.

[1] K. H. I. A. S. [151] Le Seigneur se souvint de sa miséricorde envers son serviteur Zacharie, [2] Lorsqu'il invoqua son nom dans le secret. [3] Seigneur, dit-il, mon corps est tombé dans l'infirmité. Les cheveux blancs couvrent ma tête. [4] Je n'ai jamais été malheureux dans les vœux que je t'ai adressés. [5] Je crains ceux qui hériteront de mon rang. Ma femme est stérile. Donne-moi un fils, et mets le comble à tes faveurs. [6] Qu'il soit mon héritier; qu'il ait l'héritage de la famille de Jacob; et qu'il te soit agréable. [7] Zacharie, nous t'annonçons un fils nommé Jean. [8] Personne avant lui n'a porté ce nom. [9] Seigneur, répliqua Zacharie, comment, aurai-je ce fils? Mon épouse est stérile, et je touche à la décrépitude [152]. [10] Il en sera ainsi. Ce prodige n'est point au-dessus de ma puissance, dit le Seigneur. C'est moi qui t'ai créé de rien. [11] Seigneur, ajouta le vieillard, donne-moi un signe pour garant de ta promesse. Tu seras muet pendant trois jours, reprit l'ange. [12] Il sortit

---

149. Ces deux montagnes sont dans la Thrace. Alexandre ferma d'un mur le passage qu'elles laissaient entre elles. *Gelaleddin*. Lorsque Mahomet a voulu écrire sur l'histoire, il n'a débité que des fables; mais il a toujours eu soin de les adapter à ses vues et à son système de religion. Le charme inimitable de son style, le ton prophétique avec lequel il les a publiées, les font passer aux yeux des Mahométans peu instruits pour des vérités incontestables.

150. *Jagog* et *Magog* sont les noms barbares de deux Tribus. *Zamchascar* les fait descendre de Japhet, troisième fils de Noë. Ils ajoutent qu'elles étaient antropophages. D'autres auteurs prétendent que *Jagog* et *Magog* étaient des géans. Ils paraissent être les mêmes que *Gog* et *Magog* dont parle Ézéchiel, et dont l'Apocalypse de saint Jean fait mention. *Maracci*.

151. **K. H. I. A. S.** Ces caractères sont mystérieux, et Dieu seul en a la connaissance. *Gelaleddin*.

152. Si l'on en croit *Gelaleddin*, Zacharie avait alors cent vingt ans et son épouse quatre-vingt-dix-huit.

du sanctuaire, et s'avançant vers les Hébreux, il leur faisait signe de louer Dieu le matin et le soir. [13] Jean! lis les écritures avec ferveur. Nous lui donnâmes la sagesse dès sa plus tendre enfance. [14] Il eut la bienfaisance et la piété en partage. Juste envers ses parens, il ne connut ni l'orgueil, ni la désobéissance. [15] La paix fut avec lui à sa naissance, à sa mort ; elle l'accompagnera au jour de la résurrection. [16] Célèbre Marie dans le Coran ; célèbre le jour où elle s'éloigna de sa famille, du côté de l'Orient. [17] Elle prit en secret un voile [153] pour se couvrir, et nous lui envoyâmes Gabriel, notre esprit, sous la forme humaine. [18] Le miséricordieux est mon refuge, s'écria Marie : si tu le crains..... [19] Je suis l'envoyé de ton Dieu, dit l'ange ; je viens t'annoncer un fils béni. [20] D'où me viendra cet enfant, répondit la vierge ? Nul mortel ne s'est approché de moi, et le vice m'est inconnu. [21] Il en sera ainsi, répliqua l'ange. La parole du Très-Haut en est le garant. Ce miracle lui est facile. Ton fils sera le prodige et le bonheur de l'univers. Tel est l'ordre du ciel. [22] Elle conçut, et elle se retira dans un lieu écarté. [23] Les douleurs de l'enfantement la surprirent auprès d'un palmier, et elle s'écria : Plût à Dieu que je fusse morte, oubliée et abandonnée des humains, avant ma conception ! [24] Ne t'afflige point, lui cria l'ange, Dieu a fait couler près de toi un ruisseau. [25] Ébranle le palmier [154], et tu verras tomber des dattes mûres. [26] Mange, bois, essuie tes pleurs, et si quelqu'un t'interroge, [27] Dis-lui : J'ai voué un jeûne au miséricordieux, et je ne puis parler à un homme. [28] Elle retourna vers sa famille, portant son fils dans ses bras. Marie, lui dit-on, il vous est arrivé une étrange aventure. [29] Sœur d'Aaron [155], votre père était juste et votre mère vertueuse. [30] Pour toute réponse, elle leur fit signe d'interroger son fils. Nous adresserons-nous, lui dit-on, à un enfant au berceau ? [31] Je suis le serviteur de Dieu, répondit l'enfant. Il m'a donné l'Évangile et m'a établi prophète. [32] Sa bénédiction me suivra partout. Il m'a commandé d'être toute ma vie fidèle au précepte de la prière et de l'aumône. [33] Il a mis dans mon cœur la piété filiale, et m'a délivré de l'orgueil qu'accompagne la misère. [34] La paix me fut donnée au jour de ma naissance. Elle accompagnera ma mort et ma résurrection. [35] Ainsi parla Jésus, vrai fils de Marie, sujet des doutes d'un grand nombre. [36] Dieu ne saurait avoir un fils. Loué soit son nom ! il commande, et le néant s'anime à sa voix. [37] Dieu est mon seigneur et le vôtre. Adorez-le, c'est le chemin du salut. [38] Les sectaires ont beaucoup disputé ; mais malheur à ceux qui nient l'assemblée du grand jour ! [39] Que n'entendront, que ne verront-ils point, quand ils paraîtront devant notre tribunal ? Aujourd'hui ils sont dans un aveuglement profond. [40] Annonce-leur le temps des soupirs, lorsque l'arrêt sera prononcé. Maintenant ils reposent dans l'insouciance et l'incrédulité. [41] La terre et tout ce qu'elle renferme est notre héritage. Toutes les créatures reviendront à nous. [42] Rappelle dans le Coran le souvenir d'Abraham. Il fut juste et prophète. [43] O mon père ! disait-il, pourquoi adores-tu des idoles qui ne voient ni n'entendent, et qui ne sauraient te secourir. [44] O mon père ! j'ai reçu des lumières que tu n'as pas. Suis-moi, je te conduirai dans le chemin du salut. [45] O mon père ! n'adore pas Satan, il fut rebelle aux ordres du miséricordieux. [46] O mon père ! je crains que Dieu n'appesantisse son bras sur toi, et que tu ne deviennes le compagnon de Satan. [47] Abraham, répondit le vieillard, si tu rejettes le culte de mes dieux, je te lapiderai. Éloigne-toi de moi. [48] La paix soit avec toi, continua Abraham. J'implorerai pour mon père la miséricorde de Dieu. Sa bonté me protége. [49] Je me sépare de vous et de vos idoles. J'invoquerai le nom du Très-Haut. Peut-être ne rejettera-t-il pas ma prière. [50] Il quitta sa famille et les dieux qu'elle adorait. Nous lui donnâmes Isaac et Jacob, tous deux prophètes. [51] Nous les comblâmes de nos faveurs, et nous leur inspirâmes le langage sublime de la vérité. [52] Chante dans le Coran les vertus de Moïse. Il fut envoyé et prophète. [53] Nous l'appelâmes du flanc droit du mont Sinaï, et nous le fîmes approcher pour s'entretenir avec nous. [54] Nous créâmes son frère Aaron prophète, par un bienfait de notre miséricorde. [55] Publie dans le Coran la louange d'Ismaël, fidèle à sa promesse, envoyé et prophète. [56] Il recommandait à sa famille la

---

153. Dès la plus haute antiquité, les femmes des contrées orientales ont été dans l'usage de se couvrir le visage. De nos jours elles ne paraissent point en public sans être voilées. Ces voiles sont de mousseline et descendent jusqu'à la ceinture. On y laisse deux petites ouvertures, afin qu'elles puissent voir à se conduire. Deux causes doivent avoir introduit parmi les femmes de l'Orient, l'usage de se couvrir le visage, la chaleur excessive qui effacerait bientôt l'éclat de leur teint, et la jalousie excessive des hommes qui ne veulent pas qu'elles soient vues.

154. Ce palmier était desséché, sans tranches et sans feuillage, c'était en hiver. A la voix de l'ange il se couvrit de feuilles et de fruits. *Zamchascar.*

155. Cet Aaron était de la famille du prophète de même nom. Il était frère de Marie, et jouissait parmi les Hébreux d'une grande réputation de probité et de vertu. *Zamchascar.*

prière et l'aumône. Il fut agréable aux yeux de l'Éternel. [57] Célèbre Henoch [156] dans le Coran; il fut juste et prophète. [58] Nous l'enlevâmes dans un lieu sublime. [59] Tels sont, entre les fils d'Adam, de Noë, d'Abraham et d'Israël, les prophètes que Dieu combla de ses grâces. Il les choisit parmi ceux qu'il éclaira du flambeau de la foi. Lorsqu'on leur récitait les merveilles du miséricordieux, le front prosterné, les yeux baignés de larmes, ils adoraient sa majesté suprême. [60] Une génération pervertie leur a succédé. Elle a abandonné la prière et suivi le torrent de ses passions; elle sera précipitée dans le fleuve du Tartare. [61] Mais ceux qui joindront au repentir la foi et les bonnes œuvres, entreront dans les jardins d'*Éden*; [62] Jardins délicieux que le miséricordieux a promis à ses serviteurs, pour les consoler dans leur exil; ses promesses sont infaillibles. [63] Les futilités en seront bannies. La paix y régnera. Les hôtes de ce séjour recevront leur nourriture le matin et le soir. [64] Tel est le Paradis que nos serviteurs vertueux auront pour héritage. [65] Nous ne sommes descendus que par l'ordre de Dieu. Le passé, le futur, le présent lui appartiennent. Il ne connaît point l'oubli. [66] Les cieux, la terre, ce que renferme l'espace qui les sépare, forment son domaine. Sers-le: sois con• stant dans son culte. Lui connais-tu un nom? [67] Eh quoi! dit l'incrédule, lorsque je serai mort ma cendre se ranimera-t-elle de nouveau? [68] A-t-il donc oublié que nous l'avons tiré du néant, pour lui donner l'existence? [69] J'en jure par ton Dieu, nous rassemblerons les hommes et les démons; nous en formerons une enceinte dans l'enfer, et nous les forcerons de se tenir à genoux. [70] Nous choisirons ensuite ceux dont l'insolence aura plus éclaté contre le miséricordieux. [71] Nous connaîtrons ceux qui ont mérité davantage le tourment des flammes. [72] Ils y seront précipités; c'est un décret prononcé par l'Éternel. [73] Nous délivrerons ceux qui ont craint le Seigneur, et nous laisserons les coupables à genoux. [74] Lorsque vous prêchez notre doctrine aux infidèles, ils disent aux croyans: Lequel de nos deux partis est le plus fort, et le plus florissant? [75] Combien de peuples plus riches et plus puissans qu'eux sont tombés sous nos coups? [76] Puisse le miséricordieux prolonger les jours de ceux qui sont plongés dans l'erreur! [77] Afin qu'ils voient l'accomplissement de nos menaces, soit dans ce monde, soit dans l'autre. Ils connaîtront alors ceux qui sont plus malheureux, et plus dépourvus de secours. [78] Dieu fortifiera les fidèles qui professeront la vraie religion. [79] Les bonnes œuvres auront un mérite permanent à ses yeux, et seront magnifiquement récompensées. [80] N'as-tu pas vu l'infidèle se flatter de recevoir des richesses et des enfans? [81] Connaît-il l'avenir? Dieu lui en a-t-il fait la promesse? [82] Il se flatte vainement. Nous écrirons son ostentation, et nous aggraverons ses peines. [83] Nous lui donnerons les biens qu'il demande sur la terre; mais il paraîtra nu devant notre tribunal. [84] Ils comptent sur la protection de leurs divinités chimériques. [85] Vain espoir! Elles rejetteront leur encens, et se déclareront contr'eux. [86] Ne sais-tu pas que nous avons déchaîné les démons contre les incrédules, pour les porter au mal? [87] Ne précipite rien contr'eux. Nous comptons leurs jours. [88] Les justes rassemblés formeront le cortège du miséricordieux. [89] Les scélérats descendront dans l'enfer. [90] Ceux-là seuls qui ont reçu l'alliance divine, auront des intercesseurs. [91] Ils disent que Dieu a un fils, et ils profèrent un blasphème. [92] Peu s'en faut que les cieux ne se fendent à ces mots, que la terre ne s'entr'ouvre, et que les montagnes brisées ne s'écroulent. [93] Ils attribuent un fils au miséricordieux, et il ne saurait en avoir. [94] Tous les êtres créés au ciel et sur la terre, lui paient un tribut de louanges. Il les a comptés, et il en sait le nombre. [95] Au jour de la résurrection, tous les hommes paraîtront nus devant lui. [96] Il fera régner l'amitié entre les croyans vertueux. [97] Nous avons facilité la lecture du Coran en l'écrivant dans ta langue, afin que tu annonces la félicité à ceux qui craignent le Seigneur, et les tourmens à ceux qui disputent contre lui. [98] De tant de générations que nous avons anéanties, pourrais-tu faire paraître un: seul homme? Fontelles entendre le plus léger murmure?

CHAPITRE XX.

---

156. Les Arabes débitent beaucoup de fables au sujet d'Henoch. Nous nous contenterons de rapporter ce qu'en dit *Ismaël ebn Ali*. Henoch fut enlevé au Ciel à l'âge de trois cent cinquante ans. Dieu lui donna l'esprit prophétique et lui révéla les secrets du ciel. Il lui envoya trente volumes sacrés. Henoch fut le premier qui se servit de la plume et de l'épée pour défendre la religion. Il inventa l'astrologie et apprit aux hommes à compter et à peser.

T. H. [157] donné à La Mecque, composé de 135 versets. Au nom de Dieu clément et miséricordieux.

[1] T. H. Nous ne t'avons pas envoyé le Coran pour te rendre malheureux ; [2] Mais pour rappeler le souvenir du Seigneur à celui qui le craint. [3] Celui qui a créé la terre, et élevé les cieux, te l'a envoyé. [4] Le miséricordieux est assis sur son trône. [5] La terre et les cieux, l'immensité de l'espace, l'univers entier forment son domaine. [6] L'action que tu produis au grand jour, et celle que tu voiles des ombres du mystère, lui sont également connues. [7] Il n'y a point d'autre Dieu que lui. Les plus beaux noms sont ses attributs ! [8] As-tu entendu réciter l'histoire de Moïse ? [9] Lorsqu'il vit le buisson enflammé, il dit à sa famille : Arrêtez-vous ici ; j'aperçois le feu *sacré*. [10] Peut-être que j'en apporterai une étincelle, et que j'y trouverai de quoi le conduire. [11] Lorsqu'il s'en fut approché, une voix lui cria : Moïse ! [12] Je suis ton Dieu ; quitte ta chaussure ; tu es dans la vallée sainte de Thoï. [13] Je t'ai élu. Écoute attentivement ce que je vais te révéler. [14] Je suis le Dieu unique. Adore-moi et fais la prière en mon nom. [15] L'heure viendra. Peu s'en est fallu que je ne te l'aie révélée. [16] On rendra à chacun suivant ses œuvres. [17] Que l'incrédule, aveuglé par ses passions, ne t'empêche pas de croire si tu crains de périr. [18] Que portes-tu à la main ? [19] Seigneur, c'est mon bâton ; il sert à m'appuyer, à détacher des feuilles pour mon troupeau, et à d'autres usages. [20] Jette-le, ô Moïse ! [21] Il obéit. Le bâton se changea en serpent qui rampait sur la terre. [22] Saisis-le sans crainte ; il reprendra sa première forme. [23] Porte la main dans ton sein, tu la retireras blanche [158], sans aucun mal ; seconde marque de ma puissance. [24] Nous te rendrons témoin des plus grandes merveilles. [25] Va trouver Pharaon [159]. Il passe les bornes de l'impiété. [26] Seigneur, répondit Moïse, dilate mon cœur ; [27] Rends-moi ton ordre facile. [28] Délie le lien de ma langue, [29] Afin qu'on puisse m'entendre. [30] Donne-moi un conseiller de ma famille. [31] Que ce soit mon frère Aaron. [32] Qu'il fortifie ma faiblesse, [33] Et qu'il partage mon emploi. [34] Nous unirons nos voix pour te louer, et nos cœurs pour nous rappeler ton souvenir, [35] Puisque tu as daigné jeter tes regards sur nous. [36] Tes vœux sont exaucés, ô Moïse ! [37] Déjà nous t'avions donné des preuves de notre bonté vigilante, [38] Lorsque nous fîmes entendre ces paroles à ta mère : [39] Mets ton fils dans un panier ; laisse-le flotter sur le Nil ; il le portera au rivage ; mon ennemi et le sien l'accueillera, et je lui inspirerai de l'amour pour lui. [40] Il sera sous ma sauvegarde. [41] Ta sœur se promenait sur le bord du fleuve. Voulez-vous, dit-elle, que je vous enseigne une nourrice ? Nous te rendîmes à ta mère, afin de tranquilliser son cœur et de sécher ses larmes. Tu mis à mort un Égyptien. Nous te délivrâmes du supplice. Nous t'éprouvâmes ensuite. [42] Tu as habité plusieurs années parmi les Madianites, et tu t'es rendu à ma voix. [43] Je t'ai choisi pour remplir mes volontés. [44] Partez, toi et ton frère, avec la puissance des miracles, et n'oubliez pas mon souvenir. [45] Allez vers Pharaon. Son cœur s'est endurci dans le crime. [46] Parlez-lui avec douceur, afin qu'il ouvre les yeux, et qu'il craigne. [47] Seigneur, répondit Moïse, nous appréhendons son indignation, et sa violence. [48] Ne craignez rien. Je serai avec vous. J'entendrai, et je verrai. [49] Partez, et dites à Pharaon : Nous sommes les envoyés de Dieu ; laisse sortir d'Égypte les enfans d'Israël. Cesse de les opprimer. Les prodiges divins attesteront notre mission. La paix soit avec celui qui suit la lumière. [50] Ceux qui, nous accusant d'imposture, resteront dans l'erreur, vont être punis. Dieu nous l'a révélé. [51] Quel est votre Dieu, demanda le roi à Moïse ? [52] Mon Dieu est le dispensateur de toutes choses. C'est lui qui a tiré tous les êtres du néant, et qui les gouverne. [53] Quelle fut donc l'intention des anciens peuples, continua le Prince [160]. [54] Elle est écrite dans le livre, reprit Moïse. Dieu en a la connaissance. Il ne se trompe point, et n'oublie rien. [55] C'est lui qui vous a donné la terre pour habitation, qui vous y a tracé des chemins, et qui fait descendre la pluie des cieux, pour féconder toutes les plantes. [56] Nourrissez-vous de ses productions. Faites paître vos troupeaux. Ces merveilles sont des signes pour ceux qui ont de l'intelligence. [57] Nous vous avons créés de terre. Vous y retournerez, et nous vous en ferons sortir une seconde fois. [58] Nous opérâmes des miracles devant Pharaon. Il les accusa de fausseté, et refusa d'y ajouter foi. [59] Es-tu venu, dit-il à Moïse, pour nous chasser de notre pays par la force de tes enchantemens ? [60] Nous t'opposerons de semblables artifices. Convenons du temps et du lieu. Qu'il n'y ait point d'infracteur, et que tout soit égal. [61] Que l'assemblée, répondit Moïse, se fasse un jour

---

157. **T. H.** Tous ces caractères sont mystérieux, et Dieu seul en a la connaissance. *Gelaleddin. Zamchascar.*
158. Sa main fut couverte d'une lèpre blanche sans qu'il ressentît aucune douleur. *Gelaleddin.*
159. Pharaon se faisait rendre les honneurs divins. *Gelaleddin.*
160. En adorant les idoles.

de fête. Le concours du peuple la rendra plus solennelle. [62] Pharaon se retira, et au jour marqué, il parut avec ses magiciens. [63] Malheur à vous ! leur dit Moïse, si vous osez fabriquer une imposture contre Dieu. [64] Il peut vous punir à l'instant. Les magiciens qui vous ont précédés ont péri. [65] Les mages se réunirent, pour agir de concert, et tinrent leur délibération secrète. [66] Prince, dirent-ils, ces deux hommes sont des imposteurs, qui veulent par leurs charmes vous chasser de votre pays, et entraîner les grands de votre empire. [67] Réunissez, ajouta Moïse, les secrets de votre art. Venez par ordre, et que ce jour couvre de gloire les vainqueurs. [68] Nous te donnons le choix, dirent les mages, de jeter ta baguette le premier, ou après nous. [69] Commencez, dit Moïse. A l'instant, leurs cordes et leurs baguettes parurent, par l'effet de leurs enchantemens, des serpens qui rampaient çà et là. [70] Moïse ne put se défendre d'un sentiment de frayeur. [71] Nous lui dîmes : Ne crains rien, tu seras victorieux. [72] Jette ta baguette. Elle dévorera leurs serpens, vains effets du prestige. Le magicien ne saurait prospérer. [73] Les mages se prosternèrent pour adorer le Seigneur. Nous croyons, s'écrièrent-ils, au Dieu d'Aaron et de Moïse. [74] Croirez-vous sans mon ordre, dit le roi ? Sans doute, Moïse est votre chef. Il vous a enseigné la magie. Je vous ferai couper les pieds et les mains, et vous serez attachés à des palmiers. Vous saurez qui de votre Dieu, ou de moi, sera plus constant et plus rigoureux dans ses châtimens. [75] Ta volonté, répondirent les mages, n'aura pas plus d'empire sur nous, que le prodige dont nous avons été témoins, que celui qui nous a créés. Décerne ce qu'il te plaira. Ta punition se borne à la vie présente. Nous croyons en Dieu afin qu'il pardonne nos fautes, et la magie que tu nous as commandée. Dieu est plus puissant et plus permanent que toi. [76] Celui qui se présentera devant son tribunal, souillé de crimes, descendra dans l'enfer. Il ne pourra ni éprouver la mort, ni jouir de la vie. [77] Le croyant qui apportera de bonnes œuvres sera élevé à un degré sublime. [78] Il habitera éternellement les jardins d'*Éden*, arrosés par des fleuves : Telle sera la récompense de ceux qui auront été purifiés. [79] Dieu commanda à Moïse de sortir pendant la nuit de l'Égypte avec le peuple d'Israël, de frapper la mer de sa baguette, et de leur ouvrir un chemin à travers les eaux. [80] Nous lui dîmes : Ne crains point que Pharaon t'arrête, et marche en sûreté. [81] Pharaon poursuivit les Hébreux à la tête de ses soldats. La mer les engloutit. Il égara son peuple au lieu de le conduire. [82] Enfans d'Israël, nous vous avons sauvés des mains de vos ennemis ; nous vous avons marqué pour station le flanc droit du mont Sinaï ; nous vous avons envoyé la manne et les cailles. [83] Jouissez des biens que nous vous offrons. Évitez l'excès de peur de mériter ma colère. Celui sur qui elle tombera sera réprouvé. [84] Je pardonnerai à ceux qui joindront au repentir la foi et les bonnes œuvres. Ils marcheront dans la voie du salut. [85] Qui t'a sitôt fait quitter ton peuple, dit Dieu à Moïse ? [86] Seigneur, répondit-il, c'est le désir de t'être agréable. Les Israélites s'avancent sur mes pas. [87] Nous les avons éprouvés, ajouta le Seigneur, depuis ton départ. *Sameri* les a égarés. [88] Le prophète retourna vers eux enflammé de colère et accablé de tristesse. [89] O mon peuple ! leur dit-il, Dieu ne vous a-t-il pas fait une promesse glorieuse ? Vous a-t-elle paru trop long-temps différée ? Ou avez-vous voulu attirer sur vos têtes le courroux du ciel, en violant ma défense ? [90] Nous ne l'avons pas transgressée de notre propre mouvement, répondirent-ils ; on nous a commandé d'apporter nos ornemens les plus pesans ; nous les avons rassemblés, et *Sameri* les a mis en fonte. Il en a formé un veau mugissant, et les infidèles ont dit : Voilà notre dieu ; voilà le Dieu de Moïse qui l'a oublié. [91] Ne voyaient-ils pas qu'il ne leur rendait point de réponse, et qu'ils ne pouvaient en attendre ni bien ni mal ? [92] Enfans d'Israël, leur criait Aaron : Ce veau est une tentation. Le Seigneur est miséricordieux. Suivez-moi ; obéissez à ma voix. [93] Nous ne cesserons de l'adorer, répondaient-ils, que Moïse ne soit de retour ? [94] Pourquoi ne m'as-tu pas suivi, dit Moïse à son frère, lorsque tu as vu le peuple s'abandonner à l'idolâtrie ? As-tu donc voulu contrevenir à mes ordres ? [95] Fils de ma mère, répondit Aaron, cesse de me tirer par la barbe et par la tête. J'ai eu peur que tu ne m'accusasses d'avoir fait scission avec les Israélites, et de t'avoir désobéi. [96] Qu'as-tu fait, demanda le prophète à *Sameri* ? J'ai, dit-il des connaissances [161] que le peuple n'a pas. J'ai pris de la poussière sous les pas du coursier de l'envoyé céleste ; je l'ai jetée dans la fournaise, c'est une idée que mon esprit m'a suggérée. [97] Fuis loin d'ici. Tu diras à tous ceux qui te rencontreront : Ne me touchez pas. C'est une punition à laquelle tu seras soumis jusqu'à la mort. Vois

---

161. *Sameri* sachant que sous les pieds du cheval de Gabriel, le sable se convertissait en or, et devenait propre à donner la vie, prit de la poussière sur laquelle le coursier céleste avait imprimé ses pas, et la fondit avec les ornemens les plus pesans des Hébreux. Il en fit un veau d'or mugissant et animé. Telle est l'opinion des mahométans au sujet de ce veau.

ce dieu dont tu étais l'adorateur zélé, il va devenir la proie des flammes, et sa cendre sera jetée dans la mer. [98] Vous n'avez point d'autre Seigneur que le Dieu unique, qui embrasse l'univers de l'immensité de sa science. [99] Nous te racontons ainsi ces évènements passés. Nous t'avons apporté le livre des avertissements. [100] Celui qui s'en écartera sera chargé, au jour de la résurrection, d'un pesant fardeau. [101] Il ne pourra s'en débarrasser. Ce fardeau fera son malheur au jour du jugement. [102] Le jour où la trompette sonnera [162], les scélérats seront rassemblés, et leurs yeux seront couverts de ténèbres. [103] Ils se diront à basse voix : Nous ne sommes restés sur la terre que dix jours. [104] Vous n'y êtes restés qu'un jour, reprendront leurs chefs. Nous connaîtrons leurs discours. [105] Ils te demanderont ce que deviendront les montagnes. Dis-leur : Dieu les dissipera comme la poussière. [106] Aux lieux où elles étaient, s'étendront de vastes plaines, où l'on ne verra ni pente, ni éminence. [107] Les hommes suivront l'ange qui les appellera. Ils ne pourront s'en défendre. Leur voix sera humble et faible devant le miséricordieux. On n'entendra que le bruit obscur de leurs pieds. [108] L'intercession ne sera utile qu'à ceux à qui Dieu accordera cette faveur, et qui auront prononcé la profession de foi qu'il aime [163]. [109] Il connait le passé et l'avenir. L'intelligence humaine ne s'étend pas jusque là. [110] Ils humilieront leur front devant le Dieu vivant et éternel ; et l'impie périra. [111] Le croyant vertueux n'aura point à craindre un sort injuste et rigoureux. [112] Nous avons envoyé du ciel, le Coran en langue arabe ; nous y avons répandu des exemples menaçans ; afin d'inspirer la crainte du Seigneur, et d'instruire les hommes. [113] Exalte le nom de Dieu, le souverain du monde, et la vérité par excellence. Ne te hâte point de répéter les versets du Coran [164] avant que la révélation soit achevée, et dis : Seigneur, augmente ma science. [114] Nous fîmes un pacte avec Adam ; mais peu ferme dans sa promesse, il l'oublia aussitôt. [115] Nous ordonnâmes aux anges de se prosterner devant lui. Tous l'adorèrent. *Éblis* seul refusa d'obéir. Nous dîmes à Adam et à son épouse : Voilà votre ennemi. Prenez garde qu'il ne vous chasse du paradis, et qu'il ne vous rende malheureux. [116] Vous n'y souffrirez ni de la faim, ni de la nudité. [117] Vous n'y serez incommodés, ni par la soif, ni par la chaleur. [118] Le démon tenta Adam. Veux-tu, lui dit-il, que je te fasse connaître l'arbre de l'éternité, l'arbre qui donne une souveraineté sans fin ? [119] Adam et son épouse mangèrent du fruit défendu. Ils aperçurent leur nudité [165], et se firent des habits de feuilles. Le premier homme fut désobéissant et prévaricateur. [120] Dans la suite, Dieu reçut sa pénitence. Il eut compassion de lui, et l'éclaira. [121] Descendez du Paradis, leur dit le Seigneur ; vous avez été ennemis l'un de l'autre. Un jour je vous enverrai un guide. [122] Celui qui le suivra ne s'égarera point, et le malheur ne sera point son partage. [123] Celui qui ne voudra pas entendre ma doctrine éprouvera l'infortune dès cette vie. [124] Au jour de la résurrection il sera environné de ténèbres. [125] Seigneur, s'écriera-t-il, pourquoi suis-je aveugle ? Auparavant je voyais. [126] Nous t'avons prêché nos Commandemens, lui répondra Dieu ; tu les as oubliés. Aujourd'hui tu vas être plongé dans l'oubli. [127] Tel sera le sort de l'idolâtre et de l'infidèle. Les peines de la vie future seront terribles et permanentes. [128] Ne réfléchissent-ils donc point aux méchans que nous avons exterminés ? Ils foulent la terre qu'ils habitaient. Ces exemples devraient les effrayer, s'ils pouvaient comprendre. [129] Si l'arrêt du ciel n'était prononcé, il hâterait leur supplice ; mais il attend l'heure marquée. [130] Supporte avec constance leurs discours. Publie la gloire du Très-Haut avant le coucher et le lever du soleil. Célèbre sa louange pendant la nuit et aux extrémités du jour [166] ; afin que ton cœur soit content de lui-même. [131] Ne porte point des regards avides sur les biens d'autrui. Les fleurs qui parent le sentier de la vie sont une épreuve. Les biens que Dieu promet sont plus précieux et plus durables. [132] Commande la prière à ta famille. Fais-la avec persévérance. Nous n'exigeons point que tu amasses des trésors. Nous fournirons à tes besoins. La piété aura sa récompense. [133] Les infidèles ont dit : Nous ne croirons point à moins qu'il n'opère des miracles. N'ont-ils pas entendu l'histoire des nations qui les ont précédés ? [134] Si nous les avions punis avant la venue

---

162. Au second son de la trompette qu'embouchera *Asraphel*, les âmes des humains en sortiront comme un essaim d'abeilles, et iront rejoindre leurs corps. *Jahra.*

163. Cette profession de foi est comme nous l'avons déja dit, *la ila ella allah ou Mohammed raçoul allah, il n'y a de Dieu que Dieu et Mahomet est son prophète.* Il ne faut jamais prononcer ces mots devant des Turcs à moins qu'on ne soit disposé à se faire circoncire.

164. Mahomet craignait d'oublier un mot, lorsque Gabriel lui récitait les versets du Coran, se hâtant de les répéter avant même que l'ange eût fini. Dieu lui reprocha sa crainte et sa précipitation. *Gelaleddin.*

165. Adam et *Hève* étaient nuds, et couverts seulement de leur longue chevelure.

166. Les Mahométans prient cinq fois le jour. Ils n'ont point de cloches. Des crieurs annoncent du haut des minarets la prière au peuple.

de Mahomet, ils auraient dit : Seigneur, comment aurions-nous la foi, si tu ne nous as pas envoyé d'apôtre pour nous enseigner tes commandemens, et pour nous faire éviter l'opprobre et l'ignominie. [135] Dis : Nous attendons tous. Encore quelque temps, et vous saurez qui de nous a été éclairé du flambeau de la foi ; qui de nous a suivi le chemin du salut.

CHAPITRE XXI [167].

Les prophètes. La paix soit avec eux. donné à La Mecque, composé de 112 versets. Au nom de Dieu clément et miséricordieux.

[1] Le temps approche où les hommes rendront compte et dans leur insouciance, ils s'éloignent de cette pensée. [2] Ils n'ont entendu la lecture du Coran que pour s'en moquer. [3] Le cœur livré au plaisir, les impies se sont dit en secret : Mahomet n'est-il pas un homme comme vous ? Écouterez-vous un imposteur ? Vous le connaîtrez bientôt. [4] Dis : Dieu connaît ce qui se passe au ciel et sur la terre. Il sait et entend tout. [5] Ce livre, ont-ils ajouté, n'est qu'un amas confus de fables. Il en est l'auteur. Il les a mises en vers. Qu'il nous fasse voir des miracles comme les autres prophètes. [6] Aucune des villes que nous avons détruites, n'a embrassé la foi. Ils ne croiront point. [7] Avant toi nous n'avons envoyé que des hommes inspirés. Interrogez les juifs et les chrétiens si vous l'ignorez. [8] Nous ne leur donnâmes point un corps fantastique. Ils ne demeurèrent pas éternellement sur la terre. [9] Ils virent l'accomplissement de nos promesses. Nous les sauvâmes avec nos élus, et les incrédules périrent. [10] Nous vous avons envoyé un livre, pour vous instruire. N'ouvrirez-vous point les yeux ? [11] Combien avons-nous établi de peuples sur les ruines des villes criminelles et punies ? [12] A la vue de nos fléaux les coupables prenaient la fuite. [13] Où fuyez-vous, leurs criaient les anges ? Revenez goûter vos plaisirs. Revenez au séjour que vous habitiez. Vous allez être interrogés. [14] Malheur à nous, s'écriaient-ils ! Nous avons vécu dans l'impiété. [15] Ils proférèrent ces paroles lamentables jusqu'à ce qu'ils furent tous tombés sous le glaive vengeur, comme la moisson sous le tranchant de la faux. [16] Nous n'avons pas créé les cieux, la terre, et tout ce que l'espace renferme comme un jeu. [17] Si nous avions formé l'univers pour qu'on s'en moquât, nous aurions été le premier objet de la raillerie. [18] Nous opposerons la vérité au mensonge, et elle le fera disparaître. Malheur à vous qui blasphémez contre Dieu. [19] Les cieux et la terre composent son domaine. Les anges ne dédaignent point de s'humilier devant lui, et ne se lassent point de l'adorer. [20] Ils le louent le jour et la nuit. Ils ne cessent de publier ses grandeurs. [21] Les divinités qu'ils ont choisies sur la terre, peuvent-elles ressusciter les morts ? [22] Si dans l'univers il y avait plusieurs dieux, sa ruine serait prochaine. Louange au Dieu qui est assis sur le trône des mondes, malgré leurs blasphèmes. [23] On ne lui demandera point compte de ses actions, et il leur demandera compte de leurs œuvres. [24] Les anges adorent-ils d'autres divinités que Dieu ? Apportez vos preuves. J'ai en ma faveur le témoignage du Coran [168]. Les juifs et les chrétiens ont leurs livres sacrés. Mais la plupart ne connaissent point la vérité, et ils fuient sa lumière. [25] Tous les prophètes qui t'ont devancé eurent cette révélation : Je suis le Dieu unique. Adorez-moi. [26] Les infidèles ont dit : Dieu a eu un fils du commerce avec les anges. Loin de lui ce blasphème ! Les anges sont ses serviteurs honorés. [27] Ils ne parlent qu'après lui, et ils exécutent ses volontés. [28] Il sait ce qui existait avant eux et ce qui sera après. Ils ne peuvent intercéder sans sa permission. [29] Ils sont saisis de frayeur en sa présence. [30] Si quelqu'un d'eux sait dire : Je suis Dieu, il serait précipité dans l'enfer. C'est ainsi que nous récompensons l'impie. [31] Les incrédules ignorent-t-ils que les cieux et la terre étaient solides [169], que nous les avons ouverts, et que nous avons fait descendre la pluie qui donne la vie à toutes les plantes ? Ne croiront-ils point ? [32] Nous avons affermi sous leurs pas la terre par de hautes montagnes. Nous avons laissé entre elles de vastes espaces, pour qu'ils y tracent des chemins. [33] Nous avons élevé le firmament pour lui servir de toit. N'y reconnaîtront-ils point les signes de

---

167. Celui qui lira ce chapitre sera jugé avec douceur au jour de la résurrection. Les prophètes dont il est fait mention dans le Coran, lui tendront la main, et lui donneront le salut. *Zamchascar.*

168. Le Coran est pour moi la preuve *que les anges n'adorent qu'un Dieu.* Le Pentateuque et l'Évangile attestent cette vérité aux juifs et aux chrétiens. Telle est l'explication de *Gelaleddin* au sujet de ce passage. Nous l'avons suivie comme la plus naturelle.

169. Cette solidité des cieux n'est qu'une expression figurée, par laquelle Mahomet, fait entendre qu'ils étaient fermés à la pluie.

notre puissance ? [34] C'est Dieu qui a fait le jour et la nuit. Il a formé le soleil et la lune qui roulent rapidement dans le cercle que sa main leur a tracé. [35] Avant toi, nul mortel n'a joui de l'éternité ; et si tu dois mourir, peuvent-ils espérer d'être éternels ? [36] Tout homme doit payer lu tribut à la mort. Nous vous éprouverons par l'infortune et la prospérité ; et vous reviendrez à nous. [37] A ton aspect les idolâtres s'armeront de plaisanteries. Est-ce là, diront-ils, celui qui attaque nos dieux ? Et ils osent insulter au miséricordieux ! [38] L'homme est d'un naturel prompt et ardent. Je vous ferai voir les effets de ma puissance, et vous ne demanderez plus qu'ils soient accélérés. [39] Quand s'accomplira cette, promesse, demandent-ils ? Ne nous trompez-vous point ? [40] Si les pervers savaient quels tourmens ils éprouveront, quand ils ne pourront écarter la flamme de leur visage, ni de leurs reins, et qu'ils n'auront point de libérateur ! [41] L'heure les surprendra. Ils seront dans l'étonnement. Ils ne pourront ni l'éviter, ni espérer de délai. [42] Avant toi nos ministres furent en butte aux traits de la raillerie ; mais ceux qui s'en sont moqués, en ont porté la peine. [43] Dis-leur : Qui peut vous défendre contre le bras du Tout-Puissant, pendant le jour ou pendant la nuit ? Malgré cet avertissement ils écartent son souvenir. [44] Leurs divinités les mettront-elles à l'abri de notre courroux ? Incapables elles-mêmes de se défendre, comment leur donneront-elles du secours ? [45] Leurs jouissances semblables à celles de leurs pères, ne passeront point les bornes de la vie. Ne voient-ils pas que nous resserrons leurs limites ? Peuvent-ils espérer la victoire ? [46] Je vous prédirais ce qui m'a été révélé ; mais les sourds entendent-ils les conseils qu'on leur donne ? [47] Au moindre souffle de la colère divine, ils s'écrieront : Malheur à nous ! Nous étions dans l'erreur. [48] Nous pèserons au jour de la résurrection avec des balances justes. Personne ne sera trompé de la pesanteur d'un grain de moutarde. L'équité présidera à nos jugemens. [49] Nous donnâmes à Moïse et à Aaron le livre qui distingue le bien du mal. Il est la lumière et la règle de ceux qui sont pieux ; [50] De ceux qui craignent le Seigneur dans le secret, et qui redoutent l'heure fatale. [51] Et ce livre béni, nous l'avons envoyé du ciel. Nierez-vous sa doctrine ? [52] Nous servîmes de guide à Abraham, parce que nous connûmes son cœur. [53] Quels sont, demanda-t-il à son père et au peuple, les simulacres devant lesquels vous vous courbez ? [54] Ce sont, lui répondit-on, les dieux qu'ont adorés nos pères. [55] Ils étaient dans l'erreur, reprit-il, et vous les imitez. [56] Est-ce la vérité que tu nous annonces, où veux-tu abuser de notre crédulité ? [57] Votre Dieu, continua Abraham, est le Souverain du ciel et de la terre. Il les a tirés du néant. Je rends témoignage de sa puissance. [58] J'en atteste mon Dieu, à peine serez-vous éloignés de vos idoles, que je les attaquerai. [59] Il les mit en pièces, excepté la plus grande [170], afin que le peuple tournât vers elle ses soupçons. [60] Qui peut avoir ainsi maltraité nos dieux, s'écrièrent les idolâtres ? C'est un impie. [61] Nous avons entendu un jeune homme en parler avec mépris, dirent quelques-uns. Il se nomme Abraham. [62] Qu'on l'amène sous les yeux du peuple, afin qu'on témoigne contre lui. [63] Est-ce toi, lui demanda-t-on, qui as commis cet attentat contre nos divinités ? [64] Le plus grand de vos dieux en est seul coupable, répondit-il. Interrogez-les, s'ils savent vous répondre. [65] Rentrés en eux-mêmes ils s'écrièrent : Nous étions injustes ; [66] Mais bientôt se courbant devant leurs idoles, ils ajoutèrent : Tu sais qu'elles ne parlent point. [67] Pourquoi adorez-vous donc des simulacres impuissans, dont vous ne pouvez attendre ni bien ni mal ? Malheur à vous et aux objets de votre culte ! N'ouvrirez-vous point les yeux ? [68] Brûlez l'impie, s'écrièrent les idolâtres, [171] et défendez vos dieux. [69] Nous commandâmes au feu de perdre sa chaleur, et au salut de descendre sur Abraham. [70] Les idolâtres lui tendirent d'autres piéges, et ils furent réprouvés. [71] Nous sauvâmes Abraham et Loth ; nous leur donnâmes une contrée dont nous bénîmes toutes les créatures. [72] Nous comblâmes les vœux d'Abraham par la naissance d'Isaac et de Jacob, tous deux justes. [73] Nous les établîmes nos vicaires, pour conduire les peuples suivant la loi divine. Nous leur recommandâmes la pratique des bonnes œuvres, la prière et l'aumône. Ils furent nos serviteurs. [74] Nous accordâmes à Loth, la sagesse et la science. Nous le délivrâmes de la ville abominable, où les hommes étaient livrés à des excès infâmes. [75] Nous le comblâmes de nos faveurs, parce qu'il fut juste. [76] Lorsque Noé éleva vers nous sa voix, nous exauçâmes sa prière, et nous le délivrâmes avec sa famille, des maux qui les affligeaient. [77] Nous le mîmes à l'abri des complots d'un peuple pervers, qui niait la vérité de notre religion. Les incrédules furent ensevelis

---

170. Abraham, après avoir mis en pièces les idoles de ses pères, attacha sa hache au col de la plus grande qu'il laissa entière, afin que le peuple tournât vers elle ses soupçons. *Gelaleddin.*

171. Les auteurs arabes disent que les Chaldéens ayant fait un grand bûcher, y jetèrent Abraham enchaîné, mais que les flammes consumèrent ses liens sans toucher à sa personne. *Maracci.*

dans les eaux. [78] Célèbre David et Salomon, qui jugèrent le dégât que des troupeaux avaient causé dans un champ [172]. Nous fûmes témoins de leur sentence. [79] Nous donnâmes à Salomon l'intelligence de cette affaire. Il eut en partage la sagesse et la science. Nous forçâmes les montagnes et les oiseaux [173] de s'unir à la voix de David, pour chanter les louanges de l'Éternel. [80] Nous lui enseignâmes l'art de faire des cuirasses, pour vous couvrir dans les combats. En êtes-vous reconnaissans? [81] Salomon reçut du ciel le pouvoir de commander aux vents. Il les faisait souffler à son gré sur la terre de bénédiction. Rien ne borne notre science. [82] Les démons obéissaient à sa voix. Il les employait à plonger dans la mer, pour amasser des perles, et à d'autres usages. Nous les empêchions de nuire. [83] Célèbre la confiance de Job [174], quand il s'écria : Seigneur, le malheur s'est appesanti sur moi ; mais ta miséricorde est infinie. [84] Nous entendîmes sa voix. Nous le délivrâmes du fardeau qui l'opprimait, et nous le rendîmes à sa famille. Nous augmentâmes ses biens, par un effet de notre miséricorde, et pour l'instruction des serviteurs de Dieu. [85] Rappelle le souvenir d'Ismaël, d'Énoch et d'Elcaphel [175]. Ils souffrirent avec patience. [86] Nous les fîmes jouir de nos faveurs, parce qu'ils furent vertueux. [87] Souviens-toi de Jonas, lorsqu'il partit à regret, et qu'il se crut à l'abri de notre puissance. Bientôt il s'écria du sein des ténèbres : Seigneur, il n'y a de Dieu que toi. Ton nom soit glorifié. J'ai été prévaricateur. [88] Nous entendîmes sa voix, et nous le délivrâmes de ses angoisses. C'est ainsi que nous sauvons les fidèles. [89] Publie les vertus de Zacharie qui adressa au ciel cette prière : Seigneur, ne permets pas que je meure sans enfans. Tu es le meilleur des héritiers. [90] Ses vœux furent exaucés. Nous lui donnâmes Jean. Nous rendîmes sa femme féconde, parce qu'ils s'excitaient mutuellement au bien, qu'ils priaient avec amour et crainte, et qu'ils nous étaient sincèrement soumis. [91] Chante la gloire de Marie qui conserva sa virginité intacte. Nous soufflâmes sur elle notre esprit. Elle et son fils furent l'admiration de l'univers. [92] O fidèles! Votre religion est une. Je suis votre Dieu. Adorez-moi. [93] Les juifs et les chrétiens sont divisés dans leur croyance. Tous reviendront à nous. [94] Le zèle du croyant vertueux ne sera point sans récompense. Nous écrirons ses bonnes œuvres. [95] Anathème sur les villes que nous avons détruites! Leurs habitans ne reparaîtront plus, [96] Jusqu'à ce qu'on ait ouvert le passage à Jagog et à Magog ; alors ils descendront à pas précipités des montagnes. [97] Et jusqu'à l'approche de l'heure inévitable, les infidèles, le regard consterné, s'écrieront : Malheur à nous! Nous vivions dans l'oubli de ce moment terrible, et dans l'impiété. [98] Vous et vos idoles descendrez dans l'enfer, pour servir d'aliment aux flammes. [99] Si elles eussent été des dieux, elles n'y auraient pas été précipitées. Il sera leur demeure éternelle. [100] Les réprouvés pousseront de profonds soupirs, et ils n'entendront point. [101] Ceux à qui le souverain bien est destiné, seront placés loin de ce séjour épouvantable. [102] Ils n'en entendront point les cris plaintifs ; et ils verront éternellement leurs désirs comblés. [103] Délivrés des horreurs de la crainte, ils seront reçus par les anges qui leur diront : Voilà l'heureux jour qui vous fut promis. [104] Alors nous plierons,

---

172. Un troupeau entré dans un champ pendant la nuit, y avait fait du dégât. L'affaire fut portée devant David. Il jugea que les brebis devaient être livrées pour le dommage. Salomon fut d'un sentiment différent. Il prononça que leur laine, leur lait, et leurs agneaux seraient abandonnés au possesseur du champ jusqu'à ce que le dommage fût réparé, et qu'ensuite le berger reprendrait son troupeau. David applaudit à cette sentence. *Gelaleddin.*

173. Les commentateurs du Coran, instruits par les Thalmudistes, disent que Dieu avait soumis à David et à Salomon, les montagnes, les vents, les animaux et les démons. Ils commandaient à la nature entière. Lorsque David était fatigué de chanter des cantiques, il ordonnait aux montagnes et aux oiseaux de le remplacer. Dieu lui apprit l'art de faire des cuirasses. *Maracci.* Les psaumes de David auront donné lieu à cette fable. On aura pris à la lettre ce qui était dans un sens figuré.

174. Nous rapporterons ici ce que les docteurs musulmans pensent de Job. Il descendait d'Esaü et possédait de grandes richesses. Des troupeaux de bœufs, de moutons, de chameaux et de chevaux couvraient ses campagnes. Son épouse se nommait *Rahmet.* Dieu l'éprouva en lui ôtant tous ses biens. Il fut réduit à une extrême misère. Couvert de vermine, couché sur un *fumier* (a), personne ne pouvait supporter la puanteur qui s'exhalait de son corps. Sa femme le servait avec patience ; mais Satan étant venu lui rappeler son ancienne félicité, et lui promettre de lui rendre ses richesses s'il voulait l'adorer, *Rahmet* le pria d'y consentir. Job en colère jura, que s'il revenait en santé, il lui donnerait cent coups de verges. Le ciel couronna sa persévérance. Il lui envoya, l'ange Gabriel qui le prit par la main, et l'aida à se lever. A l'instant une fontaine jaillit de dessous ses pieds. Il s'y désaltéra, s'y lava. Les vers qui le rongeaient tombèrent. Il devint plus beau qu'il n'avait été. Dieu augmenta ses richesses, et lui rendit sa famille et ses enfans, etc. Plusieurs auteurs croient que Job fut prophète, et qu'il vécut du temps de Jacob. On compte parmi ses fils, *Basciar, Hod* et *d'Elcaphel.* Chronique d'*Ismaël ebn Ali,* au chapitre de Job.(a) Le mot arabe *mezbalat* signifie *fumier.* La vulgate l'exprime de la même manière. Mais dans l'hébreu, *mezbalat* est rendu par le mot *cendre,* ce qui ne s'accorde plus avec le texte. D'où il paraît que Job a écrit en arabe, et que notre vulgate a été traduite d'après le texte arabe. *Maracci.*

175. *Ismaël ebn Ali* croit que *Delcaphel* était fils de Job, et qu'il habitait la Syrie. Il fut nommé ainsi parce qu'il jeûnait le jour, et veillait la nuit. Il jugeait sans aigreur les différens des mortels, de manière que tous ceux qui s'en rapportaient à son jugement s'en retournaient toujours satisfaits. *Gelaleddin.*

les cieux comme l'ange *Sehel* [176] plie un livre. Nous avons créé le premier homme de rien. Nous le ferons sortir une seconde fois du néant. Nous sommes garans de cette promesse, et nous l'accomplirons. [105] Nous avons écrit dans le Pentateuque, et dans le livre des psaumes, que la terre serait l'héritage de nos serviteurs vertueux. [106] Le Coran est l'avertissement de ceux qui craignent Dieu. [107] Nous ne te l'avons envoyé que pour annoncer à tous les hommes la miséricorde divine. [108] Dis : Il m'a été révélé que votre Dieu est un Dieu unique. Embrasserez-vous l'islamisme ? [109] Si vous persistez dans l'incrédulité, je vous annonce des calamités. J'ignore si elles sont proches, ou encore éloignées. [110] Mais Dieu sait ce que vous dévoilez, comme ce que vous couvrez des ombres du mystère. [111] J'ignore s'il peut vous éprouver, ou vous laisser jouir jusqu'au temps. [112] Dis : Seigneur, la vérité est ton partage. Juge entre nous. Notre Dieu est miséricordieux. Nous devons imporer son secours contre vos blasphèmes.

CHAPITRE XXII.

Le pèlerinage. donné à La Mecque, composé de 78 versets. Au nom de Dieu clément et miséricordieux.

[1] Mortels, craignez le Seigneur, parce que le tremblement de terre du grand jour sera épouvantable. [2] Dans ce jour la mère abandonnera son fils à la mamelle, la femme enceinte enfantera, les hommes frappés par le bras terrible de Dieu seront comme dans l'ivresse. [3] La plupart des hommes disputent de Dieu, sans être guidés par la lumière. Ils suivent Satan rebelle. [4] Il est écrit qu'il égarera et entraînera dans l'enfer, quiconque l'aura pris pour patron. [5] Mortels, si vous doutez de la résurrection, considérez les degrés par où nous vous avons fait passer. Nous vous avons formés de terre, ensuite de sperme, puis de sang congelé qui s'est changé en fœtus à moitié informe. Nous avons marqué le temps que vous deviez rester dans le sein de vos mères. Nous vous en retirons enfans. Vous parvenez à l'âge viril. Beaucoup meurent avant de l'avoir atteint. Quelques-uns arrivent à la décrépitude, et oublient tout ce qu'ils avaient appris. Considère la terre que la sécheresse a rendue stérile. Nous y versons la pluie. Son sein s'émeut, et elle produit toutes les plantes qui composent sa richesse et sa parure. [6] Ces merveilles s'opèrent, parce que Dieu est la vérité ; parce qu'il donne la vie aux morts, et que sa puissance embrasse l'univers. [7] L'heure viendra ; on ne peut en douter. Dieu ranimera les cendres qui sont dans les tombeaux. [8] La plupart disputent de Dieu, sans être éclairés du flambeau de la science, et sans l'autorité d'aucun livre fameux. [9] Ils détournent orgueilleusement la tête, pour écarter leurs semblables de la vraie voie. Ils seront couverts d'ignominie dans ce monde, et nous leur ferons éprouver, au jour de la résurrection, le tourment du feu. [10] Tel sera le prix de leurs crimes. Dieu ne trompe point ses serviteurs. [11] Il en est qui, peu fermes dans la foi, s'y attachent dans la prospérité, et l'abandonnent au moindre souffle de la tentation. Ils perdent ainsi les biens du monde et ceux de la vie future. Malheur irréparable ! [12] Ils adorent des divinités qui ne peuvent les assister, ni leur nuire. Aveuglement déplorable ! [13] Ils invoquent des dieux qui leur seront funestes plutôt que favorables. Malheur au patron ! Malheur à l'adorateur ! [14] Dieu introduira les croyans vertueux dans des jardins arrosés par des fleuves. Il fait ce qu'il lui plaît. [15] Que celui qui pense que le prophète sera privé du secours divin dans ce monde et dans l'autre, attache une corde au toit de sa maison, et s'étrangle. Il verra si son stratagème rendra vain ce qui l'irrite. [16] Nous avons envoyé le Coran du ciel. Il est le dépôt de la vraie religion ; mais le Seigneur éclaire ceux qu'il veut. [17] Au jour de la résurrection il jugera les croyans, les juifs, les sabéens, les chrétiens, les mages et les idolâtres, parce qu'il est témoin de toutes choses. [18] Ne vois-tu pas que tout ce qui est dans les cieux et sur la terre adore le Seigneur ; que le soleil, la lune, les étoiles, les arbres, les animaux et les hommes l'adorent ? Mais beaucoup d'entre les mortels sont destinés aux supplices. [19] Celui que Dieu méprisera sera couvert de honte. Il fait ce qu'il lui plaît. [20] Les croyans et les incrédules disputent de Dieu ; mais les incrédules auront des habits de feu, et l'on versera sur leur tête l'eau bouillante. [21] Elle dévorera leur peau et leurs entrailles. Ils seront frappés avec des bâtons armés de fer. [22] Toutes les fois que la douleur les fera s'élancer des flammes, ils y seront replongés, et on leur dira : Goûtez la peine du feu. [23] Dieu introduira les croyans qui auront exercé la bienfaisance, dans des jardins où coulent

---

176. Lorsque l'ange *Sehel* aura lu les actions de chaque homme, il pliera le livre, et son sort sera décidé. *Geladeddin.*

des fleuves. Ils seront ornés de bracelets d'or enrichis de perles, et vêtus d'habits de soie ; [24] Parce qu'ils ont fait leur profession de foi, et qu'ils ont marché dans le chemin du salut. [25] Les infidèles qui écarteront les croyans du sentier de Dieu et du temple saint, que tous les hommes, soit étrangers, soit habitans de la Mecque, doivent visiter ; [26] Et ceux qui voudraient le profaner, éprouveront la rigueur de nos châtimens. [27] Lorsque nous donnâmes à Abraham l'emplacement [177] du temple de la Mecque, pour asile, nous lui recommandâmes de ne point y souffrir d'idole, et de le purifier pour les fidèles qui feront le tour de son enceinte, qui y prieront, et qui se courberont devant le Seigneur. [28] Annonce aux peuples le saint pèlerinage [178]. Qu'ils l'accomplissent à pied ou sur des chameaux. Qu'ils viennent des contrées les plus éloignées. [29] Ils verront combien ils en retireront d'avantages. Aux jours marqués, ils rendront grâces au Seigneur qui leur a permis de manger de la chair des troupeaux. Nourrissez-vous-en, et calmez la faim du pauvre. [30] Qu'ils quittent tout levain d'infidélité ; qu'ils accomplissent leurs vœux, et qu'ils fassent le tour de la maison antique [179]. [31] Celui qui redoutera l'anathème du ciel lui sera agréable. Nourrissez-vous de tous les animaux qui ne vous sont point défendus. Fuyez l'abomination des idoles, et le mensonge. [32] Adorez l'unité de Dieu. Ne lui donnez point d'égal. L'idolâtre sera semblable à celui qui, précipité du ciel, devient la proie des oiseaux, ou est jeté dans un lieu désert. [33] Celui qui fera éclater sa magnificence dans les victimes qu'il offrira, donnera des marques de la piété de son cœur. [34] Servez-vous-en jusqu'au temps marqué. Immolez-les ensuite devant la maison antique [180]. [35] Nous avons donné à chaque nation ses rites sacrés, pour remercier le Seigneur qui a multiplié les troupeaux utiles aux humains. Il n'y a qu'un Dieu. Embrassez l'islamisme. Annoncez la félicité aux humbles, [36] A ceux qui ne se rappellent le souvenir de Dieu qu'avec crainte, qui supportent avec constance les maux qui leur arrivent, qui font la prière et qui versent dans le sein des pauvres une portion des biens que nous leur avons départis. [37] Les chameaux doivent entrer dans l'hommage que vous rendez au Très-Haut. Vous en retirez des avantages multipliés. Invoquez le nom du Seigneur sur ceux que vous immolez. Qu'ils soient posés sur trois jambes, et liés par le pied gauche de devant. Lorsqu'ils auront été immolés, nourrissez-vous de leur chair, et en distribuez à tous ceux qui en demanderont. Dieu les a soumis à votre usage. Vous devez lui rendre grâce de ce bienfait. [38] Il ne reçoit ni la chair, ni le sang des victimes ; mais il agrée la piété de ceux qui les immolent. Nous faisons servir les animaux à votre usage, afin que vous glorifiez le Seigneur qui vous a éclairés. Annonce le bonheur à ceux qui exercent la bienfaisance. [39] Dieu détruira les piéges tendus au croyant. Il hait le fourbe et l'infidèle. [40] Il a permis à ceux qui ont reçu des outrages, de combattre, et il est puissant pour les défendre. [41] Ils ont été chassés de leurs maisons parce qu'ils ont professé la foi. Si Dieu n'eût opposé une partie des hommes à l'autre, les monastères, les églises des chrétiens, les synagogues et le temple de la Mecque auraient été détruits. C'est dans ces lieux saints qu'on célèbre les louanges du Très-Haut. Il aidera ceux qui combattront pour la foi, parce qu'il est fort et puissant. [42] Affermis par nos mains sur la terre, ils feront la prière, l'aumône ; ils exerceront la justice, et aboliront l'iniquité. Dieu est le terme de toutes choses. [43] S'ils t'accusent d'imposture, souviens-toi que les peuples de Noé, d'*Aod*, de *Themod*, d'Abraham, de Loth et de Madian, ont ainsi traité leurs prophètes. Moïse ne fut-il pas accusé de mensonge ? J'ai laissé vivre les pervers jusqu'au temps ; ensuite je les ai punis ; et mes fléaux ont été terribles. [44] Combien de villes criminelles avons-nous renversées ? Elles sont maintenant ensevelies sous leurs ruines. Combien de puits ont été abandonnés ? Combien de forteresses détruites ? [45] N'ont-ils jamais voyagé ? N'ont-ils pas un esprit pour comprendre, des oreilles pour attendre ? Leurs yeux ne sont point fermés à la lumière ; mais leurs cœurs sont aveugles. [46] Ils te presseront de hâter la vengeance céleste. Dieu ne rétracte point ses promesses. Un

---

177. Suivant le sentiment des auteurs arabes, la maison sainte avait été apportée du ciel par les anges. Soixante-dix mille y priaient tous les jours, et les mêmes n'y entraient jamais deux fois. Adam en avait fait quarante fois le pèlerinage du fond de l'Inde. Ayant été enlevée au ciel avant le déluge, Dieu en donna l'emplacement à Abraham pour y bâtir le temple de la Mecque.

178. Avant Mahomet les Arabes faisaient le pèlerinage de la Mecque. Ils venaient y célébrer la mémoire d'Abraham et d'Ismaël. Ce n'était qu'un usage. Mahomet le consacra par des cérémonies religieuses, et leur en fit un précepte. Il cachait sous le motif de la religion des vues politiques. Il voulait que la Mecque devînt un point de réunion pour tous les mahométans ; qu'ils vinssent y chercher les aromates de l'Arabie heureuse, et apporter en échange leur or et les productions de leur pays. Les grandes caravanes qui partent tous les ans de Perse, de Damas, de Maroc et du Caire, se réunissent à la Mecque. Il se fait pendant le temps du pèlerinage un commerce immense dans cette ville, et à Gedda qui en est le port.

179. Le temple de la Mecque.

180. *Idem*.

jour à ses yeux est comme mille ans aux vôtres. [47] Combien de cités pendant long-temps florissantes, ont été anéanties, à l'instant où elles sont devenues coupables ? Leurs habitans paraîtront devant moi. [48] Dis : ô mortels ! Je vous prêche la vérité. [49] L'indulgence, et une récompense magnifique, seront le partage des croyans vertueux. [50] Ceux qui s'efforceront d'abolir la doctrine du Coran, seront les victimes du feu. [51] Nous n'avons point envoyé de prophètes, que Satan n'ait mêlé des erreurs dans leur doctrine ; mais Dieu détruit ses artifices, et les préceptes divins restent dans leur pureté. Il est savant et sage. [52] Il fait servir les prestiges du tentateur, à l'aveuglement de ceux dont le cœur est endurci et gangrené. Les impies sont ensevelis dans de profondes ténèbres. [53] Ceux qui ont reçu la science, intimement persuadés que le Coran est la vérité éternelle, croient en lui. Leurs cœurs reposent tranquillement dans cette croyance, et Dieu les guide dans le chemin du salut. [54] Les infidèles ne cesseront de douter, qu'au moment où l'heure fatale les surprendra, et où ils verront les supplices du jour terrible. [55] Alors la balance sera dans les mains de Dieu. Il jugera entre les mortels. Les croyans qui auront exercé la bienfaisance, seront introduits dans les jardins de la volupté. [56] Une peine ignominieuse sera le prix des incrédules et de ceux qui auront blasphémé contre l'islamisme. [57] Martyrs de l'islamisme, ceux qui seront morts, ou qui auront été tués sous ses étendards, recevront des biens infinis. La libéralité de Dieu est sans bornes. [58] Il les introduira dans un séjour dont ils seront enchantés. Il est savant et doux. [59] Celui qui, après avoir usé de représailles envers l'infidèle, en recevra de nouvelles insultes, aura pour appui, le bras du Dieu clément et miséricordieux. [60] Il fait succéder la nuit au jour, et le jour à la nuit. Il sait et apprécie toutes choses. [61] Il est la vérité. Les autres dieux qu'on invoque ne sont que mensonge. Il est le Dieu grand, le Très-Haut. [62] Ne vois-tu pas que sa main abaisse les nuages qui versent la pluie, qu'aussitôt la terre se couvre de verdure ? Il est habile et prévoyant. [63] Il possède ce qui est dans les cieux et sur la terre. Il est riche, et sa louange est en lui-même. [64] Ne voyez-vous pas qu'il a soumis à votre usage tout ce que la terre contient, que le vaisseau fend les ondes à sa voix, qu'il soutient sur vos têtes le firmament, parce qu'il est clément et miséricordieux ? [65] C'est lui qui vous a donné la vie. C'est lui qui vous envoie la mort, et qui vous ressuscitera. O combien l'homme est ingrat ! [66] Nous avons prescrit à chaque peuple ses rites sacrés. Qu'ils les observent, et qu'ils ne disputent point sur la religion. Appelle-les à Dieu. Tu es dans le chemin véritable. [67] S'ils disputent, dis-leur : Dieu connaît vos actions. [68] Il jugera vos différens au jour de la résurrection. [69] Ignorez-vous que la science de Dieu embrasse l'étendue des cieux et de la terre ? Tout est écrit dans le livre. Tout est facile au Très-Haut. [70] Le culte qu'ils rendent aux idoles, n'est point autorisé du ciel. Ils n'ont point la science pour guide. Un jour ils seront sans protecteur. [71] Lorsqu'on récite les versets du Coran, on voit l'indignation peinte sur le front des infidèles. Ils sont prêts à se jeter sur le lecteur. Dis : vous annoncerai-je quelque chose de plus terrible ? C'est le feu de l'enfer que Dieu a promis aux incrédules. Malheur à ceux qui y seront précipités ! [72] O idolâtres ! écoutez cette parabole. Les dieux que vous servez ne sauraient créer une mouche. En vain réuniraient-ils leurs efforts ; et si ce faible insecte ravit une parcelle de ce que vous leur offrez, il leur est impossible de la reprendre. L'adorateur et l'idole sont également impuissans. [73] Ils n'ont pas porté de Dieu un jugement équitable. Il est puissant et dominateur. [74] Il choisit ses ministres parmi les anges et les hommes. Il apprécie tout. [75] Il connaît le passé et l'avenir. Il est le terme de toutes choses. [76] O croyans ! courbez-vous, servez, adorez le Seigneur ; faites le bien, et vous serez heureux. [77] Combattez avec courage sous les étendards de Dieu. Vous êtes ses élus. Il ne vous a rien commandé de difficile dans votre religion. C'est la foi de votre père Abraham que vous professez. C'est lui qui vous nomma *musulmans*. [78] Le Coran vous confirme ce titre glorieux. Mon envoyé sera témoin contre vous, au jour de la résurrection. Vous porterez témoignage contre le genre humain. Accomplissez la prière. Faites l'aumône. Soyez inébranlables dans la foi. Dieu est votre maître. Courage au serviteur, et louange au patron !

CHAPITRE XXIII.

Les Fidèles. donné à La Mecque, composé de 118 versets. Au nom de Dieu clément et miséricordieux.

[1] Le bonheur est assuré aux croyans, [2] A ceux qui font la prière avec humilité, [3] Qui évitent toute parole

déshonnête, [4] Qui observent le précepte de l'aumône, [5] Qui gardent les lois de la chasteté, [6] Et qui bornent leurs jouissances à leurs femmes et à leurs esclaves. [7] Celui qui porte ses désirs au delà est prévaricateur. [8] Ceux qui gardent fidèlement leurs sermens et leurs traités, [9] Qui font la prière avec zèle, [10] Seront les héritiers du paradis. [11] Ils y demeureront éternellement. [12] Nous créâmes l'homme du pur limon de la terre. [13] Sperme, nous le déposons dans un lieu sûr. [14] Nous le transformons en sang coagulé, ce sang en fœtus, dont nous formons des os recouverts de chair. Nous accomplissons notre création en l'animant. Béni soit le Dieu créateur! [15] L'homme subira la mort. [16] Il ressuscitera au jour de la résurrection. [17] Avant de le former, nous avions élevé les sept cieux. Nous ne négligeons point le soin de nos créatures. [18] Nous faisons tomber l'eau des nuages avec mesure. Nous la laissons séjourner dans la terre. Nous pourrions à notre gré la faire disparaître. [19] La pluie fait croître dans vos jardins le palmier et la vigne ; elle fait éclore tous les fruits qui vous servent de nourriture. [20] Elle fait croître l'arbre du mont Sinaï, dont on tire l'huile, qui colore ceux qui s'en nourrissent. [21] Les animaux sont pour vous un sujet d'instruction. Leur lait vous offre un breuvage, leur chair un aliment. Vous en retirez beaucoup d'autres avantages. [22] Ils vous portent sur la terre, comme le vaisseau sur les mers. [23] Noé, notre ministre, dit à son peuple : Servez le Seigneur. Vous n'avez point d'autre Dieu que lui. Ne le craindrez-vous donc pas ? [24] Noé n'est qu'un homme comme vous, dirent les grands voués à l'infidélité : il veut dominer parmi vous. Si le ciel eût voulu nous éclairer, il nous aurait envoyé des anges. L'histoire de nos pères ne nous offre rien de semblable. [25] C'est un insensé. Enfermons-le pendant quelque temps. [26] Seigneur, s'écria Noé, protége-moi contre ceux qui m'accusent de mensonge. [27] Nous lui inspirâmes de construire un vaisseau sous nos yeux, et suivant nos ordres, et lorsque l'arrêt eut été prononcé, et que la vengeance fut prête, [28] Nous lui dîmes : Fais entrer dans l'arche un couple de chaque espèce d'animaux, et ta famille, excepté celui dont le sort est arrêté. Ne nous implore point pour les pervers. Ils vont périr dans les eaux. [29] Lorsque tu entreras dans l'arche avec ta famille, publie les louanges de Dieu qui t'a délivré des mains des méchans. [30] Lorsque vous en descendrez, adresse-lui cette prière : Seigneur, ô toi qui es le meilleur des guides, daigne bénir notre sortie ! [31] Le déluge fut un signe de la puissance divine. Il fit périr le peuple de Noé. [32] Nous établîmes sur ses ruines une autre nation. [33] Nous leur envoyâmes un prophète choisi, parmi eux. Il leur dit : servez le Seigneur, il n'y a point d'autre Dieu que lui. Ne le craindrez-vous donc pas ? [34] Les premiers du peuple, que nous avions comblés de richesses, étaient infidèles, et niaient la résurrection. Cet envoyé, dirent-ils, est un homme semblable à vous, [35] Il boit et mange comme vous. [36] Si vous obéissez à la voix d'un mortel qui vous ressemble, votre perte est certaine. [37] Il vous flatte qu'après votre mort, lorsque vos corps ne seront plus qu'un amas d'os et de poussière, vous reviendrez à la vie. [38] Rejetez, rejetez cette vaine promesse. [39] Il n'y a point d'autre vie que celle dont nous jouissons. Nous naissons, nous mourons, et nous ne ressuscitons point. [40] Cet homme n'est qu'un imposteur qui prête à Dieu un mensonge. Nous ne croirons point sa doctrine. [41] Seigneur, s'écria le prophète, lave-moi du crime dont on m'accuse. [42] Encore quelques instants, répondit le Seigneur, et ils seront livrés au repentir. [43] Le cri de l'ange exterminateur se fit entendre, et semblables aux germes desséchés, les incrédules furent anéantis. Loin de Dieu les impies ! [44] Nous établîmes d'autres peuples sur les débris de leur empire. [45] Les nations ne sauraient reculer ni avancer l'instant de leur destruction. [46] Nous avons envoyé successivement nos ministres. Chaque nation a nié la mission de son apôtre. Elles ont disparu les unes après les autres. Nous avons apporté un livre nouveau. Loin de nous ceux qui n'y croiront pas ! [47] Nous chargeâmes Moïse et son frère Aaron de prêcher nos commandemens, et nous leur donnâmes la puissance des miracles. [48] Ils se présentèrent devant Pharaon et les seigneurs de sa cour, qui, enivrés de leur puissance, rejetèrent notre doctrine. [49] Croirons-nous, disaient-ils, à deux hommes semblables à nous, dont nous tenons le peuple en esclavage ? [50] Ils traitèrent nos ministres d'imposteurs, et ils périrent. [51] Nous donnâmes à Moïse un livre pour conduire les Israélites. [52] Nous offrîmes Jésus et sa mère à l'admiration de l'univers. Nous les avons enlevés dans un séjour qu'habite la paix, et où coule une eau pure. [53] Prophètes du Seigneur, nourrissez-vous d'alimens purs ; pratiquez la vertu ; je suis le témoin de vos actions. [54] Votre religion est une. Je suis votre Dieu. Craignez-moi. [55] Les peuples se sont divisés en différentes sectes, et chacune est contente de sa croyance. [56] Laisse-les dans leurs erreurs jusqu'au temps. [57] Pensent-ils que les richesses et les enfans que nous leur avons donnés, [58] Soient un bienfait garant de leur bonheur ? Ils se trompent, et ils ne le sentent pas. 59 Ceux que la crainte de Dieu rend circonspects, 60 Ceux qui croient à ses commandemens, 61 Ceux qui ne lui donnent point d'égal, 62 Ceux qui font l'aumône, et que la pensée du jugement tient dans la crainte, 63 Ceux-là, animés par un saint zèle, devancent les autres dans la voie du salut. 64 Nous n'exigerons de chacun que suivant ses forces. Nous possédons le livre de la vérité. Personne n'éprouvera d'injustice. 65 Ceux qui ignorent cette doctrine, ceux dont les œuvres n'ont point la vertu pour objet, resteront dans leur aveuglement. 66 Jusqu'au temps où les plus puissans d'entre eux éprouvant notre vengeance, crieront tumultueusement. 67 On leur dira : Calmez vos clameurs ; aujourd'hui vous n'avez plus de secours à attendre. 68 On vous a lu mes préceptes, et vous êtes retournés sur vos pas. 69 Aveuglés par l'orgueil, vous, proférez vos discours criminels, dans l'ombre de la nuit. 70 Ont-ils considéré attentivement la doctrine du Coran ? Renferme-t-il d'autres commandemens que ceux qui ont été prescrits à leurs pères ? 71 Ne connaissent-ils pas leur apôtre ? et ils nient la vérité de sa mission ! 72 Diront-ils qu'il est inspiré par Satan ? Il est venu leur prêcher la vérité, et la plupart d'entre eux l'abhorrent. 73 Si la vérité eût suivi leurs désirs, la corruption aurait gagné le ciel, la terre, et tout ce qu'ils renferment. Nous leur avons apporté le livre de l'instruction, et ils le rejettent avec mépris. 74 Leur demanderas-tu le prix de ton zèle ? Ta récompense est dans les mains de Dieu. Nul ne sait mieux récompenser que lui. 75 Ta voix les appelle au chemin du salut, 76 Dont s'écartent ceux qui ne croient point à la vie future. 77 Si la pitié nous eût fait leur prédire les maux qu'ils allaient éprouver, ils n'en auraient été que plus opiniâtres dans leur égarement. 78 Nous leur avons envoyé des disgrâces passagères. Ils ne se sont point humiliés, et n'ont point adressé au Seigneur d'humbles prières. 79 Mais lorsque nous avons ouvert sur eux la porte du malheur, ils se sont abandonnés au désespoir. 80 C'est Dieu qui vous a donné l'ouïe, la vue, et un cœur pour sentir. Combien peu reconnaissent ces bienfaits ! 81 Il vous a mis sur la terre. Il vous rassemblera devant son tribunal. 82 C'est lui qui fait vivre et mourir ; c'est lui qui a établi la vicissitude de la nuit et du jour ; ne le comprenez-vous pas ? 83 Loin d'ouvrir les yeux, ils répètent ce qu'ont dit leurs pères : 84 Quand nous serons morts, et qu'il ne restera de notre être qu'un amas d'os et de poussière, serons-nous ranimés de nouveau ? 85 On berça nos pères de cette espérance. On nous en flatte de même ; mais ce n'est qu'un vain songe de l'antiquité. 86 Demandez-leur : A qui appartient la terre, et ce qu'elle contient ? Le savez-vous ? 87 Ils répondent : Elle appartient à Dieu. N'ouvriront-ils donc point les yeux ? 88 Demande-leur : Qui est le souverain des sept cieux, et du trône sublime ? 89 C'est Dieu, répondent-ils. Ne le craindront-ils donc point ? 90 Demande-leur : Qui tient les rênes de l'univers ? Quel est celui qui protège et qui n'est point protégé ? Le savez-vous ? 91 Dieu, répondent-ils. Dis-leur : Vos yeux seront-ils donc toujours fermés à la lumière ? 92 Nous leur avons apporté la vérité, et ils persistent dans le mensonge. 93 Dieu n'a point de fils. Il ne partage point l'empire avec un autre Dieu. S'il en était ainsi, chacun d'eux voudrait s'approprier sa création, et s'élever au-dessus de son rival. Louange au Très-Haut ! Loin de lui ces blasphèmes ! 94 Son œil perce dans l'ombre du mystère. Il voit tout. Anathème aux idoles ! 95 Dis : Seigneur, fais-moi voir les tourmens que tu leur prépares, 96 Ne me confonds pas avec les pervers. 97 Nous pouvons te montrer les supplices destinés aux méchans. 98 Oublie le mal qu'ils t'ont fait. Nous connaissons leurs discours. 99 Dis : Seigneur, tu es mon refuge contre les tentations de Satan. 100 Défends-moi contre ses desseins. 101 Quand l'impie subit la mort, il s'écrie : Seigneur, laisse-moi retourner sur la terre. 102 Je ferai le bien, dans l'espace de temps que tu m'accorderas. Ces vains souhaits sont rejetés. Une barrière impénétrable l'arrête jusqu'au jour de la résurrection. 103 Lorsque la trompette sonnera, tous les liens du sang seront brisés. On ne s'interrogera plus. 104 Ceux dont la balance penchera, jouiront de la félicité. 105 Ceux pour qui elle sera légère, auront trahi leur âme, et demeureront éternellement dans l'enfer. 106 Le feu dévorera leur visage, et leurs lèvres se retireront. 107 Ne vous a-t-on pas lu ma doctrine ? Et vous l'avez accusée de fausseté ! 108 Seigneur, répondront-ils : Le malheur a prévalu sur nous ; nous étions dans l'aveuglement. 109 Délivre-nous des flammes. Si nous retournons à l'erreur, nous mériterons de périr. 110 Restez-y couvert d'opprobre, dira Dieu, et ne m'adressez plus vos plaintes. 111 Une partie de mes serviteurs s'écriaient : Seigneur, nous croyons. Pardonne-nous. Aie pitié de nous. Ta miséricorde est infinie, 112 Vous avez insulté à leur piété jusqu'à ce qu'ils aient cessé de vous rappeler mon souvenir, et vous vous êtes joués de leur crédulité. 113 J'ai récompensé aujourd'hui leur constance. Ils possèdent le bonheur suprême. 114 On leur demandera : Combien de temps êtes-vous restés sur la terre ? [115] Un jour, ou moins encore, répondront-ils ; interrogez ceux qui comptent. [116] On ajoutera : Vous ne l'avez habitée que peu de temps, et vous l'ignorez encore. [117] Avez-vous pu croire que nous vous avions créés en vain, que vous ne paraîtriez plus devant nous ? Gloire soit au Très-Haut ! il est le roi véritable, le Dieu unique, et le souverain du trône glorieux. Celui qui donne un égal à l'Éternel ne saurait justifier sa croyance. Il lui rendra compte de son impiété. Le bonheur ne sera point le partage des idolâtres. [118] Dis : Seigneur, pardonne-nous. Aie compassion de nous. Ta miséricorde est sans bornes.

CHAPITRE XXIV.

La Lumière. donné à Médine, composé de 64 versets. Au nom de Dieu clément et miséricordieux.

[1] Nous avons envoyé ce chapitre du ciel. Il contient la sanction de nos lois, et des signes dont l'évidence doit vous désiller les yeux. [2] Les impudiques des deux sexes seront punis de cent coups de fouets. C'est le jugement de Dieu. Vous n'aurez pour eux aucune commisération, si vous croyez en lui, et au jour dernier. Que quelques fidèles soient témoins de leur châtiment. [3] Un homme débauché ne pourra épouser qu'une femme de son espèce, ou une idolâtre. Une fille débauchée ne se mariera qu'à un impudique, ou à un idolâtre. Ces alliances sont interdites aux fidèles. [4] Ceux qui accuseront d'adultère une femme vertueuse, sans pouvoir produire quatre témoins, seront punis de quatre-vingts coups de fouet. Déclarés infâmes, ils ne seront plus reçus en témoignage. [5] Ceux qui, touchés de repentir, retourneront à la vertu, auront lieu d'espérer la miséricorde divine. [6] Les maris qui, sur le seul témoignage, accuseront leurs femmes d'adultère, jureront quatre fois, par le nom de Dieu, qu'ils disent la vérité. [7] Le cinquième serment sera une imprécation sur eux-mêmes, s'ils sont parjures. [8] La femme se délivrera du châtiment, en jurant quatre fois, par le nom de Dieu, que le crime dont on l'accuse est faux. [9] Au cinquième serment, elle invoquera sur elle la vengeance céleste, si elle n'est pas innocente. [10] Si le Dieu clément et sage ne faisait éclater sa miséricorde pour vous, il punirait à l'instant le parjure. [11] Ne croyez pas que le crime du menteur retombe sur vous ; il ne vous en reviendra aucun préjudice. Personne ne sera puni que du mal qu'il aura fait. Le scélérat, chargé de forfaits, sera dévoué à l'horreur des supplices. [12] Lorsque vous avez entendu l'accusation[181], les fidèles des deux sexes n'ont-ils pas pensé intérieurement, ce qu'il était juste de croire ! N'ont-ils pas dit : Voilà un mensonge impudent ! [13] Les accusateurs ont-ils produit quatre témoins ? Et s'ils n'ont pu les faire paraître, n'ont-ils pas proféré de faux sermens ? [14] Si la miséricorde et la bonté divine ne veillaient sur vous, ce mensonge eût attiré sur vos têtes un châtiment épouvantable. Il a passé de bouche en bouche. Vous avez répété ce que vous ignoriez, et vous avez regardé une calomnie comme une faute légère, et c'est un crime aux yeux de l'Éternel. [15] Avez-vous dit, lorsqu'on vous a fait ce rapport : il ne nous regarde point. Louange à Dieu ! C'est une fausseté évidente. [16] Dieu vous défend de retomber jamais dans une faute semblable, si vous êtes fidèles. [17] Il vous dévoile sa religion. Il est savant et sage. [18] Ceux qui prennent plaisir à publier les faiblesses des croyans, subiront un supplice affreux. [19] Ils seront punis dans ce monde et dans l'autre. Dieu sait et vous ne savez pas. [20] Rendez grâces à la bonté et à la miséricorde divine. [21] O croyans ! ne suivez pas les traces de Satan. Il commande à ceux qu'il a séduits, l'iniquité et l'infamie. Si la miséricorde divine ne veillait sur ses créatures, aucun de vous n'eût conservé son innocence. Dieu préserve du vice ses élus. Il sait et entend tout. [22] Que le riche et le puissant ne jurent jamais de ne faire aucune largesse à leurs parens, aux pauvres, et à ceux qui s'expatrient pour la défense de la foi. Qu'ils ressentent pour eux de la commisération. Qu'ils soient bienfaisans. Ne désirent-ils pas euxmêmes, les faveurs du ciel ? Le Seigneur est clément et miséricordieux. [23] Ceux qui accusent faussement des femmes sages, humbles et fidèles, seront maudits dans ce monde et dans l'autre, et livrés à la rigueur des tourmens. [24] Un jour, leurs langues, leurs mains et leurs pieds témoigneront contre eux. [25] Dieu leur rendra, suivant leurs œuvres, et ils sauront qu'il est la vérité immuable. [26] Les femmes corrompues, et les hommes corrompus, les femmes vertueuses, et les hommes vertueux sont faits pour être unis ensemble.

---

181. Cette accusation fut intentée contre *Aïesha*, épouse chérie de Mahomet, que quelques musulmans accusèrent d'avoir commerce avec *Sawan*. On peut voir ce que nous eu avons dit dans la vie de Mahomet, sixième année de l'Hégire.

Ceux-ci doivent être à l'abri dela calomnie. C'est pour eux que Dieu est indulgent ; c'est pour eux qu'il fera éclater sa magnificence. [27] O croyans ! N'entrez pas dans une maison étrangère sans demander permission, et sans saluer ceux qui l'habitent. L'honnêteté l'exige, et vous ne devez pas l'oublier. [28] Quand même il n'y aurait personne, n'y entrez point qu'on ne vous l'ait permis, et si l'on vous refuseretournez-vous sur vos pas. L'équité le demande. Dieu connaît vos actions. [29] Mais vous pouvez entrer librement dans les édifices publics, qui vous sont de quelque utilité. Dieu sait ce que vous cachez et ce que vous produisez au grand jour. [30] Commande aux fidèles de contenir la licence de leurs regards et d'être chastes. Ils en seront plus purs. Dieu est le témoin des actions. [31] Ordonne aux femmes de baisser les yeux, de conserver leur pureté, et de ne montrer de leur corps que ce qui doit paraître. Qu'elles aient le sein couvert [182]. Qu'elles ne laissent voir leur visage qu'à leurs maris, leurs pères, leurs grands-pères, leurs enfans, aux enfans de leurs maris, à leurs frères, leurs neveux, leurs femmes, leurs esclaves, leurs serviteurs (excepté ceux qui ne leur sont pas d'une absolue nécessité), et aux enfans qui ne savent pas ce qu'on doit couvrir. Qu'elles n'agitent point les pieds de manière à laisser apercevoir des charmes qui doivent être voilés. O fidèles ! Tournez vos cœurs vers le Seigneur, afin que vous soyez heureux. [32] Épousez des filles fidèles. Mariez les plus sages de vos serviteurs et de vos esclaves. S'ils sont pauvres, Dieu les enrichira. Il est libéral et savant. [33] Que ceux que l'indigence éloigne du mariage, vivent dans la continence, jusqu'à ce que le ciel leur ait donné des richesses. Accordez à vos esclaves fidèles l'écrit qui assure leur liberté, lorsqu'ils vous le demanderont. Donnez-leur une partie de vos biens. Ne forcez point vos femmes esclaves à se prostituer pour un vil salaire, si elles veulent vivre dans la chasteté. Si vous les y contraignez, Dieu leur pardonnera à cause de la violence que vous leur aurez faite. [34] Nous avons envoyé du ciel des préceptes clairs, semblables à ceux que nous donnâmes aux anciens. Ils serviront d'instruction à ceux qui craignent le Seigneur. [35] Dieu est la lumière des cieux et de la terre. Il éclaire comme la lampe allumée dans le verre, et dont l'éclat ressemble à celui d'une étoile. Sa lumière vient de l'arbre béni, de cet olivier qui n'est ni de l'orient, ni de l'occident ; dont l'huile s'enflamme à la moindre approche du feu, et produit des rayons toujours renaissans. Par elle il conduit ceux qu'il lui plaît. Il offre des paraboles aux hommes pour les instruire. Sa science est infinie. [36] Dieu vous a permis d'exalter son nom dans les temples, d'y rappeler son souvenir, et de l'y louer, le matin et le soir. [37] Mortels, que le commerce et le soin de vos affaires, ne vous fassent point oublier le souvenir de Dieu. Faites la prière et l'aumône. Craignez le jour où les cœurs et les yeux seront dans la consternation. [38] Il vous donnera le prix fortuné de vos mérites. Il vous comblera de ses bienfaits. Il les dispense à son gré, et sans compte. [39] Les œuvres de l'infidèle ressemblent à la vapeur qui s'élève dans le désert ; le voyageur altéré y court chercher de l'eau, et lorsqu'il s'en est approché, l'illusion a disparu. Dieu rendra aux pervers suivant leurs mérites. Il est exact dans ses comptes. [40] Les œuvres de l'infidèle sont encore semblables aux ténèbres qui reposent dans les abîmes de la mer, couvertes de flots entassés, et de l'obscurité des nuages, ténèbres si épaisses que l'homme qui y serait plongé, aurait peine à voir son bras étendu. Celui à qui Dieu refuse la lumière est aveugle. [41] Ne voyez-vous pas que les cieux et la terre s'unissent pour publier les louanges de l'Éternel ? Les oiseaux dans les bois les célèbrent à leur manière. Tous les êtres créés connaissent l'hommage qu'ils lui doivent, et il sait ce qu'ils font. [42] Le domaine des cieux et de la terre lui appartient. Il est le terme où tout se doit réunir. [43] N'avez-vous pas vu comme il agite légèrement les nuages, comme il les pousse dans les airs, les rassemble, les entasse ? Alors la pluie tombe de leur sein entr'ouvert ; alors des montagnes semblent descendre des cieux. La grêle frappe où il veut. Il la détourne à son gré, et l'éclat de la foudre éblouit les faibles yeux des mortels. [44] La succession du jour et de la nuit est son ouvrage. C'est un prodige pour ceux qui voient. Il a formé d'eau tous les animaux. Les uns rampent sur la terre, les uns marchent sur deux pieds, les autres sur quatre. Il crée ce qu'il veut, parce que rien ne limite sa puissance. [45] Nous dévoilons ces merveilles à vos yeux, et le Seigneur dirige ses élus au chemin du salut. [46] Ils assurent qu'ils croient en Dieu et en son apôtre. Vains sermens. La plupart retournent à leurs erreurs,

---

182. Les femmes turques, comme nous l'avons dit, ne sortent point en public, sans être voilées. En Égypte elles s'enveloppent d'un long manteau de soie noire qui leur couvre tout le corps. Des *babouges* d'un cuir jaune et très-mince leur servent de chaussure. De longs caleçons et des habits traînant à terre empêchent qu'on ne leur voie la jambe ; mais comme elles ne portent point de bas, Mahomet leur defend d'agiter les pieds de manière à laisser apercevoir des charmes qui doivent être voilés. Elles paraissent toujours en public habillées avec la plus grande décence. Dans l'intérieur de leurs maisons, elles quittent tout cet attirail, et sont vêtues de la manière la plus légère.

et n'ont point la foi. [47] Après en avoir appelé au jugement de Dieu et du prophète, le plus grand nombre est retombé dans l'infidélité. [48] Si la vérité était leur guide, ils se hâteraient de venir à lui. [49] Leur cœur est-il corrompu? Doutent-ils? Craignent-ils que Dieu et le prophète ne les trompent? Ne sont-ils pas injustes? [50] Lorsque les fidèles en appellent au jugement de Dieu et de son ministre, ils disent : Nous avons entendu, et nous obéissons. Ils jouiront du bonheur suprême. [51] Quiconque est docile à la voix de Dieu et du prophète, quiconque nourrit dans son cœur la crainte et la piété, sera sauvé. [52] Ils ont juré par le nom de Dieu, le plus saint des sermens, que, si tu leur en avais donné l'ordre, ils auraient marché au combat. Dis-leur : Ne jurez point. Votre obéissance est juste. Le Tout-Puissant pèse vos actions. [53] Dis-leur : Soyez soumis à Dieu et au prophète. Si vous êtes rebelles, il ne répond que de ses œuvres. Vous répondrez des vôtres. La lumière sera le prix de votre soumission. Son ministère se borne à vous exhorter au bien. [54] Dieu a promis à ceux qui croiront, et qui exerceront la bienfaisance, de leur accorder un empire florissant, comme il l'a accordé à ceux qui les ont précédés, d'affermir la religion qu'ils chérissent, de dissiper leurs alarmes, et d'assurer leur tranquillité. Servez-moi. Ne me donnez point d'égal. Ceux qui, après ces avertissemens, persisteront dans l'incrédulité, seront prévaricateurs. [55] Faites la prière et l'aumône. Obéissez à votre apôtre, afin que vous jouissiez des faveurs du ciel. [56] L'infidèle n'aura point sur la terre d'abri contre notre vengeance, et les flammes seront son habitation. Malheur à ceux qui y seront précipités! [57] O croyans! vos serviteurs, vos esclaves et ceux qui ne sont pas parvenus à l'âge de puberté, vous demanderont la permission de paraître devant vous [183], avant la prière de l'aurore, à midi lorsque vous quittez vos habits, et après la prière du soir. Il leur sera permis de se présenter devant vous dans d'autres momens, si quelque service exige leur présence. Dieu vous déclare ses volontés. Il est savant et sage. [58] Vos enfans parvenus à l'âge viril, vous demanderont la même faveur, ainsi que vous le pratiquâtes envers vos pères. Le Seigneur vous dévoile ses préceptes. Il est savant et sage. [59] Les femmes âgées incapables de mariage, pourront quitter leurs voiles, pourvu qu'elles n'affectent pas de se montrer. Elles feront mieux de ne point user de cette permission. Dieu sait et entend tout. [60] Il est permis à l'aveugle, au malade, aux boiteux et à vous de manger dans la maison de vos enfans, dans celle de vos pères, de vos mères, de vos frères, de vos sœurs, de vos oncles, de vos tantes, de vos pupilles et de vos amis, ensemble ou séparément. [61] Saluez-vous mutuellement ; souhaitez-vous les bénédictions du ciel lorsque vous entrez dans une maison. Dieu vous explique sa doctrine afin que vous compreniez. [62] Les fidèles sont ceux qui croient en Dieu et à son ministre. Lorsque quelqu'affaire les rassemble dans ta maison, ils ne doivent point sortir de ta présence, sans t'en avoir demandé la permission. Ceux qui te font cette demande sont les vrais croyans. S'ils sollicitent quelque grâce, accorde-la à celui que tu en jugeras le plus digne. Implore pour eux l'indulgence du Seigneur. Il est clément et miséricordieux. [63] Ne parlez pas au prophète avec la familiarité dont vous usez entre vous. Dieu connaît ceux qui se retirent de l'assemblée en secret. Que ceux qui résistent à ses ordres tremblent. Les maux et les supplices sont prêts à fondre sur eux. [64] Dieu ne possède-t-il pas ce qui est dans les cieux et sur la terre? Il connaît l'état où vous êtes. Un jour vous paraîtrez devant lui. Il vous montrera vos actions, parce que sa science est sans bornes.

CHAPITRE XXV.

Le Coran. donné à La Mecque, composé de 77 versets. Au nom de Dieu clément et miséricordieux.

[1] Béni soit celui qui a envoyé du ciel le Coran, à son serviteur, pour prêcher la foi aux hommes. [2] L'empire des cieux et de la terre est dans ses mains. Il n'a point de fils. Il ne partage avec aucun être le gouvernement de l'univers. Il a tiré du néant tout ce qui existe, et il en fait subsister l'harmonie. [3] L'idolâtre adore des divinités

---

183. L'ancienne autorité des pères de famille, la première que les hommes ayent connue, s'est conservée dans l'Orient. Le Coran ne l'a point établie. Il n'a fait que la rendre plus sacrée. Le père de famille y jouit encore des droits que la nature lui a donnés. Il est juge et pontife. Ses serviteurs, ses enfans ne paraissent point devant lui sans sa permission. Ils doivent aller le matin, à midi et le soir lui offrir leurs services, et recevoir ses bénédictions. Il juge les différens qui naissent parmi eux, et immole les victimes du *Beïram* (fête des Turcs). C'est là que l'on voit des objets attendrissans. Le même toit renferme souvent quatre générations. L'extrême vieillesse, l'âge viril, la tendre enfance, y sont réunis par des liens sacrés et chéris.

impuissantes. Elles ne peuvent rien créer. Elles-mêmes ont été tirées du néant. ⁴ Incapables du bien et du mal, elles n'ont aucun droit à la vie, à la mort et à la résurrection. ⁵ Ce livre, disent les infidèles, n'est qu'une imposture. Mahomet en est l'auteur. D'autres hommes l'ont aidé. Ces discours ne sont appuyés que sur l'iniquité et le mensonge. ⁶ Ce n'est, ajoutent-ils, qu'un amas des fables de l'antiquité qu'il a recueillies, et qu'on lui lit le matin et le soir. ⁷ Réponds-leur : Celui qui sait les secrets du ciel et de la terre a envoyé le Coran. Il est indulgent et miséricordieux. ⁸ Quel est cet apôtre, disent-ils? Il boit et mange comme nous. Il se promène dans les places publiques. Un ange est-il descendu du ciel pour l'inspirer? ⁹ Nous a-t-il montré un trésor? A-t-il produit un jardin orné de fruits? Suivrons-nous un imposteur trompé par des prestiges? ¹⁰ Vois à quoi ils te comparent. Ils sont dans l'aveuglement. Ils ne retrouveront plus la lumière. ¹¹ Béni soit celui qui peut te donner des biens plus précieux, des jardins arrosés par des fleuves, et ornés de palais magnifiques. ¹² Ils ont nié la résurrection. Le feu sera le prix de leur incrédulité. ¹³ A leur approche il redoublera d'ardeur, et ils entendront mugir les flammes dévorantes. ¹⁴ On les en retirera, pour les jeter chargés de chaînes dans un cachot étroit, où ils invoqueront la mort. ¹⁵ N'en appelez pas une seulement, leur dira-t-on : Appelez tous les genres de mort. ¹⁶ Demande-leur lequel est préférable de l'enfer, ou du paradis promis aux justes avec la félicité? ¹⁷ Dans le séjour éternel, tous les vœux seront comblés. Les justes ont droit d'exiger de Dieu l'accomplissement de ses promesses. ¹⁸ Un jour il rassemblera les idolâtres, et demandera à leurs dieux : Est-ce vous qui avez égaré mes serviteurs, ou se sont-ils livrés d'eux-mêmes à l'erreur? ¹⁹ Seigneur, répondront-ils, ton nom soit glorifié! Nous ne pouvions rechercher d'autre protection que la tienne. Les richesses dont tu les as comblés eux et leurs pères, leur ont fait oublier ton souvenir, et ils ont couru à leur perte. ²⁰ Il dira aux idolâtres : Vos divinités vous accusent de mensonge. Elles ne sauraient ni protéger ni nuire. ²¹ Quiconque de vous a vécu dans l'impiété, va subir un supplice douloureux. ²² Les apôtres qui t'ont précédé se nourrissaient comme les autres hommes, et marchaient dans les places publiques. Nous vous éprouvons les uns par les autres. Serez-vous constans? Dieu est témoin. ²³ Ceux qui nient la résurrection ont dit : Nous ne croirons point, à moins qu'un ange ne descende du ciel, ou que nous ne voyons Dieu. Ils se sont abandonnés à l'orgueil et à des excès inouïs. ²⁴ Le jour où les anges paraîtront devant eux, ils ne leur apporteront point d'agréables nouvelles. Les infidèles crieront : Où trouver un asile? ²⁵ Nous produirons leurs œuvres, et nous les réduirons en poussière. ²⁶ Les hôtes du paradis jouiront des douceurs du repos, et auront un lieu délicieux pour dormir à midi ¹⁸⁴. ²⁷ Le jour où les cieux et les nuages s'ouvriront quand l'ange descendra, ²⁸ L'empire appartiendra aux miséricordieux. Ce moment sera terrible pour les infidèles. ²⁹ L'impie se mordra les doigts, et dira : Plût à Dieu que j'eusse suivi la voie tracée par le prophète! ³⁰ Malheur à moi? plût à Dieu que je n'eusse point eu des infidèles pour amis! ³¹ Ils m'ont fait abandonner l'islamisme qu'on m'avait prêché. Satan trahit l'homme. ³² Le prophète dira : Seigneur, mon peuple a abandonné la religion sainte. ³³ Les scélérats sont les ennemis des ministres du Très-Haut; mais sa protection est un bouclier puissant. ³⁴ Les incrédules ont demandé si le Coran n'avait pas été envoyé dans un traité suivi. Nous l'avons fait descendre du ciel par versets et par chapitres, afin d'affermir ton cœur. ³⁵ Toutes les fois qu'ils t'attaqueront avec des paraboles, nous t'en donnerons l'explication; nous t'enverrons la vérité pour les combattre. ³⁶ Ceux qui se seront le plus écartés du droit chemin, seront couchés sur le front dans l'enfer, et habiteront le séjour le plus déplorable. ³⁷ Nous donnâmes le Pentateuque à Moïse. Nous lui donnâmes son frère Aaron pour conseiller. ³⁸ Nous leur commandâmes d'aller trouver le peuple qui avait nié la vérité de notre religion, et nous l'exterminâmes. ³⁹ Nous ensevelîmes dans les eaux le peuple de Noé qui accusait nos ministres d'imposture. Il sera un exemple effrayant pour l'univers. Des tourmens rigoureux sont préparés aux méchans. ⁴⁰ *Aod*, *Themod*, les possesseurs de *Rassi* ¹⁸⁵, et beaucoup d'autres nations ⁴¹ Écoutèrent sans fruit nos instructions, et ils périrent. ⁴² Les infidèles ont passé près de la ville sur laquelle nous fîmes tomber une pluie fatale. N'ont-ils pas vu ses ruines? Mais ils ne croient point à la

---

184. Les Orientaux sont dans l'usage de dormir à midi. Ils expédient leurs affaires le matin, font un léger repas vers onze heures, et laissent passer dans les bras du sommeil le temps de la plus grande chaleur. C'est un besoin produit par un climat brûlant. Les Européens s'y accoutument à la longue. Les Turcs qui peuvent reposer alors près d'un ruisseau, à l'ombre des orangers, se croient déjà en possession du jardin de délices que leur promet Mahomet.

185. *Rassi* est le nom d'un puits situé dans le territoire de Madian. Un jour que les Madianites étaient assis à l'entour, la terre s'abîma, et ils furent tous engloutis. *Gelaleddin.*

résurrection. [43] Lorsqu'ils t'aperçoivent, ils s'arment d'ironies. Est-ce là, disent-ils, l'envoyé du Très-Haut? [44] Peu s'en est fallu qu'il ne nous ait fait abjurer le culte de nos dieux. Il fallait notre constance pour lui résister. Ils verront, à l'aspect des tourmens, qui de nous suivait le mauvais chemin. [45] Que t'en semble? Seras-tu l'avocat de ceux qui ne connaissent d'autre divinité que leurs passions? [46] Supposes-tu de l'intelligence à la plupart d'entre eux? Ils ressemblent aux brutes, s'ils ne sont plus aveugles encore. [47] Considère comme la main de Dieu prolonge l'ombre. Il pourrait la rendre permanente. Le soleil est son indice. [48] Nous la resserrons avec facilité. [49] Dieu vous couvre du manteau de la nuit. Il l'a établie pour le repos. Le jour est destiné au mouvement. [50] Il envoie les vents, avant-coureurs de ses grâces, et fait descendre la pluie des cieux. [51] Par elle nous vivifions la terre stérile. Elle sert à désaltérer nos créatures, les animaux et les hommes. [52] Nous la versons sur leurs campagnes afin qu'ils se souviennent de nos bienfaits; mais la plupart oublient tout, excepté d'être ingrats. [53] Si nous avions voulu, nous aurions envoyé un apôtre dans chaque ville. [54] Ne cède point aux incrédules. Attaque-les fortement avec ce livre. [55] C'est le Tout-Puissant qui a rapproché deux mers, l'une d'eau douce, et l'autre d'eau salée. C'est lui qui a posé entre elles une barrière insurmontable. [56] C'est lui qui a créé d'eau les hommes, et qui a établi entre eux les liens du sang et de l'amitié. Sa puissance est infinie. [57] Ils servent des dieux incapables de bien et de mal. L'idolâtre se révolte contre son Seigneur. [58] Ton ministère se borne à la prédication de nos promesses et de nos menaces. [59] Je ne demande pour prix de mon zèle, que de vous voir marcher dans les voies du Seigneur. [60] Mettez votre confiance dans celui qui vit et qui né mourra point. Publiez ses louanges. Il connaît les péchés de ses serviteurs. Il créa le ciel et la terre dans six jours, ensuite il s'assit sur son trône. Il est le miséricordieux. Interrogez celui qui possède la science. [61] Commandez-leur d'adorer le miséricordieux. Qui est le miséricordieux, répondent-ils? L'adorerons-nous sur ta parole? Leur impiété s'accroît. [62] Béni soit celui qui a placé au firmament les signes du Zodiaque, le flambeau des jours, et l'astre des nuits, signes manifestes de sa puissance. [63] Il a établi la succession de la nuit et du jour, pour celui qui réfléchit à ces merveilles, et qui en est reconnaissant. [64] Les serviteurs du miséricordieux sont ceux qui, marchant avec modestie, répondent avec bonté à l'ignorant qui leur parle; [65] Qui passent la nuit à adorer le Seigneur, prosternés ou debout; [66] Qui disent : Seigneur, éloigne de nous les peines de l'enfer, qui tourmentent sans relâche, en quelque posture qu'on soit; [67] Qui, dans leurs largesses, ne sont ni prodigues ni avares, mais économes; [68] Et qui, adorateurs d'un Dieu unique, ne transgressent point le précepte divin, qui défend le meurtre et l'adultère. Celui qui s'en rendra coupable portera la peine de son iniquité; [69] On augmentera pour lui la rigueur des supplices au jour de la résurrection. Il sera couvert d'un éternel opprobre. [70] Au lieu des maux qui l'attendaient, le pécheur converti qui croira, qui pratiquera la vertu, jouira de la félicité, parce que Dieu est clément et miséricordieux. [71] Pénétré d'un vrai repentir, il fera le bien, et sa conversion sera sincère. [72] Ceux qui ne portent point de faux témoignage, et qui conservent leur honnêteté au milieu des discours obscènes; [73] Qui, lorsqu'on leur parle de la doctrine divine, ne sont ni sourds ni aveugles; [74] Qui disent : Seigneur, donne-nous des femmes et des enfans dont l'aspect charme nos yeux et perpétue ta crainte en nos cœurs; [75] Ceux-là seront élevés à un degré sublime, juste prix de leur constance. Ils y trouveront la salutation et la paix. [76] Ils habiteront éternellement le séjour de délices, également favorable pour reposer et pour marcher. [77] Dis : Peu importe à Dieu que vous ne l'invoquiez pas. Vous avez abjuré sa doctrine. Une peine permanente vous attend.

CHAPITRE XXVI.

Les Poètes. donné à La Mecque, composé de 228 versets. Au nom de Dieu clément et miséricordieux.

[1] T. S. M. Ces caractères sont les signes du livre qui manifestent la vérité. [2] Leur incrédulité t'afflige. [3] Nous pourrions faire descendre des cieux un prodige devant lequel ils courberaient leurs fronts humiliés; [4] Mais les avertissemens que Dieu leur envoie ne servent qu'à les éloigner davantage de la foi. [5] Ils ont accusé l'islamisme de fausseté. Ils apprendront une nouvelle dont ils ne se moqueront point. [6] N'ont-ils pas promené leurs regards sur la terre? N'ont-ils pas vu toutes les productions dont nous l'avons enrichie? [7] Notre

magnifiscence y brille de toutes parts ; mais la plupart n'ont point la foi. [8] Ton Seigneur est le dominateur, le miséricordieux. [9] Dieu appela Moïse, et lui dit : Va trouver un peuple coupable. [10] Va trouver Pharaon, ne me craindra-t-il point ? [11] Seigneur, répondit Moïse, j'appréhende qu'on ne me traite d'imposteur. [12] Mon cœur est dans la gêne, ma langue n'est point déliée, appelle mon frère Aaron. [13] Les Égyptiens ont un crime à me reprocher ; ils me mettront à mort. [14] Ne crains rien, reprit le Seigneur. Partez. Opérez des merveilles. Je serai avec vous et j'entendrai. [15] Ils se rendirent auprès de Pharaon et lui dirent : Nous sommes les ministres du souverain des mondes. [16] Laisse partir avec nous les enfans d'Israël. [17] Ne t'avons-nous pas nourri pendant ton enfance, dit le roi à Moïse ? N'as-tu pas vécu plusieurs années à ma cour ? [18] N'as-tu pas commis un meurtre ? Certainement tu es un ingrat. [19] Il est vrai, répondit Moïse, j'ai versé le sang d'un Égyptien, et j'ai été coupable. [20] La crainte m'a fait fuir du milieu de vous ; mais Dieu m'a accordé la sagesse, et m'a chargé de sa mission. [21] Les faveurs dont tu m'as comblé sont d'avoir réduit en esclavage les enfans d'Israël. [22] Quel est le souverain des mondes, lui demanda le roi ? [23] C'est, répondit Moïse, celui qui gouverne les cieux et la terre. Il domine dans l'immensité de l'espace. Croirez-vous ces vérités ? [24] L'avez-vous entendu, dit le prince à ceux qui l'environnaient ? [25] Il est votre Dieu, ajouta Moïse, et le Dieu de vos pères. [26] Celui qu'on vous a envoyé, reprit Pharaon, est un insensé. [27] Il est, continua le prophète, le souverain de l'orient, de l'occident, et de l'espace qui les sépare, si vous le comprenez. [28] Si tu adores, dit le prince, d'autre Dieu que moi, je te ferai charger de fers. [29] Et si je fais briller des prodiges à tes yeux, répondit Moïse ? [30] Opères-en, ajouta le roi, si ta mission est véritable. [31] Moïse jeta sa baguette, et elle se changea en serpent. [32] Il tira sa main, et elle parut blanche à tous les spectateurs. [33] Le roi dit à ses courtisans : Cet homme est un mage habile. [34] Il veut vous chasser de votre pays par des enchantemens ; que me conseillez-vous ? [35] Arrêtez-le avec son frère, répondirent-ils, et envoyez des hérauts dans votre empire ; [36] Qu'ils amènent les plus fameux magiciens. [37] Tous vinrent au jour marqué. [38] Un héraut ayant crié : L'assemblée est-elle solennelle ? [39] Le peuple répondit : Nous nous déclarerons du parti des vainqueurs. [40] Les mages réunis dirent à Pharaon : Prince, pouvons-nous compter sur tes bienfaits, si nous remportons la victoire ? [41] Pharaon promit de les récompenser et de leur accorder sa faveur. [42] Moïse leur dit : Jetez ce que vous tenez à la main. [43] Ils jetèrent leurs cordes et leurs baguettes, et s'écrièrent : Par la puissance de Pharaon, nous serons victorieux. [44] Moïse jeta sa baguette, et elle dévora les autres changées en serpens. [45] Les mages prosternés s'écrièrent : [46] Nous croyons au souverain des mondes ; [47] Au Dieu de Moïse et d'Aaron. [48] Croirez-vous, dit le roi, sans ma permission ? Sans doute Moïse est plus habile que vous. Il vous a enseigné la magie ; mais vous verrez. [49] Je vous ferai couper les pieds et les mains, et vous serez crucifiés. [50] La mort, répondirent-ils, n'est point pour nous un malheur ; nous retournons au Dieu qui nous a créés. [51] Nous espérons qu'il pardonnera nos offenses ; nous avons été les premiers à embrasser la foi. [52] Nous commandâmes à Moïse de s'enfuir de nuit avec nos serviteurs, qui devaient être poursuivis. [53] Pharaon rassembla les troupes de son empire. [54] Les Israélites, dit-il, sout en petit nombre ; [55] Et s'ils sont irrités contre nous, [56] Nous formons une armée nombreuse et prête à combattre. [57] Nous portâmes les Egyptiens à quitter leurs jardins et leurs fontaines, [58] Leurs trésors et leurs habitations superbes, [59] Afin d'en faire hériter les enfans d'Israël. [60] Ils furent poursuivis dès le lever de l'aurore. [61] Lorsque les deux peuples furent en présence, les Hébreux dirent à Moïse : C'est fait de nous. [62] Calmez vos alarmes, répondit-il, le Dieu qui nous conduit est avec moi. [63] Nous lui ordonnâmes de frapper la mer de sa baguette. Les flots divisés laissèrent un chemin dont les côtés s'élevaient en montagnes. [64] Nous fîmes approcher les Égyptiens. [65] Nous sauvâmes Moïse et son peuple ; [66] Et nous ensevelîmes l'armée ennemie dans les eaux. [67] Leur ruine signala notre puissance. Mais la plupart n'ont point la foi. [68] Ton Dieu est le dominateur, le miséricordieux. [69] Récite-leur l'histoire d'Abraham. [70] Lorsqu'il demanda à son père et au peuple : Quels sont vos dieux ? [71] Nous adorons, répondirent-ils, des idoles, et nous leur rendons un hommage assidu. [72] Exaucent-elles vos vœux quand vous les invoquez ? [73] Leur devez-vous des faveurs ou des disgrâces ? [74] Nous avons trouvé, reprirent-ils, nos pères attachés à ce culte. [75] Que pensez-vous adorer ? [76] Que pensez-vous qu'adoraient vos pères ? [77] Que vos dieux soient mes ennemis. Le souverain des mondes, [78] Est le Dieu qui m'a créé et qui me conduit. [79] C'est lui qui me nourrit et qui me désaltère. [80] Lorsque je serai malade, c'est sa main qui me guérira. [81] C'est lui qui m'enverra la mort, et qui me ressuscitera. [82] Il est mon espérance. Il me pardonnera mes offenses, au jour du jugement. [83] Seigneur, donne-moi la sagesse et la justice ; [84] Fais que ma voix annonce la vérité à la race future ; [85] Donne-moi pour héritage le jardin de délices ; [86] Pardonne à mon père qui est dans l'erreur ; [87] Ne me couvre pas de honte au jour de la résurrection ; [88] Au jour où les richesses et les enfans seront inutiles, [89] Excepté à celui qui s'approchera de Dieu avec un cœur sincère. [90] La piété ouvrira les portes du paradis ; [91] Et les impies seront jetés dans l'enfer. [92] On leur demandera : Où sont vos dieux ? [93] Viendront-ils vous secourir et vous défendre ? [94] Eux et leurs adorateurs sont précipités dans les flammes. [95] Les légions de démons y seront rassemblées. [96] Les infidèles disputeront avec eux. [97] Certainement, diront-ils, nous étions dans un aveuglement funeste, [98] Lorsque nous vous avons égalés au souverain des mondes. [99] Des scélérats nous ont séduits, [100] Et nous n'avons plus de protecteurs ; [101] Plus d'amis touchés de notre sort. [102] Si nous retournions sur la terre, nous embrasserions l'islamisme. [103] Cette histoire offre des exemples frappans, mais la plupart n'ont point la foi. [104] Ton Dieu est le dominateur, le miséricordieux. [105] Le peuple de Noé nia la mission des ministres du Très-Haut. [106] Ne craindrez-vous point le Seigneur, leur répétait Noé ? [107] Je suis votre envoyé fidèle. [108] Craignez Dieu, et obéissez à ma voix. [109] Je ne vous demande point le prix de mon zèle ; ma récompense est dans les mains du souverain des mondes. [110] Craignez Dieu, et obéissez à ma voix. [111] Croirons-nous à ta mission, répondirent les impies ? Les plus vils du peuple sont tes seuls sectateurs. [112] J'ignore, reprit Noé, ce qu'ils sont. [113] Il n'appartient qu'à Dieu de sonder les cœurs. Le comprenez-vous ? [114] Éloignerai-je de moi les croyans ? [115] Je ne suis envoyé que pour prêcher la foi. [116] Si tu ne cesses tes prédications, lui répondit-on, tu seras lapidé. [117] Seigneur, s'écria Noé, mon peuple m'accuse d'imposture. [118] Juge-nous. Sauve-moi avec les fidèles. [119] Nous le sauvâmes avec les croyans dans l'arche remplie, [120] Et nous submergeâmes le reste des mortels : [121] Exemple terrible de la vengeance divine. Mais la plupart n'ont point la foi. [122] Ton Dieu est le dominateur, le miséricordieux. [123] Le peuple d'*Aod* nia la mission des ministres du Très-Haut. [124] Ne craindrez-vous point le Seigneur, leur criait *Hod* leur frère ? [125] Je suis votre envoyé fidèle. [126] Craignez Dieu, et obéissez à ma voix. ... [186]

[127] Craignez celui qui a étendu vos connaissances ; [128] Qui a augmenté le nombre de vos enfans, de vos troupeaux, [129] Et qui vous a donné des jardins et des fontaines. [130] J'appréhende pour vous les tourmens du grand jour. [131] Tes avertissemens, lui répondit-on, ou ton silence, sont pour nous la même chose. [132] Tout ce que tu nous annonces n'est qu'une fable de l'antiquité. [133] Nous ne serons point soumis à des peines. [134] Ils l'accusèrent de mensonge, et nous les anéantîmes. Leur châtiment est un exemple ; mais la plupart n'ont point la foi. [135] Ton Dieu est le dominateur, le miséricordieux. [136] Les *Thémudéens* nièrent la mission des ministres du Très-Haut. [137] Ne craindrez-vous point le Seigneur, leur répétait *Saleh* leur frère. [138] Je suis votre envoyé fidèle. [139] Craignez Dieu, et obéissez à ma voix. [140] Je ne vous demande point le prix de mon zèle ; ma récompense est dans les mains du souverain des mondes. [141] Pensez-vous qu'on vous laissera les biens dont vous jouissez ; [142] Vos jardins, vos fontaines, [143] Vos moissons, vos palmiers, dont le fruit est délicieux, [144] Et les maisons que vous taillez avec art dans les rochers ? [145] Craignez Dieu, et obéissez à ma voix. [146] N'écoutez pas les conseils de l'impie. [147] Il souille la terre de ses crimes et ne se corrige point. [148] Ton esprit, lui répondit-on, est fasciné par des prestiges. [149] Tu n'es qu'un homme semblable à nous. Opère des miracles si ta mission est vraie. [150] Voyez, dit *Saleh*, cette femelle de chameau : qu'elle ait sa boisson au temps marqué, comme vous la vôtre. [151] Ne lui faites aucun mal, si vous redoutez la peine du grand jour. [152] Ils la tuèrent, et le repentir suivit la désobéissance. [153] La vengeance divine les environna. Leur supplice servira

---

186. *Les cinq versets de 127 à 131 semblent avoir été oubliés par Savary ou omis dans toutes les éditions retrouvées de sa traduction. Le verset 127 devrait se lire comme le verset 145 plus bas (de la même façon que le verset 126 est repris, tel un refrain, au verset 144). Les trois versets suivants se lisent ci-dessous dans la traduction faite plus tard par Kazimirsly en 1852. Enfin le cinquième verset manquant, numéro 131 reprend en refrain le verset 126. Cette reprise peut expliquer l'omission qui aurait pu être commise par erreur lors de la première édition en 1782 de ce volume, mais non relevée et corrigée par Savary de son vivant en 1786. Ainsi on devrait lire ici :127. Je ne vous demande point le prix de mon zèle ; ma récompense est dans les mains du souverain des mondes.128. Bâtirez-vous sur chaque colline des monuments pour vos passe-temps frivoles ?129. Élèverez-vous des édifices, apparemment pour y vivre éternellement ?130. Quand vous exercez le pouvoir, vous l'exercez avec dureté.131. Craignez Dieu, et obéissez à ma voix.Sans ces cinq versets, il n'est pas possible de comprendre pourquoi Mahomet a levé l'anathème contre les poëtes, pourtant adorés par les Arabes mais dont la pratique courante de la satire était dénoncée par le prophète comme trop « frivole » pour parvenir à imposer et préserver intacte la doctrine divine. Les versets 227 et 228 y font allusion. Ainsi Mahomet dit à Caab, l'un des poëtes qu'il a utilisé pour contrer ceux qui s'amusaient ou déformaient son enseignement, « Combats les (les poëtes) avec tes satires, car, j'en jure par celui qui tient mon âme dans ses mains, les satires font plus de mal que les flèches. » (Pour plus de référence, voir ce qu'en explique Kazimirsky dans sa traduction).*

d'exemple ; mais la plupart n'ont point la foi. [154] Ton Dieu est le dominateur, le miséricordieux. [155] Le peuple de Loth nia la mission des ministres du Très-Haut. [156] Ne craindrez-vous point le Seigneur, leur disait Loth leur frère ? [157] Je suis votre envoyé fidèle. [158] Craignez Dieu, et obéissez à ma voix. [159] Je ne vous demande point le prix de mon zèle ; ma récompense est dans les mains du souverain des mondes. [160] Aurez-vous donc commerce avec des hommes corrompus ? [161] Abandonnerez-vous les femmes que Dieu a formées pour votre usage ? Violerez-vous les lois de la nature ? [162] Si tu ne cesses tes remontrances, répondirent les habitans de Sodôme, nous te bannirons de notre ville. [163] J'ai votre crime en horreur, reprit Loth. [164] Seigneur, préserve-moi, préserve ma famille de leur infamie. [165] Nous le sauvâmes avec sa famille, [166] Mais son épouse fut enveloppée dans le châtiment des coupables. [167] Aucun des habitans de Sodôme n'échappa à notre vengeance. [168] Nous fîmes tomber une pluie fatale sur ceux qu'on avait trop avertis. [169] Leur punition servira d'exemple à la terre, mais la plupart n'ont point la foi. [170] Ton Dieu est le dominateur, le miséricordieux. [171] Les habitans d'*Aleïca* nièrent la mission des ministres du Très-Haut. [172] Ne craindrez-vous point le Seigneur, leur criait *Chaïb* ? [173] Je suis votre envoyé fidèle. [174] Craignez Dieu, et obéissez à ma voix. [175] Je ne vous demande point le prix de mon zèle, ma récompense est dans les mains du souverain des mondes. [176] Remplissez la mesure et n'en retranchez rien. [177] Pesez avec une balance juste. [178] Ne trompez point vos semblables. Ne ravagez point la terre. [179] Craignez celui qui vous a créés, et qui créa le premier homme. [180] Tu es dans le délire, dit le peuple à *Chaïb*. [181] Mortel semblable à nous, tu veux nous séduire par tes impostures. [182] Si tu dis la vérité, fais tomber une partie du ciel sur nos têtes. [183] Le Seigneur, reprit *Chaïb*, connaît vos actions. [184] Ils l'accusèrent de mensonge, et ils subirent le supplice du grand jour, le supplice du jour des ténèbres. [185] Leur châtiment est un exemple pour la postérité ; mais la plupart n'ont point la foi. [186] Ton Dieu est le dominateur, le miséricordieux. [187] Ce livre vient du souverain des mondes. [188] L'Esprit fidèle l'a apporté du ciel. [189] Il le déposa sur ton cœur, afin que tu fusses apôtre. [190] Il est écrit en langue arabe, et son style est pur. [191] Les livres sacrés et anciens en font mention. [192] Les Mecquois ne devraient-ils pas être étonnés que les savans d'entre les Hébreux en eussent connaissance ? [193] Si des peuples barbares l'avaient reçu, [194] Et qu'ils l'eussent lu aux infidèles, ils n'y auraient pas ajouté foi. [195] Nous l'avons tellement imprimé dans le cœur des impies, [196] Qu'ils ne croiront qu'à l'instant où ils verront les tourmens préparés. [197] L'heure les surprendra, et ils ne pourront la prévoir. [198] Alors ils s'écrieront : Nous accordera-t-on un délai ? [199] Prieront-ils le ciel de précipiter sur nous ses fléaux ? [200] Que t'en semble ? Si après les avoir laissés pendant des années s'endormir au sein des voluptés, [201] Nous mettons tout à coup le sceau à nos vengeances, [202] A quoi leur serviront les plaisirs dont ils se sont enivrés ? [203] Nous n'avons point détruit de cité, sans l'avoir prévenue, par nos avertissemens. [204] Aucune n'a subi un sort injuste. [205] Les démons ne sont point les auteurs du Coran. [206] Ils ne devaient, ni ne pouvaient le mettre au jour. [207] Ils sont loin du langage des cieux. [208] N'invoque point un autre que Dieu, de peur que tu ne sois réprouvé. [209] Annonce ces vérités à tes plus proches parens. [210] Étends tes ailes sur les fidèles qui te suivront. [211] S'ils deviennent rebelles, dis-leur : Je suis innocent de vos œuvres. [212] Mets ta confiance dans le Dieu dominateur et miséricordieux. [213] Il te voit à l'instant où tu te lèves [187]. [214] Il te voit à l'instant où tu te prosternes avec ses adorateurs. [215] Il sait et entend tout. [216] Vous dirai-je quel est le mortel que Satan inspire ? [217] C'est le menteur et l'impie. ... [188]

[218] Les poëtes trompés par ses illusions, le suivent. [219] Ne les as-tu pas vus errer dans les vallées ! [220] Ils disent ; mais ils ne font pas. [221] Il faut en excepter ceux qui ont la foi, la vertu, et qui entretiennent dans leur cœur le souvenir de Dieu. [222] Ils ne se vengent que quand ils sont attaqués injustement. Les méchans connaîtront le séjour qui les attend.

---

187. Pour prier.

188. *Le verset 223 semble avoir été oublié par Savary dans toutes les éditions imprimées retrouvées de sa traduction. Il pourrait se traduire dans ce contexte par :223. Qui n'enseigne que ce que Satan a entendu et déformé.Kazimirsky dans sa traduction ultérieure de 1852 traduit ce verset par :223. Et [les démons lui] enseignent ce que leurs oreilles ont saisi (*) : or la plupart mentent.(*) Les paroles du Coran lues au ciel, que les démons ont saisies par hasard.*

CHAPITRE XXVII.

La Fourmi. donné à La Mecque, composé de 95 versets. Au nom de Dieu clément et miséricordieux.

[1] T. S. [189] Ces caractères sont les signes du livre du Coran, qui enseigne la vraie doctrine. [2] Il est la lumière des croyans et le gage de leur félicité. [3] Il la promet à ceux qui font la prière et l'aumône, et qui croient fermement à la vie future. [4] Nous avons laissé aux incrédules les plaisirs brillans de la vie. Ils marchent au sein des erreurs. [5] Nous leur ferons sentir nos châtimens dans ce monde et dans l'autre. La réprobation sera leur partage. [6] Celui qui possède la sagesse et la science t'a envoyé le Coran. [7] J'ai aperçu du feu, dit Moïse à sa famille : J'y cours : Peut-être vous apporterai-je du bois enflammé pour vous chauffer. [8] Lorsqu'il s'en fut approché, une voix fit entendre ces mots : Béni soit celui qui est dans ce feu, et qui l'environne! Louange à Dieu souverain des mondes! [9] O Moïse! Je suis le Dieu puissant et sage. [10] Jette ton bâton. L'ayant vu tout à coup transformé en serpent, et ramper sur la terre, il s'enfuit à pas précipités. O Moïse! calme ta frayeur. Mes envoyés n'ont rien à craindre en ma présence. [11] Celui qui s'est égaré, et qui abandonnant le vice retournera à la vertu, éprouvera les effets de ma miséricorde. [12] Porte ta main dans ton sein, et tu la retireras blanche sans aucun mal ; ce prodige sera du nombre des sept merveilles que tu feras éclater aux yeux de Pharaon et de son peuple. Ils sont prévaricateurs. [13] Les Égyptiens attribuèrent nos miracles aux effets de la magie. [14] Ils les nièrent, quoiqu'ils en connussent la vérité. L'iniquité et l'orgueil présidaient à leurs jugemens ; mais considère quelle fut la fin des impies. [15] David et Salomon favorisés du don des sciences, publièrent les louanges du Très-Haut, qui les avait élevés au-dessus de beaucoup de nos serviteurs. [16] Salomon fut l'héritier de David. Mortels, dit-il, j'entends le chant des oiseaux [190] ; je possède toutes les connaissances ; j'ai été élevé à ce degré sublime. [17] Un jour il rassembla ses armées de démons, d'hommes et d'oiseaux, rangées séparément. [18] Lorsqu'il fut arrivé à la vallée des fourmis, une d'elles dit à ses compagnes : Rentrons dans nos demeures, de peur que Salomon et ses soldats ne nous foulent aux pieds ; car ils ne feront pas attention à nous. [19] Salomon entendit le discours de la fourmi, et éclata de rire. Seigneur, dit-il, rends-moi reconnaissant des grâces que tu as versées sur ma famille, et sur moi ; fais que j'opère le bien que tu aimes. Que ta miséricorde me mette au nombre de tes serviteurs vertueux. [20] Il parcourt de l'œil l'armée des oiseaux, et leur dit : Pourquoi la huppe n'est-elle pas ici? Est-elle absente? [21] Je la punirai sévèrement ; elle n'évitera pas la mort, si elle ne me donne une excuse légitime. [22] La huppe étant venue se poser près du roi, lui dit : J'ai parcouru un pays que tu n'as point vu ; je t'apporte des nouvelles du royaume de *Saba.* [23] Une femme [191] le gouverne. Elle possède mille avantages. Elle s'asseoit sur un trône, magnifique. [24] Elle et son peuple adorent le soleil. Satan leur a rendu ce culte agréable. Il les a détournés du vrai chemin, et ils sont dans les ténèbres. [25] Il les empêche d'adorer le Dieu qui dévoile ce qui est caché dans les cieux et sur la terre, et qui connaît ce que le cœur recèle, comme ce qu'il produit au grand jour. [26] Il n'y a qu'un Dieu. Il est le souverain du trône sublime. [27] Je saurai, reprit Salomon, si ton rapport est conforme à la vérité, ou au mensonge. [28] Vole vers le peuple de *Saba,* et lorsque tu auras remis cette lettre [192], écarte-toi, et attends la réponse. [29] Seigneurs, dit la reine à ses courtisans, je viens de recevoir une lettre honorable. [30] Salomon me l'envoie. Elle contient ces paroles : *Au nom de Dieu clément et miséricordieux,* [31] *Ne vous élevez pas contre moi. Venez me trouver, et croyez.* [32] Seigneurs, conseillez-moi dans cette affaire, je ne déciderai rien sans votre approbation. [33] Nous avons du courage et des soldats, répondirent les grands ; mais vous êtes notre reine ; princesse, qu'ordonnez-vous? [34] Lorsque les souverains entrent dans une ville, dit la reine, ils la dévastent et plongent dans l'humiliation les principaux habitans. C'est ainsi qu'ils agissent. [35] J'enverrai des présens [193], et j'attendrai la réponse. [36] Lorsque l'ambassadeur fut arrivé, Salomon lui dit : Pouvez-vous augmenter mes trésors? Dieu m'a accordé des biens plus précieux que

---

189. **T. S.** Tous ces caractères sont mystérieux, et l'on ne peut en donner d'explication raisonnable.

190. Salomon entendait ce qu'un oiseau faisait comprendre à un autre par ses cris et ses chants. *Zamchascar.*

191. Cette femme, suivant les auteurs arabes, est *Balcaise,* reine de l'Arabie heureuse.

192. La lettre de Salomon était conçue en ces termes : Salomon serviteur de Dieu et fils de David, à *Balcaise,* reine de *Saba. La paix soit avec celui qui suit la lumière. Ne vous révoltez pas contre moi. Venez me trouver et croyez.* Il parfuma la lettre avec du musc ; il la scella de son sceau, et commanda à la Huppe de la porter. *Gelaleddin.*

193. *Balcaise* envoya à Salomon mille esclaves, cinq cents de chaque sexe, un grand nombre de plats d'or enrichis de pierres précieuses, du musc et de l'ambre. *Gelaleddin.*

les vôtres. Gardez vos présens. [37] Retournez vers le peuple qui vous envoie. Nous irons l'attaquer avec une armée à laquelle il n'aura rien à opposer. Nous le chasserons de son pays, et les grands humiliés seront obligés de se soumettre. [38] Salomon adressant la parole aux chefs de ses troupes, leur dit : Qui de vous m'apportera le trône [194] de la reine avant que son peuple vienne se jeter à mes genoux ? [39] Ce sera moi, répondit *Afrit*, un des démons : Je t'en rendrai possesseur avant que tu te sois levé de ta place. Cette entreprise n'est point au-dessus de mes forces. [40] Je veux t'en rendre maître, dans un clin d'œil, ajouta un autre démon qui avait la science du livre. Lorsque le roi vit le trône à ses pieds, il s'écria : voilà une faveur de Dieu. Il veut éprouver si mon cœur sera reconnaissant ou ingrat ! La reconnaissance est une jouissance, et l'ingratitude n'ôte rien à Dieu de ses richesses. [41] Il ajouta : Transformez le trône de la reine, afin que nous sachions si elle est éclairée, ou dans les ténèbres. [42] Lorsque la reine fut arrivée, on lui demanda, est-ce là votre trône ? Il lui ressemble parfaitement, répondit-elle. Nous reçûmes avant elle la science qui nous rendit musulmans. [43] Le culte des faux dieux l'avait égarée. Elle était née au milieu d'un peuple idolâtre. [44] On lui dit : Entrez dans ce palais. [195] Elle crut que c'était de l'eau entassée, et se découvrit les jambes. C'est un édifice solide, fait de verre, lui dit Salomon. [45] Seigneur, s'écria la reine, j'étais dans l'aveuglement. Je crois avec Salomon au Dieu souverain des mondes. [46] Nous envoyâmes *Saleh* prêcher l'unité de Dieu aux *Thémudéens* ses frères, et ils se divisèrent en deux sectes. [47] Peuples, répétait le prophète, pourquoi vous hâtez-vous d'attirer sur vos têtes la vengeance du ciel, plutôt que ses faveurs ? N'implorerez-vous point la miséricorde divine ? [48] Nous augurons mal de toi et de ceux qui ont ta croyance, répondirent les *Thémudéens*. Votre présage, ajouta *Saleh*, est dans les mains de Dieu. Il vous éprouve. [49] Il se trouvait dans la ville neuf scélérats incapables du bien, et livrés à tous les excès. [50] Ils jurèrent, par le nom de Dieu, de tuer pendant la nuit *Saleh* et ses disciples, et de dire aux vengeurs de leur sang : Nous n'avons point assisté à leur mort ; notre témoignage est véritable. [51] Tandis qu'ils formaient ce complot, nous marquions l'instant de leur perte, et ils ne le savaient pas. [52] Quel fut le succès de leur dessein criminel ? Ils périrent tous, et le peuple fut enveloppé dans leur ruine. [53] Leurs maisons restèrent désertes, à cause de leurs crimes : exemple sensible pour ceux qui sont éclairés ! [54] Nous sauvâmes les croyans qui avaient la crainte du Seigneur. [55] Vous abandonnerez-vous à un crime dont vous connaissez l'infamie, criait Loth à ses concitoyens ? [56] Aurez-vous commerce avec des hommes débauchés, au mépris de vos femmes ? Vous êtes dans l'égarement. [57] Chassons Loth et sa famille de la ville, puisqu'ils conservent leur pureté : telle fut la réponse des habitans de Sodôme. [58] Nous sauvâmes Loth et sa famille. Sa femme seule fut ensevelie dans le malheur général. [59] La punition suivit nos avertissemens. Nous fîmes tomber sur les coupables une pluie fatale. [60] Dis : Louange à Dieu ! La paix soit avec ses élus. Lesquels de Dieu ou des idoles méritent la préférence ? [61] Quel est celui qui a créé les cieux, la terre, et qui verse sur vos campagnes la pluie qui sert à la croissance des plantes, et à l'embellissement de vos jardins ? Pourriez-vous produire un seul arbre ? Dieu a-t-il un égal ? Cependant ils associent des divinités à son culte. [62] Quel est celui qui a affermi la terre, qui a mis dans son sein la source des fleuves, qui a élevé sur sa surface les montagnes, qui a posé entre deux mers une barrière insurmontable ? Dieu a-t-il un égal ? La plupart sont plongés dans l'ignorance. [63] Quel est celui qui exauce les vœux de l'opprimé qui l'implore, qui le décharge de son fardeau, qui vous a fait remplacer les générations éteintes ? Dieu a-t-il un égal ? Combien peu réfléchissent ! [64] Quel est celui qui vous conduit pendant les ténèbres, sur la terre et les mers, qui envoie les nuages avant-coureurs des faveurs du ciel ? Dieu a-t-il un égal ? Louange au Très-Haut ! Anathème aux idoles ! [65] Quel est celui qui a créé l'homme, et qui le ressuscitera, qui le nourrit des biens célestes et terrestres ? Dieu a-t-il un égal ? Apportez vos preuves, si la vérité est votre guide. [66] Dis : Nul autre que Dieu, au ciel et sur la terre, ne connaît ce qui est voilé des ombres du mystère. [67] Les hommes ignorent quand ils ressusciteront. [68] La vie future est parvenue à leur connaissance ; mais ils en doutent, et ferment les yeux. [69] Les infidèles disent : Lorsque le tombeau aura réuni nos cendres à celles de nos pères, est-il possible que nous soyons ranimés de nouveau ?

---

194. *Gelaleddin* nous fait une description pompeuse de ce trône fabuleux. Si l'on en croit cet auteur, il avait quatre-vingts coudées de long, quarante de large, et trente de haut. Il était composé d'or et d'argent. Une couronne de rubis et d'émeraudes régnait à l'entour. Les colonnes qui le soutenaient étaient faites des mêmes pierres précieuses. Il contenait sept appartemens où l'on entrait par sept portes.

195. Le palais était construit de verre transparent. Un ruisseau où l'on voyait nager les poissons coulait sous ce merveilleux édifice. Lorsque la reine y entra elle releva ses habits croyant passer un torrent. *Gelaleddin*.

[70] Cette promesse dont on nous flatte, dont on berça nos pères, n'est qu'une fable de l'antiquité. [71] Dis-leur : Parcourez la terre, et voyez quelle a été la fin des impies. [72] Ne t'afflige point de leur sort, et ne t'alarme point de leurs complots. [73] Quand s'accompliront vos promesses, demandent-ils? Parlez, si la vérité vous éclaire. [74] Dis-leur : Peut-être qu'une partie des peines dont vous voulez hâter l'accomplissement, est prête à fondre sur vous. [75] Dieu comble les humains de ses faveurs, et le plus grand nombre ne l'en remercient pas. [76] Il sait ce que recèle leur cœur, et ce que leur bouche profère. [77] Les mystères des cieux et de la terre sont écrits dans le livre de l'évidence. [78] Le Coran explique aux enfans d'Israël les principaux objets de leurs disputes. [79] Il est la lumière des fidèles, et le gage des grâces divines. [80] Le jugement de Dieu terminera leurs différens. Il est le savant, le dominateur. [81] Mets ta confiance dans le Seigneur. La vérité est ton appui. [82] Tu ne saurais faire entendre les morts, ni les sourds qui s'éloignent de toi. [83] Tu ne saurais conduire les aveugles, ni les retirer de leurs ténèbres. Tu ne peux faire entendre que ceux qui croient, et qui sont fidèles. [84] Lorsque l'arrêt de leur perte sera prononcé, nous ferons sortir de la terre un monstre [196] qui criera : *Les hommes n'ont point cru l'islamisme.* [85] Nous rassemblerons un jour ceux qui ont traité nos oracles d'imposture, et nous les mettrons dans un lieu séparé ; [86] Jusqu'à ce qu'ils paraissent devant le tribunal de Dieu qui leur dira : Avez-vous nié ma religion? Ne l'avez-vous pas comprise? Quelles sont vos œuvres? [87] L'arrêt de leur réprobation sera prononcé, parce qu'ils ont été impies, et ils ne répondront point. [88] Ne voyaient-ils pas que nous avons établi la nuit pour reposer, et le jour pour agir? Ce sont des signes pour les croyans. [89] Lorsque le son de la trompette retentira, tout ce qui est dans les cieux et sur la terre sera saisi d'effroi, excepté les élus du Seigneur. Tous les hommes paraîtront devant lui, humblement prosternés. [90] Vous verrez les montagnes semblables à l'eau congelée, disparaître comme un nuage à la voix de Dieu qui a sagement disposé toutes choses, et qui connaît les actions des mortels. [91] Ceux qui se présenteront avec de bonnes œuvres, recevront un prix glorieux, et seront exempts des frayeurs du grand jour. [92] Ceux qui n'apporteront que des crimes seront précipités dans le feu, le visage prosterné. Seriez-vous traités autrement que vous aurez agi? [93] Le Dieu de ce pays que sa bonté a consacré, le Dieu à qui tout appartient, m'a commandé de me dévouer à son culte, et d'embrasser l'islamisme. [94] Il m'a chargé de lire le Coran. Ceux qui recevront la lumière, jouiront de cet avantage précieux, et je dirai à ceux qui persisteront dans l'erreur : Ma mission se borne à vous prêcher. [95] Dis : Louange à l'Éternel! Bientôt il vous donnera des marques de sa puissance, et vous ne pourrez les nier. Il a l'œil ouvert sur vos actions.

CHAPITRE XXVIII.

L'Histoire. donné à La Mecque, composé de 88 versets. Au nom de Dieu clément et miséricordieux.

[1] T. S. M. [197] Ces caractères sont les signes du livre de l'évidence. [2] Nous te réciterons avec vérité quelques traits de l'histoire de Moïse et de Pharaon, en faveur des croyans. [3] Pharaon s'enorgueillissait sur le trône d'Égypte. Il avait divisé son peuple en deux parties. Devenu tyran, il en affaiblissait une, en faisant périr les enfans mâles, et en ne laissant vivre que les filles ; [4] Nous voulions combler de biens ceux qui étaient opprimés, les élever, et leur donner un héritage. [5] Nous voulions leur assurer une habitation sur la terre, et déployer aux yeux de Pharaon, d'*Haman*, et de leurs armées, les prodiges qu'ils redoutaient. [6] Nous dîmes à la mère [198] de

---

196. Ce monstre que les commentateurs du Coran ont peint chacun à leur manière, aura cinquante coudées de long. Il courra d'une vitesse extraordinaire, et aura des crins, des plumes et deux ailes. *Ebn Jarih* le décrit avec la tête d'un taureau, les yeux d'un porc, les oreilles d'un éléphant, les cornes d'un cerf, le cou d'une autruche, la poitrine d'un lion, la couleur d'un ours, le milieu du corps d'un chat, la queue d'un belier, et le pied d'un chameau. Il sortira de la grande mosquée de la Mecque, et épouvantera la terre de sa voix. Il prononcera ces mots : *Les hommes n'ont point cru l'islamisme. Zamchascar.*

197. **T. S. M.** Voyez ce que nous avons dit ci-dessus au sujet de ces caractères.

198. La mère de Moïse l'allaita pendant trois mois. Craignant ensuite pour ses jours, elle l'enferma dans un coffre enduit de poix, fait en forme de berceau, et le déposa sur le Nil. *Maracci.* La tradition du pays porte que le berceau de Moïse s'arrêta devant le *Mekias*, ancien château bâti à la pointe d'une île située entre le vieux Caire et Giza. Cet édifice tombe en ruine. On n'y voit de bien conservé qu'un bassin carré, creusé à la profondeur du Nil, avec lequel il communique par un canal. Du milieu de ce bassin s'élève une colonne de marbre qui sert à marquer les divers accroissemens du fleuve. Aussitôt qu'il commence à croître, des crieurs publics vont soir et matin consulter

Moïse : Allaite ton fils, et si tu trembles pour ses jours, dépose-le sur le Nil. Ne crains rien. Ne t'afflige point. Nous le rendrons à tes vœux, et nous l'établirons prophète. [7] La famille de Pharaon recueillit celui qui devait être un jour son ennemi, et lui causer des chagrins amers, parce que Pharaon, *Haman*, et leurs soldats, étaient prévaricateurs. [8] Que cet enfant soit le plaisir de nos yeux, dit la reine d'Égypte. Ne le mettez point à mort. Peut-être qu'un jour il nous sera avantageux de l'avoir accueilli. Nous l'adopterons pour fils. Ils ignoraient l'avenir. [9] La mère de Moïse alarmée fut prête à trahir son fils ; mais nous mîmes un lien sur son cœur, afin qu'elle fût fidèle. [10] Elle ordonna à la sœur de Moïse de suivre l'enfant. Elle l'observait de loin afin qu'on ne s'en aperçût pas. [11] Fidèle à notre défense, l'enfant refusa le lait des nourrices étrangères. Voulez-vous, dit sa sœur, que je vous enseigne une famille où il sera nourri et élevé avec soin ? [12] Nous le rendîmes à sa mère, afin de sécher ses pleurs, de calmer ses inquiétudes, et afin qu'elle connût que les promesses de Dieu sont véritables. [13] Lorsqu'il eut atteint l'âge marqué, nous lui donnâmes la sagesse et la science ; c'est ainsi que nous récompensons la vertu. [14] Un jour qu'il entrait dans la ville pendant le temps où les citoyens reposent, il aperçut deux hommes qui se battaient, l'un Hébreu et l'autre Égyptien. Le premier lui demanda du secours contre son adversaire. Moïse le frappa et le mit à mort. Voilà, dit-il, une œuvre de Satan, l'ennemi, le séducteur du genre humain. [15] Seigneur, s'écria-t-il, j'ai commis un crime, daigne me pardonner. Dieu lui pardonna, parce qu'il est indulgent et miséricordieux. [16] Seigneur, puisque ta miséricorde m'a fait grâce, je ne serai jamais du parti des impies. [17] Le matin il marchait en tremblant dans la ville. Il observait avec inquiétude, quand l'Israélite qu'il avait sauvé la veille l'appela une seconde fois à son secours. Tu es un séditieux, lui dit Moïse. [18] Il voulut cependant repousser par la force ce nouvel ennemi. As-tu dessein de me faire éprouver le sort de celui que tu mis hier à mort ? lui cria l'Égyptien. N'écouteras-tu que ta violence ? As-tu donc renoncé à la vertu ? [19] Un homme accouru de l'extrémité de la ville, lui dit : O Moïse ! les grands assemblés délibèrent pour te faire mourir. Dérobe-toi par la fuite, et suis cet avis salutaire. [20] Il s'enfuit, tremblant d'être découvert, et il adressa cette prière au ciel : Seigneur, délivre-moi des mains des méchans. [21] Sorti de la ville [199], il tourna ses pas vers Madian, et dit : Seigneur, guide-moi dans le bon chemin. [22] Arrivé à la fontaine de Madian, il trouva les bergers occupés à abreuver leurs troupeaux. [23] Il aperçut deux sœurs qui se tenaient à l'écart. Que faites-vous ici ? leur demanda-t-il. Nous attendons, répondirent-elles, le départ des pasteurs, pour abreuver nos troupeaux. Nous avons pour père [200] un *cheikh* respectable. [24] Moïse leur puisa de l'eau ; et s'étant écarté sous l'ombrage, il s'écria : Seigneur, mon cœur soupirait après le bien que tu viens de m'offrir. [25] Une des sœurs revint à lui, marchant avec décence, et lui dit : Mon père te demande. Il veut te récompenser du service que tu nous as rendu. Moïse [201] raconta son histoire au vieillard, qui lui dit : Ne crains rien, tu es échappé des mains des méchans. [26] O mon père ! dit une des filles de Jetro : Prends cet homme à ton service. Il est robuste et fidèle ; il sera le meilleur de tes domestiques. [27] Jetro dit à Moïse : Je te donnerai une de mes filles en mariage, à condition que tu me serviras pendant huit ans. Il dépendra de toi de rester deux ans de plus. S'il plaît à Dieu, tu n'éprouveras de ma part qu'humanité et justice. [28] J'accepte votre proposition, répondit Moïse ; mais l'accord aura lieu pourvu que j'accomplisse un des termes. Qu'aucun de nous ne soit

---

la colonne, et proclament dans les rues du grand Caire la hauteur journalière de l'eau. Lorsqu'elle est à un certain période, on fait de grandes réjouissances, on coupe les digues, et le Nil arrose les campagnes. Le mot *mekias* signifie mesure d'eau.

199. Moïse partit de Memphis, capitale de l'Égypte, et demeura huit jours dans son voyage. Comme il ignorait le chemin, un ange fut son conducteur. *Gelaleddin*.Il ne reste aucune trace de Memphis. Les villes du Grand-Caire et de *Boulac* auront été bâties de ses débris. Si l'on creusait dans les monceaux de sable qui s'élèvent aux environs du vieux Caire, on trouverait peut-être des monumens qui fixeraient la position de cette ancienne capitale de l'Égypte. Thèbes et Alexandrie ont laissé des ruines qui attestent encore leur ancienne magnificence ; mais Memphis a subi le sort de plusieurs autres villes fameuses, elle a disparu entièrement de la face de la terre.

200. Le mot *cheikh* signifie vieillard ; mais comme les vieillards avaient anciennement toute l'autorité, et que les Arabes ont conservé les mœurs antiques, ils se servent encore de ce mot pour désigner leurs chefs.

201. Lorsque Moïse arriva à la demeure de Jetro, que les Arabes nomment *Chaïb*, il trouva le dîner prêt. Assied-toi et mange avec nous, lui dit le vieillard. Je n'accepte point ton offre, lui répondit Moïse, comme le prix du service que j'ai rendu à tes filles. Il est une loi inviolable dans ma famille : on fait le bien sans en recevoir de récompense. Et moi, répliqua Jetro, j'ai pour coutume (et ce fut celle de mes pères) de bien accueillir mes hôtes, et de les nourrir. *Gelaleddin*.L'hospitalité est encore en honneur parmi les Turcs. Si un étranger se présente à l'heure du repas, on le fait asseoir, et il est traité comme les autres. On ne lui demande point d'où il vient, où il va, ce qu'il est ; questions accablantes pour les malheureux. C'est un homme qui se présente à l'heure du repas, on le reçoit comme s'il était de la famille, et en le traite avec la même bonté. Aussi ne voit-on point de mahométan déshonorer l'humanité, en exposant, au milieu des chemins et des rues, sa misère à ses semblables.

transgresseur, et que Dieu soit le garant de notre alliance. [29] Le temps fixé étant [202] accompli, Moïse partit avec sa famille, et ayant aperçu du feu près du mont Sinaï, il dit : Attendez ici. Je vais reconnaître ce feu. Peut-être que je vous apporterai du bois enflammé pour vous chauffer. [30] Lorsqu'il s'en fut approché, une voix sortie du milieu d'un buisson près de la rive droite du torrent qui coule dans la vallée bénite, lui cria : Moïse, je suis le Dieu souverain des mondes. [31] Jette ta baguette. Il la vit aussitôt, changée en serpent, ramper sur la terre. Il s'enfuit précipitamment. O Moïse ! retourne sur tes pas. Calme ta frayeur. Tu es en sûreté. [32] Mets ta main dans ton sein, elle deviendra blanche sans aucun mal. Retire-la sans crainte. Tu opéreras ces deux prodiges devant Pharaon et les grands de son empire. Ils sont prévaricateurs. [33] Seigneur, dit Moïse, j'ai tué un Égyptien ; j'appréhende qu'on ne me mette à mort. [34] Mon frère Aaron est plus éloquent que moi. Commande-lui de m'accompagner. Qu'il me serve d'appui. Qu'il atteste la vérité de mes paroles. Je crains qu'on ne me traite d'imposteur. [35] Aaron sera ton soutien, ajouta le Seigneur. Nous vous donnerons une puissance insigne. Les Égyptiens ne pourront égaler vos prodiges. Vous, et ceux qui vous suivront, serez vainqueurs. [36] Moïse dévoila aux Égyptiens notre doctrine sublime. Tout cela n'est que mensonge, s'écrièrent-ils : la tradition de nos pères ne nous offre rien de semblable. [37] Mon Dieu connaît, dit Moïse, ceux que la foi éclaire, et qui auront le paradis pour récompense. Certainement la félicité ne sera point le partage des méchans. [38] Seigneurs, dit Pharaon à ses courtisans, je ne pense pas que vous ayez d'autre Dieu que moi. *Haman*, prépare des briques, et qu'on bâtisse une tour [203] élevée, afin que je monte vers le Dieu de Moïse, quoique cet homme me semble un imposteur. [39] Le roi et ses troupes, livrés à l'orgueil, oublièrent la justice, et pensèrent qu'ils ne ressusciteraient point. [40] Nous saisîmes Pharaon et son armée, et nous les précipitâmes dans les eaux. Vois quelle est la fin des impies. [41] Chefs des réprouvés, ils appelleront leurs semblables au feu de l'enfer. Ils seront sans protecteur au jour de la résurrection. [42] Frappés de malédiction dans ce monde, au jour dernier ils seront couverts d'opprobre. [43] Après avoir détruit les premiers peuples, nous donnâmes à Moïse le Pentateuque, pour rappeler sur la terre le souvenir du Seigneur. Ce livre est le gage des grâces célestes, et la lumière des hommes. [44] Tu n'étais pas avec Moïse, sur le côté occidental de la montagne, lorsque nous le chargeâmes de nos ordres. Tu ne fus point au nombre des témoins. [45] Depuis Moïse, plusieurs générations se sont succédées. Nous les avons laissées long-temps sur la terre. Tu n'as point habité parmi les Madianites, pour leur annoncer nos commandemens ; mais nous t'avons élu prophète. [46] Tu n'étais pas sur le penchant du mont Sinaï lorsque nous appelâmes Moïse ; mais la miséricorde divine t'a choisi pour prêcher un peuple à qui il n'était point encore venu d'apôtre, afin qu'il ouvre les yeux à la lumière. [47] Lorsqu'ils ressentaient la punition de leurs péchés, ne disaient-ils pas : Seigneur, nous as-tu envoyé un prophète pour que nous suivions ta doctrine, et que nous embrassions la foi ? [48] Après que nous leur avons envoyé un apôtre véritable, ils se sont écriés : Qu'il fasse éclater la même puissance que Moïse, et nous croirons. N'ont-ils pas nié ses miracles, quand ils ont dit : Le Pentateuque et le Coran sont deux livres de mensonges qui se prêtent un secours mutuel, nous les rejetons également ? [49] Dis-leur : Si vous êtes véridiques, apportez un livre divin, où la vraie religion soit mieux établie que dans le Pentateuque et dans le Coran, et je le suivrai aussitôt. [50] S'ils gardent le silence, apprends qu'ils suivent leurs désirs déréglés. Quoi de plus aveugle que d'errer au gré de ses passions loin de la lumière divine ! car Dieu n'éclaire point les méchans. [51] Nous leur avons fait entendre la parole de la foi, afin de les tirer de leur égarement. [52] Ceux à qui nous donnâmes les Écritures croient au Coran. [53] Ils s'écrient, lorsqu'on leur explique sa doctrine : Nous croyons qu'il est la vérité de Dieu ; avant sa venue nous étions musulmans [204]. [54] Ils recevront une double récompense, parce qu'ils ont souffert avec patience, qu'ils ont rendu le bien pour le mal, et versé dans le sein de l'indigent une portion des richesses que nous leur avions départies. [55] Lorsqu'ils entendent les railleries des méchans, ils s'en éloignent, et ils disent : Nous avons pour nous nos œuvres. Vous rendrez compte des vôtres. La paix soit avec vous. Nous n'aspirons point à l'amitié de

---

202. Lorsque Moïse fut sur le point de quitter Jetro, le vieillard ordonna à sa fille de lui donner la baguette avec laquelle il écartait les bêtes féroces de son troupeau ; c'était la verge des Prophètes. Elle était faite de myrte du Paradis terrestre. Adam l'avait possédée le premier. Moïse la reçut des mains de son épouse, avec la science de Jetro. *Gelaleddin.*

203. Les auteurs arabes racontent des fables sans nombre au sujet de cette tour. Cinquante mille ouvriers y travaillaient chaque jour. Lorsqu'elle fut très-élevée, Pharaon monta sur le sommet, et lança contre le ciel un trait qui retomba couvert de sang. Le roi se glorifia d'avoir tué le Dieu de Moïse ; mais Gabriel d'un coup d'aile renversa l'édifice qui écrasa une partie de son armée. *Zamchascar.*

204. C'est-à-dire *consacrés au culte d'un seul Dieu.*

ceux qu'aveugle l'ignorance. 56 Les hommes ne seront point éclairés au gré de tes désirs. Dieu illumine ceux qu'il veut, et connaît celui qui marche dans les voies du salut. 57 Ils ont dit : Si nous embrassons ta croyance, nous serons chassés de notre pays. Ne leur avons-nous pas assuré un asile où nous rassemblons des biens de toute espèce pour leur subsistance ? Mais la plupart sont dans l'aveuglement. 58 Combien nous avons détruit de cités abandonnées à la volupté et à la débauche ! Le plus grand nombre de ces villes n'ont plus été habitées, et nous en conservons l'héritage. 59 Dieu n'a point renversé d'empire avant d'avoir envoyé dans la capitale un prophète prêcher ses commandemens ; et les villes dont les habitans étaient impies, ont été les seules détruites. 60 Les richesses qui vous ont été dispensées vous procurent les plaisirs et les agrémens de la vie. Les jouissances du ciel sont bien plus délicieuses. Ne le concevez-vous pas ? 61 Le juste qui possédera la félicité que nous lui avons promise, aura-t-il un sort semblable au mortel qui a joui de tous les charmes de la vie mondaine, et qui au jour de la résurrection sera réprouvé ? 62 Lorsqu'on appellera l'idolâtre, on lui demandera : Où sont les dieux que tu égalais à l'Éternel ? 63 Ceux dont la condamnation est prononcée [205], diront : Seigneur, nous l'avons séduit comme nous le fûmes nous-mêmes. Nous ne sommes point coupables du culte qu'il nous a rendu. Rien ne pouvait le porter à nous adorer. 64 On ajoutera : Appelle tes divinités. Il les invorquera inutilement. Elles garderont le silence, et il verra les tourmens qu'il eût évités, s'il avait suivi la vraie religion. 65 Dieu lui demandera : Qu'as-tu répondu à mes ministres ? 66 La réponse mourra sur ses lèvres, et il restera interdit. 67 Celui que le repentir aura ramené à la foi et à la vertu, peut encore espérer le bonheur. 68 Ton Dieu crée et élit ceux qu'il veut. Leurs idoles n'ont point le pouvoir du choix. Louange à l'Éternel ! Anathème aux faux dieux ! 69 Ton Dieu connaît et les replis de leurs cœurs, et ce que leur bouche profère. 70 Il est le Dieu unique. Un tribut de louanges lui est dû dans ce monde et dans l'autre. Il est le juge suprême. Tous les hommes paraîtront devant son tribunal. 71 Que vous en semble ? Si Dieu prolongeait les ténèbres de la nuit jusqu'au jour de la résurrection, quel autre que lui pourrait vous rendre la lumière ? Ne comprendrez-vous point ? 72 Que vous en semble ? Si Dieu prolongeait la clarté du jour jusqu'au jour de la résurrection, quel autre que lui pourrait vous ramener les ombres de la nuit, pour servira votre repos ? N'ouvrirez-vous point les yeux ? 73 Dieu plein de bonté a établi la nuit et le jour ; l'une pour le repos, l'autre pour le travail, afin que vous lui rendiez des actions de grâces. 74 Un jour nous citerons les idolâtres à notre tribunal, et nous leur demanderons : Où sont les dieux que vous associiez à ma puissance ? 75 Nous ferons paraître un témoin de chaque nation, et nous leur dirons : Où sont vos preuves ? Ils connaîtront que la vérité procède du Très-Haut, et leurs divinités chimériques disparaîtront. 76 *Caron*, un des Israélites, s'était abandonné à l'orgueil. Nous lui avions départi des richesses immenses. Plusieurs hommes robustes auraient eu peine à porter les clefs qui les tenaient enfermées. Ne te livre point aux excès de la joie, lui dirent les Hébreux ; Dieu hait la joie insolente. 77 Efforce-toi d'acquérir, avec les biens que tu possèdes, le séjour éternel. N'oublie pas la portion dont tu as été favorisé dans ce monde. Sois bienfaisant comme Dieu l'a été envers toi. Ne souille pas la terre de tes crimes. Dieu hait les corrupteurs. 78 Mes trésors, répondit *Caron*, sont le prix de ma science. Ignorait-il que Dieu a exterminé des peuples puissans et nombreux ? Mais les scélérats ne seront point interrogés sur leurs forfaits. 79 *Caron* s'avançait vers le peuple avec pompe. Ceux pour qui la vie mondaine a des charmes disaient : Plût à Dieu que nous fussions aussi riches que Caron ! Il possède une fortune immense. 80 Malheur à vous, disaient ceux que la science éclairait ! La récompense que Dieu prépare au croyant vertueux est bien préférable. Elle n'est destinée qu'à ceux qui souffriront avec patience. 81 Nous ouvrîmes la terre. Caron [206] et son palais furent engloutis. Le nombre de ses esclaves ne put le défendre contre le bras du Tout-Puissant, et il n'eut point de vengeur. 82 Ceux qui la veille enviaient son sort, s'écrièrent le matin : Dieu dispense ou retire ses faveurs à son gré. Si sa miséricorde ne veillait sur nous, la terre nous eût ensevelis dans ses abîmes. Les méchans ne jouiront point de la félicité. 83 Le palais de la vie future sera le prix de ceux qui fuient l'orgueil et le crime. La

---

205. Les Démons.

206. *Caron* ou *Coré*, le plus riche et le plus beau des enfans d'Israël, avait fait bâtir un palais magnifique. Il avait formé un parti parmi les Hébreux, et songeait à devenir leur chef. Il gagna à prix d'or une femme qui devait déclarer publiquement que Moïse avait eu commerce avec elle. Un jour que le prophète faisait un discours au peuple, et qu'il prononçait la peine de mort contre l'adultère, *Caron* se leva et lui dit : Si tu étais toi-même coupable de ce crime, quelle devrait être ta punition ? La mort, répondit Moïse. Aussitôt on fit paraître la femme apostée ; mais, loin de calomnier l'innocence, elle découvrit le complot. Moïse à l'instant s'écria : O terre engloutis les scélérats, et la terre les engloutit. *Ismaël ebn Ali*, au chapitre de *Caron*.

fin est pour les justes. [84] Celui qui aura pratiqué la vertu, recevra une récompense magnifique, et les scélérats subiront des peines proportionnées à leurs crimes. [85] Celui qui t'a enseigné le Coran, opérera ton retour désiré [207]. Dieu connaît ceux qui suivent la lumière, et ceux qui marchent dans les ténèbres. [86] Tu n'espérais pas recevoir le Coran ; c'est une faveur du ciel. Ne prête point d'appui aux infidèles. [87] Qu'ils ne t'écartent jamais des préceptes divins, après les grâces que tu as reçues. Appelle les hommes à Dieu, et fuis l'idolâtrie. [88] N'invoque qu'un Dieu. Il est seul. Tout périra devant sa face. Il est le juge suprême. Vous comparaîtrez devant son tribunal.

CHAPITRE XXIX.

L'Araignée. donné à La Mecque, composé de 69 versets. Au nom de Dieu clément et miséricordieux.

[1] A. **L. M.** Les hommes pensent-ils qu'il suffit de dire, nous croyons, sans donner des preuves de leur foi ? [2] Nous avons éprouvé les premiers peuples, afin de distinguer les apôtres de la vérité d'avec ceux qui étaient livrés au mensonge. [3] Les méchans croient éviter nos châtimens, et ils se trompent. [4] Celui qui attend le jugement dernier dont Dieu a fixé le terme invariable, car il sait et entend tout, [5] Celui qui combat pour la foi, combat dont il sera récompensé, parce que Dieu est riche sans l'univers, [6] Et le croyant qui aura exercé la bienfaisance, et dont nous aurons effacé les péchés, recevront la félicité pour prix de leurs œuvres. [7] Mortels, nous vous avons recommandé la bienfaisance envers les auteurs de vos jours ; mais s'ils voulaient vous forcer à adorer des divinités étrangères, résistez à leurs instances. Vous paraîtrez devant mon tribunal, et je dévoilerai vos actions. [8] Les croyans qui auront fait le bien seront introduits dans l'assemblée des justes. [9] Il en est qui disent : Nous croyons en Dieu ; et lorsqu'ils sont opprimés pour la foi, ils redoutent autant leurs souffrances que les peines de l'enfer. Le ciel se déclare-t-il en faveur des fidèles, ils s'écrient : Nous sommes de votre parti. L'Éternel ignore-t-il donc ce qui est caché dans le cœur de ses créatures ? [10] Il connaît parfaitement les croyans et les impies. [11] Les incrédules ont dit aux fidèles : Suivez notre doctrine, et nous nous chargeons de vos péchés. Ils ne sauraient se charger des offenses d'autrui, et ils mentent. [12] Ils ne porteront que le fardeau de leurs iniquités, et au jour du jugement, on leur demandera compte de leurs mensonges. [13] Nous choisîmes Noé pour prêcher ses semblables. Il demeura parmi eux neuf cent cinquante ans [208], ensuite le déluge submergea les impies. [14] Nous sauvâmes Noé et ceux qui étaient avec lui dans l'arche. Elle servira d'exemple à la postérité. [15] Abraham dit au peuple : Servez le Seigneur. Craignez-le. Son culte sera pour vous une source d'avantages. Si vous saviez ! [16] Vous adorez des idoles. Vous servez le mensonge. Vos divinités ne sauraient vous procurer aucun bien. Cherchez auprès de Dieu ceux dont vous avez besoin. Devenez ses adorateurs. Rendez-lui des actions de grâces. Vous retournerez à lui. [17] Si vous niez la vérité de ma mission, les nations qui vous ont précédés ont ainsi traités les prophètes ; mais un apôtre n'est chargé que de prêcher la vérité. [18] N'ont-ils pas vu comment Dieu produit une créature ? C'est ainsi qu'il la ressuscitera. Ce prodige est facile à sa puissance. [19] Parcourez la terre. Contemplez tous les êtres que Dieu a créés. Il en fera sortir d'autres du néant, parce que rien ne limite sa puissance. [20] Il exerce à son gré sa justice ou sa miséricorde. Vous retournerez tous à lui. [21] Vous ne pouvez suspendre son bras vengeur sur la terre ni dans les cieux. Vous n'avez contre Dieu ni appui ni défenseur. [22] Ceux qui nient l'islamisme et la résurrection, désespéreront de ma miséricorde, et subiront la rigueur des tourmens. [23] Mettons Abraham à mort, faisons-le expirer dans les flammes, dirent les idolâtres. Dieu l'en délivra, et son salut fut pour les croyans un gage de la protection divine. [24] Vous avez prodigué, leur dit-il, vos encens et votre amour à des dieux impuissans ; au jour de la résurrection, une partie de vous méconnaîtra l'autre, et la chargera de malédictions. Votre réceptacle sera l'enfer, et vous n'aurez point de défenseur. [25] Loth embrassa la croyance d'Abraham. J'abandonne, dit-il, mes concitoyens, pour m'approcher de Dieu, parce qu'il est puissant et sage. [26] Nous donnâmes à Abraham Isaac

---

207. C'est-à-dire son entrée à la Mecque, d'où il avait été obligé de fuir pour sauver ses jours.

208. Le cours entier de la vie de Noé fut de mille cinquante ans. Il en avait quarante lorsque Dieu lui commanda de prêcher. Sa mission dura jusqu'au déluge, c'est-à-dire neuf cent cinquante ans. Il en vécut encore soixante après. *Gelaleddin. Zamchascar.*

et Jacob, et à leurs descendans la prophétie et les Écritures. Nous le récompensâmes dès ce monde ; dans l'autre il aura sa place parmi les justes. [27] Loth répétait aux habitans de Sodôme : Vous souillerez-vous d'un crime inconnu avant vous sur la terre ? [28] Aurez-vous commerce avec des hommes ? Les attaquerez-vous dans les chemins ? Commettrez-vous mutuellement une action infâme ? Les habitans de Sodôme répondirent : Fais tomber la vengeance du ciel sur nos têtes, si tes menaces sont véritables. [29] Seigneur, s'écria Loth : Aide-moi contre un peuple corrompu ! [30] Les ministres de nos vengeances étant arrivés chez Abraham, lui annoncèrent une heureuse nouvelle, et lui dirent qu'ils allaient exterminer les habitans de Sodôme livrés à l'infamie. [31] Loth habite au milieu d'eux, leur représenta Abraham. Nous le savons, répondirent les anges. Nous le sauverons avec sa famille ; mais sa femme restera avec les coupables. [32] Lorsqu'ils furent arrivés chez Loth, il s'affligea sur leur sort, et déplora son impuissance. Calme tes craintes et ton chagrin, lui dirent-ils ; nous sommes venus te délivrer avec ta famille. Ta femme seule sera enveloppée dans le malheur général. [33] Nous allons faire tomber sur cette ville les fléaux du ciel, à cause de ses abominations. [34] Nous avons laissé subsister les ruines de Sodôme, monument frappant pour ceux qui pensent. [35] *Chaïb*, l'apôtre des Madianites, leur dit : O mes frères ! Servez le Seigneur ; croyez à la résurrection, et n'oubliez pas la justice. [36] Ils accusèrent *Chaïb* d'imposture. Un tremblement de terre les fit périr, et on les trouva le, matin étendus dans leurs maisons, la face contre terre. [37] *Aod*, *Themod* ne sont plus. Les ruines de leurs cités attestent notre vengeance. Le tentateur leur couvrit le vice de fleurs. Il les écarta du droit chemin, maigré leur pénétration. [38] *Caron*, Pharaon, *Haman* ont disparu de la terre. Moïse leur montra des miracles. Ils s'abandonnèrent à l'orgueil, et ils ne purent éviter nos châtimens. [39] Tous ont éprouvé les traits de notre vengeance. Un vent impétueux renversa les uns ; une voix terrible fit disparaître les autres ; ceux-ci furent engloutis dans la terre ; ceux-là ensevelis dans les eaux. Le ciel ne les punit point injustement. Ils se perdirent eux-mêmes. [40] Ceux qui mettent leur appui dans les idoles, ressemblent à l'araignée qui se construit un édifice fragile, qu'un souffle détruit. S'ils réfléchissaient ! [41] Dieu sait à qui ils adressent leurs hommages, parce qu'il est puissant et sage. [42] Nous proposons ces exemples aux hommes. Les sages seuls en ont l'intelligence. [43] Dieu a créé le ciel et la terre. La vérité présida à son ouvrage. Les fidèles y reconnaissent sa puissance. [44] Lis la doctrine du Coran qui t'a été révélé. Fais la prière. Elle écarte de l'impureté et de l'injustice. Le souvenir de Dieu est le premier des biens. Il connaît vos actions. [45] Ne disputez avec les juifs et les chrétiens, qu'en termes honnêtes et modérés. Confondez ceux d'entre eux qui sont impies. Dites : Nous croyons au livre qui nous a été envoyé, et à vos écritures ; notre Dieu et le vôtre ne font qu'un ; nous sommes musulmans. [46] Nous avons fait descendre le Coran du ciel. Ceux qui ont reçu la loi écrite croient en lui. Le plus grand nombre des habitans de la Mecque ont la même croyance. L'infidèle seul rejette sa doctrine. [47] Avant le Coran, tu n'avais lu aucun livre. Il n'est point écrit de ta main ; autrement ceux qui s'efforcent de l'anéantir douteraient de sa vérité. [48] Des signes frappans le caractérisent. Ils sont gravés dans le cœur de ceux qui ont la sagesse. Les méchans seuls en nient l'évidence. [49] Ils ne veulent, disent-ils, y ajouter foi, que lorsqu'ils y seront autorisés par des miracles. Réponds-leur : Les miracles sont dans les mains de Dieu, je ne suis chargé que de la prédication. [50] Ne suffit-il pas que nous t'ayons envoyé le Coran, pour leur expliquer sa doctrine ? Il est le gage des grâces célestes, et le guide des croyans. [51] Dis : Le témoignage de Dieu me suffit contre vous. [52] Il sait ce que le ciel et la terre renferment. Ceux qui croient en de vains simulacres, et qui nient l'islamisme, périront. [53] Ils te défient de hâter l'effet de tes menaces. Si l'instant de la vengeance n'était marqué, ils auraient déjà été punis ; mais elle les surprendra au moment où ils ne s'y attendront pas. [54] Ils te défient de hâter leur châtiment ; mais l'enfer environne les infidèles. [55] Un jour les fléaux célestes les envelopperont de toutes parts, et on leur dira : Goûtez le prix de vos œuvres. [56] O croyans ! Qui êtes mes serviteurs, la terre est d'une vaste étendue ; adorez-moi. [57] Tous les hommes subiront la mort, et ils ressusciteront. [58] Ceux qui auront professé l'islamisme et exercé la bienfaisance, habiteront éternellement le jardin de délices où coulent des fleuves. Gloire à la récompense de ceux qui auront travaillé ; [59] De ceux qui, ayant mis leur confiance dans le Seigneur, auront souffert avec persévérance. [60] Combien d'animaux ne préparent point leur nourriture ! Dieu les nourrit ainsi que vous ; il sait et entend tout. [61] Demandez-leur qui a créé le ciel et la terre, qui a fait servir à leurs besoins le soleil et la lune ; ils répondent : C'est Dieu. Pourquoi se livrent-ils donc au mensonge ? [62] Dieu étend et resserre ses bienfaits à son gré. Sa science embrasse tout l'univers. [63] Demandez-leur qui fait descendre du ciel la pluie pour féconder la terre stérile ; ils répondent : C'est Dieu. Louange au Très-Haut ! La plupart ne le connaissent pas. [64] La vie du monde n'est qu'un jeu frivole. Le séjour éternel est la vraie vie. S'ils le savaient ! [65] Lorsque le vaisseau les porte sur la mer, ils invoquent le Seigneur, et lui montrent une foi sincère. A peine les avons-nous ramenés au port, qu'ils adorent de fausses divinités. [66] C'est ainsi qu'ils payent d'ingratitude nos bienfaits signalés. Ils verront.... [67] Ne voient-ils pas que nous leur avons donné un asile assuré, tandis qu'on enlève les hommes qui sont autour d'eux ? Croiront-ils donc au mensonge ? Nieront-ils les grâces du Seigneur ? [68] Quoi de plus criminel que de blasphémer contre Dieu, de nier la vérité qu'on a connue ? L'enfer n'est-il donc pas la demeure des impies ? [69] Nous conduirons au sentier du salut ceux qui combattront pour la foi. Dieu est avec les bienfaisans.

CHAPITRE XXX.

Les Grecs. donné à La Mecque, composé de 60 versets. Au nom de Dieu clément et miséricordieux.

[1] A. L. M. Les Grecs ont été vaincus. [2] Ils ont été défaits sur la frontière[209]. Ils rachèteront leur défaite par la victoire, [3] Dans l'espace de dix années[210]. Dieu règle le sort des combats. Le jour où ils triompheront sera un jour de joie pour les fidèles. [4] Ils devront leur succès au bras du Très-Haut qui protège ceux qu'il veut. Il est puissant et sage. [5] Dieu l'a promis. Il ne rétracte point ses promesses ; mais la plupart l'ignorent. [6] Enivrés des plaisirs terrestres, les hommes oublient la vie future. [7] Ignorent-ils que le ciel, la terre, et tout ce qui existe dans l'espace, sont l'ouvrage véritable de Dieu, et qu'il a fixé le terme de leur durée ? Cependant la plupart nient la résurrection. [8] N'ont-ils pas parcouru la terre ? N'ont-ils pas vu quel a été le sort des anciens peuples ? Plus puissans qu'eux, ils y ont laissé des monumens de leur grandeur. Ils l'ont habitée plus long-temps. Des prophètes leur prêchèrent la vérité. Dieu ne les traita point injustement. Ils se perdirent eux-mêmes. [9] Livrés à l'impiété, ils niaient la religion divine ; ils insultaient à sa sainteté par leurs railleries ; et ils ont péri. [10] Dieu a créé l'homme. Il le ressuscitera, et le fera paraître devant son tribunal. [11] Le jour où le temps s'arrêtera, les méchans désespérés garderont le silence. [12] Ils ne seront point secourus par leurs divinités, et ils les méconnaîtront. [13] Le jour où le temps s'arrêtera, sera l'instant de la séparation. [14] Les croyans qui ont exercé la bienfaisance habiteront des prairies couvertes de fleurs. [15] Les infidèles qui auront nié l'islamisme et la résurrection, seront destinés aux tourmens. [16] Publiez les louanges du Seigneur le soir et le matin. [17] On le loue dans les cieux et sur la terre, au coucher du soleil, et à midi. [18] Il fait jaillir la vie du sein de la mort, et la mort du sein de la vie. Il fait éclore au sein de la terre stérile les germes de la fécondité. C'est ainsi que vous sortirez de vos tombeaux. [19] Les hommes créés de boue, et leur dispersion sur la terre, sont l'ouvrage de ses mains, et attestent sa puissance. [20] La création de vos femmes, formées de votre sang, pour que vous habitiez avec elles, l'amour, la piété qu'il a mis dans vos cœurs, annoncent sa bienfaisance à ceux qui réfléchissent. [21] La formation des cieux et de la terre, la diversité de vos langues, et de vos couleurs, sont pour l'univers un monument de sa puissance. [22] Votre repos pendant la nuit, et dans le jour, vos efforts pour vous procurer l'abondance, sont des signes de sa bonté pour ceux qui entendent. [23] La foudre qu'il fait briller à vos yeux au milieu de vos craintes, et de votre espérance, la pluie qu'il verse des nuages, pour féconder la terre stérile, annoncent sa grandeur à ceux qui comprennent. [24] La stabilité des cieux et de la terre est son ouvrage. A sa voix vous vous hâterez de sortir de vos tombeaux. [25] Les cieux et la terre forment son domaine ; L'univers lui obéit. [26] Il a formé toutes les créatures. Il ranimera leurs cendres. Ce prodige lui est facile. Il est le Très-Haut au ciel et sur la terre. La sagesse et la domination sont ses attributs. [27] Il vous propose des exemples tirés de vous-mêmes. Vos esclaves sont-ils vos égaux ? Partagez-vous avec eux vos richesses ? Avez-vous pour eux

---

209. Les deux armées se rencontrèrent dans la Mésopotamie, où elles livrèrent combat. *Zamchascar.* Les Grecs qui étaient chrétiens furent vaincus par les Perses qui adoraient les idoles. Les idolâtres de la Mecque se réjouirent de leur défaite, et dirent aux croyans : nous triompherons de vous, comme les Perses ont triomphé des Grecs. *Gelaleddin.*

210. Cette prédiction s'étant accomplie, les mahométans en tirèrent de grands argumens pour prouver que Mahomet était prophète ; mais il est aisé de voir combien sont futiles des raisonnemens appuyés sur une prophétie aussi vague, et qu'un homme qui connaissait l'état de l'empire des Grecs, et de celui des Perses, pouvait faire à coup sûr.

le respect que vous avez pour vous-mêmes? C'est ainsi que nous expliquons notre doctrine à ceux qui ont l'intelligence. [28] Les méchans n'ont d'autre loi que leurs passions. Qui peut éclairer ceux que Dieu égare? Ils n'auront point de défenseur. [29] Ouvre ton cœur à l'islamisme; il est l'ouvrage de Dieu qui a créé les hommes pour l'embrasser; il est le culte saint et éternel; mais la plupart sont plongés dans l'ignorance. [30] Élève ton front vers le Seigneur. Nourris sa crainte dans ton âme. Fais la prière, et fuis l'idolâtrie. [31] De toutes les sectes qui couvrent la terre, aucune n'est mécontente de sa croyance. [32] Lorsque la verge du malheur frappe les hommes, ils élèvent vers Dieu leur voix suppliante; à peine ont-ils éprouvé les effets de sa miséricorde, que le plus grand nombre d'entre eux retournent offrir de l'encens aux idoles. [33] Nos bienfaits ne servent qu'à hâter leur ingratitude. Jouissez, pervers! Bientôt vous saurez. [34] Leur avons-nous envoyé un livre divin sur lequel ils puissent établir l'idolâtrie? [35] Comblés de nos faveurs, ils se livrent aux excès de la joie; punis de leurs crimes ils s'abandonnent au désespoir. [36] Ne voient-ils pas que Dieu dispense ou retire ses dons à son gré, afin de donner aux fidèles des marques de sa puissance? [37] Acquittez-vous des devoirs sacrés envers vos proches. Soyez bienfaisans envers les pauvres et les voyageurs. O vous qui désirez les récompenses du Seigneur, ces actions ont un mérite à ses yeux. [38] L'usure, par laquelle l'homme veut augmenter ses richesses, ne produira rien auprès de Dieu. L'aumône que vous faites dans l'espoir de mériter sa présence, multipliera au centuple. [39] Dieu vous a tirés du néant. Il vous nourrit. Il vous enverra la mort, et vous fera ressusciter. Vos divinités peuvent-elles opérer le moindre de ces prodiges! Louange au Tout-Puissant! Anathème aux idoles! [40] Les crimes des hommes ont attiré les fléaux qui ont ravagé la terre et les mers. Nous leur avons fait éprouver une partie de nos châtimens, afin qu'ils reviennent à nous. [41] Dis: Parcourez la terre. Voyez quel fut le sort de ceux qui vous ont précédés. La plupart étaient idolâtres. [42] Embrasse l'islamisme avant le jour de la séparation, avant ce jour dont on ne pourra différer l'accomplissement. [43] L'incrédule sera chargé du poids de son infidélité, et le juste recevra le prix de ses bonnes œuvres. [44] Dieu comblera de biens les croyans vertueux. Les infidèles ne recueilleront que sa haine. [45] Les vents qu'il envoie vous présager une pluie fortunée, les vaisseaux qui fendent les ondes à sa voix, pour vous procurer l'abondance et vous rendre reconnaissans, sont des signes de sa puissance. [46] Avant toi nous envoyâmes des messagers de la foi prêcher la vérité aux peuples. Les scélérats furent punis. Notre justice devait cet exemple aux fidèles. [47] C'est l'Éternel qui déchaîne les vents, qui agite les nuages, qui les étend dans les airs, et de leur sein entr'ouvert fait couler à son gré la pluie sur les campagnes. Ceux qui la reçoivent se réjouissent. [48] Avant qu'elle tombât, ils étaient désespérés. [49] Arrêtez vos regards sur les traces de sa miséricorde divine. Voyez comme il fait éclore au sein de la terre stérile les germes de la fécondité; c'est ainsi qu'il fera revivre les morts. Rien ne borne sa puissance. [50] Après ces bienfaits, si nous envoyons un vent qui brûle les moissons, ils deviennent ingrats. [51] Veux-tu faire entendre tes prédications aux sourds et aux muets, ils s'en retournent précipitamment. [52] Tu ne saurais tirer l'aveugle de ses ténèbres. Les fidèles seuls écouteront ta doctrine. [53] Dieu vous fait naître faibles, ensuite il vous donne la force, que suit la vieillesse couronnée de cheveux blancs. Il crée ce qu'il veut. La science et la puissance sont ses attributs. [54] Le jour où le temps s'arrêtera, les méchans jureront [55] Qu'ils ne sont demeurés qu'une heure dans le tombeau; c'est ainsi qu'ils mentaient auparavant. [56] Les croyans éclairés par la grâce répondront: Vous y êtes resté le temps marqué dans le livre divin; vous y êtes restés jusqu'au jour de la résurrection. Le voilà ce jour; mais vous avez vécu dans l'aveuglement. [57] Leurs excuses seront vaines; leur soumission sera sans fruit. [58] Le Coran offre aux hommes des exemples multipliés; mais à la vue d'un miracle, l'incrédule s'écriait: C'est une imposture. [59] C'est ainsi que Dieu scelle le cœur de ceux qu'aveugle l'ignorance. [60] Souffre avec patience. La promesse de Dieu est infaillible. Que ceux dont la foi est chancelante, ne t'inspirent pas leur légèreté.

CHAPITRE XXXI.

Locman. donné à La Mecque, composé de 34 versets. Au nom de Dieu clément et miséricordieux.

[1] A. **L. M.** Ces caractères désignent le livre du sage. [2] Il est le gage des faveurs divines, et la lumière des

bienfaisans ; ③ De ceux qui, fidèles à la prière, font l'aumône, et croient à la vie future. ④ Ils marchent au flambeau de la foi. La félicité sera leur partage. ⑤ Il est des hommes qui, se jouant de la religion, achètent des histoires frivoles, propres à séduire leurs semblables et à les détourner du droit chemin. Une peine ignominieuse sera leur récompense. ⑥ Lis-leur un verset du Coran, ils détournent orgueilleusement la tête, comme s'ils n'entendaient pas, semblables à celui qui aurait un poids dans les oreilles ; mais annonce-leur un tourment douloureux. ⑦ Les croyans qui auront pratiqué la vertu, habiteront les jardins de délices. ⑧ Ils y demeureront éternellement. La promesse de Dieu est véritable. Il est puissant et sage. ⑨ Il a créé les cieux sans colonnes visibles. Il a posé sur la terre de hautes montagnes pour l'affermir. Il a répandu sur sa surface toutes les espèces d'animaux. Il fait descendre la pluie des cieux pour faire éclore les germes des plantes. ⑩ Voilà sa création. Montrez-moi ce que vos idoles ont tiré du néant. Les méchans sont plongés dans les ténèbres. ⑪ Nous donnâmes la sagesse à Locman, et nous lui dîmes : Rends grâces à Dieu. Celui qui chérit la reconnaissance en a le mérite pour lui. L'ingrat l'est en pure perte. Le Très-Haut est riche, et sa louange est en lui-même. ⑫ *Locman* ²¹¹ exhortant son fils, lui dit : O mon fils ! ne donne point d'égal à Dieu. L'idolâtrie est le plus grand des crimes. ⑬ Nous avons prescrit à l'homme des devoirs sacrés envers les auteurs de ses jours. Il a été porté avec des peines multipliées dans le sein d'une mère. Il a été allaité pendant deux ans. Mortels, soyez reconnaissans de nos bienfaits, soyez bienfaisans envers vos pères. Je suis le terme de toutes choses. ⑭ S'ils voulaient te forcer à me donner un égal, ne leur obéis pas. Sois leur compagnie dans ce monde. Rends-leur ce que tu dois à la nature, et suis le sentier de celui qui s'est converti à moi. Vous paraîtrez devant mon tribunal, et je vous montrerai vos œuvres. ⑮ O mon fils ! ce qui n'aurait que le poids d'un grain de moutarde, fût-il caché dans l'antre d'un rocher, au ciel ou sur la terre, sera produit par les mains de Dieu, parce que rien n'échappe à sa pénétration. ⑯ O mon fils ! fais la prière. Commande la justice. Empêche l'iniquité. Souffre patiemment les maux qui t'arrivent. Ils sont une suite des décrets éternels. ⑰ Ne détourne point orgueilleusement tes regards des hommes. Ne marche point avec faste sur la terre. Dieu hait le superbe et le glorieux. ⑱ Sois modeste dans ta conduite. Abaisse le son de ta voix ; la plus désagréable de toutes est celle de l'âne. ⑲ Ne voyez-vous pas que Dieu a soumis à votre usage tout ce qui est dans les cieux et sur la terre ? Il vous a comblés de dons multipliés ; cependant combien disputent de Dieu, sans être éclairés du flambeau de la science, et sans l'autorité d'aucun livre qui fasse loi. ⑳ Lorsqu'on les presse d'embrasser la religion que Dieu a envoyée du ciel, ils répondent : Nous suivons le culte de nos pères. Le suivraient-ils, si Satan les appelait au feu de l'enfer ? ㉑ Celui qui a livré son cœur à l'islamisme et à la vertu, a saisi une colonne inébranlable. Il est appuyé sur Dieu, le terme de toutes choses. ㉒ Que leur incrédulité ne t'afflige point. Ils reviendront à nous, et nous leur montrerons leurs œuvres. Dieu connaît le fond des cœurs. ㉓ Ils expieront, au milieu des supplices, quelques momens écoulés dans les plaisirs. ㉔ Demande-leur qui a créé le ciel et la terre ; ils répondent : C'est Dieu. Dis : louange à l'Éternel ! la plupart d'entre eux ne le connaissent pas. ㉕ Il possède le domaine des cieux et de la terre ; il est riche, et sa louange est en lui-même. ㉖ Quand tous les arbres seraient des plumes, quand sept océans réunis rouleraient des flots d'encre, ils ne suffiraient pas pour décrire les merveilles du Très-Haut, parce qu'il est puissant et sage. ㉗ Dieu a créé tout le genre humain ²¹² dans un seul homme. La résurrection universelle ne lui coûtera pas davantage. Il entend et observe tout. ㉘ Ne voyez-vous pas qu'il fait succéder la nuit au jour, et le jour à la nuit ? Il fait servir à votre usage le soleil et la lune. Tous les astres parcourent la route qu'il leur a tracée. Aucune de vos actions n'échappe à sa connaissance. ㉙ Ces merveilles s'opèrent, parce qu'il est la vérité. Les dieux que vous invoquez sont chimériques. Lui seul est le Dieu grand, le Dieu suprême. ㉚ Ne

---

211. La plupart des auteurs arabes s'accordent à dire que *Locman* fut berger, qu'il était noir et avait de grosses lèvres. Le ciel lui avait donné l'éloquence en partage, et ses préceptes portaient avec eux la persuasion. Ils prêtent à *Locman* les réponses ingénieuses que l'on attribue à Ésope, et nous le peignent sous les mêmes traits. Si l'on ajoute à ces caractères de ressemblance, celle qui se trouve entre leurs ouvrages, on sera porté à croire que ces deux hommes sont le même. En effet les fables d'Ésope ne paraissent être qu'une copie de celles de *Locman*. De l'arabe elles ont été traduites en grec, puis en latin, et ensuite en français. Comme chaque traducteur a ajouté à l'original, des fables de son propre fonds, et conformes au génie de sa nation, c'est en rapprochant les quatre fabulistes que l'on voit la nuance du caractère des peuples où ils ont vécu. Dans l'arabe la vérité simple et nue parle aux hommes. Les Grecs lui ont ajouté quelques ornemens ; les Latins lui ont prêté la finesse, et les Français la gaîté. Dieu offrit à *Locman* la sagesse ou le don de prophétie. Il choisit la sagesse. *Zamchascar.*

212. Dieu prononça le mot *koun, sois fait,* et le genre humain fut créé. Il le ressuscitera en prononçant le même mot. *Gelaleddin.*

voyez-vous pas le vaisseau fendre les ondes ? Sa miséricorde le fait voguer, afin de vous donner des signes de sa puissance, signes frappans pour celui qui souffre et qui est reconnaissant. ⌷31⌷ Lorsque les flots couvrent le navire comme des montagnes ténébreuses, les mariniers invoquent le nom de Dieu ; ils lui montrent une foi sincère. A peine les avons-nous sauvés et conduits au port, que le plus grand nombre flotte dans le doute ; mais l'ingrat et l'impie nient seuls nos faveurs éclatantes. ⌷32⌷ Mortels, craignez le Seigneur, craignez le jour où le père ne satisfera point pour le fils, ni le fils pour le père. ⌷33⌷ Les promesses de Dieu sont véritables. Que les charmes de la vie mondaine ne vous séduisent pas ; que le tentateur ne vous détourne pas de la religion sainte. ⌷34⌷ Dieu s'est réservé la connaissance de l'heure. Il fait tomber la pluie. Il sait ce qui est caché dans le sein de la mère, et l'homme ignore ce qui lui arrivera demain, dans quelle terre il mourra. Mais rien n'échappe à la pénétration de Dieu.

CHAPITRE XXXII.

L'Adoration. donné à La Mecque, composé de 30 versets. Au nom de Dieu clément et miséricordieux.

⌷1⌷ A. **L. M.** Le souverain de l'univers a fait descendre le Coran du ciel. Ce livre ne doit laisser aucun doute. ⌷2⌷ Diront-ils qu'il est l'ouvrage de Mahomet ? La vérité éternelle te l'a envoyé pour prêcher la parole de la foi à un peuple qui n'avait point encore d'apôtre, et pour l'éclairer de son flambeau. ⌷3⌷ Dieu créa le ciel, la terre et l'immensité de l'espace dans six jours ; ensuite il s'assit sur son trône. Vous ne pouvez avoir d'autre patron, d'autre protecteur que lui. Ne réfléchirez-vous donc pas ? ⌷4⌷ Il gouverne tous les êtres créés depuis les cieux jusqu'à la terre. Les hommes seront rassemblés devant lui au jour du jugement, dont la durée sera de mille ans ? ⌷5⌷ Tout est dévoilé à ses yeux. Il perce dans l'ombre du mystère. Il est le Dieu puissant et miséricordieux. ⌷6⌷ Il a perfectionné toutes ses créatures. Il commença l'homme de boue. ⌷7⌷ Il composa sa reproduction de sang congelé et d'eau. ⌷8⌷ Il accomplit son ouvrage en lui soufflant une portion de son esprit. Il vous a donné l'ouïe, la vue et une âme sensible. Combien peu d'hommes reconnaissent ces bienfaits ! ⌷9⌷ Lorsque la terre couvrira nos cendres, disent les incrédules, serons-nous ranimés de nouveau ? ⌷10⌷ Ils nient le jugement universel. ⌷11⌷ Réponds-leur : L'ange de la mort qui veille sur vos démarches, tranchera le fil de vos jours, et vous reparaîtrez devant Dieu. ⌷12⌷ Quel spectacle, lorsque les méchans, prosternés devant l'Éternel, s'écrieront : Seigneur, nous avons vu et entendu ; laisse-nous retourner sur la terre pour faire le bien ; nous croyons fermement. ⌷13⌷ Nous pouvions éclairer tous les hommes ; mais il faut que cet arrêt de Dieu s'accomplisse : *Je* remplirai l'enfer de démons et d'hommes rassemblés. ⌷14⌷ Expiez au milieu des tourmens l'oubli de ce jour. Je vous oublie. Des peines éternelles vont être le fruit de vos forfaits. ⌷15⌷ Les vrais croyans ne se livrent point à l'orgueil. Au récit des merveilles du Seigneur, ils se prosternent, l'adorent, et publient ses louanges. ⌷16⌷ Ils se lèvent de leur couche pour invoquer son nom, au milieu de la crainte et de l'espérance. Ils versent dans le sein de l'indigent une partie des biens que nous leurs avons dispensés. ⌷17⌷ L'homme ignore combien son œil sera enchanté à la vue des récompenses qu'auront méritées ses vertus. ⌷18⌷ Le fidèle serait-il traité comme l'impie ? Ils éprouveront un sort différent. ⌷19⌷ Le croyant qui aura exercé la bienfaisance aura pour asile le jardin de délices. Ce séjour fortuné sera le prix de ses œuvres. ⌷20⌷ Les scélérats auront pour réceptacle les brasiers de l'enfer. Ils y seront sans cesse repoussés avec des mots : Subissez le tourment du feu que vous traitiez de fable. ⌷21⌷ Avant qu'ils y soient précipités, nous leur enverrons des peines légères pour les ramener à nous. ⌷22⌷ Quoi de plus coupable que celui qui s'éloigne de la religion sainte après qu'on la lui a prêchée ? Nous nous vengeons des impies. ⌷23⌷ Nous donnâmes le Pentateuque à Moïse. C'est à sa lumière que doit marcher le peuple hébreu. Ne doute pas de rencontrer au ciel le conducteur des Israélites. ⌷24⌷ Nous leur avons accordé des pontifes pour les conduire suivant nos ordres, après qu'ils auront souffert avec constance et qu'ils auront embrassé notre religion. ⌷25⌷ Dieu jugera leurs différens au jour de la résurrection. ⌷26⌷ Ignorent-ils combien nous avons exterminé de peuples avant eux ? Ils foulent leurs cendres aux pieds. Exemple terrible ! N'ouvriront-ils point les yeux ? ⌷27⌷ Ne voient-ils pas que nous conduisons l'eau à travers leurs campagnes stériles, pour faire croître les moissons et les plantes dont ils se nourrissent, eux et leurs troupeaux ? Ne le comprennent-ils pas ? [28] Quand viendra le jugement ? demandent-ils. Parle, si la vérité t'éclaire. [29] Réponds-leur : Dans ce jour, il sera inutile aux infidèles de croire. On ne recevra plus leur repentir. [30] Éloigne-toi d'eux. Attends. Ils attendent.

CHAPITRE XXXIII.

Les Conjurés. donné à Médine, composé de 73 versets. Au nom de Dieu clément et miséricordieux.

[1] O prophète ! crains le Seigneur, et ne suis pas les désirs des infidèles et des impies. Dieu est savant et sage. [2] Aucune de vos actions n'échappe à sa connaissance. Obéis à ses révélations. [3] Mets ta confiance en lui. Sa protection est un bouclier puissant. [4] Dieu n'a pas donné deux cœurs à l'homme. Il n'a pas accordé à vos épouses les droits de vos mères, ni à vos fils adoptifs [213] ceux de vos enfans. Ces mots ne sont que dans votre bouche. La parole de Dieu est la vérité. Elle conduit au chemin du salut. [5] Rendez vos fils adoptifs à leurs pères. Cette action est équitable aux yeux de Dieu. Si vous ne connaissez pas les auteurs de leurs jours, que la religion vous les fasse chérir comme vos frères, comme vos proches. Une erreur involontaire qui vous écarterait du précepte ne vous rendra point coupables. Vous le serez si votre cœur y participe. Le Seigneur est indulgent et miséricordieux. [6] Le prophète aime les croyans plus qu'ils ne s'aiment eux-mêmes. Ses femmes sont leurs mères. Ses parens seront plus honorablement cités dans le livre de Dieu, que les fidèles, que ceux qui combattent pour la foi ; mais tout le bien que vous ferez à vos proches y sera écrit. [7] L'alliance que nous avons contractée avec les prophètes [214], avec toi, avec Noé, Abraham, Moïse, et Jésus, fils de Marie, doit être inviolable. [8] Dieu demandera aux justes compte de leur justice. Il a preparé aux infidèles des peines terribles. [9] O fidèles ! rappelez-vous les faveurs du ciel. Une armée ennemie fondait sur vous [215] ; nous déchaînâmes contre elle un vent impétueux, et des milices invisibles. Dieu observait vos démarches. [10] Enveloppés par les ennemis, vous détourniez vos regards consternés. Vos cœurs, en proie aux plus vives alarmes, formaient de Dieu des pensées différentes. [11] Les fidèles furent tentés, et éprouvèrent de violentes agitations. [12] Les impies et ceux dont le cœur est gangrené disaient : Dieu et le prophète ne nous ont annoncé que des mensonges. [13] Enfans de Médine, s'écriaient-ils, il n'est point ici d'asile pour vous. Retournez sur vos pas. A ces mots une partie des croyans dirent au prophète : Permets-nous de nous retirer ; nos maisons sont sans défenseurs. Elles ne l'étaient pas, mais ils voulaient éviter le combat. [14] Si dans cet instant l'ennemi se fût approché de Médine, et leur eût proposé un schisme, ils l'auraient accepté ; mais ils n'y auraient pas demeuré long-temps. [15] Ils avaient promis à Dieu qu'ils ne prendraient point la fuite, et il leur demandera compte de leurs sermens. [16] Dis-leur : La fuite vous sera inutile. Vous avez cru vous dérober à la mort, en évitant le combat ; vous jouirez peu de votre lâcheté. [17] Qui pourra s'opposer à Dieu soit qu'il veuille vous punir ou vous faire grâce ? Hors lui vous ne trouverez ni appui ni protecteur. [18] Dieu connaît ceux qui arrêtent les croyans, et qui les engagent à suivre leur parti. Il en est peu qui marchent sous l'étendard de la foi. [19] Ils sont jaloux de votre bonheur. Au sein des alarmes vous les voyez tourner leurs regards vers le prophète, et rouler les yeux comme celui

---

213. Mahomet ayant épousé *Zainab* que *Zaïd*, son fils adoptif, avait répudiée, les juifs et les impies blâmèrent cette alliance. Dieu les reprend dans ce chapitre en leur déclarant que ces mariages sont permis, et qu'un fils adoptif n'a pas les droits d'un propre fils. *Gelaleddin.*

214. Lorsque Dieu tira la postérité d'Adam de ses reins, il contracta une alliance avec tous les prophètes à venir.

215. La cinquième année de l'Hégire, dix mille Coreïshites, auxquels se joignirent plusieurs tribus arabes, vinrent assiéger Mahomet dans Médine. Les fidèles chancelaient dans la foi. Le prophète les soutint par son courage. Après vingt jours d'efforts inutiles, les ennemis, ayant vu leurs tentes renversées par les vents terribles du sud-est, furent obligés de lever le siége. (*Voyez Vie de Mahomet.*) Mahomet fit envisager aux croyans cet événement comme une faveur du ciel, et parut à leurs yeux disposer des élémens. Dans l'Arabie et l'Égypte, le vent de sud-est commence à souffler aux approches du printemps. On le nomme *khamsin* qui signifie *cinquante*, parce qu'il se fait sentir à différentes reprises dans l'espace de cinquante jours. C'est un vent impétueux qui porte ordinairement avec lui des tourbillons d'une poussière brûlante. Au mois de mai 1779 j'étais à Alexandrie. L'air était pur et serein. Le thermomètre depuis plusieurs jours se tenait à vingt-trois degrés, chaleur tempérée du climat. Le vent de sud-est commença à souffler, et dans un instant le thermomètre monta à trente-trois degrés. Un nuage universel formé d'un sable fin et brûlant enveloppa le ciel. Le soleil ne jetait plus qu'une lumière pâle et obscure. Cette poussière enflammée, que le vent roulait en tourbillons, pénétrait dans tous les appartemens. Il fallait tenir son mouchoir à la bouche pour ne la pas respirer. On rapporta à la ville plusieurs personnes que l'on trouva étouffées dans les sables. Le thermomètre monta jusqu'à trente-six degrés, et le nuage de sable se dissipa après avoir duré environ trois heures ; mais la chaleur continua jusqu'au lendemain.

qu'environnent les ombres de la mort. A peine la crainte s'est-elle dissipée, qu'animés par l'envie, ils vous déchirent de leurs langues acérées. Ils n'ont point la foi. Dieu anéantira leurs œuvres. Cela est facile à sa puissance. [20] Les conjurés se croyaient invincibles. S'ils reviennent, ils se mêleront avec les Arabes du désert. Ils s'informent de vos démarches. Quand ils seraient de votre parti, peu d'entre eux suivraient vos drapeaux. [21] Le prophète vient d'offrir un exemple admirable [216] à celui qui espère en Dieu, qui attend le jour de la résurrection, et qui craint le Seigneur. [22] A la vue des conjurés, les fidèles s'écrièrent : voilà ce que Dieu et son apôtre nous avaient annoncé ; leurs promesses sont véritables. La présence des ennemis redoubla leur foi et leur constance. [23] Plusieurs des croyants accomplirent le pacte fait à la face du ciel ; plusieurs arrivèrent au terme de leurs jours ; beaucoup d'autres l'attendent, et n'ont point violé leur serment. [24] Dieu récompensera ceux qui ont été fidèles à leur pacte. Il punira les parjures, ou leur fera grâce à son gré ; il est indulgent et miséricordieux. [25] Il a rejeté les traîtres chargés de sa colère. Ils n'ont obtenu aucun avantage. L'appui de son bras a suffi aux fidèles pendant le combat. Il est fort et puissant. [26] Il a forcé les juifs qui avaient secouru les idolâtres, à descendre de leur citadelle. Il a jeté l'épouvante dans leurs âmes. Vous en avez tué une partie, et vous avez mené les autres en captivité. [27] Il vous a donné pour héritage, leurs terres, leurs maisons, leurs richesses. Vous possédez un pays où vous n'aviez point encore porté vos pas. La puissance de Dieu est infinie. [28] O prophète ! dis à tes femmes : Voulez-vous jouir des plaisirs brillans de la vie ? Venez ; je comblerai vos vœux, et je vous répudierai honorablement. [29] Mais si Dieu, son apôtre, et le séjour éternel sont l'objet de vos désirs, une récompense glorieuse sera le prix de vos vertus. [30] Épouses du prophète, si quelqu'une de vous se souille d'un crime, elle subira un châtiment plus rigoureux. Cette vengeance est facile à Dieu. [31] Mais celle qui, dévouée au Seigneur et à son ministre, aura pratiqué la vertu, recevra une récompense magnifique, et occupera une place honorable. [32] Épouses du prophète, vous êtes distinguées des autres femmes. Si vous avez la crainte du Seigneur, bannissez de votre langage les mollesses de l'amour. Que celui dont le cœur est blessé n'ose espérer. Répondez avec une noble fermeté. [33] Restez au sein de vos maisons. Ne vous parez point, comme aux jours de l'idolâtrie. Faites la prière et l'aumône. Obéissez à Dieu et à son ministre. Il veut écarter le vice de vos cœurs. Vous êtes de la famille du prophète. Purifiez-vous avec soin. [34] Gardez le souvenir de la doctrine divine, qu'on vous lit dans vos maisons. Dieu a l'œil ouvert sur ses créatures. [35] Les croyants, les fidèles des deux sexes qui ont la piété, la justice, la patience, l'humilité, qui font l'aumône, qui observent le jeûne, et qui vivent dans la continence, pénétrés du souvenir du Seigneur, chéris du ciel, recevront le prix glorieux de leurs vertus. [36] Lorsque Dieu et son ministre ont porté une loi, le fidèle ne doit plus douter. Celui qui est rebelle à Dieu et au prophète, est dans une erreur évidente. [37] Lorsque tu dis à celui que Dieu avait enrichi de ses grâces, que tu avais comblé de biens, garde ton épouse et crains le Seigneur, tu cachais dans ton cœur un amour que le ciel allait manifester ; tu appréhendais les discours des hommes, et c'est Dieu qu'il faut craindre. *Zaïd* répudia son épouse [217]. Nous t'avons lié avec elle, afin que les fidèles aient la liberté d'épouser les femmes de leurs fils adoptifs, après leur répudiation. Le précepte divin doit avoir son exécution. [38] Le prophète n'est point coupable d'avoir usé d'un droit autorisé par le ciel, conformément aux lois divines établies avant lui. Les préceptes du Seigneur sont équitables. [39] Les ministres que Dieu chargea de ses volontés, le craignaient, et n'avaient point d'autre crainte. Son approbation leur suffisait. [40] Mahomet n'est le père d'aucun de vous. Il est l'envoyé de Dieu, et le sceau des prophètes [218]. La science de Dieu est infinie. [41] O croyants ! ayez toujours présente la pensée du Seigneur. Louez-le le matin et le soir. [42] Il est plein de bonté pour vous. Les anges le prient de vous tirer des ténèbres, et de vous conduire dans le droit chemin. Il est miséricordieux pour les fidèles. [43] Ils se salueront au jour de la résurrection, et se souhaiteront la paix. Dieu leur a préparé une récompense éclatante. [44] O prophète ! nous t'avons envoyé pour être témoin, et pour annoncer nos promesses et nos menaces. [45] Tu appelleras les hommes à Dieu ; tu seras la lumière qui les éclairera. [46] Annonce aux croyants les trésors de la libéralité divine. [47] N'obéis ni aux infidèles, ni aux impies. Ne leur nuis point. Mets ta confiance en Dieu, sa protection est un sûr asile. [48] O croyants ! si vous

---

216. Cet exemple est le courage et la constance avec lesquels il soutint les assauts des ennemis.

217. Voyez vie de Mahomet, cinquième année de l'Hégire.

218. Les musulmans regardent Mahomet comme *le sceau des prophètes, Khaten Elnabüm*. Ils disent qu'il est venu confirmer la mission de ceux qui l'ont précédé et qu'il n'en est point paru depuis lui.

répudiez une femme fidèle avant d'avoir eu commerce avec elle, ne la retenez point au delà du terme prescrit. Donnez-lui ce que la loi ordonne, et la renvoyez avec honneur. 49 O prophète! il t'est permis d'épouser les femmes que tu auras dotées, les captives que Dieu a fait tomber entre tes mains, les filles de tes oncles, et de tes tantes qui ont pris la fuite avec toi, et toute femme fidèle qui te livrera son cœur. C'est un privilége que nous t'accordons. 50 Nous connaissons les lois du mariage que nous avons établies pour les croyans. Ne crains point d'être coupable en usant de tes droits. Dieu est indulgent et miséricordieux. 51 Tu peux, au gré de tes désirs, accorder ou refuser tes embrassemens à tes femmes. Il t'est permis de recevoir dans ta couche, celle que tu en avais rejetée, afin de ramener la joie dans un cœur où régnait la tristesse. Ta volonté sera leur loi. Elles s'y conformeront. Dieu connaît le fond de votre âme. Il est savant et vigilant. 52 Tu n'ajouteras point au nombre [219] actuel de tes épouses; tu ne pourras les changer contre d'autres dont la beauté t'aurait frappé; mais la fréquentation de tes femmes esclaves t'est toujours permise. Dieu observe tout. 53 O croyans! n'entrez point sans permission dans la maison du prophète, excepté lorsqu'il vous invite à sa table. Rendez-vous y lorsque vous y êtes appelés. Sortez séparément après le repas, et ne prolongez point vos entretiens; vous l'offenseriez. Il rougirait de vous le dire; mais Dieu ne rougit point de la vérité. Si vous avez quelque demande à faire à ses femmes, faites-la à travers un voile; c'est ainsi que vos cœurs et les leurs se conserveront dans la pureté. Évitez de blesser le ministre du Seigneur. N'épousez jamais les femmes avec qui il aura eu commerce; ce serait un crime aux yeux de l'Éternel. 54 L'action que vous produisez au grand jour, celle que vous ensevelissez dans l'ombre, sont également dévoilées à ses yeux. 55 Vos épouses peuvent se découvrir devant leurs pères, leurs enfans, leurs neveux, leurs femmes, leurs esclaves. Craignez le Seigneur; il est le témoin de toutes vos actions. 56 Dieu et les anges sont propices au prophète. Croyans, adressez pour lui vos vœux au Seigneur; invoquez pour lui la paix. 57 Ceux qui offenseront Dieu et son envoyé, maudits dans ce monde et dans l'autre, seront dévoués à des peines ignominieuses. 58 Quiconque blessera injustement la réputation des fidèles sera coupable d'un mensonge et d'un crime. 59 O prophète! prescris à tes épouses, à tes filles, et aux femmes des croyans, d'abaisser un voile sur leur visage. Il sera la marque de leur vertu, et un frein contre les discours du public. Dieu est indulgent et miséricordieux. 60 Si les impies, les hommes corrompus, et les séditieux ne se corrigent, nous t'armerons contre eux, et Médine les verra bientôt disparaître. 61 La malédiction les accompagnera partout, et partout où ils seront arrêtés on les mettra à mort. 62 Tel est l'arrêt du ciel prononcé contre leurs semblables : ses arrêts sont immuables. 63 Ils te demanderont quand viendra le jour du jugement. Réponds : Dieu s'en est réservé la connaissance. Il veut te laisser ignorer si sa venue est prochaine. 64 Il a maudit les infidèles, et leur a promis le feu. 65 Ils y demeureront éternellement, sans intercesseurs, et sans secours. 66 Le jour où ils tourneront leurs regards sur les flammes, ils s'écrieront : Fasse le ciel que nous eussions obéi à Dieu et au prophète! 67 Seigneur, nous avons suivi nos princes et nos chefs, et ils nous ont écartés du droit chemin. 68 Seigneur, redouble l'horreur de leurs supplices; accable-les de ta malédiction. 69 O croyans! ne ressemblez pas à ceux qui offensèrent Moïse. Dieu le lava de leur calomnie, et lui donna une place distinguée dans le ciel. 70 O croyans! craignez le Seigneur. Que la vérité préside à vos discours. 71 Dieu accordera un mérite à vos actions, et expiera vos fautes. Celui qui suit Dieu et son ministre jouira de la félicité suprême. 72 Nous avons proposé la foi au ciel, à la terre, aux montagnes : ils n'ont osé la recevoir. Ils tremblaient de porter ce saint fardeau. L'homme l'a reçu, et il est devenu injuste et insensé. 73 Dieu punira les impies et les idolâtres. Il pardonnera aux infidèles, parce qu'il est clément et miséricordieux.

CHAPITRE XXXIV.

Saba [220]. donné à La Mecque, composé de 54 versets. Au nom de Dieu clément et miséricordieux.

1 Louange à Dieu! Le domaine du ciel et de la terre lui appartient. Louange à Dieu dans la vie future! Il est sage et éclairé. 2 Il sait ce qui entre dans le sein de la terre et ce qui en sort, ce qui descend du ciel et ce qui

---

219. Mahomet avait alors neuf femmes.
220. *Saba* est le nom d'une contrée de l'Arabie-Heureuse. C'est là que *Balcaise* vint trouver Salomon.

y monte. Il est clément et miséricordieux. [3] Les incrédules ont dit : L'heure ne viendra point. Réponds-leur : J'en atteste l'Éternel, celui qui connaît les secrets viendra vous demander compte. L'atome n'échappera point à sa pénétration. Les moindres choses comme les plus grandes sont écrites dans le livre de l'évidence. [4] Les croyans qui auront fait le bien, chéris du ciel, jouiront de ses faveurs les plus éclatantes. [5] L'impie qui se sera efforcé d'abolir le culte du Seigneur sera la proie des plus cruels supplices. [6] Ceux que la science éclaire savent que le livre qui t'a été envoyé du ciel est la vérité, qu'il conduit dans les voies du Dieu dominateur et comblé de louanges. [7] Vous montrerai-je un homme, dit l'incrédule en se jouant, qui assure que nos corps réduits en poussière seront ranimés de nouveau ? [8] Ou il prête à Dieu un mensonge, ou il est insensé. Mais ceux qui nient la vie future sont dans l'égarement. Les tourmens seront leur partage. [9] Ont-ils levé leurs regards vers le firmament ? Les ont-ils abaissés sur la terre ? Qui peut nous empêcher d'ouvrir un abîme sous leurs pas, ou de faire tomber sur leurs têtes une partie du ciel ? Ce serait un prodige terrible pour celui qui s'est converti. [10] David fut favorisé de nos dons sublimes. Nous ordonnâmes aux montagnes et aux oiseaux de répéter ses cantiques. Nous lui apprîmes l'art d'amollir le fer, et d'en former des cuirasses. Nous dîmes à ses serviteurs : Perfectionnez vos ouvrages ; notre œil attentif veille sur vos travaux. [11] Nous donnâmes à Salomon l'empire des vents. Ils soufflaient un mois le matin et un mois le soir. Nous fîmes couler pour lui une fontaine d'airain. Les démons travaillaient sous ses yeux, et celui qui s'écartait de nos ordres était précipité dans les flammes. [12] Il dirigeait leurs travaux à son gré. Il leur faisait élever des palais, des statues, former des vases d'une grandeur prodigieuse et des bassins durables. Famille de David, travaillez en rendant des actions de grâces. La reconnaissance est presque éteinte parmi mes serviteurs. [13] Lorsque l'Ange de la mort trancha les jours de Salomon, les génies l'auraient ignorée si un ver de terre n'eût rongé le bâton [221] qui appuyait son cadavre. Sa chute les avertit. S'ils avaient eu la connaissance des choses cachées, ils n'auraient pas été soumis si long-temps à un travail servile. [14] Les habitans de *Saba* possédaient deux jardins que traversait un ruisseau. Nous leur dîmes : Jouissez des bienfaits du ciel. Ce vallon est délicieux. Soyez reconnaissans. [15] Ils abandonnèrent le culte du Seigneur. Nous déchaînâmes contre eux les eaux entassées d'un torrent. Leurs jardins, submergés et détruits, ne produisirent plus que des fruits amers, des tamarins et quelques *nabcs* [222]. [16] C'est ainsi que nous punîmes leur ingratitude. Ne récompenserions-nous donc que les ingrats ? [17] Nous établîmes entre eux et les villes que nous avons bénies des cités florissantes, avec un chemin [223] qui conduit de l'une à l'autre. Marchez-y en sûreté le jour et la nuit. [18] Seigneur, dirent-ils, mets une plus grande distance entre nos chemins. Ils se livrèrent à l'iniquité, et nous les rendîmes la fable des nations. Ils ont été dispersés comme la poussière ; exemple frappant pour celui qui souffre et qui est reconnaissant. [19] L'opinion de Satan, au sujet de ces peuples, se vérifia. Tous le suivirent excepté quelques fidèles. [20] Nous ne lui donnâmes de puissance sur eux que pour distinguer celui qui croyait à la vie future, de celui qui était dans le doute. Dieu observe tout. [21] Dis aux idolâtres : Invoquez vos dieux ; ils ne sauraient vous aider ni vous nuire de la pesanteur d'un atome, au ciel ou sur la terre ; ils n'y ont aucune puissance. L'Éternel ne reçoit d'eux aucun secours. [22] On ne peut intercéder auprès de lui sans sa volonté. Lorsque la crainte sera bannie de leurs cœurs, ils demanderont : Qu'a ordonné votre Dieu ? On leur répondra : La vérité. Il est le Dieu grand et très-haut. [23] Qui vous dispense les trésors du ciel et de la terre ? Réponds : C'est Dieu. De nos deux partis l'un suit le vrai chemin, l'autre est dans l'erreur. [24] Vous ne rendrez point compte de nos actions ; nous ne rendrons point compte des vôtres. [25] Dis : Dieu, le juge éclairé, nous rassemblera devant lui. La vérité éternelle prononcera entre nous. [26] Dis : Montrez-moi ceux que vous associez à sa puissance. Il n'a point d'égal. La science et la sagesse sont ses attributs. [27] Ministre du Très-Haut, console la terre par l'espoir du bonheur. Effraie-la

---

221. *Gelaleddin* rapporte ainsi cette fable révérée des mahométans comme une histoire incontestable. Après la mort de Salomon, son corps resta un an entier appuyé sur un bâton. Pendant tout ce temps les génies continuaient à exécuter les travaux pénibles auxquels il les avait soumis ; mais un ver de terre ayant rongé le bâton qui servait d'appui au cadavre, il tomba par terre. Sa chute apprit aux démons que Salomon était mort, et ils reprirent leur liberté.

222. *Le nabc* est un arbre commun en Égypte. Il a le port et le feuillage du poirier en plein vent. Il porte un fruit rond assez semblable à la corme, et d'un goût aigrelet. Ses rameaux sont épineux.

223. Ces chemins étaient pratiqués de manière que les voyageurs trouvaient à midi un lieu pour reposer, et la nuit un autre pour dormir, sans avoir besoin de porter avec eux des provisions pour se nourrir et de l'eau pour se désaltérer. *Gelaleddin*. Un semblable chemin fut tracé autrefois de Memphis à Bérénice sur la mer Bouge, mais il n'existe plus.

par des menaces. Elle est environnée des ombres de l'ignorance. [28] Quand s'accompliront tes promesses, demande l'incrédule? Parle si la vérité t'éclaire. [29] Réponds : Le jour marqué arrivera. Vous ne pourrez ni le retarder ni le prévenir d'un instant. [30] Nous ne croirons ni au Coran ni aux écritures, disent les idolâtres. De quels reproches ne s'accableront-ils pas lorsqu'ils seront rassemblés devant le tribunal de Dieu? Ceux qui avaient pour partage la faiblesse, diront à ceux que la puissance rendait orgueilleux : Sans vous, nous aurions embrassé la foi. [31] Les superbes leur répondront : Nous ne vous avons point empêchés de suivre la lumière lorsqu'elle a paru ; n'accusez que vous de votre infidélité. [32] Vous nous tendiez des pièges le jour et la nuit, continueront les faibles ; vous nous avez commandé l'incrédulité et l'idolâtrie. Tous cacheront le repentir qui les rongera à la vue des tourmens. Nous chargerons de chaînes le cou des impies. Leur récompense serait-elle différente de leurs œuvres? [33] Toutes les fois qu'un messager de la foi prêcha nos menaces dans les murs d'une ville coupable, les principaux citoyens l'accusèrent d'imposture. [34] Enivrés de leurs richesses, flattés du nombre de leurs enfans, ils se crurent à l'abri de notre vengeance. [35] Dis : Dieu dispense et retire ses bienfaits à son gré, et la plupart l'ignorent. [36] Vos trésors et vos enfans ne vous approchent point de l'Éternel. Il ne récompense que la foi et les bonnes œuvres. Ses récompenses sont magnifiques. Le croyant vertueux reposera au sein de la paix dans le séjour de délices. [37] Ceux qui s'efforcent d'anéantir l'islamisme expieront leurs attentats dans les tourmens. [38] Dis : Dieu départ à ses serviteurs des dons plus ou moins éclatans. Tout ce que vous donnerez en son nom vous sera rendu. Sa libéralité est sans bornes. [39] Un jour il demandera à ses anges devant les idolâtres assemblés : Vous ont-ils offert de l'encens? [40] Louange à l'Éternel, notre unique Seigneur! répondront-ils. Les idolâtres n'ont adoré que les démons. Le plus grand nombre croit en eux. [41] Dans ce jour, ils ne pourront s'entr'aider ni se nuire, et nous leur dirons : Goûtez la peine du feu dont vous aviez nié la réalité. [42] Lorsqu'ils entendent la doctrine divine, ils disent : Mahomet n'est qu'un homme ; il veut nous détourner du culte de nos pères. Le Coran n'est qu'une fable faussement inventée. Aveuglés par l'impiété, ils traitent de mensonge la vérité qui brille à leurs yeux. [43] Avant toi, nous ne leur avions envoyé ni livre ni apôtre. [44] Ceux qui les ont précédés accusèrent d'imposture les messagers de la foi, et les empêchèrent de remplir leur mission. Un châtiment épouvantable fut le prix de leur impiété. [45] Je vous exhorte à prier le Seigneur, ensemble ou séparément. Un jour vous serez convaincus que Mahomet votre concitoyen n'était point inspiré par un démon. Son ministère est de vous prêcher les menaces divines avant que la punition arrive. [46] Dis : Je ne vous demande point le prix de mon zèle. Gardez vos présens. Ma récompense est dans les mains de Dieu. Il est le témoin universel. [47] Ses inspirations sont véritables. Les mystères sont dévoilés à ses yeux. [48] Dis : La vérité a paru ; le mensonge va disparaître, et il ne se montrera plus. [49] Dis : Si je suis dans l'erreur, elle se tournera contre moi-même ; si je suis éclairé, je dois la lumière aux inspirations de Dieu. Il est près de l'homme. Il l'entend. [50] Quel spectacle, lorsque les méchans sortiront tremblans de leurs tombeaux sans pouvoir trouver un asile! [51] Ils diront : Nous croyons ; mais comment leur foi serait-elle méritoire? Ils ne l'avaient pas sur la terre. [52] Ils y vécurent dans l'impiété, et se moquèrent de notre doctrine sublime. [53] Un intervalle immense les séparera de l'objet de leurs vœux. [54] Ils subiront le sort de leurs prédécesseurs, parce qu'ils ont erré dans le vague du doute.

CHAPITRE XXXV.

Les Anges [224]. donné à La Mecque, composé de 45 versets. Au nom de Dieu clément et miséricordieux.

[1] Louange à Dieu, architecte des cieux et de la terre! Les anges sont ses messagers. Il leur a donné deux, trois et quatre ailes. Il favorise à son gré ses créatures, parce que sa puissance est sans bornes. [2] Rien ne peut arrêter le cours de ses bienfaits, ni les procurer contre sa volonté. Il est le Dieu dominateur et sage. [3] Mortels, souvenez-vous de ses grâces. L'univers connaît-il un autre créateur? Un autre vous dispense-t-il les trésors du ciel et de la terre? Il est le Dieu unique. Pourquoi vous éloignez-vous de son culte? [4] Ils nieront ta mission.

---

224. Celui qui lira le chapitre des anges verra un jour les huit portes du paradis s'ouvrir devant lui, et il entrera par celle qu'il voudra. *Zamchascar.*

Ainsi furent traités les premiers apôtres ; mais Dieu est le terme de toutes choses. [5] Mortels, les promesses de Dieu sont véritables. Que les charmes de la vie mondaine ne vous enivrent pas ; que le tentateur ne vous fasse pas tomber dans ses piéges. [6] Il est votre ennemi. Défiez-vous de sa haine. Il appelle ses sectateurs au feu de l'enfer. [7] Les infidèles n'éviteront point les supplices. [8] Les croyants qui auront fait le bien jouiront des dons honorables de la miséricorde divine. [9] Celui pour qui l'iniquité a des charmes croit-il être dans le droit chemin ? Dieu répand à son gré l'erreur ou la lumière. Que ton cœur ne s'afflige point sur eux. L'Éternel voit leurs actions. [10] Il envoie les vents qui portent les nuages sur les contrées où la terre languit. La pluie rend aux campagnes stériles, leur première fécondité ; image de la résurrection. [11] Celui qui cherche la vraie grandeur la trouve en Dieu, source de toutes les perfections. Les discours vertueux montent vers son trône. Il exalte les bonnes œuvres. Il punit rigoureusement le scélérat qui trame des perfidies. Ses noirs complots seront anéantis. [12] Dieu vous a formés de terre et d'eau. Il vous a donné les sexes. Il sait ce qui est caché dans le sein de la mer, et ce qu'elle doit enfanter. Il n'abrége point la vie de l'homme. Il ne la prolonge point au delà du terme marqué dans le livre. Tous ces prodiges sont faciles à sa puissance. [13] Une mer d'eau douce et salutaire, et une mer d'eau salée et amère sont bien différentes ; cependant l'une et l'autre vous fournissent une nourriture fraîche, et des perles pour votre parure. Vous y voyez les vaisseaux fendre les flots, pour vous procurer les commodités de la vie. Ces bienfaits appellent votre reconnaissance. [14] Dieu fait succéder la nuit au jour, et le jour à la nuit. Il a commandé au soleil et à la lune de vous dispenser leur lumière. Ils parcourent la route qu'il leur a tracée. Il est votre Seigneur. A lui appartient l'empire de l'univers. Les dieux que vous adorez, ne sauraient dans leur puissance disposer de la pellicule qui enveloppe le noyau de la datte. [15] Quand vous les invoquez, ils ne vous entendent pas ; et quand ils vous entendraient, ils ne pourraient exaucer vos vœux. Au jour de la résurrection, ils nieront votre hommage. Aucun d'eux ne saurait prédire avec vérité l'avenir. [16] Mortels, vous êtes pauvres devant Dieu. Lui seul possède la richesse et la louange. [17] Il peut vous faire disparaître de la terre, et produire une création nouvelle. [18] Ce prodige n'est point au-dessus de sa puissance. [19] Personne ne portera l'iniquité d'autrui. En vain vous voudriez qu'un autre se chargeât d'une partie de votre fardeau. Les liens du sang ne vous feront pas obtenir cette faveur. Avertis ceux qui, fidèles à la prière, nourrissent dans le secret la crainte du Seigneur, que l'aumône a un prix aux yeux du Très-Haut, et que les hommes retourneront à lui. [20] On ne comparera pas l'aveugle à celui qui voit, les ténèbres à la lumière, et la chaleur au froid. [21] On ne comparera pas la vie à la mort. Dieu donne l'intelligence à qui il lui plaît. Tu ne saurais faire entendre ceux qui reposent dans le tombeau. Ton ministère se borne à la prédication. [22] Messager de la foi, la vérité t'accompagne. Annonce nos promesses et nos menaces. Il n'est point de nation qui n'ait eu son apôtre. [23] Si l'on nie ta doctrine, les prophètes venus avant toi subirent le même sort, quoique les miracles, la tradition et les livres divins attestassent la vérité de leur mission. [24] La mort surprit les incrédules ; et quel fut leur châtiment ! [25] N'as-tu pas vu comment Dieu verse la pluie des nuages ? Elle fait éclore les fruits diversement colorés. Les sentiers des montagnes sont rouges, blancs, ou de diverses couleurs. Le corbeau est noir ; l'homme et les animaux offrent une prodigieuse variété de nuances. Ceux qui ont la science, craignent le Seigneur, parce qu'il est puissant et miséricordieux. [26] Ceux qui lisent le livre divin, qui font la prière, l'aumône, en secret et en public, attendent un bien qui ne périra point. [27] Dieu les récompensera. Il leur départira les dons de sa magnificence. Il est miséricordieux et reconnaissant. [28] La religion que nous t'avons révélée est la véritable. Elle confirme les livres saints qui l'ont précédée. Dieu observe d'un œil attentif la conduite de ses serviteurs. [29] Nous avons donné le Coran pour héritage à nos élus. Quelques-uns d'eux s'abandonnent à l'iniquité. Le plus grand nombre a embrassé la vertu ; d'autres s'efforcent de se surpasser dans la pratique des bonnes œuvres ; c'est le comble de la perfection. [30] Les jardins d'*Éden* seront leur habitation. Des colliers d'or ornés de perles, et des habits de soie formeront leur parure. [31] Louange à Dieu, s'écrieront-ils ! il a écarté de nous la peine ; il est miséricordieux et reconnaissant. [32] Il nous a introduits dans le palais éternel, séjour de sa magnificence. La fatigue ni la douleur n'approcheront point de cet asile. [33] Les infidèles, au milieu des brasiers de l'enfer, ne pourront trouver la mort. Jamais la rigueur de leurs tourmens ne s'adoucira. C'est ainsi que l'impie sera récompensé. [34] Ils élèveront vers le ciel leurs cris plaintifs : Seigneur, retire-nous des flammes, nous ferons le bien que nous avons omis. N'avons-nous pas prolongé vos jours, leur répondra-t-on, afin que celui qui devait suivre la lumière ouvrît les yeux ? N'avez-vous pas reçu un apôtre ? ⸢35⸣ Subissez votre sort. Il n'y a point de secours pour les infidèles. ⸢36⸣ Dieu connaît les mystères du ciel et de la terre. Il lit au fond des cœurs. ⸢37⸣ Il vous a établis sur les ruines des générations passées. L'infidélité de l'impie l'accablera de son poids, et attirera sur lui le courroux et la vengeance du ciel. ⸢38⸣ Demandez aux idolâtres : Que pensez-vous de vos dieux ? Montrez-moi ce qu'ils ont créé sur la terre. Partagent-ils avec le Tout-Puissant l'empire des cieux ? Leur avons-nous donné un livre sur lequel ils puissent fonder leur culte ? Les trompeurs ne sauraient promettre que la fraude. ⸢39⸣ Dieu soutient les cieux et la terre. S'ils s'écroulaient, quel autre bras que le sien pourrait en arrêter la chute ? Il est clément et miséricordieux. ⸢40⸣ Ils ont promis à Dieu, par les sermens les plus solennels, que s'il leur envoyait un apôtre, ils s'empresseraient de suivre sa doctrine. L'apôtre a paru, et leur aversion pour la foi s'est augmentée. ⸢41⸣ Livrés à l'orgueil, ils ont formé des projets coupables ; mais la perfidie ne retombe que sur son auteur. Qu'attendent-ils, si ce n'est le sort de leurs prédécesseurs ? car les décrets de Dieu sont immuables. ⸢42⸣ Non, le ciel ne révoque jamais les arrêts qu'il a prononcés. ⸢43⸣ N'ont-ils pas parcouru la terre ? N'ont-ils pas vu quelle a été la fin déplorable des peuples qui, avant eux, marchèrent dans les voies de l'iniquité ? Ils étaient plus forts et plus puissans qu'ils ne sont ; mais rien, dans les cieux et sur la terre, ne peut s'opposer aux volontés du Très-Haut. La science et la force sont ses attributs. ⸢44⸣ Si Dieu punissait les hommes dès l'instant où ils sont coupables, il ne resterait point d'être animé sur la terre. Il diffère ses châtimens jusqu'au terme marqué. ⸢45⸣ Lorsque le temps est venu, il distingue les actions de ses serviteurs.

CHAPITRE XXXVI [225].
I. S. donné à Médine, composé de 83 versets. Au nom de Dieu clément et miséricordieux.

⸢1⸣ I. S. J'en jure par le Coran qui contient la sagesse, ⸢2⸣ Tu es l'envoyé du Très-Haut. ⸢3⸣ Ta voix appelle les hommes au chemin du salut. ⸢4⸣ Celui qui est puissant et miséricordieux t'a envoyé le Coran ; ⸢5⸣ Afin que tu leur prêches une religion qui n'a point été enseignée à leurs pères ; mais ils vivent dans l'insouciance. ⸢6⸣ Le plus grand nombre d'entre eux vérifieront nos prédictions, parce qu'ils sont incrédules. ⸢7⸣ Nous avons chargé leurs cous de chaînes longues et pesantes. En vain ils voudraient lever la tête. ⸢8⸣ Une double barrière arrête leurs mouvemens. Un voile les enveloppe. Ils ne sauraient voir. ⸢9⸣ Soit que tu leur fasses entendre la parole divine, soit que tu gardes le silence, ils persisteront dans leur incrédulité. ⸢10⸣ Prêche des vérités de la religion à celui qui croit au Coran, et qui nourrit dans le secret la crainte du miséricordieux. Promets-lui l'indulgence de Dieu, et une récompense glorieuse. ⸢11⸣ Nous rendrons la vie aux morts. Leurs actions, leurs démarches seront écrites dans le livre de l'évidence. ⸢12⸣ Raconte-leur la conduite des habitans d'une grande ville, lorsqu'ils reçurent les apôtres. ⸢13⸣ Ils avaient accusé de mensonge deux messagers de la foi ; nous en envoyâmes un troisième, et ils s'écrièrent tous ensemble : Nous sommes les ministres du Seigneur. ⸢14⸣ Vous n'êtes que des mortels comme nous, leur répondit-on ; Dieu ne vous a rien révélé ; vous êtes des imposteurs. ⸢15⸣ Dieu est, ajoutèrent les apôtres, le témoin de notre mission. ⸢16⸣ Nous ne sommes chargés que de vous prêcher la vérité. ⸢17⸣ Nous augurons mal de vous, reprit le peuple, et si vous ne cessez vos exhortations, vous serez lapidés et livrés aux supplices. ⸢18⸣ Suspendez votre présage ; quand vous aurez entendu notre doctrine, peut-être que vous reviendrez de vos excès. ⸢19⸣ Un homme accouru de l'extrémité de la ville s'écria : Peuple, suivez les ministres du Très-Haut ; ⸢20⸣ Suivez ceux qui ne vous demandent point de récompense. Ils professent la vraie religion. ⸢21⸣ Pourquoi refuserais-je mon hommage à celui qui m'a créé, et auquel nous retournerons tous ? ⸢22⸣ Offrirai-je mon encens à des dieux dont la protection me sera inutile, et qui ne pourront me mettre à l'abri des châtimens célestes ? ⸢23⸣ Ce serait un aveuglement déplorable. ⸢24⸣ Je crois en votre Dieu. Peuple, écoutez....... ⸢25⸣ L'ange du Seigneur lui dit : Martyr de la foi, entre dans le jardin de délices. Plût à Dieu, s'écria-t-il, que les

---

225. Les mahométans récitent ce chapitre dans leurs enterremens. De grandes récompenses sont attachées à sa lecture. Lorsqu'on le lit auprès d'un mourant, dix anges descendent à chaque lettre que l'on prononce ; ils se rangent autour de son lit, et prient pour lui. S'il meurt, ils assistent aux ablutions de son corps, et suivent les funérailles. L'ange de la mort respecte le fidèle qui a lu ce chapitre avant d'expirer. Il ne peut se saisir de son âme que le gardien du paradis ne l'ait vivifiée par un breuvage céleste. Le mahométan pruifié par ce breuvage n'aura plus besoin de se laver dans la piscine des prophètes, pour entrer dans le séjour des délices. *Zamchascar.*

infidèles connussent mon bonheur! [26] Comblé des faveurs du ciel, je suis élevé à un rang glorieux. [27] Nous ne fîmes point descendre des légions d'esprits célestes pour châtier les incrédules ; ce n'est point ainsi que nous les punissons. [28] L'ange exterminateur éleva la voix, et ils furent anéantis. [29] Malheur déplorable des humains! Tous les prophètes que nous leur avons envoyés ont été l'objet de leurs railleries. [30] N'ont-ils pas vu les ruines des générations passées ? [31] Elles ne reparaîtront plus sur la terre. [32] Mais tous les hommes seront rassemblés devant notre tribunal. [33] Les campagnes stériles où nous faisons éclore les germes de la fécondité, produisent les moissons dont ils se nourrissent ; image frappante de la résurrection. [34] Nous faisons croître dans leurs jardins le palmier et la vigne ; nous y faisons couler le ruisseau qui les arrose. [35] Les fruits éclos sous leurs mains laborieuses deviennent leur nourriture. Ne seront-ils jamais reconnaissans ? [36] Louange à celui qui a produit toutes les plantes, tous les êtres qui couvrent la terre, et tant d'autres que l'homme ignore! [37] La nuit atteste notre puissance. Nous lui ôtons la clarté du jour, et la terre reste dans les ténèbres. [38] Le soleil parcourt sa carrière jusqu'au lieu où il se repose, ainsi que l'a ordonné le Dieu puissant et savant. [39] Nous avons réglé les phases de la lune, et l'instant où elle paraît suspendue comme la grappe du dattier [226]. [40] Le soleil ne doit point l'atteindre dans son cours. La nuit ne prévient point le jour. Tous les corps célestes roulent dans leurs sphères. [41] Le salut de la race humaine, dans l'arche remplie, est un signe de notre puissance. [42] Nous avons formé des bâtimens semblables pour voguer sur les mers. [43] Nous pouvons les ensevelir dans les flots, et rien ne saurait les secourir ni les sauver. [44] Si nous laissons les hommes jouir de la vie jusqu'au terme marqué, c'est un effet de notre miséricorde. [45] On leur dit : Craignez celui qui était avant vous qui sera après, si vous voulez obtenir le pardon de vos offenses ; [46] Mais le récit des merveilles du Seigneur ne fait qu'accroître leur aversion pour la foi. [47] Lorsqu'on leur recommande le précepte de l'aumône, ils répondent : Nourrirons-nous ceux que Dieu peut combler de biens ? Assurément vous êtes dans l'erreur. [48] Quand viendra, ajoutent-ils, l'accomplissement de vos promesses ? Parlez si la vérité vous éclaire. [49] Tandis qu'ils disputent, le cri de l'ange peut se faire entendre tout à coup, et ils disparaîtront de la face de la terre. [50] Ils n'auront pas le temps de faire un testament, et ils ne seront point rendus à leurs familles. [51] La trompette sonnera une seconde fois [227], et ils se hâteront de sortir de leurs tombeaux pour paraître devant Dieu. [52] Malheur à nous! s'écrieront-ils. Quelle voix nous a fait quitter le repos [228] où nous étions ? Voilà l'accomplissement des promesses du miséricordieux. Ses ministres nous annonçaient la vérité. [53] Un seul son de la trompette aura rassemblé le genre humain devant notre tribunal. [54] Dans ce jour, personne ne sera trompé. Chacun recevra le prix de ses œuvres. [55] Dans ce jour, les hôtes du paradis boiront à longs traits dans la coupe du bonheur. [56] Couchés sur des lits de soie, ils reposeront près de leurs épouses, sous des ombrages délicieux. [57] Ils y trouveront tous les fruits. Tous leurs désirs seront comblés. [58] La paix habite avec vous, leur dira le miséricordieux. [59] Séparez-vous, dira-t-on aux impies. [60] Enfans d'Adam, ne vous avais-je pas dit : N'adorez point Satan, il est votre ennemi déclaré ; [61] Adorez-moi, c'est le chemin du salut. [62] Il a séduit la plus grande partie des hommes. N'aviez-vous donc pas d'intelligence ? [63] Voilà l'enfer dont on vous avait menacés. [64] Allez expier dans les flammes votre infidélité. [65] Dans ce jour, je poserai mon sceau sur leur bouche. Leurs mains seules parleront, et leurs pieds rendront témoignage de leurs œuvres. [66] Nous pouvons leur ravir la vue, et ils erreraient çà et là au milieu des ténèbres. [67] Nous pouvons les métamorphoser dans le lieu qu'ils habitent, et les rendre immobiles. [68] Celui dont nous prolongerons la vieillesse se rapproche de l'enfance. Ne le comprenez-vous pas ? [69] Nous n'avons point enseigné la poésie au prophète. Cet art ne lui convient pas. Son ministère est la prédication et la lecture. [70] Il doit exhorter celui qui a la vie, et menacer l'infidèle des vengeances célestes. [71] Ne voient-ils pas que les troupeaux qu'ils possèdent sont un de nos bienfaits ? [72] Nous les leur avons soumis. Les uns leur servent de monture, les autres d'aliment. [73] Ils en retirent les plus grands avantages. Ils se désaltèrent avec leur lait. Leurs cœurs ne s'ouvriront-ils point à la reconnaissance ? [74] Ils rendent des hommages à des divinités étrangères, et recherchent leur protection. [75] Elles sont incapables de leur donner du secours. L'adorateur et l'idole seront la proie des flammes. [76] Ne

---

226. Le dattier produit trois ou quatre grosses grappes qui naissent de son sommet et qui sont suspendues à l'entour.
227. Entre le premier et le second son de la trompette, il s'écoulera quarante ans. *Gelaleddin.*
228. Pendant cet espace de temps les morts dormiront, mais ils ne souffriront point. *Gelaleddin.*

t'afflige point de leurs discours. Je connais et leurs secrets, et ce qu'ils profèrent au grand jour. [77] L'homme ignore-t-il que nous l'avons créé de boue? Cependant il dispute opiniâtrement. [78] Il propose des argumens, et, oubliant sa création, il s'écrie : Qui pourra ranimer des os réduits en poussière? [79] Réponds : Celui qui les a créés la première fois les ranimera. Il connaît toute la création. [80] C'est lui qui a mis du feu dans l'arbre vert, comme l'attestent les étincelles que vous en faites jaillir. [81] L'architecte des cieux et de la terre ne pourrait-il former des hommes semblables à vous? Il le peut. Il est le créateur éclairé. [82] Telle est sa puissance qu'à sa voix les êtres sortent du néant. [83] Louange à celui qui tient dans ses mains les rênes de l'univers! Tous les mortels reparaîtront devant lui.

CHAPITRE XXXVII.

Les Ordres. donné à La Mecque, composé de 182 versets. Au nom de Dieu clément et miséricordieux.

[1] J'en jure par les ordres des anges; [2] Par ceux qui menacent, [3] Par ceux qui lisent [229], [4] Votre Dieu est un Dieu unique. [5] Souverain du ciel, de la terre et de l'immensité de l'espace, il est le roi de l'orient [230]. [6] Nous avons orné le ciel le plus proche de la terre de l'éclat des étoiles. [7] Nous l'avons mis à l'abri de l'attentat des esprits rebelles [231]. [8] Ils n'entendront plus la voix des anges. Des traits enflammés les repoussent de toutes parts. [9] Ils sont dévoués à des peines éternelles. [10] Un d'eux s'approcha [232] furtivement des sphères célestes; mais une flamme pénétrante l'en précipita. [11] Demande aux infidèles créés de boue, s'ils sont d'une nature supérieure à celle des anges. [12] Leur aveuglement te surprend, et ils rient de ton étonnement. [13] En vain tu veux les instruire. Leurs cœurs rejettent l'instruction. [14] S'ils voyaient des miracles, ils s'en moqueraient; [15] Ils les attribueraient aux effets de la magie. [16] Victime de la mort, disent-ils, lorsque nous aurons été réduits en poussière, retournerons-nous à la vie? [17] Nos pères ressusciteront-ils? [18] Oui : ils ressusciteront, et vous serez couverts d'opprobre. [19] Un seul cri [233] les fera sortir de la tombe, et dessillera leurs yeux. [20] Malheur à nous, s'écrieront-ils, voilà le jour du jugement! [21] Le voilà, ce jour de la séparation dont vous aviez nié la réalité. [22] Rassemblez les méchans, leurs sectateurs et leurs idoles; [23] Conduisez-les dans l'enfer; [24] Arrêtez-les pour les examiner. [25] Pourquoi ne vous défendez-vous pas mutuellement? [26] Aujourd'hui ils sont dans l'humiliation. [27] Réunis, ils se déchireront par des reproches. [28] Vous veniez à nous, diront-ils à leurs faux prophètes, avec l'apparence de la vérité. [29] Vous n'aviez point la foi, leur répondront ceux-ci; nous n'avions aucune puissance sur vous; mais vous viviez dans l'impiété. [30] Voilà l'accomplissement des menaces du Seigneur. [31] Égarés nous-mêmes, nous vous avons conduits à l'erreur. [32] Tous partageront les tourmens. [33] C'est ainsi que nous punissons les pervers. [34] Lorsqu'on leur prêchait l'unité de Dieu, ils se livraient à l'orgueil. [35] Abandonnerons-nous nos divinités, disaient-ils, pour un poëte insensé? [36] Celui qu'ils traitaient ainsi, éclairés du flambeau de la vérité, est venu confirmer la mission des prophètes. [37] Et vous, vous serez la proie des supplices. [38] Ils seront le juste prix de vos œuvres. [39] Les vrais serviteurs de Dieu éprouveront un sort différent. [40] Ils auront une nourriture choisie, [41] Des fruits exquis [234], et ils seront servis avec honneur. [42] Les jardins de la volupté seront leur asile. [43] Pleins d'une bienveillance mutuelle, ils reposeront sur le lit nuptial. [44] On leur offrira des coupes remplies d'une eau pure, [45] Limpide, et d'un goût délicieux. [46] Elle n'offusquera point leur raison, et ne les rendra point insensés. [47] Près d'eux seront des vierges intactes. Leurs beaux yeux seront modestement baissés. [48] Ils se tourneront les uns vers les autres, et converseront

---

229. Ce sont les anges qui lisent le Coran. *Gelaleddin.*

230. Les Mahométans croient à la pluralité des mondes, et en comptent trois cent soixante. *Cottada.*

231. Avant la naissance de Mahomet, les démons, comme nous l'avons déjà dit, prenaient leur essor dans les sphères célestes, écoutaient les discours de Dieu et des anges, et les rapportaient aux mages et aux devins; mais à l'instant où Mahomet vint au monde, Dieu les chassa avec des traits de feu, et il ne leur est plus permis de pénétrer dans les cieux. Tel est le sentiment des docteurs musulmans.

232. Malgré ces traits de feu, Satan s'éleva jusqu'aux sphères célestes, et saisit avidement quelques discours échappés aux anges; mais il en fut aussitôt précipité. *Gelaleddin.*

233. Ce cri sera le dernier son de la trompette. *Jahia.*

234. Les hôtes du paradis mangeront de ces fruits exquis pour leur plaisir et non pour conserver leur santé. Doués de corps immortels, ils n'auront aucun besoin de préservatifs contre la maladie. *Gelaleddin.*

ensemble. [49] Hôtes du paradis, dira l'un d'eux, j'étais lié avec un incrédule. [50] Crois-tu, me demanda-t-il, à la résurrection ? [51] Penses-tu qu'après notre mort, lorsque nos corps seront réduits en poussière, nous subirons un jugement ? [52] Voulez-vous que nous allions voir cet infidèle ? [53] Il se lèvera, et l'apercevra au milieu de l'enfer. [54] Ciel ! s'écriera-t-il, peu s'en est fallu qu'il ne m'ait entraîné dans sa ruine ! [55] Si la miséricorde divine n'eût veillé sur moi, je serais réprouvé. [56] N'avons-nous pas subi la mort, répondront les bienheureux ? [57] Sans doute : nous avons payé le tribut à la nature, mais nous sommes exempts des supplices. [58] Le bonheur dont nous jouissons est sans mélange. [59] Mortels, travaillez pour le mériter. [60] Combien l'arbre *zacoum* [235] est différent du séjour d'*Éden*. [61] Nous l'avons planté pour le tourment des scélérats. [62] Il s'élève du fond de l'enfer. [63] Ses fruits ressemblent aux têtes des démons [236]. [64] Ils seront la nourriture des réprouvés. Ils en rempliront leurs ventres ; [65] Ensuite on leur fera avaler de l'eau bouillante, [66] Et ils seront replongés dans leurs cachots. [67] Là, ils trouveront ceux de leurs pères qui ont vécu dans l'erreur. [68] Ils se sont empressés de marcher sur leurs traces. [69] La plupart des anciens peuples étaient plongés dans les ténèbres. [70] Nous leur envoyâmes des apôtres pour les instruire. [71] Vois quel est le sort de ceux qui ne voulurent pas les entendre. [72] Les vrais serviteurs de Dieu furent seuls épargnés. [73] Noé nous invoqua, et il fut exaucé. [74] Nous le délivrâmes, lui et sa famille, de leurs vives alarmes. [75] Nous établîmes sur la terre ses descendans, seuls restes du genre humain. [76] Nous avons rendu son nom fameux dans les annales de la postérité. [77] Tous les hommes béniront sa mémoire. [78] C'est ainsi que nous récompensons la vertu. [79] Noé fut notre adorateur fidèle. [80] Nous ensevelîmes dans les eaux le reste des mortels. [81] Abraham suivit la religion de Noé. [82] Il éleva vers le Seigneur les vœux d'un cœur sincère. [83] Quels sont les objets de votre culte, demanda-t-il à son père et au peuple ? [84] Séduits par le mensonge, adorerez-vous d'autres divinités que Dieu ? [85] Que pensez-vous du souverain de l'univers ? [86] Il porta ses regards vers les cieux, [87] Et dit : Je ne puis assister à vos fêtes. [88] Le peuple le quitta avec dédain. [89] Abraham se rendit en secret auprès de leurs idoles, et leur demanda : Pourquoi ne mangez-vous pas ? [90] Pourquoi gardez-vous le silence ? [91] Il s'approcha d'elles et les frappa. [92] Le peuple accourut à lui. [93] Adorerez-vous, leur dit-il, des dieux que vos mains ont sculptés ? [94] Dieu vous a créés, vous et vos idoles. [95] Formons un bûcher, crièrent les idolâtres, et jetons l'impie dans les flammes. [96] Ils voulurent le faire périr, mais nous anéantîmes leurs complots. [97] Je suivrai, dit Abraham, le Dieu qui m'éclaire. [98] Seigneur, donne-moi un enfant vertueux. [99] Nous lui annonçâmes un fils qui posséderait la sagesse. [100] Lorsqu'il fut parvenu à l'adolescence, [101] Abraham lui dit : O mon fils ! j'ai eu une vision. Il m'a semblé que je te sacrifiais. Vois quelle impression ma vision fait sur ton cœur. [102] Exécute ce que Dieu commande, répondit Isaac ; soumis à ses décrets, je souffrirai avec patience. [103] Ils allaient accomplir l'ordre du ciel ; déjà Isaac était couché le front contre terre [237]. [104] Une voix céleste cria : Abraham ! [105] Ta vision est accomplie ; c'est ainsi que nous récompensons la vertu. [106] Dieu a voulu t'éprouver. [107] Une hostie [238] racheta le sang de son fils. [108] La postérité célébrera son obéissance. [109] La paix soit avec Abraham ! [110] C'est ainsi que nous récompensons la vertu. [111] Il fut notre adorateur fidèle. [112] Nous lui prédîmes qu'Isaac serait un prophète distingué. [113] Nous répandîmes notre bénédiction sur lui et sur son fils. Parmi leurs descendans, les uns ont fait fleurir la vertu, les autres se sont livrés à l'iniquité. [114] Nous comblâmes de biens Moïse et Aaron. [115] Nous les délivrâmes, eux et les Israélites, de l'oppression. [116] Notre protection puissante les rendit victorieux. [117] Nous leur donnâmes le livre des lois divines. [118] Nous les guidâmes dans les voies de la justice. [119] La postérité célébrera leurs noms fameux. [120] La paix soit avec Moïse et Aaron ! [121] C'est ainsi que nous récompensons la vertu. [122] Ils furent tous deux nos adorateurs fidèles. [123] Élie fut un des messagers de la foi. [124] Ne craindrez-vous point le Seigneur, répétait-il aux Hébreux ? [125] Invoquerez-vous *Baal*, tandis que vous abandonnez le Créateur suprême ? [126] Il est votre Dieu ; il est le Dieu de vos pères. [127] Destinés au feu de l'enfer, ils accusèrent Élie d'imposture. [128] Nos vrais serviteurs écoutèrent seuls sa doctrine. [129] Le nom d'Élie sera fameux chez la race future. [130] La paix soit avec Élie ! [131] C'est ainsi que nous récompensons la vertu.

---

235. L'arbre *zacoum* est préparé pour le tourment des damnés. Aucun des arbres du désert ne produit des fruits aussi amers. *Gelaleddin.*
236. C'est-à-dire, à des serpens horribles. *Gelaleddin.*
237. Isaac était couché le front contre terre. Abraham avait le couteau levé. Il allait frapper : Le ciel l'arrêta. *Gelaleddin.*
238. Cette hostie fut le bélier du Paradis Terrestre. *Habel* l'avait offert à Dieu. Gabriel l'amena à Abraham qui l'immola en action de grâces. *Gelaleddin.*

132 Élie fut notre adorateur fidèle. 133 Nous choisîmes Loth pour être un des messagers de la foi. 134 Nous le sauvâmes avec sa famille. 135 Son épouse seule augmenta le nombre des victimes. 136 Nous exterminâmes ses concitoyens. 137 Lorsque vous passez près des ruines de Sodôme, en partant le matin, 138 Ou dans la nuit, n'ouvrez-vous point les yeux ? 139 Jonas, élu ministre du Seigneur, 140 Alla se cacher au fond d'un navire. 141 On jeta le sort, et il fut au nombre des infortunés. 142 Un poisson l'avala, parce qu'il était coupable ; 143 Et s'il n'avait loué l'Éternel, 144 Il aurait demeuré dans cette prison jusqu'au jour du jugement. 145 Le poisson qui l'engloutit le déposa sur le sable, accablé de peines. 146 Nous fîmes croître un arbre pour lui servir d'ombrage. 147 Nous l'envoyâmes vers une cité qui contenait plus de cent mille habitans. 148 Ils crurent à ses prédications, et nous les laissâmes accomplir le terme de leurs jours. 149 Demande aux impies si Dieu a des filles, comme ils ont des fils. 150 Aurions-nous créé les anges femelles ? Ils savent le contraire. 151 Leurs discours ne sont appuyés que sur le mensonge. 152 Ils assurent que Dieu a enfanté, et ils blasphèment. 153 Aurait-il préféré des filles à des fils ? 154 Qui peut vous faire porter ce jugement ? 155 N'ouvrirez-vous jamais les yeux ? 156 Avez-vous une autorité incontestable ? 157 Apportez votre livre, si votre opinion est vraie. 158 Les impies prétendent que Dieu a eu commerce avec les anges, et les anges savent que les impies seront la proie des flammes. 159 Louange à l'Éternel ! Loin de lui leurs blasphèmes. 160 Ses fidèles serviteurs ont seuls droit de parler de lui. 161 Ni vous ni vos dieux, 162 Ne deviez adopter cette opinion sacrilège. 163 Elle n'est faite que pour celui qui est destiné aux brasiers de l'enfer. 164 Nous avons tous nos rangs marqués. 165 Nous sommes partagés en différens chœurs. 166 Notre emploi est de louer le Tout-Puissant. 167 Les impies ont dit : 168 Si nos pères nous eussent laissé un livre pour nous instruire, 169 Nous serions les vrais adorateurs de Dieu. 170 Ils ont nié le Coran. Ils verront. 171 Lorsque nous envoyâmes nos apôtres aux nations, 172 Nous leur promîmes notre protection, 173 Nous leur assurâmes que nos armées seraient victorieuses. 174 Éloignez-vous des infidèles jusqu'au temps. 175 Considère-les. Un jour leurs yeux seront dessillés. 176 Veulent-ils hâter nos vengeances ? 177 Lorsque l'heure sonnera à leur porte, leur réveil sera funeste. 178 Fuis-les jusqu'au jour marqué. 179 Vois. Bientôt ils verront. 180 Louange à Dieu ! Louange au Dieu puissant ! Loin de lui leurs mensonges. 181 La paix soit avec les ministres du Seigneur ! 182 Gloire à Dieu souverain des mondes !

CHAPITRE XXXVIII.

S. [239] donné à La Mecque, composé de 88 versets. Au nom de Dieu clément et miséricordieux.

1 S. J'en jure par le Coran ; il est le dépôt de la vraie foi ; mais les infidèles vivent dans le faste et le schisme. 2 Les générations précédentes ont disparu. A la vue des fléaux du ciel, elles implorèrent notre miséricorde ; mais il n'était plus temps. 3 Les habitans de la Mecque sont étonnés qu'un de leurs concitoyens ait été revêtu du caractère d'apôtre, et les infidèles ont dit : C'est un faux prophète. 4 Prétend-il que plusieurs dieux ne soient qu'un ? Cette opinion est merveilleuse. 5 Leurs chefs se sont levés, et ont dit : gardez votre culte. Soyez fidèles à vos dieux. Nous connaissons ses desseins. 6 La dernière secte n'a point prêché l'unité de Dieu. Cette doctrine est fausse. 7 Mahomet eût-il été élu préférablement à nous, pour recevoir le Coran ? Ils doutent de ma religion ; mais ils n'ont pas encore éprouvé mes châtimens. 8 Ont-ils en leur disposition les trésors de la miséricorde du Dieu dominateur et libéral ? 9 Possèdent-ils l'empire du ciel, de la terre, et de l'espace immense qui les sépare ? Qu'ils essaient de s'élever dans les cieux. 10 Leurs armées, quelque nombreuses qu'elles soient, seront détruites. 11 Les peuples de Noé, d'*Aod*, et de Pharaon environné de courtisans [240], accusèrent les ministres de Dieu d'imposture. 12 Les *Thémudéens*, les habitans de Sodôme, les Madianites se liguèrent contre leurs apôtres. 13 Tous nièrent leur mission, et tous éprouvèrent les châtimens célestes. 14 Les habitans de

---

239. Les commentateurs du Coran avouent qu'ils ignorent la signification de ce caractère isolé qui répond à la quatorzième lettre de l'alphabet arabe.

240. Pharaon est peint dans plusieurs endroits du Coran avec cette épithète, *zou elaoutad, auteur des pieux.* C'est ainsi qu'on a traduit jusqu'à présent ce passage. *Zou* signifie *possesseur*, *Aoutad* ne veut pas dire seulement des pieux, il signifie encore les grands d'une ville. Nous avons cru qu'il était plus naturel de rendre ces mots de la manière suivante : *Pharaon entouré de courtisans*, que *Pharaon auteur des pieux*. D'ailleurs Mahomet représente toujours ce prince environné de seigneurs.

la Mecque n'attendent que le cri épouvantable. Alors la fuite sera inutile. [15] Ils ont demandé à Dieu leur portion avant le jour du jugement. [16] Souffre patiemment leurs discours. Rappelle-toi notre serviteur David, qui élevait souvent au ciel les vœux d'un cœur vertueux. [17] Nous forçâmes les montagnes à s'unir à sa voix, pour chanter le soir et le matin, les louanges de l'Éternel. [18] Les oiseaux rassemblés répétaient ses cantiques. [19] Nous affermîmes son empire. Nous lui donnâmes la sagesse et l'éloquence. [20] Connais-tu le débat de deux frères, qui entrèrent par surprise dans l'oratoire de David? [21] Il fut effrayé à leur aspect. Ne crains rien, lui dirent-ils ; un différent nous amène. Juge-nous avec équité. Rends à chacun de nous ce qui lui est dû. [22] Voici mon frère. Il avait quatre-vingt-dix-neuf brebis. Je n'en avais qu'une. Il me l'a demandée à garder. J'ai cédé à ses instances, et il me l'a ravie. [23] La demande de ton frère est injuste, répondit David. La fraude et la violence président souvent aux accords des humains. Il n'y a de justes que les croyans vertueux ; mais qu'ils sont en petit nombre! Dans la suite David pêcheur reconnut que nous l'avions tenté. Il se convertit, et le front prosterné contre terre, il implora le pardon de son crime. [24] Nous lui pardonnâmes ; nous le comblâmes de biens, et le Paradis fut sa récompense. [25] O David! nous t'avons établi roi sur la terre. Juge les hommes avec équité. Ne suis point tes aveugles désirs ; ils t'écarteraient du sentier de Dieu. Les tourmens seront le partage de ceux qui, oubliant le jour du jugement, auront marché dans les ténèbres. [26] La création du ciel, de la terre, et de tout l'univers, est notre ouvrage. Ce n'est point un jeu du hasard, comme le pensent les incrédules. Malheur aux infidèles! Ils seront la proie des flammes. [27] Les croyans qui auront fait le bien, seraient-ils traités comme les impies, qui n'ont connu d'autre loi que la violence? L'homme vertueux, et le scélérat, éprouveraient-ils le même sort? [28] Nous t'avons envoyé un livre béni. Les sages le liront avec zèle et graveront ses préceptes dans leur cœur. [29] David eut pour fils Salomon. Il fut un serviteur pieux et sincère. [30] Un soir on lui avait amené des chevaux excellens [241] ; ils couraient d'une si grande vitesse qu'à peine leurs pieds touchaient la terre. [31] J'ai préféré, s'écria-t-il, des biens terrestres au souvenir de Dieu, en cessant de le prier jusqu'à ce que la nuit ait couvert la terre de son voile. [32] Qu'on ramène les chevaux. Il leur fit couper les jarrets et la tête. [33] Nous le tentâmes, et nous fîmes asseoir sur son trône un démon sous la forme humaine [242]. [34] Seigneur, dit-il, pardonne à ton serviteur ; accorde-moi le règne le plus florissant qui fût jamais. Tu es le bienfaiteur suprême. [35] Nous lui donnâmes l'empire des vents. Ils parcouraient la terre à sa volonté. [36] Des démons soumis à ses ordres élevaient des palais, et pêchaient des perles. [37] Il en tenait d'autres chargés de chaînes. [38] Nous lui dîmes : Jouis de nos bienfaits ; répands-les sans mesure ou les resserre à ton gré. [39] Comblé des biens terrestres, Salomon a été introduit dans le séjour éternel. [40] Célèbre Job, notre serviteur, lorsque, levant sa voix au ciel, il s'écria : Seigneur, le tentateur a rassemblé sur moi tous les maux. [41] Frappe la terre du pied, lui dit Dieu ; il en sortira une source d'eau propre à te purifier et à te désaltérer. [42] Nous lui rendîmes sa famille, et nous augmentâmes ses richesses par un effet de notre miséricorde, et pour l'instruction des sages. [43] Nous lui commandâmes de prendre un faisceau de verges [243] et d'en frapper son épouse, afin d'accomplir son serment, et il obéit. [44] Serviteur fidèle, il élevait souvent vers le ciel l'hommage d'un cœur pur. [45] Publie les vertus et la prudence de nos serviteurs Abraham, Isaac et Jacob. [46] La pensée du palais éternel entretenait leur innocence. [47] Ils sont au nombre de nos élus privilégiés. [48] Chante les louanges d'*Ismaël*, d'*Élisée* et d'*Elcafel*, nos serviteurs distingués. [49] La terre chérit leur mémoire. Ceux qui craindront le Seigneur jouiront de la félicité. [50] Les portes du jardin d'*Éden* s'ouvriront devant eux. [51] Le banquet divin leur offrira des fruits

---

241. Salomon assis sur un trône voyait courir des chevaux excellens qu'on lui avait amenés. La course dura jusqu'au coucher du soleil. Il oublia de faire la prière du soir, et se punit de cette négligence en faisant immoler une partie de ces superbes coursiers. Dieu le récompensa en lui donnant l'empire des vents. *Jahia. Zamchascar.*

242. Salomon portait au doigt un anneau d'où dependait la durée de son empire. Il le confiait à une de ses femmes lorsqu'il entrait au bain. Un jour qu'il y était, un démon nommé *Sacar* prenant ses traits et sa ressemblance, vint demander l'anneau à celle qui en était dépositaire. Elle le remit entre ses mains. Il le prit, le jeta dans la mer, s'assit sur le trône du roi, et changea les lois par lesquelles il gouvernait les enfans d'Israël. Salomon, ayant inutilement cherché l'anneau qui était le gage de la durée de son empire, pensa que Dieu voulait le punir. Il sortit de son palais et se mit à parcourir la Judée en criant : Je suis Salomon ; mais ses sujets refusaient de le reconnaître. Il resta quarante jours dans cet état. Enfin ayant demandé de la nourriture à un pêcheur, il retrouva son anneau dans le ventre d'un poisson. Il rentra aussitôt dans ses droits, se saisit du démon *Sacar*, et le fit jeter chargé de chaînes dans le lac de Tibériade. *Ismaël ebn Ali* raconte cette fable dans sa chronique.

243. La femme de Job était un peu d'accord avec Satan. Elle exhortait son mari à écouter les propositions du tentateur. C'est pourquoi Job irrité jura qu'il lui donnerait cent coups de verges. *Jahia.*

exquis et un breuvage délicieux. ⑤2 Près d'eux seront de jeunes beautés au regard modeste : ⑤3 Telles sont les jouissances que vous promet le jour de la résurrection. ⑤4 Tels sont les biens éternels qui vous sont offerts. ⑤5 La fin des pécheurs sera épouvantable. ⑤6 L'enfer sera leur habitation. Ils gémiront sur un lit de douleur. ⑤7 Rassasiez-vous de tourmens, leur dira-ton ; avalez cette eau bouillante et corrompue. ⑤8 Ce breuvage, et d'autres non moins affreux, seront leur partage. ⑤9 Il n'y aura plus de grâces pour les réprouvés ; tous seront précipités dans les flammes. ⑥0 Les infidèles diront à leurs séducteurs : Vous ne méritez aucune indulgence. Vous nous avez devancés dans l'erreur. Notre habitation mutuelle sera horrible. ⑥1 Seigneur, ajoute aux tourmens de ceux qui nous ont conduits à l'infidélité ; augmente pour eux l'ardeur du feu. ⑥2 Pourquoi ne voyons-nous pas ici ceux que nous mettions au nombre des méchans ? ⑥3 Nous nous moquions d'eux. Les a-t-on dérobés à nos regards ? ⑥4 Tel sera le langage des habitans de l'enfer. ⑥5 Dis : Je ne suis que votre apôtre. Il n'y a de Dieu que le Dieu unique et victorieux. ⑥6 Souverain du ciel, de la terre et de l'immensité de l'espace, il est puissant et miséricordieux. ⑥7 Ce livre est l'histoire sublime. ⑥8 Vous vous écartez de sa vérité. ⑥9 Je n'avais aucune connaissance des esprits célestes quand ils disputèrent. ⑦0 Les révélations divines ne m'ordonnent que la prédication. ⑦1 Dieu dit aux anges : Je créerai l'homme de boue. ⑦2 Lorsque j'aurai accompli mon ouvrage, et que je lui aurai soufflé une portion de mon esprit, prosternez-vous pour l'adorer. ⑦3 Tous les anges se soumirent à l'ordre du créateur. ⑦4 L'orgueilleux *Éblis* refusa seul d'obéir. ⑦5 *Éblis*, lui dit Dieu, pourquoi n'adores-tu pas l'ouvrage de mes mains ? ⑦6 L'orgueil t'enivre-t-il ? Ta grandeur se croirait-elle humiliée ? ⑦7 Je suis, lui répondit l'esprit rebelle, d'une nature plus excellente que la sienne ; tu m'as créé de feu, et tu l'as formé de boue. ⑦8 Sors de ce séjour, tu seras lapidé. ⑦9 Ma malédiction te poursuivra jusqu'au jour du jugement. ⑧0 Seigneur, reprit *Éblis*, diffère tes vengeances jusqu'au jour de la résurrection. ⑧1 Je les différerai, dit le Tout-Puissant. ⑧2 Elles n'éclateront qu'au temps marqué. ⑧3 J'en jure par ta puissance, ajouta *Éblis*, je séduirai tous les hommes. ⑧4 Tes serviteurs sincères seront seuls épargnés. ⑧5 L'Éternel prononça ces mots : Je suis la vérité, et mes menaces sont véritables. Je remplirai l'enfer de ceux que tu auras séduits. Tu y seras à leur tête. ⑧6 Dis : Je ne vous demande point le prix de mes prédications ; mon zèle me suffit. ⑧7 Ce livre est un avertissement aux mortels. ⑧8 Vous verrez un jour que sa doctrine est véritable.

CHAPITRE XXXIX.

Les Troupes. donné à La Mecque, composé de 75 versets. Au nom de Dieu clément et miséricordieux.

① Le Dieu puissant et sage t'a envoyé le Coran. ② La vérité te l'apportera des cieux. Offre à Dieu une religion sincère. ③ Une foi pure n'est-elle pas due à l'Éternel ? ④ Il jugera les adorateurs des faux dieux, qui croient par leur intercession s'approcher de lui. Son jugement terminera leurs débats. ⑤ Il n'est point le guide du menteur ni de l'infidèle. ⑥ S'il avait désiré un fils, il l'aurait choisi à son gré parmi ses créatures. Louange au Dieu unique et victorieux ! ⑦ Il est le véritable architecte des cieux et de la terre. Il fait succéder la nuit au jour, et le jour à la nuit. Le soleil et la lune obéissent à sa voix. Ils parcourent le cercle qu'il leur a tracé. N'est-il pas le Dieu puissant et indulgent ? ⑧ Il vous a tous fait sortir d'un seul homme. Il tira la femme de ses flancs pour être sa compagne. Il vous a donné huit espèces de troupeaux. Il vous dessine dans le sein de vos mères, où il vous fait passer sous différentes formes, et dans trois lieux ténébreux. Il est votre Seigneur. A lui appartient la domination. Il est le Dieu unique. Comment pouvez-vous lui refuser votre hommage ? ⑨ L'ingratitude ne lui ôte rien de sa richesse ; mais il hait des serviteurs ingrats. La reconnaissance est agréable à ses yeux. Personne ne portera le fardeau d'un autre. Vous reviendrez tous à lui, et il vous montrera vos œuvres. ⑩ Il connaît les replis des cœurs. ⑪ Lorsque le malheur atteint l'homme, il élève vers lui sa voix suppliante ; à peine est-il soulagé, qu'il oublie le bienfaiteur, et offre à des idoles un encens coupable. Annonce à l'ingrat qu'il jouira peu de son infidélité, que l'enfer sera son partage. ⑫ En serait-il de même de l'homme pieux, qui, dans l'ombre de la nuit, adore le Seigneur, debout, ou prosterné, qui craint le jugement et espère la miséricorde divine ? Dis : le sage et l'insensé peuvent-ils être comparés ? Ceux qui ont un cœur sentent la différence. ⑬ Dis : ô vous qui croyez ! craignez le Seigneur. Ceux qui pratiquent la vertu dans cette vie en recevront le prix dans l'autre. La terre du Seigneur est étendue. Les persévérans obtiendront une récompense glorieuse. ⒕ Dis : Dieu m'a commandé de le servir, de lui montrer une foi pure, et d'être le premier des croyans. ⒖ Dis : si je désobéis aux ordres du ciel, je crains les tourmens du grand jour. ⒃ Dis : serviteur de Dieu, mon cœur lui offre l'hommage d'une foi pure. ⒄ Dis : adorez à votre gré des divinités étrangères. L'impie qui perd son âme et sa famille, au jour du jugement, ne fait-il pas une perte irréparable ? ⒅ Dis : un tourbillon de feu couvrira leurs têtes, et enveloppera leurs pieds. Dieu offre cette peinture véritable et effrayante à ses serviteurs, afin qu'ils craignent sa justice. ⒆ Promets la félicité à ceux qui, renonçant au culte des idoles, reviennent à Dieu ; promets-la à mes serviteurs qui, dociles à ma voix, recherchent la perfection : ce sont eux que Dieu éclaire ; ce sont eux qui ont la sagesse. ⒇ Sauveras-tu celui dont l'arrêt fatal est prononcé ? Il est déjà la proie des flammes. ㉑ Ceux qui craignent le Seigneur habiteront le palais élevé, près duquel coulent des ruisseaux. Dieu l'a promis, et ses promesses sont infaillibles. ㉒ N'as-tu pas vu comment Dieu abaisse les nuages qui versent la pluie ? Comment il la rassemble en ruisseaux qui coulent à travers les campagnes ? L'eau pénètre dans le sein de la terre, et fait éclore les plantes, dont les couleurs sont variées à l'infini. La chaleur jaunit les moissons. Elles tombent sous le tranchant de la faux. Tous ces effets servent à l'instruction du sage. ㉓ Celui dont Dieu dilate le cœur, en y faisant germer l'islamisme, suit le flambeau de la foi. Malheur à ceux qui, endurcis dans le crime, rejettent les préceptes divins ! Ils sont plongés dans l'aveuglement. ㉔ Le ciel t'a envoyé le plus excellent des livres. La même doctrine y est sans cesse répétée. Ceux qui craignent le Seigneur frissonnent à sa lecture ; leur effroi s'adoucit par degrés, et ils reçoivent avidement la parole divine. Le Coran est la lumière de Dieu. Par elle il dirige ses élus ; mais ceux qu'il égare ne retrouvent plus le droit chemin. ㉕ L'infidèle ne craint-il point que le sceau de la réprobation ne soit imprimé sur son front, au jour du jugement ? Alors on dira aux méchans : subissez des peines que vous avez méritées. ㉖ Les générations passées accusèrent leurs apôtres d'imposture. Elles furent punies à l'instant où elles ne s'y attendaient pas. ㉗ Couvertes d'opprobre sur la terre, elles éprouveront dans l'autre monde des supplices bien plus terribles. Si elles l'eussent su ! ㉘ Le Coran offre aux hommes des exemples variés, afin de les instruire. ㉙ Il est écrit en arabe. Sa doctrine est simple et claire. Il prêche la crainte du Seigneur. ㉚ Dieu propose l'exemple d'un esclave qui a plusieurs maîtres divisés entre eux, et d'un autre qui n'a qu'un maître. Ces deux hommes ont-ils un sort pareil ? Louange à l'Éternel ! La plupart ne le connaissent pas. ㉛ Tu mourras, et ils mourront. ㉜ Au jour de la résurrection, vous plaiderez tous votre cause devant Dieu. ㉝ Quoi de plus impie que de blasphémer contre sa majesté suprême, que d'accuser la vérité de mensonge ? L'enfer ne sera-t-il pas le réceptacle des impies ? ㉞ Ceux-là ont la crainte du Seigneur qui suivent lu vérité et qui croient en elle. ㉟ Le Tout-Puissant accomplira les désirs de ceux qui auront fait le bien. Il les lavera de leurs fautes, et leur accordera le paradis pour prix de leurs vertus. ㊱ La protection divine te suffit. Ils voudront t'effrayer au nom de leurs idoles ; mais celui que Dieu égare n'a plus de guide. ㊲ Celui qu'il conduit ne s'égarera point. N'est-il pas le Dieu puissant et vengeur ? ㊳ Demande-leur : Quel est le créateur du ciel et de la terre ? Ils répondent : C'est Dieu. Pensent-ils donc que les idoles qu'ils associent à sa puissance peuvent empêcher le bien ou le mal qu'il veut me faire ? Le bras du Tout-Puissant est mon appui. C'est en lui que les sages mettent leur confiance. ㊴ Dis-leur : Réunissez vos efforts ; j'agirai de mon côté, et bientôt vous saurez ㊵ Qui de nous sera la proie des supplices, et pour qui s'allumeront les feux éternels. ㊶ Nous t'avons envoyé du ciel le livre où la vérité parle aux hommes. Celui qui la suit, et celui qui s'en écarte travaillent chacun pour soi. Tu n'es pas l'avocat du genre humain. ㊷ Dieu envoie la mort à l'homme. Souvent elle le frappe dans les bras du sommeil. ㊸ Il appelle à lui ceux dont l'arrêt est prononcé. Il laisse les autres accomplir leur carrière. Ce sont là des signes pour ceux qui réfléchissent. ㊹ Prendrez-vous d'autres protecteurs que Dieu ? Décernerez-vous un culte à des divinités dépourvues de pouvoir et d'intelligence ? ㊺ Dis : Lui seul a le droit de protéger. Il est le roi du ciel et de la terre. Vous retournerez tous à lui. ㊻ Ceux qui ne croient point à la vie future frémissent d'horreur au nom d'un Dieu unique. Le souvenir de leurs idoles répand la joie dans leurs cœurs. ㊼ Dis : Dieu suprême, créateur des cieux et de la terre, toi dont l'œil perce dans l'ombre du mystère, toi pour qui tout est dévoilé, tu jugeras les différens des faibles humains. ㊽ Si les pervers possédaient deux fois autant de trésors que la terre en contient, ils les donneraient pour se racheter de l'horreur des supplices qui leur sont préparés. Dieu leur fera voir ce qu'ils n'attendaient pas. ㊾ Il exposera devant eux les crimes qu'ils ont commis. Les flammes, objets de leurs railleries, les envelopperont. 50 Lorsque l'infortune assiége l'homme, il nous invoque. A peine lui avons-nous tendu une main secourable qu'il dit : Je méritais cette faveur. Mais ce bienfait est une épreuve, et la plupart l'ignorent. 51 Les générations passées tenaient le même langage. A quoi leur ont servi leurs œuvres ? 52 Elles en ont reçu le châtiment. Les impies de nos jours éprouveront un semblable destin. Ils ne sauraient arrêter le bras vengeur. 53 Ignorent-ils que Dieu dispense ou retire ses faveurs à son gré, afin de donner aux croyans des preuves de sa puissance ? 54 O mes serviteurs qui avez péché ! ne désespérez point de la miséricorde divine. Elle peut pardonner tous les crimes. Le Seigneur est indulgent et miséricordieux. 55 Retournez à lui, embrassez l'islamisme avant que vous éprouviez la punition après laquelle il n'y a plus d'espoir. 56 Suivez la vraie doctrine descendue du ciel, avant qu'une invisible main vous frappe tout à coup. 57 Malheur à moi, s'écriera l'impie ! Pourquoi n'ai-je pas obéi à Dieu ? Pourquoi me suis-je moqué de sa religion ? 58 Hélas ! s'il m'eût éclairé, j'aurais été au nombre de ceux qui le craignent. 59 A la vue des tourmens, il s'écriera : Que ne puis-je retourner sur la terre ? Je pratiquerais la vertu. 60 Je t'ai offert des signes frappans. Livré à l'orgueil et à l'infidélité, tu as dédaigné d'ouvrir les yeux. 61 Au jour de la résurrection, le front des blasphémateurs sera couvert de ténèbres. L'enfer ne serait-il pas le réceptacle des superbes ? 62 Ceux qui ont eu la crainte du Seigneur seront sauvés. Ils posséderont le séjour du bonheur. Le mal et la peine n'approcheront point d'eux. 63 Dieu a créé l'univers. Il le gouverne. Les clefs du ciel et de la terre sont dans ses mains. Ceux qui nient ses oracles seront réprouvés. 64 Hommes insensés, m'ordonnerez-vous d'adorer un autre que lui ? 65 Dieu t'a révélé, il a révélé aux peuples anciens que l'idolâtrie rend les œuvres vaines, et assure la réprobation. 66 Adresse ton encens à Dieu, et lui rends des actions de grâces. 67 Les infidèles ont mal jugé de sa puissance. Au jour de la résurrection, il prendra la terre dans sa main gauche, et il placera les cieux dans sa main droite. Gloire au Très-Haut ! Anathème aux idoles ! 68 Au premier son de la trompette, tous les êtres créés au ciel et sur la terre mourront, excepté ses élus ; la trompette retentira une seconde fois, et tous ressusciteront et ouvriront des yeux étonnés. 69 La terre sera resplendissante de la gloire du Tout-Puissant. On apportera le livre [244]. Les prophètes et les témoins s'avanceront. La vérité présidera au jugement des hommes. Aucun d'eux ne sera trompé. 70 Chacun satisfera pour ses œuvres. Dieu connaît toutes les actions. 71 Les infidèles seront condamnés à l'enfer. Ils y descendront par troupes. Les portes de l'abîme s'ouvriront, et on leur demandera : Des prophètes ne se sont-ils pas levés du milieu de vous ? Ne vous ont-ils pas prêché la vraie religion ? Nous avons entendu leurs prédications, répondront-ils. Mais les infidèles étaient prédestinés au feu. 72 On leur dira : Entrez dans l'enfer. Vous y demeurerez éternellement. Il est le séjour affreux des superbes. 73 Ceux qui ont craint le Seigneur seront conduits par troupes dans le jardin de délices. A leur arrivée les portes s'ouvriront, et on leur dira : La paix soit avec vous. Jouissez de la félicité. 74 Louanges à Dieu ! s'écrieront-ils. Il a accompli ses promesses. Il nous avait mis sur la terre pour gagner le séjour éternel. Sa vaste étendue est notre héritage. Gloire à la récompense de ceux qui ont travaillé ! 75 Les anges, les pieds nus autour du trône sublime, publieront les louanges du Très-Haut. Lorsque la vérité éternelle aura prononcé le jugement du genre humain, ils crieront d'une voix unanime : Louange à Dieu souverain des mondes !

CHAPITRE XL.

Le Croyant. donné à La Mecque, composé de 85 versets. Au nom de Dieu clément et miséricordieux.

1 N. **M.** Le Dieu puissant et sage t'a envoyé le Coran. 2 C'est lui qui pardonne les péchés, qui reçoit la pénitence, et qui exerce une vengeance terrible. 3 Il est le Dieu infini et unique. Il est le terme de toutes choses. 4 Les infidèles seuls disputent contre la religion sainte. Que leurs succès ne s'imposent pas. 5 Le peuple de Noé accusa ses prophètes d'imposture. Les peuples qui l'ont suivi, révoltés contre leurs apôtres, attentèrent à leurs jours. Armés du mensonge, ils voulurent anéantir la vérité. Le courroux du ciel les a fait disparaître ; et quel a été leur châtiment. 6 L'arrêt qui condamne les infidèles s'accomplira. Ils seront la proie des flammes. 7 Les

---

244. Les commentateurs du Coran entendent par ce livre celui où les actions de chaque homme seront écrites.

esprits qui portent le trône sublime et qui l'environnent publient les grandeurs de l'Éternel, et lui adressent cette prière : Seigneur, pardonne aux croyans. Ta miséricorde et ta science embrassent l'univers. Pardonne à ceux qui ont fait pénitence, et qui suivent les lois saintes. Délivre-les du feu de l'enfer. ⑧ Seigneur, introduis-les dans les jardins d'*Éden* que tu leur as promis. Accorde le même bonheur à leurs pères, leurs épouses et leurs enfans qui auront été vertueux. Ta puissance et ta sagesse sont infinies. ⑨ Seigneur, écarte d'eux les peines éternelles. Celui pour qui tu feras éclater ta miséricorde au jour du jugement jouira du plus grand des bienfaits. ⑩ Les incrédules entendront ces paroles : La haine de Dieu est plus violente que celle que vous avez eue pour vous-mêmes, lorsqu'appelés à la foi vous avez refusé d'obéir. ⑪ Seigneur, diront-ils : Tu nous as fait mourir et revivre deux fois ; nous avons confessé nos péchés ; serons-nous éternellement dévoués au malheur ? ⑫ Vous avez nié l'unité de Dieu ; vous avez offert de l'encens aux idoles ; le Très-Haut, le Dieu suprême a prononcé l'arrêt de votre condamnation. ⑬ Dieu vous offre partout des signes de sa puissance. Votre nourriture est un bienfait du ciel ; mais il ne donne l'intelligence qu'à ceux qui le servent. ⑭ Peuples, invoquez le Seigneur. Montrez-lui une foi pure malgré l'horreur qu'elle inspire aux infidèles. ⑮ Celui qui est élevé au plus haut degré de gloire, qui est assis sur le trône sublime, envoie son esprit à ses élus, afin qu'ils prêchent la résurrection. ⑯ Le jour où les hommes sortiront du tombeau, ils ne pourront se cacher aux regards de l'Éternel. Quel est le juge suprême du grand jour ? C'est le Dieu unique et victorieux. ⑰ Dans ce jour, chacun recevra le prix de ses œuvres. Personne ne sera trompé. Dieu est exact dans ses comptes. ⑱ Menace-les de cet instant terrible où les cœurs seront saisis d'effroi. ⑲ Les méchans n'auront ni ami ni intercesseur qui prenne leur défense. ⑳ Dieu connaît et la fraude des yeux, et les secrets des cœurs. ㉑ L'équité prononcera l'arrêt. Leurs idoles ne jugent rien ; mais Dieu voit et entend. ㉒ N'ont-ils pas parcouru la terre ? N'ont-ils pas vu quel a été le sort des nations anciennes ? Elles étaient plus puissantes qu'ils ne sont. Des monumens attestent leur grandeur. Le glaive de la justice divine les a exterminées au milieu de leurs forfaits, et rien n'a pu les soustraire à sa vengeance. ㉓ Elles furent rebelles à la voix des prophètes. Le Seigneur les fit disparaître, parce qu'il est fort et terrible dans ses châtimens. ㉔ Moïse fut revêtu du caractère d'apôtre, et de la puissance des miracles. ㉕ Il prêcha la parole divine devant Pharaon, *Haman* et *Caron*, et ils dirent : Cet homme est un faux prophète. ㉖ Lorsqu'il leur eut fait voir la vérité, ils s'écrièrent : Mettons à mort tous les enfans mâles des croyants. Mais la perfidie des infidèles s'évanouit dans l'ombre. ㉗ Laissez-moi punir Moïse de mort, dit le roi ; je crains qu'il ne fasse changer mon peuple de religion, et qu'il ne ravage mon empire. ㉘ Dieu est mon Seigneur et le vôtre, reprit Moïse ; il me protégera contre l'orgueilleux qui ne croit point au jour où l'on rendra compte. ㉙ Un des parens du prince qui était fidèle et qui cachait sa croyance, lui dit : Mettrez-vous à mort un homme, parce qu'il déclare que son Seigneur est Dieu ? Il vous a fait voir des prodiges. Si c'est un fourbe, son mensonge retombera sur lui. S'il vous annonce la vérité, vous éprouverez une partie des fléaux dont il vous menace. Dieu n'est point le complice de l'imposteur ni du scélérat. ㉚ O Égyptiens ! aujourd'hui vous commandez sur la terre ; votre empire est florissant ; mais qui vous mettra à l'abri du courroux du ciel, s'il veut vous punir ? Je ne vous ordonne rien que de juste, répliqua Pharaon. La droite raison est tout ce que je vous propose. ㉛ O Égyptiens ! ajouta le croyant, je tremble que le sort des nations rebelles ne soit votre partage ; ㉜ Je crains pour vous le châtiment du peuple de Noé, d'*Aod*, de *Themod*, ㉝ Et des générations qui les ont remplacés sur la terre. Dieu ne veut point l'oppression de ses serviteurs. ㉞ O Égyptiens ! le jour où l'on rendra compte me fait trembler pour vous. ㉟ Ce jour où vous serez chassés de la présence de Dieu, vous ne trouverez point d'abri contre sa colère. Celui qu'il égare ne retrouve plus le vrai chemin. ㊱ Déjà Joseph vous a prêché la religion sainte. Vous en avez douté, et après sa mort vous avez dit : Dieu n'enverra plus d'apôtre. Il répand les ténèbres autour de ceux qui doutent, et qui sont prévaricateurs. ㊲ Ceux qui disputent sur la religion sans être éclairés du ciel, ne remporteront que la haine de Dieu et des fidèles. Il a imprimé le sceau de la réprobation sur les cœurs opiniâtres et orgueilleux. ㊳ Qu'on bâtisse une tour élevée, dit Pharaon à *Haman*, afin que je monte vers les portes du ciel. ㊴ Je veux m'approcher du Dieu de Moïse, quoique ce qu'il m'annonce me paraisse une imposture. ㊵ Ainsi, Pharaon mettant sa gloire dans l'impiété, s'écarta du droit chemin ; mais ses piéges ne tournèrent qu'à sa ruine. ㊶ O Égyptiens ! suivez-moi, répétait le fidèle ; je vous conduirai dans les voies de la justice. ㊷ Ce monde ne promet que des jouissances passagères ; la vie future vous offre le palais éternel.

[43] Le malheur sera le prix du méchant. Le croyant vertueux entrera dans le jardin de délices. Il y sera comblé de biens sans nombre. [44] Ô Égyptiens ! ma voix vous invite au bonheur, et vous voulez m'entraîner dans les flammes. [45] Vous me proposez l'infidélité, et le culte de vos idoles, et je vous exhorte à adorer le Dieu puissant et miséricordieux. [46] Vos dieux ne sauraient exaucer les vœux des mortels dans ce monde ni dans l'autre. Nous devons tous retourner devant l'Être Suprême. Les prévaricateurs seront la proie des flammes ; ce sont des vérités incontestables. [47] Vous vous rappellerez mes exhortations. Je remets ma cause dans les mains du Tout-Puissant. Il veille sur ses serviteurs. [48] Le Seigneur délivrera le fidèle des piéges qu'on lui tendait. L'arrêt fatal fut prononcé contre la famille de Pharaon. [49] Victimes des flammes, ils y sont plongés le soir et le matin ; et quand le temps arrêtera son cours, on leur dira : Entrez dans le séjour des plus affreux tourmens. [50] Là on entendra les plaintes des infidèles : nous vous avons suivis, dira le vulgaire à ses chefs orgueilleux ; nous délivrerez-vous maintenant du feu qui nous dévore ? [51] Nous y sommes plongés comme vous, répondront leurs docteurs ; la sentence de notre condamnation est prononcée. [52] Portez nos cris au Seigneur, diront-ils aux gardiens de l'enfer [245] : priez-le qu'il suspende un seul jour nos souffrances. [53] Ne vous est-il pas venu des apôtres ? N'avez-vous pas entendu leurs prédications ? Nous les avons entendues. Hé bien, élevez vous-mêmes vos vœux vers le ciel ; mais la prière des pervers se perd dans les ténèbres. [54] Notre protection puissante veillera sur les messagers de la foi et des croyans, dans ce monde, et au jour du témoignage. [55] Dans ce jour, l'excuse des coupables sera vaine ; la malédiction les environnera, et l'enfer sera leur partage. [56] Nous donnâmes à Moïse le Pentateuque. Le peuple Hébreu en a hérité. Ce livre est la lumière et le guide des sages. [57] Sois patient ; les promesses de Dieu sont véritables. Demande pardon de tes fautes, et loue le Seigneur le soir et le matin. [58] Ceux qui sans être autorisés du ciel, disputent sur la religion, sont animés par l'orgueil. Leurs efforts seront vains. Mettez votre espoir dans le Seigneur. Il voit et entend. [59] La création du ciel et de la terre, est plus merveilleuse que celle de l'homme ; mais la plupart ne le conçoivent pas. [60] L'aveugle et celui qui voit, le croyant vertueux et le scélérat chargé de forfaits, n'éprouveront point un sort égal. Combien peu réfléchissent ! [61] L'heure viendra ; on n'en saurait douter ; cependant le plus grand nombre des hommes rejette cette vérité. [62] Invoquez-moi, dit le Seigneur, je vous exaucerai. L'orgueilleux qui dédaignera de porter mon joug, descendra dans l'enfer, couvert de mépris. [63] Dieu a établi la nuit pour reposer, et le jour pour agir. Il est bienfaisant envers les humains, et le plus grand nombre lui refuse des actions de grâces. [64] Il est votre Seigneur. Il a tiré tous les êtres du néant ; il est le Dieu unique. Pourquoi vous éloignez-vous de lui ? [65] Ceux-là s'en éloignent qui nient sa religion. [66] Il a affermi la terre sous vos pas. Il a élevé le firmament sur vos têtes. Il vous a donné une forme agréable. Sa bonté vous offre des alimens purs et salutaires. Il est votre Seigneur. Béni soit le Dieu souverain des mondes ! [67] Il est le Dieu vivant et unique. Invoquez-le avec une foi sincère. Gloire à Dieu souverain des mondes ! [68] Favorisé des oracles divins, le culte de vos idoles m'est interdit. Le ciel m'a commandé d'embrasser l'islamisme, c'est le culte du souverain des mondes. [69] Dieu vous a successivement formés de poussière, d'eau, de sang congelé. Enfans, vous entrez dans la carrière de la vie ; vous parvenez ensuite à la vigueur de l'âge, et bientôt la vieillesse vous atteint. Beaucoup finissent leur course avant d'y parvenir ; mais tous arrivent au terme marqué par l'Éternel. Ces divers degrés par où l'homme passe doivent servir à son instruction. [70] Dieu donne la vie et la mort. A sa voix les êtres sortent du néant. [71] Vois ceux qui combattent la doctrine divine : dans quelles erreurs ils se plongent ! [72] Ceux qui nient le Coran et la mission des apôtres, verront. [73] Le cou chargé de chaînes, ils seront traînés dans les brasiers de l'enfer. [74] On leur demandera : Où sont les divinités que vous égaliez au Très-Haut ? Elles ont disparu, diront-ils. Ils nieront le culte qu'ils leur auront rendu. C'est ainsi que Dieu égare les idolâtres. [75] Votre réprobation, continuera-t-on, est le fruit de vos joies folles et de vos plaisirs coupables. [76] Descendez dans l'enfer, séjour déplorable des superbes. [77] Sois patient ; les promesses de Dieu sont infaillibles ; et soit qu'une partie de nos menaces s'accomplisse sous tes yeux, soit que ta mort les prévienne, tous les hommes comparaîtront devant notre tribunal. [78] Plusieurs prophètes [246] t'ont précédé. Nous t'avons récité l'histoire de quelques-uns

---

245. Sept anges sont ces gardiens.
246. Dieu a envoyé huit mille prophètes aux hommes. Quatre mille ont été choisis parmi les enfans d'Israël, et quatre mille parmi le reste des nations. *Gelaleddin.*

d'eux ; nous te laissons ignorer celle des autres. Tous les prodiges qu'ils opérèrent furent l'effet de nos ordres. Lorsque Dieu commandera, l'équité terminera tous les débats des mortels. Ceux qui auront voulu abolir son culte périront. ⁷⁹ Les animaux sont un bienfait du ciel. Ils vous servent de monture et d'aliment. ⁸⁰ Vous en retirez divers avantages. Ils vous portent rapidement aux lieux où vous voulez parvenir. Ils sont pour vous sur la terre, ce qu'est le vaisseau sur les mers. ⁸¹ C'est ainsi que Dieu vous donne des marques de sa bonté. Lequel de ses bienfaits nierez-vous ? ⁸² N'avez-vous pas voyagé sur la terre ? N'avez-vous pas considéré quel fut le sort des peuples qui l'habitèrent avant vous ? Plus nombreux, plus puissans que vous ne l'êtes, ils ont laissé des monumens de leur grandeur. A quoi leur a servi leur puissance ? ⁸³ Lorsque les envoyés du Très-Haut les invitèrent à embrasser la foi, ils se moquèrent de leur doctrine. Leurs railleries sont retombées sur eux-mêmes. ⁸⁴ A la vue de nos fléaux, ils s'écrièrent : Nous croyons en un seul Dieu, et nous abandonnons le culte de nos idoles ? ⁸⁵ Mais leur foi a été vaine. Ils n'ont cru que lorsqu'ils ont senti le fouet vengeur. L'arrêt prononcé contre les coupables a eu son exécution, et ils ont péri dans leur infidélité.

CHAPITRE XLI.

L'Explication. donné à La Mecque, composé de 55 versets. Au nom de Dieu clément et miséricordieux.

⒈ H. M. Le Dieu clément et miséricordieux t'a envoyé le Coran. ⒉ Il est le dépôt de la vraie foi. Il est écrit en arabe. Il instruit les sages. ⒊ Il promet, il menace. La plupart s'en éloignent, et ne veulent point entendre. ⒋ Nos cœurs, disent-ils, sont fermés à ta voix. Un poids bouche nos oreilles. Une voix s'élève entre nous et toi. Suis tes principes ; nous suivrons les nôtres. ⒌ Dis-leur : Je ne suis qu'un mortel comme vous. Le ciel m'a révélé qu'il n'y a qu'un Dieu. Soyez justes devant lui. Implorez sa miséricorde. Malheur aux idolâtres ! ⒍ Malheur à ceux qui rejettent le précepte de l'aumône, et qui nient la vie future ! ⒎ Le fidèle qui exercera la bienfaisance jouira d'un prix inestimable. ⒏ Refuserez-vous de croire à celui qui a créé le ciel et la terre en deux jours ²⁴⁷ ? Donnerez-vous un égal aux souverain des deux mondes ? ⒐ Il éleva sur sa surface les montagnes. Il bénit son ouvrage. Dans quatre jours il créa tout ce qui sert d'aliment aux êtres animés. ⒑ Il porta ses regards vers le ciel qui n'était qu'un amas de fumée. Il dit au ciel et à la terre : Venez, obéissez à ma voix. Le ciel et la terre répondirent : Nous obéissons. ⒒ Il forma les sept cieux dans deux jours. Il prescrivit à chacun son emploi. Il orna le firmament d'astres lumineux, et lui donna des gardiens : tel fut l'ordre que le créateur suprême établit dans l'univers. ⒓ S'ils rejettent ces vérités, prédis-leur le sort de *Themod* et d'*Aod*. ⒔ Les ministres de la foi leur prêchèrent le culte d'un Dieu unique. Ils répondirent : S'il eût voulu nous éclairer, il nous aurait envoyé des anges. Nous nions votre mission. ⒕ Les *Adéens* livrés à l'orgueil et à l'iniquité s'écrièrent : Qui peut nous le disputer en puissance ? Ne voyaient-ils pas que le Dieu qui les avait créés était plus puissant qu'eux ? Ils rejettèrent la vraie religion. ⒖ Nous déchaînâmes contre eux un vent violent dans les jours du malheur. Punis, chargés d'opprobres dans cette vie, ils subiront des peines plus honteuses dans l'autre, et ils ne trouveront point de défenseur. ⒗ Nous prêchâmes la vérité aux *Thémudéens* : Il préférèrent l'aveuglement à la lumière. Le courroux du ciel les fit disparaître. L'opprobre sera le prix de leurs crimes. ⒘ Les croyans et ceux qui craignent le Seigneur, furent à l'abri de nos fléaux. ⒙ Un jour les ennemis de Dieu rassemblés seront entraînés dans les flammes. ⒚ Leurs oreilles, leurs yeux, leurs peaux rendront témoignage de leurs actions. ⒛ Pourquoi, leur diront les coupables, témoignez-vous contre nous ? Ils répondront : Dieu nous y force. Il commande, et les êtres inanimés parlent. Il est votre créateur, et le terme de toutes choses. ㉑ Vous ne pouviez vous soustraire au témoignage de vos oreilles, de vos yeux, de vos peaux, et vous vous flattiez que Dieu ignorerait une partie de vos œuvres. ㉒ Cette pensée vous a perdus. Elle est la source de votre malheur. ㉓ La patience ne diminuera rien de l'ardeur des flammes. Leurs prières et leurs vœux seront rejetés. ㉔ Adorateurs des démons qui leur faisaient des peintures trompeuses du présent et de l'avenir, ils ont été soumis à l'arrêt lancé contre les générations passées et les esprits rebelles ; la réprobation est leur partage. ㉕ N'écoutez point la lecture du Coran, disent les infidèles. Armés de plaisanteries, efforcez-vous de l'ensevelir dans l'oubli.

---

247. Ces deux jours sont, suivant *Gelaleddin*, le dimanche et le lundi.

[26] Les tourmens puniront leur incrédulité. [27] Nous leur rendrons le mal qu'ils ont fait. [28] Des flammes éternelles seront le prix des ennemis de Dieu qui ont nié la vérité de sa religion. [29] Seigneur, s'écrieront les réprouvés, montre-nous les faux docteurs et les démons qui nous ont séduits [248], afin que nous les foulions aux pieds et que nous les chargions d'opprobres. [30] Nous enverrons les anges porter à l'adorateur d'un Dieu unique, à l'homme juste mourant, ces paroles consolantes : Bannis la crainte et le chagrin ; nous t'annonçons le jardin de délices. [31] Nous fûmes tes protecteurs sur la terre, nous le serons dans le ciel. Va t'enivrer des plaisirs éternels. Forme des vœux, ils seront accomplis. [32] Le miséricordieux a préparé ce séjour pour ses élus. [33] Quoi de plus louable que d'élever la voix pour appeler les mortels à Dieu, que de travailler pour faire le bien et de dire : Je suis musulman ? [34] Le bien et le mal n'auront point une égale récompense. Exerce la bienfaisance envers ton ennemi, et il deviendra un ami tendre. [35] Il n'y a que l'homme qui sait souffrir, capable de cette générosité, ou celui dont l'excès du bonheur a élevé l'âme. [36] Si le tentateur te sollicite au crime, cherche un asile dans le sein de Dieu ; il voit et entend. [37] La nuit, le jour, le soleil et la lune publient ses grandeurs. N'adorez point le soleil ni la lune. Adorez Dieu qui les a tirés du néant, si vous êtes au nombre de ses serviteurs. [38] Si l'orgueilleux lui refuse son hommage, les esprits qui sont en sa présence le louent nuit et jour. Ils ne s'ennuient jamais de célébrer ses louanges. [39] Vois la terre stérile s'émouvoir et s'enfler lorsque la pluie pénètre son sein ; c'est un signe de la puissance divine. Celui qui la vivifie rend la vie aux morts. Rien ne limite sa puissance. [40] Nous connaissons ceux qui se jouent de notre doctrine. L'impie condamné au feu sera-t-il mieux partagé que le fidèle qui verra sans crainte le jour de la résurrection ? Agissez au gré de vos désirs. Il voit vos actions. [41] Ils ont refusé de croire au Coran ; et il est le livre par excellence. [42] Aucun des livres sacrés ne l'a accusé de fausseté. Celui qui possède la sagesse et la louange l'a fait descendre sur la terre. [43] La calomnie ne t'épargnera pas davantage que les prophètes qui t'ont précédé. Si Dieu est indulgent, il est terrible dans ses vengeances. [44] Si nous avions écrit le Coran dans un idiome étranger, ils se seraient écriés : Pourquoi n'est-il pas écrit dans notre langue ? Réponds-leur : Son style est-il barbare ? Son auteur est-il arabe ? Ce livre est la lumière et la guérison des croyans. Les incrédules ont un poids dans les oreilles. Un nuage couvre leurs yeux. Ils n'entendront point. [45] Nous donnâmes le Pentateuque à Moïse, sujet de mille débats. D'un mot, Dieu pouvait les terminer. Il ne l'a pas voulu. Les Hébreux flottent encore dans le doute et l'incertitude. [46] L'homme vertueux et le méchant travaillent chacun pour soi. Dieu ne fera d'injustice à personne. [47] Il s'est réservé la connaissance de l'heure. Le fruit qui perce sa tendre enveloppe, l'enfant que la mère porte dans son sein, celui qu'elle met au jour lui sont connus. Un jour il appellera les idolâtres, et leur demandera : Où sont les dieux que vous associiez à ma puissance ? Nous l'avons déclaré, Seigneur, nous n'en avons point de connaissance. [48] Les idoles se déroberont à leurs regards, et ils verront qu'il n'est plus pour eux d'asile. [49] L'homme ne se lasse point de demander les biens terrestres, et lorsque le malheur le visite, il se désespère, il perd confiance. [50] Faisons-nous succéder, aux disgrâces, les jours brillans de la prospérité, il regarde nos bienfaits comme une dette, et nie la résurrection ; quand même, ajoute-t-il, je retournerais à Dieu, la félicité serait mon partage. [51] Nous dévoilerons aux infidèles les crimes qu'ils ont commis, et nous leur ferons éprouver des tourmens rigoureux. [52] Comblés de nos faveurs, ils s'éloignent de nous ; à peine ont-ils senti les atteintes de l'adversité qu'ils nous adressent de longues supplications. [53] Si le Coran vient de Dieu et que vous rejetiez sa doctrine, est-il un égarement comparable au vôtre ? Que pensez-vous de cette vérité ? [54] Le ciel et la terre leur offriront des prodiges ; ils seront frappés eux-mêmes jusqu'à ce qu'ils reconnaissent que le Coran est la vérité. Ne leur suffit-il pas pour croire, que Dieu soit le témoin universel ? [55] Ne doutent-ils pas de la résurrection ? La science du Tout-Puissant n'embrasse-t-elle pas l'univers ?

CHAPITRE XLII.

Le Conseil. donné à La Mecque, composé de 53 versets. Au nom de Dieu clément et miséricordieux.

---

248. Les auteurs arabes disent que c'est *Éblis* et *Caïn* qui les premiers ont séduit les hommes en leur enseignant l'infidélité et l'homicide.

⯸1⯸ H. **M. A. S. K.** Le Dieu puissant et sage t'inspire. Il inspira les prophètes venus avant toi. ⯸2⯸ Le ciel et la terre composent son domaine. Il est le Très-Haut, le Très-Grand. ⯸3⯸ Peu s'en faut que les cieux ne s'affaissent sous sa majesté suprême. Les anges chantent ses louanges. Ils croient en lui. Ils implorent sa clémence pour ceux qui sont exilés sur la terre. N'est-il pas le miséricordieux? ⯸4⯸ Tu n'es point l'avocat de ceux qui prennent pour protecteurs des dieux étrangers. Il voit leurs œuvres. ⯸5⯸ Nous t'avons révélé le Coran en arabe, afin que tu le prêches à la Mecque et dans les villes voisines. Annonce le jour du jugement. On ne saurait douter de sa venue. Une partie du genre humain entrera dans le paradis, et l'autre descendra dans l'enfer. ⯸6⯸ Si Dieu eût voulu, la même religion embrasserait la terre; mais il fait part de sa miséricorde à qui lui plaît. Les méchans seront sans protecteur et sans espoir. ⯸7⯸ Rechercheront-ils une protection étrangère? A dieu seul appartient le droit de protéger. Il fait revivre les morts. Sa puissance n'a point de bornes. ⯸8⯸ Il prononcera, et tous vos différens seront terminés. Il est mon Seigneur. J'ai mis en lui ma confiance. Je retournerai à lui. ⯸9⯸ Architecte du ciel et de la terre, il a formé des épouses de votre sang. Il a créé tous les animaux mâles et femelles. Il vous fait multiplier par le mariage. Rien ne lui ressemble. Il entend et observe tout. ⯸10⯸ Les clefs du ciel et de la terre sont dans ses mains. Il dispense ou retire ses trésors à son gré. Sa science embrasse l'univers. ⯸11⯸ Il vous a fait une loi de son culte sacré, de ce culte qu'il prescrivit à Noé, qu'il t'a révélé, qu'il recommanda à Abraham, Moïse, Jésus. Embrassez l'islamisme. Qu'aucun schisme ne vous divise. Il punira rigoureusement l'idolâtrie. ⯸12⯸ Ta voix appelle les hommes à l'islamisme. Dieu choisit ceux qu'il veut. Il éclairera ceux qui se convertiront à lui. ⯸13⯸ La prédication de l'unité de Dieu a fait naître dés débats envenimés par l'envie. Si l'arrêt qui diffère le châtiment des incrédules n'eût été prononcé, le ciel aurait terminé leurs querelles. Les juifs et les chrétiens doutent de la vérité. ⯸14⯸ Invite-les à embrasser l'islamisme. Observe la justice qui t'a été commandée. Ne condescends point à leurs désirs, et dis: Je crois aux livres sacrés. Le ciel m'a ordonné de vous juger équitablement. Nous adorons le même Dieu. Nous avons nos œuvres et vous les vôtres. Que la paix règne parmi nous; L'Éternel prononcera sur notre sort. Il est le terme de toutes choses. ⯸15⯸ Si vous disputez sur la religion qu'on a commandé au prophète de prêcher, vos œuvres seront vaines devant Dieu, et vous serez frappés de sa colère et de ses châtimens. ⯸16⯸ L'éternelle sagesse t'a envoyé le Coran. Qui t'apprendra si l'heure est proche? ⯸17⯸ L'incrédule voudrait la hâter. Le croyant qui sait qu'elle est véritable l'appréhende. Ceux qui en combattent la certitude, ne sont-ils pas dans une erreur profonde? ⯸18⯸ Dieu est propice à ses serviteurs. Il dispense ses dons à son gré. Il est fort et puissant. ⯸19⯸ Celui qui soupire après les biens célestes jouira d'un bonheur infini. Celui qui demande les biens terrestres les recevra; mais il n'aura point de part à la vie future. ⯸20⯸ Les divinités qu'ils adorent leur commandent-elles des actions rejetées de Dieu? S'il n'avait prononcé sur le jour de la séparation, leur sort serait à l'instant décidé. Les supplices seront le partage des scélérats. ⯸21⯸ Vous verrez les méchans épouvantés de leurs crimes, et écrasés de leurs poids; mais les croyans qui auront exercé la bienfaisance habiteront les bosquets du jardin de délices. Tous leurs vœux seront accomplis. Ils jouiront de la félicité suprême. ⯸22⯸ Tel est le bonheur que Dieu promet à ceux qui joindront à la foi le mérite des bonnes œuvres; dis: Je ne vous demande pour prix de mon zèle que la piété envers vos proches. L'humanité aura sa récompense. Dieu est indulgent et reconnaissant. ⯸23⯸ Diront-ils: Mahomet prête à Dieu de faux oracles? Il imprimera sur ton cœur le sceau de la patience. Il détruira le mensonge, et confirmera la vérité de sa parole. Il sonde le fond des cœurs. ⯸24⯸ Dieu reçoit la pénitence de ses serviteurs. Il pardonne leurs offenses, et connaît leurs œuvres. ⯸25⯸ Il exauce les croyans qui font le bien. Il les comble de ses grâces, et destine aux idolâtres un supplice rigoureux. ⯸26⯸ L'excès de la prospérité leur eût fait oublier la modération. Dieu dispense ses dons avec mesure, et à qui il lui plaît. Il fait ce qui convient à ses serviteurs. ⯸27⯸ Alors que les peuples désespèrent de la pluie, il se souvient de sa miséricorde, et la verse sur les campagnes. Il est le protecteur comblé de louanges. ⯸28⯸ La création du ciel, de la terre, et de tous les animaux répandus sur sa surface, atteste sa puissance. Il peut à son gré les rassembler où il voudra. ⯸29⯸ Les maux qui vous assiégent sont le fruit de vos crimes. Combien ne vous en pardonne-t-il pas! ⯸30⯸ Vous ne pouvez vous soustraire à ses coups. Vous n'avez point de patron ni de défenseur contre lui. ⯸31⯸ Sa grandeur éclate dans les vaisseaux qui s'élèvent sur les flots comme des montagnes. Il suspend le souffle des vents, et les montagnes flottantes deviennent immobile sur le dos de la plaine liquide. Ces marques de sa puissance sont sensibles pour celui qui souffre et qui est reconnaissant.

[32] Si les crimes des mariniers ont mérité sa colère, il les submerge ; mais souvent sa clémence l'emporte sur sa justice. [33] Ceux qui combattent sa doctrine verront qu'il n'y aura point de refuge pour eux. [34] Les biens terrestres sont passagers. Les trésors du ciel sont plus précieux, plus durables. Dieu les destine aux croyans qui ont mis en lui leur confiance ; [35] A ceux qui évitent l'iniquité et le crime, et qui font taire leur colère pour pardonner ; [36] A ceux qui, soumis à Dieu, font la prière, règlent leurs actions par la prudence, et versent dans le sein de l'indigent une portion de leurs richesses ; [37] A ceux qui repoussent l'injustice qui les attaque. [38] La vengeance doit être proportionnée à l'injure ; mais l'homme généreux qui pardonne a sa récompense assurée auprès de Dieu qui hait la violence. [39] La loi ne condamne point celui qui se venge d'une offense ; [40] Mais elle ordonne des peines graves contre celui qui, étouffant dans son cœur le cri de la nature, devient injuste et oppresseur. Il sera la victime des tourmens. [41] L'homme miséricordieux qui pardonne suit les lois établies par l'Éternel. [42] Celui que Dieu égare marche sans guide. Vous verrez les méchans ! [43] Épouvantés à l'aspect des tourmens, ils s'écrieront : Une barrière insurmontable s'oppose-t-elle à notre retour sur la terre ? [44] Couverts d'ignominie, ils reculeront d'effroi et regarderont les flammes d'un œil consterné. Les justes diront : Les réprouvés sont ceux qui ont perdu leurs âmes et leurs familles au jour de la résurrection. Les supplices ne sont-ils pas faits pour les scélérats ? [45] Ils n'auront point de défenseur contre Dieu. Celui qu'il plonge dans l'erreur ne peut plus en sortir. [46] Obéissez à Dieu avant le jour inévitable où le refus de paraître devant lui sera inutile. Le méchant ne trouvera point d'asile. Il ne pourra nier ses forfaits. [47] S'ils persistent dans l'incrédulité, tu cesses d'être leur guide. La prédication seule est ton ministère. Comblé des faveurs du ciel, l'homme s'abandonne à l'ivresse de la joie ; puni de ses crimes, il devient ingrat. [48] L'empire du ciel et de la terre appartient à Dieu. Les êtres sortent à son gré du néant. Il donne à qui il veut des filles ou des fils. [49] Il commande, et la mère met au jour deux jumeaux de différens sexes. Il rend stériles celles qu'il veut. Il possède la sagesse et la puissance. [50] Il ne parle à l'homme que par inspiration ou derrière un voile, [51] Ou bien il envoie un de ses ministres pour lui faire connaître ses volontés. Il est sage et sublime. [52] C'est ainsi que nous t'avons envoyé notre esprit [249]. Avant cette époque heureuse, tu ne connaissais point le Coran. Nous y avons fait briller la vraie lumière. Nos élus marcheront à sa clarté. Par elle tu conduiras les hommes dans le chemin de la justice ; [53] Dans le chemin de Dieu souverain des cieux et de la terre. N'est-il pas le terme de toutes choses ?

CHAPITRE XLIII.

La Parure. donné à La Mecque, composé de 89 versets. Au nom de Dieu clément et miséricordieux.

[1] H. M. J'en jure par le livre de l'instruction. [2] Nous l'avons envoyé en arabe afin que vous le compreniez. [3] Nous en conservons l'original dans le ciel [250] ; il est sage et sublime. [4] Vous priverons-nous de l'instruction divine parce que vous êtes prévaricateurs ? [5] Combien de prophètes ont annoncé nos lois aux peuples ! [6] Aucun d'eux n'évita leurs railleries insultantes. [7] Nous avons exterminé des nations plus puissantes que les Mecquois. C'est un exemple qu'ils ont sous les yeux. [8] Demandez-leur qui est le créateur du ciel et de la terre ; ils répondent : C'est celui qui possède la puissance et la science. [9] C'est lui qui a aplani la terre et qui a tracé des routes pour vous conduire. [10] C'est lui qui verse la pluie avec mesure pour féconder les campagnes stériles. C'est ainsi qu'il ranimera les morts. [11] C'est lui qui a tiré tous les êtres du néant ; c'est lui qui vous a donné les vaisseaux et les quadrupèdes pour vous porter. [12] Portés sur la terre et les mers, ne devez-vous pas vous rappeler ses bienfaits, et dire : Louange à celui qui a fait servir les créatures à nos besoins ? Nous n'aurions pu nous procurer ces avantages. [13] Nous retournerons tous à Dieu. [14] L'homme ingrat a pensé que le Dieu suprême avait eu des enfans de ses créatures. [15] Aurait-il préféré des filles ? Il vous donne des fils. [16] Lorsqu'on vous annonce [251] ce que vous attribuez au miséricordieux, votre front se couvre d'un nuage, et vous êtes accablés

---

249. Cet esprit est Gabriel.
250. Les mahométans croient que le Coran est écrit dans le ciel sur la table gardée. Gabriel l'apportait à Mahomet par versets.
251. La naissance d'une fille.

de douleur. [17] L'Éternel serait-il le père d'un être capricieux, d'une fille dont la jeunesse se passe au milieu des ornemens et de la parure ? [18] Ils prétendent que les anges, ces serviteurs de Dieu, sont des filles. Ont-ils assisté à leur création ? Ils seront interrogés, et l'on écrira leur témoignage. [19] Ils ajoutent : Si le miséricordieux eût voulu, nous ne les aurions pas adorés. Le ciel leur avait—il commandé ce culte ? Ils blasphèment. [20] Leur avons-nous envoyé un livre avant le Coran ? En possèdent-ils un ? [21] Nous avons, continuent-ils, trouvé nos pères attachés à une religion, et nous la suivons. [22] Toutes les fois que nos ministres prêchèrent la foi dans une ville, les principaux du peuple leur tinrent le même langage ; Nous suivons le culte de nos pères. [23] Si nous vous apportons une meilleure doctrine, disaient les apôtres. Nous rejetons, répondaient les incrédules, tout ce que vous venez nous annoncer. [24] Nous vengeâmes nos lois méprisées. Voyez quelle fut la punition des idolâtres. [25] Abraham dit à son père et au peuple, je suis innocent de votre idolâtrie ; [26] Je n'adore que celui qui m'a créé et qui m'éclaire. [27] Il laissa sa croyance à ses descendans, afin qu'ils retournassent à Dieu. [28] J'ai détourné mes fléaux des Arabes jusqu'à ce que la vérité et le prophète soient venus les instruire. [29] Lorsqu'ils ont vu la vérité, ils l'ont accusée de mensonge et ont refusé de la croire. [30] Ils ont demandé que le Coran fût envoyé au citoyen [252] le plus puissant des deux villes. [31] Sont-ils les dispensateurs des grâces divines ? Nous avons partagé les biens de la terre ; nous avons établi les rangs qui distinguent les hommes, qui les élèvent, les abaissent, qui donnent à l'un la supériorité, et prescrivent à l'autre l'obéissance. Les faveurs du ciel valent mieux que leurs trésors. [32] Si la crainte de voir toute la terre livrée à l'infidélité ne nous eût retenus, nous aurions donné à l'incrédule des maisons couvertes d'argent et des escaliers semblables pour y monter. [33] Les portes eussent été de ce métal précieux ; les lits où ils reposent auraient offert la même richesse. [34] L'or eût ajouté à cette magnificence ; mais toute cette pompe n'est que l'éclat passager des biens terrestres. La récompense de la vertu est dans les mains de Dieu. [35] Ceux qui rejettent les préceptes divins auront Satan pour compagnon éternel ; [36] Il les détournera du droit chemin, et ils croiront y marcher. [37] Lorsqu'ils se présenteront devant notre tribunal, ils s'écrieront : Plût à Dieu qu'il y eût entre nous et toi l'espace qui sépare l'orient de l'occident ! Compagnon malheureux ! [38] Mais au jour de la résurrection, le repentir n'empêchera point les méchants d'être réunis dans les flammes. [39] Peux-tu faire entendre les sourds ? Peux-tu conduire les aveugles et ceux qui sont plongés dans l'erreur ? [40] Nous nous vengerons d'eux, soit que ta mort prévienne nos menaces, [41] Soit que nous te rendions témoin de leur accomplissement. Leur punition ne passe point notre puissance. [42] Retiens fidèlement nos révélations. Tu marches dans le chemin de la justice. [43] Que le Coran te serve d'instruction ; qu'il éclaire ton peuple. Vous en rendrez compte. [44] Interroge les prophètes qui t'ont précédé. Leur avons-nous prescrit d'autre culte que celui du miséricordieux ? [45] Organe de nos volontés, Moïse dit à Pharaon et à ses courtisans : Je suis le ministre du souverain des mondes. [46] Tandis qu'il leur annonçait les oracles divins, ils se jouaient de sa doctrine. [47] Nous fîmes éclater à leurs yeux des prodiges tous plus surprenans ; nous les affligeâmes afin qu'ils revinssent à nous. [48] Mage, dirent-ils au prophète, implore pour nous la clémence de ton Dieu, suivant l'alliance qu'il a contractée avec toi, et nous t'obéirons. [49] Nous suspendîmes nos fléaux, et ils violèrent leur promesse. [50] Pharaon ayant rassemblé ses peuples, leur dit : L'empire d'Égypte ne m'appartient-il pas ? Ce fleuve, ces canaux ne coulent-ils pas sous mes lois ? Ne pensez-vous pas ainsi ? [51] Ne suis-je pas préférable à un vil imposteur ? [52] A peine sait-il parler. [53] Est-il décoré de bracelets d'or [253] un cortège d'anges accompagne-t-il ses pas ? [54] Il accusa ses sujets de légèreté, et ils lui obéirent, parce qu'ils étaient impies. [55] Leurs crimes provoquèrent le courroux du ciel, et ils furent engloutis dans les eaux. [56] Leur châtiment servira d'exemple à la postérité. [57] On a proposé aux idolâtres l'exemple du fils de Marie, et ils se sont révoltés. [58] Vaut-il mieux que nos dieux ? se sont-ils écriés. Ils ne faisaient cette question qu'à dessein de disputer. L'esprit de dissension les anime. [59] Le fils de Marie n'est que le serviteur de Dieu. Le ciel le combla de ses faveurs, et le donna pour modèle aux Hébreux. [60] Nous pouvons vous anéantir, et faire descendre à votre place des anges sur la terre. [61] Jésus sera le signe certain de l'approche du jugement. Gardez-vous de douter de sa venue. Suivez-moi, c'est le chemin du salut. [62] Que Satan ne vous fasse pas rejeter cette vérité. Il est votre ennemi déclaré. [63] Lorsque Jésus parut sur la terre au milieu des

---

252. C'est-à-dire à *Valid*, citoyen de la Mecque, ou bien à *Arouat*, prince de *Thaïef*, tous deux très-puissants dans leurs villes. *Gelaleddin.*
253. Les Égyptiens décoraient de bracelets et de colliers d'or ceux qu'ils élevaient au rang de prince. *Gelaleddin.*

miracles, il dit aux hommes : Je viens vous apporter la sagesse, et vous éclairer sur vos doutes. Craignez Dieu, et suivez ma doctrine. [64] Il est mon Seigneur et le vôtre ; servez-le, c'est le chemin du salut. [65] La dissension s'éleva parmi les chrétiens ; les sectes se formèrent : mais malheur aux méchans ! ils seront punis au jour du jugement. [66] Attendent-ils que l'heure fatale les surprenne au milieu de leur insouciance ? [67] Amis sur la terre, les méchans seront ennemis dans l'autre monde ; mais la tendre amitié suivra les justes. [68] O mes adorateurs ! dans ce jour il n'y aura pour vous ni chagrin ni alarmes. [69] Les croyans qui auront professé l'islamisme seront à l'abri de leurs atteintes. [70] On leur dira : Entrez dans le jardin de délices, vous et vos épouses ; ouvrez vos cœurs à la joie. [71] On leur présentera à boire dans des coupes d'or. Le cœur trouvera dans ce séjour tout ce qu'il peut désirer, l'œil tout ce qui peut le charmer, et ces plaisirs seront éternels. [72] Voici le paradis dont vos œuvres vous ont procuré la possession. [73] Nourrissez-vous des fruits qui y croissent en abondance. [74] Les scélérats seront éternellement en proie aux tourmens de l'enfer. [75] Leur rigueur ne s'adoucira jamais. Les coupables garderont un morne silence. [76] Leur sort n'est point injuste. Ils ont été injustes envers eux-mêmes. [77] Ils diront : O *Malec* [254] ! prie Dieu de nous anéantir. Il leur répondra : Vous vivrez éternellement. [78] Peuples, nous vous avons apporté la vraie religion ; mais le plus grand nombre d'entre vous l'ont en horreur. [79] Ont-ils dressé leurs embûches ? Nous leur en dressons d'autres. [80] Croient-ils que nous ne connaissons pas leurs secrets ? que nous n'entendons pas leurs discours ? Ils sont dévoilés à nos yeux, et nos envoyés célestes les écrivent. [81] Dis-leur : Si Dieu avait un fils, je serais le premier à l'adorer. [82] Louange à Dieu souverain du ciel et de la terre ! Il est assis sur le trône sublime. Loin de lui ce blasphème. [83] Laissez-les perdre leur temps dans de vaines disputes. Le jour qui leur est promis les y surprendra. [84] Dieu dans le ciel, Dieu sur la terre, l'Éternel possède la sagesse et la science. [85] Béni soit celui qui a l'empire des cieux et de la terre, qui commande ans l'immensité de l'espace, qui a la connaissance de l'heure, et devant lequel nous reparaîtrons tous ! [86] Les faux dieux qu'ils adorent n'ont pas le pouvoir de l'intercession ; mais celui qui rend témoignage à la vérité qu'il croit jouit de cet avantage. [87] Demande-leur qui les a créés ; ils répondent : C'est Dieu. Pourquoi s'écartent-ils donc de la vérité ? [88] Seigneur, s'est écrié le prophète, ils n'ont point la foi. [89] Éloignez-vous d'eux ; souhaitez-leur la paix ; bientôt ils verront.

CHAPITRE XLIV.

La Fumée. donné à La Mecque, composé de 59 versets. Au nom de Dieu clément et miséricordieux.

[1] H. **M.** J'en jure par le livre de l'évidence ; [2] Nous te l'avons envoyé dans la nuit bénite pour instruire les mortels. [3] Dans la même nuit, la sagesse éternelle mit le sceau à ses lois. [4] C'est elle qui donne aux hommes le caractère d'apôtre. [5] Ce titre est une faveur du ciel. Dieu possède l'intelligence et la science. [6] Il est le souverain du ciel et de la terre. Il commande dans l'immensité de l'espace. Croyez à sa puissance. [7] Dieu unique, il donne la vie et la mort. Il est votre Dieu et le Dieu de vos pères. [8] Errans dans le vague du doute, les infidèles se jouent de notre doctrine. [9] Tu les observeras le jour où un voile ténébreux [255] couvrira le firmament ; [10] Ils en seront enveloppés ; ce sera un supplice terrible. [11] Seigneur, s'écrieront-ils, délivre-nous de ce fléau ; nous avons la foi. [12] Comment l'auraient-ils ? l'envoyé véritable les a prêchés. [13] Ils se sont séparés de lui, et ils lui ont dit : C'est un homme qu'on fait parler et qu'un démon inspire. [14] Si nous diminuons la rigueur de nos peines, ils retournent à l'infidélité. [15] Le jour où notre justice s'exercera dans tout son éclat, nous vous vengerons de leurs mépris. [16] Le peuple d'Égypte éprouva la punition du ciel. Nous lui avions envoyé un prophète respectable. [17] Serviteurs de Dieu, s'écriait-il, obéissez-moi, je suis l'apôtre de la vérité. [18] Ne vous élevez pas contre le Tout-Puissant ; Les miracles attestent ma mission. [19] L'Éternel me protège ; il me défendra contre vos attentats. [20] Si vous ne croyez pas, séparez-vous de moi. [21] Il invoqua le Seigneur

---

254. Les Arabes appellent *Malec* le gardien de l'enfer : ce mot signifie *Ange*.

255. Ce voile ténébreux s'étendra à l'approche du jour du jugement de l'orient à l'occident. La terre n'offrira plus au regards qu'un vaste incendie. Une fumée épaisse entrera dans mes yeux et les oreilles des infidèles ; elle fera leur tourment. Les justes la verront comme un nuage épais, sans en être incommodés. Ce voile sera un des signes qui annonceront le jour du jugement. *Zamchascar*, d'après la tradition d'*Ali*, fils d'*Abutaleb*.

contre un peuple impie. [22] Emmène les Israélites, lui dit Dieu ; que la nuit couvre votre fuite. Les Égyptiens vous poursuivront. [23] Laisse les flots de la mer ouverts ; l'armée ennemie y sera engloutie. [24] Combien ils abandonnèrent de jardins, de fontaines, [25] De moissons et d'habitations superbes ! [26] Combien ils perdirent le lieux de délices où ils passaient des jours agréables ! [27] Nous en donnâmes l'héritage à un peuple étranger. [28] Les cieux, ni la terre, n'ont point pleuré sur eux. Leur punition ne fut point différée. [29] Nous délivrâmes les enfans s'Israël d'un esclavage humiliant. [30] Nous les sauvâmes de la tyrannie de Pharaon, prince orgueilleux et impie. [31] Nous les choisîmes sur tous les peuples de la terre, [32] Et nous opérâmes en leur faveur les miracles les plus étonnans. [33] Les incrédules disent : [34] Nous n'avons qu'une mort à subir, nous ne ressusciterons point. [35] Rendez-nous nos pères, si votre doctrine est véritable. [36] Sont-ils plus puissans que les peuples de *Tobbai*[256] ? [37] Que les générations passées ? Nous les exterminâmes à cause de leurs crimes. [38] Les cieux, la terre, et l'univers entier ne sont point l'effet du hasard. [39] Nous les avons tirés du néant ; c'est une vérité incontestable, et la plupart l'ignorent. [40] Le jour de la séparation est le terme destiné pour tous les hommes. [41] Dans ce jour, l'autorité du maître, les secours du serviteur, seront inutiles. Il n'y aura plus de protection. [42] Ceux à qui Dieu fera grâce seront les seuls sauvés. Il est puissant et miséricordieux. [43] Le fruit de l'arbre *Zacoum* [44] Sera la nourriture des réprouvés ; [45] Semblable aux métaux fondus, ils dévorera leurs entrailles, [46] Il y bouillira comme l'eau sur le feu. [47] On dira aux bourreaux : Saisissez les méchans ; trainez-les dans les cachots ; [48] Versez de l'eau bouillante sur leurs têtes. [49] Subissez ces tourmens, vous qui étiez puissans et honorés. [50] Voilà ces brasiers dont vous avez douté. [51] Les justes habiteront le séjour de la paix. [52] Les jardins et les fontaines seront leur partage. [53] Ils seront vêtus d'habits de soie, et se regarderont avec bienveillance. [54] Les houris au sein d'albâtre, aux beaux yeux noirs, seront leurs épouses. [55] Ils auront à discrétion les fruits du paradis. [56] Ils n'éprouvent plus la mort, et seront à jamais délivrés des peines de l'enfer. [57] Le ciel leur en est garant. Cette assurance est pour eux le comble du bonheur. [58] Nous avons facilité le Coran en le dictant dans ta langue. Prêche-le aux mortels. [59] Attends, puisqu'ils attendent.

CHAPITRE XLV.

La Génuflexion. donné à La Mecque, composé de 36 versets. Au nom de Dieu clément et miséricordieux.

[1] H. M. Le Dieu puissant et sage a envoyé le Coran. [2] Le ciel et la terre offrent aux fidèles des marques de sa puissance. [3] La création de l'homme, celle des animaux répandus sur la terre, annoncent sa sagesse à ceux qui ont une foi sincère. [4] La succession de la nuit et du jour, la pluie qui fait éclore au sein des campagnes stériles les germes de la fécondité, la variation des vents, publient sa bienfaisance à ceux qui comprennent. [5] Toutes ces merveilles sont l'ouvrage du Très-Haut. Nous te les révélons avec vérité. En quel livre croiront-ils, s'ils rejettent Dieu, et les miracles de sa puissance ? [6] Malheur au menteur et au scélérat ! [7] On leur dévoile les vérités célestes, et ils persistent dans leur obstination et leur orgueil, comme s'ils n'entendaient pas : annonce-leur une peine déchirante. [8] S'ils connaissent la doctrine divine, c'est pour s'en moquer. Un supplice ignominieux sera leur récompense. [9] L'enfer est devant eux. Leurs œuvres et leurs dieux chimériques ne leur serviront de rien. Ils seront rigoureusement punis. [10] Ce livre est le dépôt de la religion sainte ; quiconque la niera sera la proie des tourmens. [11] C'est Dieu qui a soumis la mer à vos lois ; c'est lui qui fait voguer sur les eaux le vaisseau où vous allez chercher les richesses de la terre ; rendez-lui des actions de grâces. [12] Il a soumis à votre usage tout ce qui est dans les cieux et sur la terre. Partout l'œil du sage voit l'empreinte de sa main bienfaisante. [13] Exhorte les croyans à pardonner aux incrédules. Dieu rendra à chacun suivant ses œuvres. [14] Faites le bien ou le mal, c'est pour vous que vous travaillez. Tous les hommes retourneront à Dieu. [15] Nous donnâmes aux enfans d'Israël des lois sages, le Pentateuque et la prophétie ; nous les nourrîmes d'alimens purs, et nous les élevâmes au dessus des autres nations. [16] Nous leur prescrivîmes le culte du vrai Dieu. Ils n'ont disputé que lorsque la connaissance de l'islamisme leur est venue. L'envie leur a mis les armes à la main.

---

256. *Tobbai* était un nom commun aux rois de l'Arabie heureuse. Celui dont le Coran fait mention dans cet endroit était peut-être un de ces rois. *Maracci.*

Dieu terminera leurs différens au jour de la résurrection. [17] Nous t'avons établi chef suprême de la religion sainte ; suis-la, et ne condescends pas aux désirs de ceux qui sont dans les ténèbres. [18] Leur protection te serait inutile. Les méchans se prêtent un secours mutuel ; mais Dieu est le protecteur de ceux qui le craignent. [19] Le Coran contient des préceptes clairs ; il est la lumière des croyans, et le gage des faveurs du ciel. [20] Les artisans de l'iniquité pensent-ils éprouver le même sort que les croyans vertueux ? Croient-ils vivre et mourir comme eux ? Ils se trompent évidemment. [21] Dieu a créé le ciel et la terre. La vérité présida à son ouvrage. Il rendra à chacun suivant ses œuvres. Personne n'éprouvera d'injustice. [22] Que vous semble de celui qui fait son idole de ses passions ? L'Éternel se dérobe à lui. Il a scellé ses oreilles et son cœur. Il a mis un voile sur ses yeux. Qui l'éclairera après que Dieu l'a égaré ? Rejetterez-vous toujours la lumière ? [23] Il n'y a point d'autre vie, dit l'incrédule, que celle dont nous jouissons. Nous mourons, nous vivons, le temps seul anéantit notre être. L'ignorance a enfanté cette opinion, et l'a érigée en dogme. [24] Lorsque nous leur expliquons notre religion sublime, ils n'ont pour argument que ces mots : Faites revivre nos pères, si ce que vous nous prêchez est véritable. [25] Dis-leur : Dieu vous donne la vie ; il vous envoie la mort, et il vous rassemblera au jour de la résurrection. On ne peut douter de ces vérités ; mais le plus grand nombre les ignore. [26] Il est le souverain du ciel et de la terre, et le jour où le temps s'arrêtera, ceux qui traitent notre doctrine d'imposture, périront. [27] Vous verrez tous les peuples à genoux ; chacun cité devant le livre de ses œuvres en recevra le prix. [28] Ce livre parlera avec vérité. Nous y écrivons fidèlement vos actions. [29] Dieu introduira les croyans vertueux dans le séjour de délices. Ils y jouiront de la félicité suprême. [30] On dira aux infidèles : Ne vous a-t-on pas lu les préceptes divins ? Vous les avez orgueilleusement dédaignés, et vous vous êtes abandonnés au crime. [31] Lorsqu'on vous disait : Les promesses de Dieu sont certaines ; l'heure marquée est indubitable ; vous répondiez : Nous ne connaissons point l'heure ; c'est une opinion chimérique établie parmi vous. [32] On exposera devant eux le tableau de leurs crimes. La punition dont ils se moquaient tombera sur leurs têtes. [33] On leur dira : Aujourd'hui nous vous oublions, comme vous avez oublié la résurrection. Voilà votre jour ; le feu est votre demeure, et l'espoir est éteint pour vous. [34] Vous vous êtes joués de la religion sainte, les plaisirs terrestres vous ont enivrés ; l'enfer sera votre demeure éternelle, et vous ne serez point jugés dignes de glorifier l'Éternel. [35] Louange à Dieu, souverain du ciel, souverain de la terre, et roi des mondes ! [36] A lui appartient la magnificence dans le ciel et sur la terre. Il est le Tout-Puissant. Sa sagesse est sans bornes.

CHAPITRE XLVI.

Hacaf [257]. donné à La Mecque, composé de 35 versets. Au nom de Dieu clément et miséricordieux.

[1] H. M. Le Dieu puissant et sage a envoyé le Coran. [2] Nous avons tiré du néant le ciel, la terre, et l'immensité de l'espace. La vérité présida à notre ouvrage. Tous les êtres ont leur terme marqué. Les infidèles rejettent notre doctrine. [3] Que vous semble de vos dieux ? Montrez-moi ce qu'ils ont créé sur la terre ? Partagent-ils l'empire des cieux ? S'il en est ainsi, apportez en preuve en un livre envoyé avant le Coran, ou des argumens fondés sur l'autorité de la science. [4] Est-il un égarement plus profond que celui de l'idolâtre ? Il invoque des divinités qui ne lui répondront qu'au jour du jugement, et qui rejettent son encens. [5] Au milieu de l'assemblée universelle, les idoles s'élèveront contre leurs adorateurs, et nieront leurs hommages. [6] Expliques-tu notre religion sublime à ceux qui ont abjuré la vérité ? Ils la traitent d'imposture. [7] Diront-ils que Mahomet est l'auteur du Coran ? Réponds : S'il est mon ouvrage, vous ne me soustrairez point à la vengeance divine ; mais Dieu connaît vos mensonges. Son suffrage me suffit contre eux. Il est indulgent et miséricordieux. [8] Dis : Je ne suis pas le premier des apôtres ; j'ignore quel sort le Tout-Puissant nous réserve ; je suis fidèle aux inspirations divines ; mon ministère se borne à la prédication. [9] Si ce livre vient du ciel, si des enfans d'Israël en attestent l'authenticité [258] et croient en lui, tandis qu'excités par l'orgueil, vous le rejetez dédaigneusement : quel nom

---

257. *Hacaf* signifie proprement *des monceaux de sable* ; mais dans cet endoit c'est le nom du pays des *Adéens*.
258. *Abdallah*, fils de *Salem*, fut un des principaux Juifs qui embrassèrent l'islamisme. Mahomet se servait de son exemple pour engager les habitans de la Mecque à se faire musulmans. *Maracci*.

méritez-vous ? Dieu n'éclaire point les méchans. ⑩ Les incrédules font cette objection aux fidèles : Si ce livre était véritable, les Israélites ne l'auraient pas reçu avant nous. Ils ont fermé les yeux à la lumière, et ils disent : C'est une fable de l'antiquité. ⑪ Moïse reçut le Pentateuque, la lumière des hommes, et le gage de la miséricorde divine. Le Coran est venu mettre le sceau à son authenticité. Il est écrit en arabe. Il annonce des peines aux méchans, et le bonheur aux justes. ⑫ Ceux qui ont embrassé l'islamisme et qui marchent dans le sentier de la justice, seront à l'abri des alarmes et de la douleur. ⑬ Hôtes éternels du séjour de délices, ils devront la félicité à leurs vertus. ⑭ Nous avons prescrit à l'homme la bienfaisance envers les auteurs de ses jours. Une mère le porte avec peine, et l'enfante avec douleur. Sa grossesse, et le temps qu'elle l'allaite, durent trente mois. Il est élevé dans la maison paternelle jusqu'à ce qu'il ait atteint la force de l'âge. Parvenu à sa quarantième année, il adresse au ciel cette prière : Seigneur, inspire-moi de la reconnaissance pour tes bienfaits et pour ceux dont tu as comblé mes pères ; fais que j'opère le bien que tu aimes ; rends-moi heureux dans mes enfans ; j'ai tourné mon cœur vers toi, et je suis un de tes fidèles adorateurs [259]. ⑮ Ainsi parlent ceux dont nous recevons les œuvres, et dont nous effaçons les péchés. Ils habiteront les jardins d'*Éden*, et verront l'accomplissement de nos promesses. ⑯ Les parens invoqueront la malédiction du ciel sur un fils rebelle qui foule aux pieds leur autorité, et qui, rejetant les promesses de la vie future, leur dit : Pouvez-vous me promettre que je ressusciterai, tandis que tant de peuples ont disparu pour toujours ? Ce sont des fables qu'enfanta l'antiquité. ⑰ L'arrêt qui proscrit les démons et les générations passées, est lancé contre ces enfans pervers. La réprobation sera leur partage. ⑱ Chacun sera élevé suivant ses mérites. Chacun recevra la récompense de ses œuvres. Personne ne sera trompé. ⑲ Le jour où l'on précipitera les infidèles dans les flammes, on leur dira : Vous avez dissipé vos richesses sur la terre, vous vous êtes enivrés de ses plaisirs, aujourd'hui une peine ignominieuse sera le prix de votre orgueil, de vos excès et de votre impiété. ⑳ Souvenez-vous de *Hod*, quand il alla prêcher le peuple d'*Hacaf*. Des apôtres l'avaient précédé ; d'autres l'ont suivi. N'adorez qu'un Dieu, répétait-il aux idolâtres ; je crains pour vous le supplice du grand jour. ㉑ Prétends-tu, lui répondit-on, abolir le culte de nos divinités ! Envoie-nous les maux dont tu nous menaces, si ta mission est véritable. ㉒ La science, répliqua *Hod*, appartient au Très-Haut ; je remplis mon ministère ; mais je vous vois plongés dans les ténèbres de l'ignorance. ㉓ Ils aperçurent un nuage immense qui s'étendait sur leur vallée, et ils le prirent pour le présage de la pluie. Vous vous trompez, leur dit le prophète, ce nuage renferme dans son sein le malheur que vous vouliez hâter. Le vent qui souffle vous apporte un châtiment épouvantable. ㉔ Il obéit à l'ordre du ciel, et va tout exterminer. La prédiction s'accomplit. Le matin on ne vit que le lieu qu'ils habitaient. C'est ainsi que nous punissons les scélérats. ㉕ Ce peuple jouissait des mêmes avantages que vous. Nous leur avions donnée l'ouïe, la vue, et une âme faite pour sentir. Ces dons leur furent inutiles. Ils nièrent la parole de Dieu, et ils subirent la punition dont ils se moquaient. ㉖ Nous avons détruit les villes qui vous environnent, après leur avoir annoncé les merveilles du Seigneur, pour les retirer de leur aveuglement. ㉗ Les divinités qu'adoraient ces peuples les ont-elles sauvés ? Au contraire elles se sont dérobées à leurs regards, et il ne leur est resté que le mensonge et le blasphème. ㉘ Nous t'envoyâmes quelques-uns des génies [260] pour entendre le Coran. Au commencement de la lecture, ils se dirent les uns aux autres : Écoutons attentivement, et lorsqu'elle fut finie, ils allèrent prêcher leur peuple. ㉙ Nous avons entendu, dirent-ils, la doctrine d'un livre venu après Moïse, pour confirmer les écritures ; elle conduit l'homme dans les voies de la vérité et de la justice. ㉚ O peuples ! obéissez au prédicateur de Dieu, et croyez en lui ; il vous pardonnera vos péchés, et vous délivrera de la peine terrible. ㉛ Celui qui n'écoutera pas le messager de la foi, soumis sur la terre aux vengeances célestes, sans protecteur dans l'autre monde, marchera dans les ténèbres. ㉜ Ignorent-ils que Dieu, qui a créé le ciel et la terre sans effort, peut aussi faire revivre les morts ? Sa puissance n'a point de bornes. ㉝ Un jour on demandera aux infidèles conduits devant les brasiers : N'est-ce pas là du feu véritable ? C'est du feu, répondront-ils ; nous en prenons Dieu à témoin. Éprouvez donc des tourmens dont vous avez nié la réalité. ㉞ Sois patient, comme le furent les apôtres qui t'ont précédé. Ne désire point de hâter le supplice

259. *Gelaleddin* et *Zamchascar* pensent que ce verset a été révélé à l'occasion d'*Abu-Becr*, qui a l'âge de quarante ans embrassa l'islamisme, et rendit toute sa famille mahométane. Ce fait arriva la seconde année de la mission du Mahomet.

260. Ces génies habitaient Nisible, l'Arabie Heureuse, ou Nivine. Ils étaient au nombre de sept ou de neuf. Ils écoutèrent Mahomet qui, sous un palmier, lisait le Coran à ses compagnons, au lever de l'aurore. Ces génies professaient le Judaïsme. *Gelaleddin*.

des infidèles. Ils verront l'accomplissement de nos menaces. [35] Ils ne croiront avoir demeuré qu'une heure dans le tombeau. Je vous atteste cette vérité. Les pervers ne seront-ils pas les seuls dévoués à la réprobation ?

CHAPITRE XLVII.

Le Combat. donné à La Mecque, composé de 40 versets. Au nom de Dieu clément et miséricordieux.

[1] Dieu anéantira les œuvres des infidèles qui écartent leurs semblables du chemin du salut. [2] Il effacera les péchés, et rectifiera l'intention des fidèles qui croient à la religion que la vérité éternelle apporta à Mahomet. [3] Les incrédules ont le mensonge pour guide ; les croyans marchent au flambeau de la vraie foi. Dieu offre ce contraste frappant aux hommes. [4] Si vous rencontrez les infidèles, combattez-les jusqu'à ce que vous en ayez fait un grand carnage ; chargez de chaînes les captifs. [5] Soit que vous mettiez un prix à leur liberté, soit que vous les renvoyiez sans rançon, attendez que la guerre ait éteint son flambeau. Tel est l'ordre du ciel. Il peut les exterminer sans le secours de votre bras ; mais il veut vous éprouver les uns par les autres. La récompense de ceux qui mourront en combattant pour la Toi ne périra point. [6] Dieu sera leur guide ; il rectifiera leur intention. [7] Il les introduira dans le jardin de délices dont il leur a fait la peinture. [8] O croyans ! défendez la cause de Dieu ; il vous aidera, et il affermira vos pas. [9] Le malheur accompagnera les incrédules ; leurs œuvres seront vaines. [10] Ils ont rejeté avec horreur le livre venu du ciel. Leurs efforts seront anéantis. [11] N'ont-ils point parcouru la terre ? N'ont-ils point considéré quelle a été la fin des générations passées ? Le Tout-Puissant les extermina. Ils doivent attendre un sort semblable. [12] La protection du ciel est assurée aux croyans ; mais les impies n'ont point de protecteurs. [13] Dieu recevra les fidèles vertueux dans les jardins qu'arrosent des fleuves. Les pervers enivrés des plaisirs terrestres vivent dans l'abrutissement. Le feu sera leur habitation. [14] Combien de cités plus puissantes que la ville qui t'a rejeté de son sein, ont été détruites ? Rien ne put suspendre notre vengeance. [15] Le juste qu'éclaire la lumière céleste sera-t-il semblable à l'impie pour qui le crime a des charmes, et qui suit le torrent de ses passions ? [16] Dans les jardins promis à ceux qui ont la crainte du Seigneur, coulent des fleuves d'eau incorruptible, de lait dont le goût ne s'altère jamais, et de vin délicieux. [17] Il y coule des ruisseaux de miel pur. Tous les fruits y croissent en abondance. La grâce du Seigneur y veille sur ses élus. Les hôtes du séjour de délices auront-ils un sort pareil à celui des habitans du feu qu'on abreuvera d'une eau bouillante qui déchirera leurs entrailles ? [18] Parmi ceux qui écoutent ta doctrine, il en est qui, à peine sortie de ta présence, demandent aux croyans éclairés : Qu'a dit le prophète ? Dieu a scellé leurs cœurs, parce qu'ils n'ont d'autre loi que leurs désirs. [19] Dieu conduira ceux qui marchent dans les voies de la justice, et leur inspirera sa crainte. [20] Les méchans attendent-ils que l'heure les surprenne tout à coup ? Les signes du grand jour ont déjà paru. Quel sera leur repentir lorsqu'il viendra ? [21] Souviens-toi qu'il n'y a qu'un Dieu. Implore sa clémence pour toi et pour les fidèles. Il vous voit pendant la veille et pendant votre sommeil. [22] Nous ne combattrons point, ont dit les croyans, à moins que le ciel ne nous en fasse un précepte dans un chapitre du Coran. Si la sagesse éternelle envoie ce chapitre avec l'ordre du combat, tu verras ceux dont le cœur est infecté, te regarder d'un œil où la mort sera peinte. Quel avantage ne leur eût pas procuré un dévouement généreux ? [23] Si le ciel parle, et qu'ils soient dociles à sa voix, ils en recevront la récompense glorieuse. [24] A quoi vous eût exposé la désobéissance ? Vous alliez porter la désolation sur la terre, et violer les lois saintes du sang. [25] Ainsi agissent ceux que Dieu a maudits, qu'il a rendus sourds et aveugles. [26] Sont-ils incapables de sentir le prix du Coran ? Leurs cœurs sont-ils fermés ? [27] Satan parera le vice de fleurs aux yeux du lâche qui retournera à l'impiété. Il lui procurera des richesses trompeuses. [28] D'accord avec ceux qui ont en horreur le précepte du combat, il leur a promis de suivre leur exemple ; mais le Tout-Puissant connaît ses secrets. [29] Où finiront-ils lorsque l'ange de la mort viendra trancher le fil de leurs jours, et qu'il frappera leurs visages et leurs reins ? [30] Empressés de mériter le courroux du ciel en s'écartant de ce qui pouvait lui plaire ; ils perdront le mérite du bien qu'ils ont fait. [31] Ceux dont le cœur est gangrené pensent-ils que Dieu ne dévoilera point leurs perfidies ? [32] Nous pourrions te les faire connaître à des signes certains, mais le son de leur voix suffit pour les démasquer. Dieu connaît leurs œuvres. [33] Nous eprouverons votre courage et votre constance

dans les combats, jusqu'à ce que nous en soyons certains, et que nous puissions juger de vos exploits. ⅋34⅋ Ceux qui écarteront leurs semblables du sentier du salut, et qui feront un schisme avec le prophète, après avoir été instruits de notre religion, ne nuiront point à Dieu. Il anéantira leurs œuvres. ⅋35⅋ O croyants! obéissez à Dieu et à son envoyé, et ne perdez pas le mérite du bien que vous avez fait. ⅋36⅋ Les impies qui mettront un obstacle à ceux qui veulent combattre pour la foi, et qui mourront dans leur infidélité, n'ont plus de pardon à espérer. ⅋37⅋ Ne montrez point de lâcheté. N'offrez point la paix. Vous êtes supérieurs à vos ennemis. Dieu est avec vous; il secondera vos efforts. ⅋38⅋ Cette vie n'est qu'un jeu frivole; mais la foi et la crainte du Seigneur auront leur récompense. Dieu ne demande pas de vous le sacrifice entier de vos biens. ⅋39⅋ S'il l'exigeait, vous ne seriez pas généreux pour le faire, et la religion vous deviendrait odieuse. ⅋40⅋ O fidèles! je vous invite à sacrifier une partie de vos richesses pour la guerre sainte. Il en est parmi vous que l'avarice retient. Elle retombera sur eux. Dieu est riche, et vous êtes pauvres. Si vous refusez d'obéir, il mettra à votre place d'autres peuples meilleurs que vous.

CHAPITRE XLVIII.

La Victoire. donné à La Mecque, composé de 29 versets. Au nom de Dieu clément et miséricordieux.

⅋1⅋ Nous t'avons accordé une victoire éclatante [261]. ⅋2⅋ Dieu t'a pardonné tes fautes [262]; il a accompli ses grâces, et il te conduira dans le sentier de la justice. ⅋3⅋ Sa protection est pour toi un bouclier puissant. ⅋4⅋ C'est lui qui a fait descendre la sécurité dans le cœur des fidèles, et qui a fortifié leur foi. Il commande aux milices du Ciel et de la terre. Il est savant et sage. ⅋5⅋ Il introduira les croyans dans les jardins où coulent des fleuves, et les purifiera de leurs taches. Ils jouiront dans le séjour éternel de la souveraine béatitude. ⅋6⅋ Les impies, les idolâtres, et ceux qui blasphèment, seront rigoureusement punis. Le courroux et la malédiction du ciel les poursuivront. L'enfer sera leur funeste demeure. ⅋7⅋ Dieu a sous ses ordres les armées du ciel et de la terre; il est puissant et sage. ⅋8⅋ Nous t'avons envoyé pour rendre témoignage à la vérité, et pour prêcher nos promesses et nos menaces. ⅋9⅋ Croyez en Dieu, défendez la cause du ciel, glorifiez le Seigneur, et publiez ses louanges le malin et le soir. ⅋10⅋ Ceux qui te prêtent serment de fidélité, le prêtent à Dieu. La main de l'Éternel est sur leur main. Celui viole la sainte alliance, est coupable d'un parjure; celui qui l'observe fidèlement en recevra la récompense glorieuse. ⅋11⅋ Les Arabes qui n'ont point sorti pour combattre [263], diront : Nos facultés et le soin de nos familles ont été un obstacle pour nous; prie Dieu de nous pardonner. Leur cœur dément ce que leur bouche profère. Réponds-leur : Qui arrêtera le bras du Tout-Puissant, s'il a dessein de vous punir ou de vous récompenser? Il connait vos actions. ⅋12⅋ Vous avez pensé que le prophète et les fidèles étaient pour jamais séparés de leurs familles. Vos cœurs ont évidemment saisi cette opinion. Elle vous a trompés. Elle causera votre perte. ⅋13⅋ Que ceux qui ne croient point en Dieu et en son envoyé sachent que nous avons allumé des brasiers pour les incrédules. ⅋14⅋ L'empire du ciel et dela terre appartient au Très-Haut. Il punit ou pardonne à son gré. Il est indulgent et miséricordieux. ⅋15⅋ Allez-vous enlever des dépouilles assurées? Ceux qui sont restés au sein de leurs maisons, veulent marcher avec vous, et changer le précepte du Seigneur. Dis-leur : Vous ne nous suivrez point; la défense du ciel est formelle. L'envie, continuent-ils, vous dicte cette défense. Point du tout; mais peu d'entre eux ont l'intelligence des lois. ⅋16⅋ Dis aux Arabes qui ont restéau sein de leurs familles : Nous vous inviterons à combattre contre une nation puissante et belliqueuse; lui ferez-vous la guerre jusqu'à ce qu'elle ait embrassé l'islamisme? La félicité sera le prix de votre obéissance. Si vous refusez de marcher comme vous l'avez déjà fait, attendez la vengeance céleste. ⅋17⅋ L'aveugle, le boiteux, le malade, sont dispensés de combattre. Quiconque suivra Dieu et le prophète aura pour partage les jardins arrosés par des fleuves. Ceux qui retourneront sur leurs pas sont destinés aux supplices. ⅋18⅋ Dieu a regardé d'un œil complaisant

---

261. Cette victoire est la prise de la Mecque. Voyez vie de Mahomet, huitième année de l'hégire.
262. C'est d'avoir été quarante ans idolâtre. *Zamchascar.*
263. Ces Arabes sont ceux que Mahomet avait engagés à le suivre, et que la crainte des Coreïshites avait retenus.

les croyans, lorsqu'ils t'ont prêté serment de fidélité [264] sous l'arbre. Il lisait au fond de leurs cœurs ; il leur a envoyé la sécurité. Une victoire éclatante a couronné leur dévouement. [19] Un riche butin en a été le prix. Dieu est puissant et sage. [20] Il vous l'avait promis ; il s'est hâté de vous en rendre maîtres. Il a détourné de vous le fer de vos ennemis [265], afin de donner aux fidèles un signe de sa protection, et de vous affermir dans la vraie foi. [21] D'autres dépouilles plus précieuses encore sont dans ses mains. Il est prêt à vous les livrer. Bien ne borne sa puissance. [22] Si les infidèles eussent combattu, ils auraient pris la fuite, et ils n'auraient trouvé ni asile ni protecteur. [23] La loi de Dieu est telle qu'elle était auparavant. Ses décrets sont immuables. [24] Il arrêta le bras de vos ennemis dans les murs de la Mecque, et suspendit vos coups après qu'il vous eut accordé la victoire. Il est attentif à vos actions. [25] Les idolâtres voulaient vous écarter du temple saint, et empêcher vos offrandes d'y parvenir. Si la crainte d'envelopper dans leur ruine une foule de croyans mêlés parmi eux, et de vous rendre coupables par ignorance, ne vous avait retenus, vous les auriez exterminés. S'ils eussent été séparés, nous les aurions punis sévèrement. [26] Tandis que les idolâtres entretenaient dans leurs cœurs la fureur d'un fanatisme aveugle, Dieu envoya la paix au prophète et aux fidèles. Ils firent leur profession de foi, et devinrent plus dignes de cet acte religieux. La science de Dieu embrasse l'univers. [27] La vérité éternelle a accompli la révélation qu'eut le prophète quand elle fit entendre ces mots : Vous entrerez dans le temple de la Mecque, sains et saufs, la tête rasée, et sans crainte. Dieu sait ce que vous ignorez. Il vous prépare une victoire prochaine. [28] Le Tout-Puissant a envoyé le prophète pour prêcher la vraie foi, et pour l'établir sur la ruine des autres religions. Son témoignage te suffit. [29] Mahomet est l'envoyé de Dieu. Ses disciples sont terribles contre les infidèles, et humains entre eux. Vous les voyez se courber, adorer le Seigneur, implorer sa miséricorde, uniquement occupés du soin de lui plaine. Les marques de leur piété paraissent sur leur front. Le Pentateuque et l'Évangile comparent leur zèle au grain de froment qui produit un tuyau. Il croît, il grossit, et s'affermir sur ses racines. Le moissonneur le voit avec complaisance. Tels sont les fidèles. Leurs vertus excitent la rage des méchans ; mais Dieu a promis sa miséricorde à ceux qui ont embrassé la foi, et qui ont exercé la bienfaisance. Il leur destine une récompense glorieuse.

CHAPITRE XLIX.

Le Sanctuaire. donné à La Mecque, composé de 18 versets. Au nom de Dieu clément et miséricordieux.

[1] O croyans ! ne prévenez point l'ordre du ciel et de son ministre. Craignez Dieu ; il sait et entend. [2] O croyans ! n'élevez point la voix au dessus de celle du prophète ; ne lui parlez point avec la familiarité qui règne entre vous, de peur que vos œuvres soient vaines. Vous n'y pensez pas. [3] Dieu a éprouvé la piété de ceux qui parlent respectueusement à son apôtre. L'indulgence et un prix inestimable seront leur récompense. [4] L'intérieur [266] de ta maison est un sanctuaire, ceux qui le violent en t'appelant manquent au respect qu'il doivent à l'interprète du ciel. [5] Ils doivent attendre que tu viennes à eux. La décence l'exige ; mais le Seigneur est indulgent et miséricordieux. [6] O croyans ! si un calomniateur vous apporte une nouvelle [267], soumettez-la à un examen rigoureux. Tremblez de nuire à votre prochain, et de vous préparer d'amers repentirs. [7] Souvenez-vous que l'envoyé du Très-Haut est au milieu de vous ; si trop facile il condescendait à tous vos désirs, vous deviendriez coupables. Dieu vous a donné l'amour de la foi ; il l'a embellie dans vos cœurs. Il vous inspire

---

264. Environ treize cents hommes jurèrent à Mahomet qu'ils combattraient les Coreïshites jusquà la mort, et qu'ils ne prendraient jamais la fuite. *Gelaleddin.*

265. Mahomet était campé près de la Mecque. Quatre-vingts idolâtres rôdaient autour de son camp pour tuer quelque-uns de ses soldats ; ils furent faits prisonniers. Il leur pardonna et les renvoya libres. Sa clémence servit à établir la paix et la concorde. *Gelaleddin.*

266. Par l'*intérieur* on doit entendre l'appartement des femmes. Les Arabes le nomment *harem* (lieu défendu). Il n'est permis qu'au mari d'y entrer. Il y va ordinairement passer l'après-dîner. Il s'y trouve au milieu de ses enfans et de ses épouses. Lorsqu'il y est, il souffre avec peine qu'on l'appelle. Mahomet reprend dans ce verset la grossièreté de quelques Arabes qui l'avaient appelé à haute voix pendant qu'il était dans le *harem.*

267. Mahomet avait envoyé *Valid* aux *Mostalekites* pour recueillir le tribut sacré. L'envoyé, craignant les effets de la haine où il avait vécu avec ces peuples pendant qu'ils étaient idolâtres, revint vers le prophète, les accusa d'avoir refusé le tribut, d'avoir voulu le mettre à mort. Mahomet irrité songeait à la vengeance. Les *Mostalekites* vinrent le trouver, lui firent voir la fausseté de l'accusation de *Valid*, et se soumirent à ce qu'on exigeait. C'est ce qui donna lieu à ce verset. *Gelaleddin.*

l'horreur de l'infidélité, du crime et de la rébellion, et vous marchez dans les voies de la justice. ⑧ Rendez-en grâces à la bonté céleste. Le Tout-Puissant est savant et sage. ⑨ S'il naît un différent entre les fidèles, pacifiez-le. Si l'un des partis s'élève injustement contre l'autre, combattez-le jusqu'à ce qu'il revienne aux préceptes du Seigneur : S'il reconnaît son injustice, ramenez la paix parmi vos frères, parce que Dieu aime la justice. ⑩ Les fidèles sont frères. conservez entre eux la concorde. Craignez Dieu, et méritez son indulgence. ⑪ O croyans ! ne vous moquez point de vos frères. souvent celui qui est l'objet de vos railleries est plus estimable que vous. Et vous, femmes, évitez ce défaut. Celle qu'attaquent vos médisances peut valoir mieux que vous. Ne vous diffamez point mutuellement. Ne vous donnez point de noms vils. Un terme de mépris ne convient point à celui qui a la foi. Ceux qui ne se corrigent pas de ces vices sont prévaricateurs. ⑫ O croyans ! soyez circonspects dans vos jugemens. souvent ils sont injustes. Mettez des bornes à votre curiosité. Ne déchirez point la réputation des absens. Qui de vous voudrait manger la chair de son frère mort ! Vous avez horreur de cette proposition. Craignez donc le Seigneur. Il est indulgent et miséricordieux. ⑬ Mortels, nous vous avons formés d'un homme et d'une femme, nous vous avons partagés en peuples, en tribus, afin que l'humanité règne au milieu de vous. Le plus estimable aux yeux de l'éternel est celui qui le craint. Dieu possède l'immensité de la science. ⑭ Les Arabes disent : Nous croyons. Réponds-leur : Vous ne croyez point. Dites : Nous professons l'islamisme [268]. La foi n'a point encore pénétré vos cœurs ; mais si vous obéissez à Dieu et au prophète, vos œuvres ne perdront rien de leur prix. Le Seigneur est indulgent et miséricordieux. ⑮ Les vrais fidèles sont ceux qui, libres du doute, croient en Dieu, à son apôtre, et sacrifient, pour défendre la cause sainte, leurs vies et leurs richesses. ⑯ Apprendrez-vous à Dieu quelle est votre religion ? Il connait tout ce qui existe au ciel et sur la terre. Sa science embrasse l'étendue de l'univers. ⑰ Ils te rendent grâces d'avoir embrassé l'islamisme. Réponds-leur : Cette religion ne vient pas de moi ; elle est un don du ciel. Il vous conduira si vos cœurs sont sincères. ⑱ Dieu connaît les secrets des cieux et de la terre. Vos actions sont dévoilées à ses yeux.

CHAPITRE L.

K. donné à La Mecque, composé de 45 versets. Au nom de Dieu clément et miséricordieux.

① K. J'en jure par le Coran glorieux. ② Surpris de voir un prophète de leur nation, les infidèles crient au prodige. ③ Victimes de la mort, disent-ils, lorsqu'ils ne restera de notre être qu'un amas de poussière, serons-nous ranimés de nouveau ? Cette résurrection nous paraît chimérique. ④ Nous savons combien d'entre eux la terre a dévorés. Leurs noms sont écrits dans le livre. ⑤ Ils ont traité la vérité de mensonge. L'esprit de confusion s'est emparé d'eux [269]. ⑥ Ne voient-ils pas comme nous avons élevé le firmament sur leurs têtes, comme nous l'avons orné d'astres lumineux ? Y aperçoivent-ils la moindre imperfection ? ⑦ Nous avons déployé la terre sous leurs pas ; nous y avons élevé les montagnes ; nous avons mis dans son sein les germes précieux de toutes les plantes. ⑧ Partout une magnificence divine éclate aux regards de nos fidèles adorateurs, et rappelle à leurs cœurs le souvenir d'un Dieu. ⑨ Nous versons des nuages la pluie bienfaisante : elle fait éclore toutes les plantes qui ornent vos jardins, et les moissons qui ornent vos plaines. ⑩ Elle fait croître les palmiers élevés dont les dates [270] retombent en grappes suspendues. ⑪ Elles servent à la nourriture de nos serviteurs. La pluie rend la vie à la terre stérile ; image de la résurrection. ⑫ Le peuple de Noé, les habitans de *Rassi*, et les *Thémudéens* nièrent la mission de leurs apôtres. ⑬ *Aod*, Pharaon, les concitoyens de Loth, les habitans

---

268. La différence que les Mahométans mettent entre la foi et l'islamisme, c'est que l'une est la croyance intérieure, et l'autre est la marque extérieure de cette croyance par des actes religieux. *Maracci.*

269. Les infidèles prétendaient que Mahomet était un mage, et le Coran un livre de magie ; d'autres qu'il était un poëte, et le Coran un livre de poésie. *Gelaleddin.*Ce dernier reproche n'est pas sans fondement. Tout le Coran est écrit par versets. Les premiers chapitres sont en prose rimée, une partie des derniers est en vers. Mahomet a déployé dans son ouvrage toutes les richesses de l'éloquence et de la poésie.

270. Les dattiers produisent trois ou quatre grosses grappes qui sortent du sommet de l'arbre et qui retombent à l'entour. Elles sont formées de petits rameaux longs et flexibles ; où sont attachées les dattes. Ces grappes pèsent jusqu'à cent vingt livres. La datte est d'un vert foncé en naissant ; elle devient rouge à mesure qu'elle grossit ; et lorsqu'elle est mûre elle est noirâtre. Ce fruit d'un goût sucré et agréable, perd beaucoup à être desséché.

d'*Aleïca*, le peuple de *Thobbaï*, traitèrent leurs prophètes d'imposteurs. Tous ont éprouvé les châtimens que je vous annonce. ⑭ La création de l'univers nous a-t-elle coûté le plus léger effort? Cependant ils doutent de la résurrection! ⑮ Nous avons tiré l'homme du néant. Le moindre mouvement de son âme nous est connu. Nous sommes plus près de lui que la veine de son cœur. ⑯ Lorsque, près du tombeau, les deux anges viennent s'asseoir, l'un à sa droite et l'autre à sa gauche, ⑰ Il ne profère pas une parole qui ne soit notée exactement. ⑱ Les angoisses de la mort le saisissent. Voilà, lui dit-on, le terme que tu voulais reculer. ⑲ Le son de la trompette annoncera le jour des menaces. ⑳ Chaque homme se présentera avec un guide et un témoin. ㉑ Tu vivais dans l'insouciance, lui dira-t-on; ce jour n'occupait point ta pensée. Nous avons fait tomber le voile qui t'aveuglait. Aujourd'hui ta vue sera perçante. ㉒ Un des anges dira : Voilà ce que j'ai préparé contre lui. ㉓ Qu'on jette dans l'enfer l'infidèle et le prévaricateur; ㉔ Qu'on y précipite ceux qui ont empêché le bien, violé les lois, et douté de la religion sainte. ㉕ Qu'on fasse subir les tourmens les plus rigoureux à l'idolâtre. ㉖ Seigneur, dira Satan, je ne l'ai point conduit à l'erreur; il s'est perdu lui-même. ㉗ Ne disputez point devant moi, répondra l'Éternel, votre arrêt est prononcé. ㉘ Ma parole est immuable. Je ne traite point injustement mes serviteurs. ㉙ Dans ce jour nous demanderons à l'enfer : Tes gouffres sont-ils remplis? Il répondra : Avez-vous encore des victimes? ㉚ Non loin de là, le paradis est préparé aux hommes vertueux. ㉛ Voilà, diront les anges, les bonheur promis à ceux qui ont fait pénitence et qui ont gardé les commandemens du Seigneur, ㉜ A ceux qui ont craint le miséricordieux dans le secret, et qui lui ont offert un cœur converti. ㉝ Entrez-y avec la paix. Le jour de l'éternité commence. ㉞ Ici tous les plaisir sont rassemblés. L'excès de votre félicité passera votre attente. ㉟ Combien nous avons exterminé de peuples plus puissans que les habitans de la Mecque! Parcourez la terre, et voyez s'ils ont trouvé un abri contre notre vengeance. ㊱ Ces exemples doivent instruire ceux qui un cœur, des oreilles, et qui sont capables de réflexion. ㊲ Nous avons créé dans six jours les cieux, la terre, et tous les êtres répandus dans l'univers, et nous n'avons point senti la fatigue. ㊳ Souffre avec constance leurs discours, et loue le Seigneur avant le lever et le coucher du soleil. ㊴ Publie ses louanges au commencement de la nuit, et accomplis l'adoration [271]. ㊵ Songe au jour où le Héraut céleste appellera les mortels. ㊶ L'instant où le cri véritable se fera entendre sera celui de la résurrection. ㊷ Nous donnons la vie et la mort; nous sommes le terme de toutes choses. ㊸ Dans ce jour la terre ouvrira son sein; les hommes s'élanceront du tombeau. Il nous sera facile de les rassembler. ㊹ Nous connaissons les discours des infidèles. N'use point de violence pour leur faire embrasser l'islamisme. ㊺ Lis le Coran à celui qui craint nos menaces.

CHAPITRE LI.

Le souffle des Vents. donné à La Mecque, composé de 60 versets. Au nom de Dieu clément et miséricordieux.

① J'en jure par le souffle des vents impétueux, ② Par les nuages qui portent la pluie, ③ Par les vaisseaux qui fendent les ondes, ④ Par les anges qui exécutent les arrêts du ciel, ⑤ Les promesses que je vous annonce sont véritables. ⑥ Certainement le jugement viendra. ⑦ Par la voûte étoilée des cieux, ⑧ Vous errez dans vos sentimens divers. ⑨ Celui que Dieu a rejeté fuira la religion sainte. ⑩ Les menteurs périront. ⑪ Ils sont ensevelis dans l'abîme de l'ignorance. ⑫ Quand viendra le jugement? demandent-ils. ⑬ Quand vous serez la proie des flammes. ⑭ On leur dira : Subissez des tourmens que vous vouliez hâter. ⑮ Les justes habiteront les jardins ornés de fontaines. ⑯ Ils jouiront des bienfaits de Dieu, parce qu'ils ont pratiqué la bienfaisance. ⑰ Ils dormaient peu la nuit : ⑱ Dès l'aurore, ils imploraient la miséricorde divine. ⑲ Ils partageaient leurs richesses avec l'indigent qui sollicitait leur bienfaisance, et avec le pauvre que la honte retenait. ⑳ La terre offre des signes de la puissance divine à ceux qui ont la foi. ㉑ L'homme est marqué de son empreinte. Ne le voyez-vous pas? ㉒ Le ciel vous en offre des preuves dans la nourriture qu'il vous prodigue, et dans la

---

271. *Et accomplis l'adoration.* On doit entendre par ces mots la prière nommée *el aché*, c'est-à-dire, *du souper*, qui se fait environ deux heures après le coucher du soleil. *Maracci* s'est trompé en croyant que ces mots signifiaient *des génuflexions qui n'étaient point prescrites par loi. Maracci, p. 673.*

récompense qu'il vous promet. [23] J'en jure par le souverain du ciel et de la terre, ce que tu dis est la vérité. [24] L'histoire des hôtes respectables d'Abraham est-elle parvenue à ta connaissance? [25] Lorsqu'ils l'eurent abordé, ils le saluèrent : Salut, ô étrangers! leur répondit Abraham. [26] Il les quitta, il appela ses serviteurs, et fit tuer un veau gras. [27] Il le leur présenta, et les invita à manger. [28] Il avait conçu d'eux quelque frayeur. Ils calmèrent ses alarmes, et lui prédirent un fils doué de science. [29] Sara désolée se frappait le visage en criant : Je suis âgée et stérile. [30] Il en sera ainsi, continuèrent les anges ; Dieu l'a promis. Il possède la sagesse et la science. [31] Quel est le but de votre voyage? leur demanda Abraham. [32] Nous allons, répondirent-ils, châtier un peuple infâme. [33] Nous ferons tomber sur les coupables une pluie de pierres ; [34] Leur nom y est gravé par le doigt de Dieu. [35] Nous sauvâmes les fidèles ; [36] Mais il ne s'y trouva qu'une famille de croyans. [37] Nous y laissâmes un exemple pour ceux qui craignent les châtimens célestes. [38] Moïse, interprète du ciel, opéra des miracles devant Pharaon. [39] Le roi et son armée fermèrent les yeux. C'est un magicien, dirent-ils, ou un homme inspiré par Satan. [40] La vengeance du ciel poursuivit le prince impie et ses soldats. La mer les engloutit dans ses abîmes. [41] Le vent qui porta la stérilité dans les campagnes d'*Aod* manifesta notre puissance. [42] Son souffle empoisonné corrompait à l'instant tout ce qu'il touchait. [43] Les *Thémudéens* sont un exemple de la vengeance divine. Nous leur dîmes : Jouissez jusqu'au temps. [44] Ils violèrent orgueilleusement la défense du Seigneur. Le cri de l'ange se fit entendre, et ils virent leur ruine. [45] Ils ne purent se tenir sur leurs pieds, ni trouver de défenseur. [46] Nous exterminâmes le peuple de Noé au milieu de ses crimes. [47] Nous avons formé les cieux avec intelligence ; nous avons étendu leur voûte immense. [48] Nous avons aplani la terre. La sagesse présida à notre ouvrage. [49] Dans chaque espèce d'animaux, nous créâmes le mâle et la femelle, afin de vous instruire. [50] Cherchez un asile auprès du Tout-Puissant. Je suis son ministre fidèle. [51] Ne lui donnez point d'égal, ou craignez mes menaces. [52] Tous les prophètes furent traités de magiciens et d'insensés. [53] Les peuples se sont-ils légué l'erreur par testament? Les habitans de la Mecque persistent dans leur incrédulité. [54] Éloigne-toi d'eux, tu ne seras point coupable. [55] Enseigne le Coran aux fidèles qui profiteront de sa doctrine. [56] Dieu n'a créé les génies et les hommes que pour l'adorer. [57] Je ne recevrai d'eux aucun présent. Je ne veux pas leur devoir ma nourriture. [58] C'est Dieu qui nourrit les humains. Il possède la vertu et la force. [59] Les méchans partageront les tourmens, et ils ne diront plus : Hâtez l'exécution de vos menaces. [60] Malheur à ceux qui ne croient point au jour des vengeances!

CHAPITRE LII.

La Montagne. donné à La Mecque, composé de 49 versets. Au nom de Dieu clément et miséricordieux.

[1] J'en jure par la montagne [272] ; [2] Par le livre écrit [3] Sur une peau étendue ; [4] Par le temple visité [273] ; [5] Par le toit sublime, [6] Et la mer dans son plein ; [7] La vengeance céleste viendra ; [8] Rien ne pourra la suspendre. [9] Les cieux ébranlés s'agiteront. [10] Les montagnes arrachées marcheront. [11] Malheur dans ce jour à ceux qui ont accusé les apôtres d'imposture ; [12] Qui ont passé leur vie dans les disputes frivoles. [13] Précipités dans les brasiers on leur dira : Voilà ce feu dont vous avez nié la réalité. [14] Est-ce une illusion? Ne voyez-vous pas? [15] Victimes des flammes, éclatez en murmures, ou soyez patiens, votre sort ne changera point. Vous n'avez que la juste récompense de vos œuvres. [16] Les justes habiteront les jardins de la volupté. [17] A l'abri des peines de l'enfer, ils jouiront des faveurs du ciel. [18] Rassasiez-vous, leur dira-t-on, des biens qu'on vous offre ; ils sont le prix de vos vertus. [19] Reposez sur ces lits rangés en ordre. Ces vierges au sein d'albâtre, aux beaux yeux noirs, vont devenir vos épouses. [20] Ils retrouveront, dans ce séjour, ceux de leurs enfans qui auront été fidèles ; ils ne perdront rien du mérite de leurs vertus. Chacun répondra de ses œuvres. [21] Ils auront à souhait les fruits et les mets qu'ils désireront. [22] On leur présentera des coupes remplies d'un vin délicieux, dont la vapeur ne leur fera tenir aucun propos indécent, et ne les excitera point au mal. [23] De jeunes serviteurs

---

272. C'est le Mont Siani où Dieu parla à Moïse. *Zamchascar.*

273. C'est la maison de l'adoration où soixante-dix mille anges vont tous les jours faire leur prière, perpendiculairement sur celui de la Mecque. *Gelaleddin.*

s'empresseront autour d'eux. [24] Ils seront blancs comme la perle dans son écaille. [25] Les hôtes du paradis se visiteront et converseront ensemble. [26] Nous étions, diront-ils, pleins de sollicitude pour notre famille sur la terre. [27] Le Seigneur nous a regardés d'un œil propice, et nous avons été délivrés des flammes. [28] Nous l'invoquions, parce qu'il est bienfaisant et miséricordieux. [29] O Mahomet, prêche les infidèles, tu n'es, grâces au ciel, ni magicien, ni inspiré par Satan. [30] Diront-ils que tu es un poëte, et qu'il faut attendre que le sort ait disposé de toi ? [31] Réponds-leur : Attendez, j'attendrai avec vous. [32] Sont-ce les égaremens du sommeil, ou l'impiété qui les inspirent ? [33] Diront-ils : Le Coran est une fiction ingénieuse dont il est l'auteur ? mais ils n'ont point la foi. [34] S'il en est ainsi, qu'ils mettent au jour un livre semblable. [35] Ont-ils été tirés du néant ? Se sont-ils créés eux-mêmes ? [36] Ont-ils formé les cieux et la terre ? Mais ils ne croient point. [37] Les trésors du ciel sont-ils en leur puissance ? Possèdent-ils l'empire suprême ? [38] Peuvent-ils s'élever dans les cieux pour écouter les cantiques des esprits célestes ? Qu'ils rapportent ce qu'ils ont entendu, et qu'ils nous en donnent des preuves. [39] L'Éternel a-t-il des filles comme vous avez des fils ? [40] Leur demanderas-tu le prix de ton zèle ? ils sont accablés de dettes. [41] Ont-ils la connaissance de l'avenir ? Cependant ils écrivent. [42] Te préparent-ils des embûches ? Les infidèles y seront pris les premiers. [43] Adoreront-ils d'autres divinités que Dieu ? Louange au Très-Haut ! Anathème à leurs idoles ! [44] S'ils voyaient la voûte des cieux s'écrouler sur leurs têtes, ils diraient : Ce sont des nuages entassés. [45] Laisse-les jusqu'à ce que le jour de leur ruine arrive. [46] Alors leurs complots perfides s'évanouiront, et ils seront sans défenseur. [47] Outre les tourmens de l'enfer, les méchans éprouveront divers fléaux. La plupart sont aveuglés par l'ignorance. [48] Attends avec patience le jugement de Dieu. Tu marches en sa présence ; célèbre ses louanges en te levant. [49] Publie ses grandeurs au commencement de la nuit, et lorsque les étoiles pâlissent.

CHAPITRE LIII.

L'Étoile. donné à La Mecque, composé de 61 versets. Au nom de Dieu clément et miséricordieux.

[1] J'en jure par le coucher de l'étoile, [2] Votre compatriote n'est point dans l'erreur ; il n'a point été séduit. [3] Il ne suit point ses propres lumières ; [4] Tout ce qu'il dit est une inspiration divine. [5] Celui qui possède la force [274] l'a instruit. [6] Gabriel, l'intelligence sublime, [7] S'assit au plus haut de l'horizon ; [8] Ensuite il prit son vol vers le prophète ; [9] Il descendit à la distance de deux arcs, ou plus près encore. [10] Il favorisa son serviteur d'une révélation. [11] Le cœur de Mahomet ne déclare que ce qu'il sait. [12] Disputerez-vous sur cette vision ? [13] Il avait déjà vu le même ange, [14] Près du lotos [275] qui termine le séjour de délices. [15] Près de cet arbre est le jardin de l'asile [276]. [16] Le lotos était ombragé du voile qui le couvre. [17] L'œil du prophète soutint l'éclat de la magnificence divine. [18] Il contempla les prodiges les plus merveilleux du ciel. [19] Que vous semble de *Lata* et d'*Aloza* [277] ? [20] Que vous semble de *Menat*, leur troisième idole ? [21] Aurez-vous des fils et Dieu des filles ? [22] Ce partage est certainement injuste. [23] Vos dieux ne sont que de vains noms ; vous et vos pères les avez tirés du néant. Le ciel n'a point autorisé votre culte. L'aveugle opinion et vos passions sont vos guides. Cependant vous avez reçu la lumière divine. [24] L'homme aura-t-il tout ce qu'il désire ? [25] La vie présente et la vie future appartiennent à Dieu. [26] En vain les esprits célestes réunis intercéderaient pour eux. [27] Dieu seul peut rendre leur intercession utile, et il n'accorde cette faveur qu'à ceux qu'il aime. [28] Les incrédules prétendent que les anges sont les filles de Dieu. [29] Cette assertion, dépourvue d'autorité, n'a pour fondement que leur opinion, et leur opinion est loin de la vérité. [30] Fuis l'infidèle qui rejette l'islamisme. Il n'ambitionne que les plaisirs terrestres : c'est toute sa science. Mais Dieu connaît celui qui s'égare et celui qui marche au flambeau de la foi. [31] Il possède le domaine des cieux et de la terre. Il proportionnera sa punition aux crimes

---

274. L'ange doué de force, de vertu, de beauté, c'est-à-dire Gabriel, favorisa Mahomet d'une révélation. Il s'assit au haut de l'horizon du côté de l'orient et parut aux yeux du prophète sous la forme où il avait été créé. *Gelaleddin.*

275. Ce lotos, dit *Gelaleddin*, est l'arbre nommé *Nabc.* Il s'élève à la droite du trône de Dieu. Les anges et les esprits célestes ne peuvent passer au delà.

276. Ce jardin est ainsi nommé, parce qu'il sera l'asile des anges, des martyrs et des justes. *Gelaleddin.*

277. *Lata, Aloza* et *Menat*, dont nous avons déjà parlé, étaient les trois principales idoles des habitans de la Mecque.

des méchans, et accordera aux justes la souveraine félicité. [32] Ceux qui évitent l'iniquité et qui ne commettent que les fautes inévitables à la faiblesse humaine, éprouveront combien la miséricorde divine est étendue. Dieu vous connait parfaitement. Il vous a créés du limon de la terre. Il vous voit lorsque vous n'êtes encore qu'une masse informe dans le sein de vos mères. Ne vous justifiez donc point vous-mêmes. Il sait ceux qui ont sa crainte. [33] Que dois-tu penser de celui qui s'éloigne de la foi ? [34] De celui dont l'avarice regrette le plus léger don ? [35] Son œil perce-t-il dans les mystères de la nature ? Lit-il dans l'avenir ? [36] Ne lui a-t-on pas prêché les vérités qu'enseigne le livre de Moïse, [37] Et la tradition d'Abraham fidèle au précepte ? [38] Personne ne portera le fardeau d'autrui. [39] Chacun ne recevra que le prix de ses œuvres. [40] Bientôt les actions des mortels seront dévoilées ; [41] Ils en recevront la juste récompense. [42] Dieu est le terme de toutes choses. [43] Il répand la joie et la tristesse. [44] Il donne la mort et la vie. [45] Il a créé l'homme et la femme, [46] De terre et d'eau mêlées ensemble. [47] Il produira une seconde création. [48] Il dispense les biens et en fait jouir. [49] Il est le Seigneur de la canicule . [278] [50] Il extermina les *Adéens*, [51] Et les *Thémudéens* ; aucun d'eux n'échappa à sa vengeance. [52] Avant eux il avait fait périr le peuple de Noé, livré à tous les excès. [53] Il renversa les villes coupables. [54] Il les couvrit de leurs ruines. [55] Laquelle des merveilles du Seigneur révoquerez- vous en doute ? [56] Mahomet vous prêche comme les premiers apôtres. [57] Le jour approche ; Dieu seul peut le révéler. [58] Serez—vous étonnés des vérités que je vous annonce ? [59] Vous riez quand vous devriez verser des larmes. [60] Vous jouez dans l'insouciance. [61] Adorez le Tout-Puissant ; soyez fidèles à son culte.

CHAPITRE LIV.

La Lune. donné à La Mecque, composé de 55 versets. Au nom de Dieu clément et miséricordieux.

[1] L'heure approche et la lune s'est fendue [279] ; [2] Mais les infidèles, à la vue des prodiges, détournent la tête, et disent : C'est un enchantement puissant. [3] Entraînés par le torrent de leurs passions, ils nient le miracle ; mais tout sera gravé en caractères ineffaçables. [4] On leur a développé des histoires capables de les détourner de l'erreur. [5] Les conseils de la sagesse ne leur sont d'aucune utilité. [6] Éloigne-toi d'eux. Quand l'ange appellera les mortels au jugement terrible, [7] Ils sortiront de leurs tombeaux, le regard consterné, et semblables à des sauterelles dispersées. [8] Ils s'empresseront de se rendre où la voix les appellera. Les infidèles diront : Voilà le jour redoutable. [9] Le peuple de Noé, après avoir accusé nos apôtres d'imposture, nia sa mission, le traita d'insensé et le chassa avec mépris. [10] Seigneur, s'écria le prophète, viens à mon aide, tes ennemis ont prévalu contre moi. [11] Nous ouvrîmes les portes du ciel, et la pluie tomba en torrens. [12] Les eaux jaillirent de la terre, et se rassemblèrent suivant nos ordres. [13] Nous sauvâmes Noé dans l'arche formée de planches jointes. [14] Notre providence la conduisait sur les eaux, pour récompenser celui que les impies avaient rejeté. [15] Nous l'avons laissé subsister pour servir de monument à la postérité ; mais où sont ceux qui ont ouvert les yeux ? [16] Quels châtimens ont suivi mes menaces ? [17] Nous avons rendu faciles les préceptes du Coran ; quel infidèle ont-ils converti ? [18] *Aod* nia la mission des prophètes ; quels fléaux suivirent mes avertissemens ? [19] Nous déchaînâmes un vent impétueux dans les jours du malheur. [20] Il enlevait les coupables comme des palmiers arrachés. [21] Quels châtimens ont suivi mes menaces ? [22] Nous avons rendu faciles les préceptes du Coran ; quel infidèle ont-ils converti ? [23] Les *Thémudéens* rejetèrent la prédication des messagers de la foi. [24] Hé quoi, disaient-ils, nous nous laisserions conduire par un homme né parmi nous ? Serions-nous assez insensés ? [25] Le ciel l'aurait-il choisi préférablement à nous pour lui confier ses intérêts ? Non sans doute ; c'est un fourbe ambitieux. [26] Ils sauront demain quel est ce fourbe ambitieux. [27] Nous leur enverrons une femelle de chameau pour les éprouver. Observe-les, et souffre avec patience. [28] Annonce-leur que l'eau doit être partagée également entre eux et cet animal miraculeux, et que chaque distribution doit être

---

278. C'est, dit *Gelaleddin*, l'étoile qui suit les gémeaux. On l'adorait au temps de l'idolâtrie.
279. Le sentiment des commentateurs du Coran est partagé sur ce chapitre. Les uns disent que les infidèles ayant demandé un miracle à Mahomet, il partagea la lune en deux, les autres pensent que l'on doit simplement entendre par ces mots *l'heure approche et la lune s'est fendue*, l'annonce d'un des signes du jugement. Cette opinion paraît la plus vraisemblable. En effet Mahomet déclare formellement dans le Coran qu'il n'a point le don des miracles. Voyez vie de Mahomet, la cinquième année de sa mission.

marquée. [29] Les *Thémudéens* appelèrent un de leurs concitoyens ; il prit son glaive et tua la femele de chameau. [30] Quel châtiment suivit mes menaces ? [31] Un seul cri se fit entendre, et ils furent réduits comme la paille sèche et hachée. [32] Nous avons rendu faciles les préceptes du Coran ; quel infidèle ont-ils converti ? [33] Les concitoyens de Loth se moquèrent de ses remontrances. [34] Nous déchaînâmes contre eux un vent qui lançait des pierres ; tous périrent excepté la famille du juste que nous fîmes sortir avant l'aurore. [35] La bonté divine les sauva ; c'est ainsi que nous récompensons l'homme reconnaissant. [36] Loth leur avait annoncé la rigueur de nos vengeances, et ils en avaient nié la réalité. [37] Ils voulurent lui arracher ses hôtes. Nous les privâmes de la vue, et nous leur dîmes : Éprouvez les peines qui vous ont été prédites. [38] Un fléau terrible fondit sur les habitans de Sodôme au lever du soleil. [39] Subissez la punition dont vous avez été menacés. [40] Nous avons rendu faciles les préceptes du Coran ; quel infidèle ont-ils converti ? [41] Un prophète menaça la famille de Pharaon. [42] Elle nia nos miracles, et nous la frappâmes d'un bras rigoureux et puissant. [43] Habitans de la Mecque, votre infidélité est-elle moins coupable que la leur ? Les écritures vous assurent-elles de l'impunité ? [44] Diront-ils : Nous nous rassemblerons et nous remporterons la victoire ? [45] Bientôt cette multitude sera dissipée et fuira honteusement. [46] Leur heure est marquée ; elle sera amère et douloureuse. [47] Les méchans sont dans l'erreur ; ils seront la proie des flammes. [48] Le jour où ils seront trainés sur le front dans les brasiers, on leur dira : Éprouvez le toucher de l'enfer. [49] Nous avons créé l'univers avec une sage économie. [50] Nous n'avons besoin que d'une parole, et dans un clin d'œil nous sommes obéis. [51] Nous avons exterminé des nations semblables à vous ; quelle instruction en avez-vous retirée ? [52] Tout ce qu'elles ont fait est écrit dans le livre. [53] Toutes les actions sont gravées sur la table. [54] Les justes reposeront, dans les jardins de délices, au milieu des ruisseaux, [55] A l'ombre de la vérité éternelle, sous les yeux du roi Très-Puissant.

CHAPITRE LV.

Le Miséricordieux. donné à La Mecque, composé de 78 versets. Au nom de Dieu clément et miséricordieux.

[1] Le Dieu clément a enseigné le Coran. [2] Il a créé l'homme ; [3] Il lui a donné l'intelligence. [4] Le soleil et la lune parcourent le cercle qu'il leur a tracé. [5] Les plantes et les arbres l'adorent. [6] Il a élevé les cieux, et posé la balance, [7] Afin que vous ne trompiez point dans le poids. [8] Pesez avec justice, et évitez la fraude. [9] Il a formé la terre pour ses créatures. [10] Elle est la mère de tous les fruits. De son sein fécond s'élance le palmier dont les fleurs sont couvertes d'une enveloppe. [11] Elle produit le blé qui pousse des herbes et une tige. [12] Lequel des bienfaits de Dieu nierez-vous [280] ? [13] Il a formé l'homme de terre semblable à celle du potier. [14] Il a créé les esprits de feu pur. [15] Lequel des bienfaits de Dieu nierez-vous ? [16] Il est le souverain de l'orient. [17] Il est le souverain de l'occident. [18] Lequel des bienfaits de Dieu nierez-vous ? [19] Il a balancé les eaux de deux mers voisines ; [20] Il a élevé une barrière entre elles, de peur qu'elles ne se confondissent. [21] Lequel des bienfaits de Dieu nierez-vous ? [22] L'une et l'autre fournit des perles et du corail. [23] Lequel, etc. [24] Les vaisseaux qui s'élèvent sur les flots, comme des montagnes, sont son ouvrage. [25] Lequel, etc. [26] Tout ce qui est sur la terre passera. [27] La face seule de Dieu restera permanente, la gloire et la majesté l'environnent. [28] Lequel, etc. [29] Tout ce qui est dans le ciel et sur la terre lui adresse des vœux. Le soin de l'univers l'occupent sans cesse [281]. [30] Lequel, etc. [31] O vous ! hommes et génies, notre œil attentif veille sur vos démarches. [32] Lequel, etc. [33] Si vous pouvez franchir les limites du ciel et de la terre, fuyez ; mais notre volonté est pour vous un obstacle invincible. [34] Lequel des bienfaits de Dieu nierez-vous ? [35] Il lancera contre vous des traits de feu sans fumée, et de la fumée sans feu. Comment pourrez-vous vous en mettre à l'abri ? [36] Lequel, etc. [37] Quand le ciel s'ouvrira, il sera brillant comme la rose ou comme une peau teinte en rouge. [38] Lequel, etc. [39] Alors on ne

---

280. Ce verset a donné lieu au trait suivant rapporté par *Elhakem*. C'est *Jaber* qui parle : L'envoyé de Dieu nous lut le chapitre du miséricordieux. Lorsqu'il eut fini, voyant qu'aucun de nous ne prenait la parole, il nous fit ce reproche : Pourquoi gardez-vous le silence ? Les génies savent mieux répondre que vous. Toutes les fois que je leur ai lu ce verset ils se sont écriés : Seigneur, nous ne nions aucun de tes bienfaits ! Béni soit le nom du Seigneur !

281. Dieu est occupé à donner la vie, la mort, à abaisser les uns et élever les autres, à dispenser les richesses et à les ôter, à écouter celui qui l'implore, à donner à celui qui lui demande, à gouverner l'univers, et accomplir dans le temps ses décrets éternels. *Gelaleddin.*

demandera point aux homme ni aux génies, quels crimes ils auront commis. ⯗40⯗ Lequel, etc. ⯗41⯗ Les scélérats seront reconnus à des signes certains ; on les saisira par les cheveux et les pieds. ⯗42⯗ Lequel, etc. ⯗43⯗ Voilà l'enfer que les impies traitaient de fable. ⯗44⯗ Ils tourneront autour des flammes et de l'eau bouillante. ⯗45⯗ Lequel, etc. ⯗46⯗ Ceux qui craignent le jugement posséderont deux jardins. ⯗47⯗ Lequel, etc. ⯗48⯗ Ils seront ornés de bosquets. ⯗49⯗ Lequel, etc. ⯗50⯗ Dans chacun d'eux jailliront deux fontaines. ⯗51⯗ Lequel, etc. ⯗52⯗ Dans chacun d'eux les fruits divers croîtront en abondance. ⯗53⯗ Lequel, etc. ⯗54⯗ Les hôtes de ce séjour, couchés sur des lits de soie, enrichis d'or, jouiront au gré de leurs désirs de tous ces avantages. ⯗55⯗ Lequel des bienfaits de Dieu nierez-vous ? ⯗56⯗ Là, seront de jeunes vierges au regard modeste, dont jamais homme ni génie n'a profané la beauté. ⯗57⯗ Lequel, etc. ⯗58⯗ Elles sont semblables à l'hyacinte et à la perle. ⯗59⯗ Lequel, etc. ⯗60⯗ La récompense de la vertu ne doit-elle pas être magnifique ? ⯗61⯗ Lequel, etc. ⯗62⯗ Près de ces lieux enchantés s'ouvriront deux autres jardins. ⯗63⯗ Lequel, etc. ⯗64⯗ Une verdure éternelle formera leur parure. ⯗65⯗ Lequel, etc. ⯗66⯗ Deux sources jaillissantes en seront l'ornement. ⯗67⯗ Lequel, etc. ⯗68⯗ Les dattes, les grenades, les fruits divers y seront rassemblés. ⯗69⯗ Lequel, etc. ⯗70⯗ Les houris d'une beauté ravissante embelliront ce séjour. ⯗71⯗ Lequel, etc. ⯗72⯗ Ces vierges aux beaux yeux noirs seront renfermées dans des pavillons superbes. ⯗73⯗ Lequel, etc. ⯗74⯗ Jamais homme ni génie n'attenta à leur pudeur. ⯗75⯗ Lequel, etc. ⯗76⯗ Leurs époux reposeront sur des tapis verts et des lits magnifiques. ⯗77⯗ Lequel des bienfaits de Dieu nierez-vous ? ⯗78⯗ Béni soit le nom de l'Éternel que la gloire et la majesté environnent !

CHAPITRE LVI.

Le Jugement. donné à La Mecque, composé de 96 versets. Au nom de Dieu clément et miséricordieux.

⯗1⯗ Lorsque le jour du jugement sera venu, ⯗2⯗ Personne ne pourra en nier la réalité. ⯗3⯗ Il abaissera les uns et élèvera les autres. ⯗4⯗ Lorsque la terre aura été ébranlée par un violent tremblement, ⯗5⯗ Que les montagnes réduites en poudre ⯗6⯗ Seront devenues le jouet des vents ; ⯗7⯗ Le genre humain sera divisé en trois parts. ⯗8⯗ Les uns occuperont la droite : quelle sera leur félicité ! ⯗9⯗ Les autres la gauche : quelle sera leur infortune ! ⯗10⯗ Les élus précéderont ces deux ordres. ⯗11⯗ Ils seront les plus près de l'Éternel. ⯗12⯗ Ils habiteront le jardin de délices. ⯗13⯗ Un grand nombre des anciens, ⯗14⯗ Et quelques modernes, seront ces hôtes heureux. ⯗15⯗ Ils reposeront sur des lits enrichis d'or et de pierres précieuses. ⯗16⯗ Ils se regarderont avec bienveillance. ⯗17⯗ Ils seront servis par des enfans doués d'une jeunesse éternelle, ⯗18⯗ Qui leur présenteront du vin exquis [282] dans des coupes de différentes formes. ⯗19⯗ Sa vapeur ne leur montera point à la tête, et n'obscurcira point leur raison. ⯗20⯗ Ils auront à souhait les fruits qu'ils désireront, ⯗21⯗ Et la chair des oiseaux les plus rares. ⯗22⯗ Près d'eux seront les houris aux beaux yeux noirs. La blancheur de leur teint égale l'éclat des perles. ⯗23⯗ Leurs faveurs seront le prix de la vertu. ⯗24⯗ Les discours frivoles seront bannis de ce séjour. Le cœur n'y sera point porté au mal. ⯗25⯗ On n'y entendra que le doux nom de paix. ⯗26⯗ Ceux qui occuperont la droite, quelle sera leur félicité ! ⯗27⯗ Ils se promèneront parmi les *nabc* [283] qui n'ont point d'épines ; ⯗28⯗ Et au milieu des bananiers disposés dans un ordre agréable. ⯗29⯗ Ils jouiront de leur épais feuillage, ⯗30⯗ Au bord des eaux jaillissantes. ⯗31⯗ Là une multitude de fruits divers ⯗32⯗ S'offre à la main qui veut les cueillir. ⯗33⯗ Ils reposeront sur des lits élevés. ⯗34⯗ Nous avons rajeuni leurs épouses. ⯗35⯗ Elles seront vierges [284] ; ⯗36⯗ Elles les aimeront, et jouiront de la même jeunesse qu'eux. ⯗37⯗ La classe de ceux qui occuperont la droite ⯗38⯗ Sera formée d'une multitude d'anciens, ⯗39⯗ Et d'une multitude de modernes. ⯗40⯗ Quel sera le sort de ceux qui seront relégués à la gauche ? ⯗41⯗ Au milieu d'un veut brûlant et de l'eau bouillante ; ⯗42⯗ Ils seront enveloppés des tourbillons d'une fumée épaisse. ⯗43⯗ Elle ne leur apportera ni fraîcheur ni contentement. ⯗44⯗ Abandonnés sur la terre à l'ivresse des plaisirs, ⯗45⯗ Ils se sont plongés dans les plus noirs forfaits ; ⯗46⯗ Et ils ont dit : ⯗47⯗ Victimes de la mort, lorsqu'il ne restera de notre être que des os et de la poussière, serons-nous ranimés de nouveau ? ⯗48⯗ Nos pères ressusciteront-ils ? ⯗49⯗ Réponds-leur : Les premiers hommes et leur postérité ressusciteront. ⯗50⯗ Ils seront rassemblés au terme précis du grand jour.

---

282. Ce vin délicieux sera puisé dans une fontaine qui coulera perpétuellement. *Gelaleddin.*

283. Ces *nabc* conserveront une verdure éternelle, et donneront un ombrage agréable. *Jahia.*

284. Elles sont vierges. *Gelaleddin* et *Zamchascar* ajoutent que le commerce des hommes ne leur fera point perdre cet avantage.

[51] Et vous qui avez vécu dans l'erreur, et qui avez nié la religion sainte, [52] Vous vous nourrirez du fruit de l'arbre *zacoum*; [53] Vous en remplirez vos ventres. [54] Vous avalerez ensuite de l'eau bouillante, [55] Et vous la boirez avec l'avidité d'un chameau altéré. [56] Tel sera leur sort au jour du jugement. [57] Nous vous avons tirés du néant, serez-vous incrédules? [58] Que vous en semble? lorsque l'homme s'approche de la femme, [59] Est-ce lui ou Dieu qui donne l'être à une nouvelle créature? [60] Nous avons prononcé l'arrêt de mort contre le genre humain, il ne pourra s'y soustraire. [61] Nous pouvons mettre à votre place d'autres hommes, et vous faire passer sous des formes qui vous sont inconnues. [62] Vous connaissez la première création; n'ouvrirez-vous point les yeux? [63] Quel jugement portez-vous de l'agriculture? [64] Est-ce vous qui faites germer la semence, ou notre providence qui la fait éclore? [65] Nous pourrions la rendre stérile, et vous diriez dans votre consternation : [66] Nous sommes chargés de dettes, et la moisson a trompé notre attente. [67] Que pensez-vous de l'eau qui sert à vous désaltérer? [68] Est-ce vous qui la faites descendre des nuages, ou notre volonté puissante? [69] Nous pouvions la rendre salée et amère. Vos cœurs seront-ils fermés à la reconnaissance? [70] Que pensez-vous du feu que vous faites jaillir du bois? [71] Est-ce vous qui avez produit l'arbre qui lui sert d'aliment, ou notre volonté créatrice? [72] Nous l'avons créé pour vous instruire et pour l'usage de ceux qui voyagent dans le désert. [73] Exalte le nom de ton Dieu, du Dieu suprême. [74] Je ne jurerai point par le coucher des étoiles, [75] (C'est un serment terrible, si vous saviez!) [76] Que le Coran est un livre respectable; [77] Qu'il est écrit sur la table gardée. [78] Ne le touchez point avant d'être purifiés. [79] Il vient du souverain de l'univers. [80] Sera-t-il l'objet de vos railleries? [81] Rejetterez-vous votre nourriture? la nierez-vous? [82] Lorsque quelqu'un de vous est sur le point d'expirer, [83] Et que vous le voyez se débattre contre la mort, [84] Nous sommes plus près de lui que vous, mais vous ne nous apercevez pas. [85] Si le mourant doit être privé de récompense, [86] Pouvez-vous ramener son âme prête à s'envoler? Répondez si la vérité vous éclaire. [87] S'il est de ceux qui doivent s'approcher de l'Éternel, [88] Le repos, les mets exquis, les jardins de délices, seront son partage. [89] S'il doit avoir place parmi ceux qui occupent la droite, [90] Les compagnons de son bonheur l'empresseront de le saluer. [91] Mais s'il augmente le nombre des infidèles, [92] De ceux qui ont marché dans l'erreur, [93] L'eau bouillante sera sa demeure; [94] Il sera précipité dans les flammes. [95] Ces paroles sont la vérité éternelle. [96] Exalte le nom de ton Dieu, du Dieu grand et suprême.

CHAPITRE LVII.

Le Fer. donné à La Mecque, composé de 29 versets. Au nom de Dieu clément et miséricordieux.

[1] Les cieux et la terre louent l'Éternel; il est puissant et sage. [2] L'univers est son domaine. Il donne la vie et la mort. Sa puissance est infinie. [3] Il est le commencement et la fin. Il est apparent et caché. Sa science embrasse tout les êtres. [4] Il créa, dans six jours, le ciel et la terre, ensuite il s'assit sur son trône. Il sait ce qui entre dans le sein de la terre, et ce qui en sort; il sait ce qui descend des cieux et ce qui y monte; il est avec vous, en quelque lieu que vous soyez; il voit toutes vos actions. [5] Il tient dans les mains les rênes de l'univers; il est le terme où tout doit aboutir. [6] Il fait succéder la nuit au jour, et le jour à la nuit. Il connaît le fond des cœurs. [7] Croyez en Dieu et à son envoyé; donnez une portion des biens qu'il vous a laissés pour héritage. Le fidèle bienfaisant recevra une récompense honorable. [8] Pourquoi refuseriez-vous de croire en Dieu, et à l'apôtre qui vous appelle à la foi? Déjà il a reçu votre alliance, si vos cœurs sont sincères. [9] C'est lui qui a envoyé à son serviteur sa religion sublime; afin qu'il dissipe vos ténèbres, et qu'il vous conduise à la lumière. Le Seigneur a été pour vous propice et miséricordieux. [10] Pourquoi ne sacrifieriez-vous pas une partie de vos biens pour défendre la religion sainte? Dieu a l'héritage du ciel et de la terre. Celui qui a donné ses richesses et combattu sous l'étendard de la foi avant la victoire, aura un plus haut degré de gloire que ceux qui n'ont fait qu'après ce généreux sacrifice. Cependant le Seigneur a promis aux uns et aux autres le séjour de la félicité. Il observe attentivement vos actions. [11] Quel est celui qui veut embrasser l'alliance glorieuse de dieu? Ses biens prospèreront. Un prix inestimable couronnera son dévouement? [12] Un jour vous verrez les fidèles environnés d'un éclat resplendissant. Heureuse nouvelle, leur dira-t-on, aujourd'hui les jardins arrosés des fleuves, vont

être votre habitation. Vous y demeurerez éternellement. Vous y jouirez de la volupté suprême. [13] Un jour les impies diront aux fidèles : Laissez pénétrer jusqu'à nous quelques rayons de votre lumière. Restez, leur répondra-t-on, restez dans les ténèbres. Un mur impénétrable s'élèvera entre eux. Une porte s'ouvrira au milieu. La miséricorde se tiendra d'un côté, de l'autre la vengeance. N'avons-nous pas habité parmi vous, s'écrieront les réprouvés ? Sans doute ; mais vous avez trahi vos âmes, désiré notre malheur, et vécu dans le doute. Vous suiviez le torrent de vos passions. Enfin l'Éternel a prononcé l'arrêt fatal, et le séducteur vous a trompés sur le compte que vous aviez à rendre. [14] Aujourd'hui vous ne pouvez vous racheter. Il n'y a point de rançon pour les infidèles. Le feu est votre demeure. Vous êtes en sa puissance. Malheur à ceux qui y sont précipités ! [15] N'est-il pas temps que les fidèles se soumettent humblement à l'instruction divine, à la vérité descendue du ciel, afin qu'ils ne ressemblent pas à ceux qui reçurent les écritures ? On les a attendus ; leurs cœurs se sont endurcis, et la plupart se sont abandonnés à l'iniquité. [16] Sachez que Dieu fait éclore les germes de la fécondité au sein de la terre stérile. Nous vous avons expliqué les merveilles de sa puissance, et vous devez les comprendre. Ceux qui ont embrassé la sainte alliance, et qui la soutiennent de leurs richesses, recevront le double de ce qu'ils auront donné, et seront récompensés magnifiquement.

[17] Ceux qui croient en Dieu et au prophète sont les vrais fidèles ; ils seront témoins devant Dieu. Leur bonheur est assuré. La gloire les environnera. Mais les infidèles qui nient notre doctrine seront les victimes de l'enfer. [18] Songez que la vie du monde n'est qu'un jeu frivole. Son éclat, votre émulation pour la gloire, le désir de vous surpasser mutuellement en richesses et en enfans, ressemblent à la pluie : la plante qu'elle fait éclore réjouissait l'œil du cultivateur. Un vent brûlant l'a desséchée ; elle jaunit et devient une paille aride. Les peines de la vie future sont terribles. [19] Désirez les grâces du ciel. Cherchez à plaire au Tout-Puissant. La vie n'est qu'une jouissance trompeuse. [20] Efforcez-vous mutuellement de mériter l'indulgence divine, et le paradis dont l'étendue égale l'immensité du ciel et de la terre. il sera le partage de ceux qui croient en Dieu et à son envoyé. Il a été embelli avec une magnifiscence divine. Dieu le donnera à ses élus. Sa libéralité est infinie. [21] Toutes les disgrâces que vous éprouvez étaient écrites dans le livre avant qu'elles vous arrivassent : cela est facile à Dieu. [22] Que l'infortune ne vous abatte point. Que la prospérité ne vous enivre pas. Dieu hait le superbe et le glorieux. [23] Les avares qui voudraient faire un précepte de l'avarice, et ceux qui rejettent le culte du Seigneur, ignorent-ils qu'il est riche, et comblé de louanges ? [24] Nous avons envoyé des apôtres prêcher la vérité ; Nous leur avons donné les lois et la balance pour conduire les hommes dans les voies de l'équité. Nous avons enseigné l'art de forger le fer, de le rendre propre aux combats, et utile aux besoins de la vie. Dieu connaît ceux qui, les armes à la main, défendent sa cause et celle de ses ministres en leur absence. il possède la force et la puissance. [25] Nous chargeâmes Noé et Abraham de la prédication. Nous avons accordé à leurs descendans le Pentateuque et la prophétie. Quelques-uns ont suivi les commandemens de Dieu, et un grand nombre s'en sont écartés. [26] D'autres prophètes leur ont succédé. Nous revêtîmes du ministère d'apôtre Jésus, fils de Marie ; nous lui donnâmes l'Évangile ; nous mîmes dans le cœur de ses disciples la piété, la miséricorde, et le désir de la vie monastique. Ils l'instituèrent pour se rendre agréables au Seigneur. Nous ne leur en avons point fait un précepte. Ils ne l'ont pas observée dans la plénitude de son institution. Ceux qui ont été fidèles ont reçu leur récompense ; mais la plupart ont été prévaricateurs. [27] Disciples de Jésus, croyez en Dieu et au prophète ; il vous donnera deux portions de sa miséricorde, et la lumière pour vous conduire ; il pardonnera vos offenses ; il est clément et miséricordieux. [28] Les juifs et les chrétiens ne doivent pas ignorer que les grâces du ciel ne sont point à leur disposition. Dieu dispense ses faveurs à son gré. Sa bienfaisance est sans bornes.

CHAPITRE LVIII.

La Plainte. donné à Médine, composé de 22 versets. Au nom de Dieu clément et miséricordieux.

[1] Le ciel a entendu la voix de celle qui t'a porté des plaintes [285] contre son mari, et qui a levé vers le Seigneur

---

285. Celle qui porta des plaintes au prophète se nommait *Khaula*. Aous son époux lui avait dit : *Tu sera désormais aussi sacrée pour moi*

des yeux baignés de larmes. Il écoute vos raisons ; il est intelligent et attentif. ⟦2⟧ Ceux qui jurent que leurs femmes seront aussi sacrées pour eux que leurs mères, commettent une injustice [286]. Leurs mères sont celles qui les ont mis au jour. Elles ne sauraient devenir leurs épouses. ⟦3⟧ Le Seigneur est indulgent et miséricordieux. ⟦4⟧ Ceux qui jurent de ne plus vivre avec leurs femmes, et qui ne se repentent de leur serment, ne pourront avoir commerce avec elles avant d'avoir porté la liberté à un captif. C'est un précepte de Dieu. Il connait vos actions. ⟦5⟧ Celui qui ne trouvera point de captif à racheter, jeûnera deux mois de suite, avant de s'approcher de sa femme, et s'il ne peut supporter ce jeûne, il nourrira soixante pauvres. Croyez en Dieu et à son envoyé. Il vous explique ses commandemens. Leur infraction attirera sur vous la vengeance céleste. ⟦6⟧ Une humiliation profonde suivra la rébellion envers Dieu et le prophète. Ainsi furent humiliés ceux qui vous précédèrent. Nous avons envoyé du ciel notre religion sublime. L'opprobre et les tourmens seront le partage des incrédules. ⟦7⟧ Ils ont oublié le jour de la résurrection ; mais Dieu en a marqué le terme. Il exposera devant eux le tableau de leurs œuvres. Il est le témoin universel. ⟦8⟧ Ignorez-vous que Dieu connaît tout ce qui est au ciel et sur la terre ? Si trois personnes s'entretiennent ensemble, il est le quatrième ; si cinq personnes sont réunies pour converser, il est le sixième. Quelque nombre qu'on soit, en quelque lieu qu'on se trouve, il est toujours présent. Au jour du jugement, il dévoilera les actions des hommes, parce que sa science est sans bornes. ⟦9⟧ As-tu considéré ceux à qui les assemblées clandestines ont été interdites [287], et qui y retournent malgré la défense ? Là, ils s'entretiennent de projets criminels, d'hostilités, de révolte contre le prophète ; et lorsqu'ils s'approchent de lui, ils le saluent en des termes que Dieu ne lui a point accordés, et ils disent en eux-mêmes : Notre hypocrisie ne sera-t-elle pas punie ? Leur récompense sera l'enfer. Ils seront la proie des flammes au milieu de ce gouffre épouvantable. ⟦10⟧ O croyans ! lorsque vous conversez ensemble, que l'iniquité, la guerre, la rébellion aux ordres du prophète ne soient point le sujet de vos discours ; que plutôt la justice, la piété, la crainte de Dieu en soient l'âme. Vous serez tous rassemblés devant son tribunal. ⟦11⟧ Les assemblées clandestines sont inspirées par Satan, pour affliger les croyans ; mais il ne saurait leur nuire sans la permission de Dieu. Que les fidèles mettent donc en lui leur confiance. ⟦12⟧ O croyans ! lorsqu'on vous dit : Pressez-vous sur vos siéges, faites-le. Dieu vous donnera un espace immense dans le ciel. Lorsqu'on vous commande de vous levez, obéissez. Le Seigneur élèvera les croyans, et ceux que la science éclaire, à des places honorables. Il voit vos actions. ⟦13⟧ O croyans ! faites une aumône avant de parler au prophète ; cette œuvre sera méritoire, et vous purifiera. Si l'indigence s'oppose à vos désirs, Dieu est indulgent et miséricordieux. ⟦14⟧ Craindriez-vous de faire une bonne œuvre avant de parler au prophète ? Dieu vous pardonnera cette omission ; mais accomplissez la prière. Payez le tribut prescrit. Obéissez à Dieu et à son ministre. Le ciel veille sur vos actions. ⟦15⟧ Avez-vous remarqué ceux qui ont formé des liaisons avec des homme frappés de la colère céleste ? Ils ne sont ni de leur parti ni du vôtre, ils profèrent de faux sermens, et ils le savent ! ⟦16⟧ Dieu les a menacés des plus terribles châtimens, parce qu'ils sont livrés à l'iniquité. ⟦17⟧ A l'abri de leurs parjures, ils écartent les autres de la loi divine. Une punition terrible les attend. ⟦18⟧ Leurs richesses, leurs enfans, ne leur serviront de rien auprès de Dieu ; ils seront les victimes d'un feu éternel. ⟦19⟧ Le jour où dieu les ressuscitera, ils jureront qu'ils lui sont fidèles, comme ils vous l'ont toujours juré. Ils croient que ce serment leur sera de quelque utilité : vain espoir. Leur mensonge n'est-il pas dans leur cœur ? ⟦20⟧ Ils vivent sous l'empire de Satan. Il leur a fait oublier le souvenir de Dieu. Ils suivent ses inspirations. Ses sectateurs ne sont-ils pas dévoués à la réprobation ? ⟦21⟧ Ceux qui lèvent l'étendard de la rébellion contre Dieu et le prophète seront couverts d'opprobre. L'Éternel a écrit : Je donnerai la victoire à mes ministres. L'Éternel possède la force et la puissance. ⟦22⟧ Vous ne verrez aucun de ceux qui croient en Dieu et au jour dernier, aimer l'infidèle qui est rebelle à Dieu et au prophète, fût-ce un père, un fils, un frère, un allié ? Le Tout-Puissant a gravé la foi dans leurs cœurs. Il les inspire. Il les introduira dans les jardins de délices, arrosés par des fleuves. Ils y demeureront éternellement. Le Seigneur mit en eux ses complaisances, ils placèrent en

---

que le dos de ma mère. C'était la formule dont les arabes idolâtres se servaient pour répudier leurs femmes. Mahomet répondit à *Khaula* qu'elle ne pouvait plus habiter avec son mari, parce que le serment qu'il avait prononcé exigeait leur séparation. *Gelaleddin.*

286. Dans ce verset Mahomet condamne la formule dont les arabes idolâtres se servaient pour répudier leurs femmes. il leur reproche un serment qui annonçait une séparation éternelle, et leur prescrit seulement de jurer qu'ils n'auront plus de commerce avec leurs femmes, serment contre lequel on peut revenir en se soumettant aux peines portées par la loi.

287. Ce sont les Juifs à qui Mahomet avait interdit les assemblées clandestines, où ils formaient des complots contre lui. *Gelaleddin.*

lui leur amour ; ils furent les disciples de Dieu ; ses disciples ne doivent-ils pas jouir de la félicité suprême ?

CHAPITRE LIX.

L'Assemblée. donné à Médine, composé de 25 versets. Au nom de Dieu clément et miséricordieux.

[1] Les cieux et la terre louent l'Éternel ; il est puissant et sage. [2] C'est lui qui a fait descendre de leur forteresse les juifs infidèles, assemblés pour la première fois. Vous ne pensiez pas qu'on pût les y forcer. Ils croyaient que leurs citadelles les défendraient contre le bras du Tout-Puissant ; mais il les a surpris du côté qu'ils ne prévoyaient pas ; il a jeté la terreur dans leurs âmes, Leurs maisons ont été renversés de leurs mains, et de celles des croyans. Que cet exemple vous instruise, ô vous qui en avez été témoins ! [3] Si le ciel n'avait écrit leur exil, le les aurait exterminés ; mais le supplice du feu les attend dans l'autre monde. [4] Leurs désastre est la punition du schisme qu'ils ont fait avec Dieu et le prophète. Le Seigneur punit sévèrement ceux qui s'écartent de sa religion. [5] Vous avez coupé leur palmiers ; vous n'en avez laissé qu'une partie sur leurs racines. Le ciel l'a permis ainsi, pour se venger des prévaricateurs. [6] Le butin qu'il a accordé au prophète, vous ne l'avez disputé ni avec vos chameaux, ni avec vos chevaux ; mais Dieu donne la victoire à ses ministres, sur qui il lui plaît. Sa puissance est sans bornes. [7] Les dépouilles enlevées sur les juifs chassés de leur forteresse appartiennent à Dieu et à son envoyé. Elles doivent être distribuées à ses parens, aux orphelins, aux pauvres et aux voyageurs. Il serait injuste que les riches les partageassent. Recevez ce que le prophète vous donnera, et ne prétendez point au delà. Craignez Dieu dont les vengeances sont terribles. [8] Une portion est due aux pauvres qui ont abandonné leur patrie, à ceux que leur zèle pour la religion sainte a fait chasser de leurs maisons et de leurs possessions. Ceux qui aident Dieu et le prophète sont les vrais fidèles. [9] Les habitans de Médine, qui les premiers ont reçu la foi, chérissent les croyans qui viennent leur demander un asile ; ils n'envient point la portion de butin qui leur est accordée ; oubliant la loi du besoin, ils préfèrent leurs hôtes à eux-mêmes. La félicité sera le prix de ceux qui ont défendu leur cœur de l'avarice. [10] Ceux qui embrasseront l'islamisme après eux adresseront au ciel cette prière : Seigneur, fais éclater ta miséricorde pour nous et pour nos frères, qui nous ont devancés dans la foi ; ne laisse point dans nos cœurs de haine contre eux ; l'indulgence et la miséricorde sont tes attributs. [11] As-tu entendu les impies qui disent aux juifs infidèles, leurs frères : Si l'on vous bannit, nous vous suivrons ; nous ne recevrons de loi de vous. Si l'on vous assiége, nous volerons à votre secours. Dieu est témoin de leurs mensonges. [12] Si l'on oblige leurs frères à s'expatrier, ils ne les suivront point ; si on les assiége, ils ne marcheront point à leurs secours. S'ils osaient le faire, on les forcerait à prendre la fuite. Il n'y aurait plus de refuge pour eux. [13] L'épouvante que Dieu a jetée dans leurs âmes vous a donné la victoire sur eux, parce qu'ils n'ont point la sagesse. [14] Ils n'oseraient vous combattre en bataille rangée. Ils ne se défendront que dans les villes fortifiées ou derrière des remparts. [15] ils n'ont de courage qu'entre eux. Vous les croyez unis, et ils sont divisés, parce qu'ils n'ont point la sagesse. [16] Semblables à ceux qui les ont précédés, leurs entreprises ont causé leur ruine, et l'enfer sera leur partage. [17] Semblables à Satan qui prêche l'infidélité aux hommes, lorsqu'ils ont apostasié, il ajoute : Je suis innocent de votre crime ; je crains le souverain de l'univers. [18] Ils éprouveront nos châtimens. Les brasiers de l'enfer seront leur demeure éternelle. Tel est le sort des scélérats. [19] O croyans ! craignez le Seigneur ; que chacun de vous songe à ce qu'il fera demain. Craignez le Seigneur ; il est témoin de toutes les actions. [20] N'imitez pas ceux que l'oubli de Dieu a conduits à l'oubli d'eux-mêmes ; ils sont prévaricateurs. [21] Les réprouvés et les hôtes du paradis auront un sort différent. Ceux-ci jouiront de la souveraine béatitude. [22] Si nous eussions fait descendre le Coran sur une montagne, frappée d'une crainte religieuse, elle se serait fendue, et eût abaissé son sommet respectueux. Nous proposons ces exemples aux hommes, afin qu'ils y réfléchissent. [23] Il n'y a qu'un Dieu. Tout est dévoilé à ses yeux. Il perce dans l'ombre du mystère. Il est clément et miséricordieux. [24] Il n'y a qu'un Dieu. Il est le roi saint, sauveur, fidèle, gardien, prédominateur, victorieux, suprême. Louage à Dieu ! Anathème aux idoles ! [25] Il est le Dieu créateur, formateur. il a tiré tous les êtres du néant. Les plus beaux noms sont ses attributs. tous les êtres créés au ciel et sur la terre publient ses louanges. il possède la puissance et la sagesse.

CHAPITRE LX.

L'Épreuve. donné à Médine, composé de 13 versets. Au nom de Dieu clément et miséricordieux.

[1] O croyans! n'entretenez aucune liaison avec mes ennemis et les vôtres [288]. Vous leur montrez de la bienveillance, et ils ont abjuré la vérité qu'on leur a enseignée. Ils vous ont rejetés, vous et le prophète, du sein de leur ville, parce que vous aviez la foi. Si vous les combattez pour la défense de ma loi, et pour mériter mes faveurs, conserverez-vous de l'amitié pour eux? Je connais ce qui est caché au fond de vos cœurs, et ce que vous produisez au grand jour. Celui qui trahira mes intérêts aura abandonné le sentier de la justice. [2] S'ils vous avaient en leur puissance, ils vous traiteraient en ennemis, et s'efforceraient de vous faire abjurer votre religion. [3] Les liens du sang, et vos enfans, seront de vains titres au jour du jugement. Dieu mettra une barrière entre vous. Il observe toutes vos actions. [4] La conduite d'Abraham, et de ceux qui avaient sa croyance, est un exemple pour vous. Nous sommes innocens de vos crimes et de votre idolâtrie, dirent-ils au peuple. Nous nous séparerons de vous. Que l'inimitié et la haine règnent entre nous jusqu'à ce que vous ayez cru en un seul Dieu. Abraham ajouta : O mon père! j'implorerai pour toi l'indulgence du Seigneur ; mais il n'exaucera point mes vœux. Seigneur, nous mettons en toi notre confiance ; nous sommes tes adorateurs ; un jour nous serons rassemblés devant ton tribunal. [5] Seigneur, fais que les infidèles ne nous séduisent pas ; pardonne-nous, tu es puissant et sage. [6] O vous qui croyez en Dieu et au jour du jugement! leur piété vous offre un exemple. Que l'impie refuse au Tout-Puissant l'hommage qui lui est dû ; il n'en est ni moins riche ni moins comblé de louanges. [7] Peut-être qu'un jour Dieu fera régner la concorde entre vous et vos ennemis. Il est puissant, indulgent et miséricordieux. [8] Dieu ne vous défend pas la bienfaisance et l'équité envers ceux qui n'ont point combattu contre vous, et qui ne vous ont point bannis du sein de vos familles. Il aime la justice. [9] Mais il vous interdit toute liaison avec ceux qui, les armes à la main, vous ont chassés de vos foyers, et ont voulu abolir votre religion. La même défense vous est prescrite contre ceux qui leur ont prêté du secours. Leur montrer de la bienveillance, c'est être voué à l'iniquité. [10] O croyans! lorsque des femmes fidèles viendront chercher un asile parmi vous [289], éprouvez-les. Si elles professent sincèrement l'islamisme, ne les rendez pas à leurs maris incrédules. Le ciel défend une pareille union, mais vous devez rendre à leurs époux la dot qu'ils leur ont donnée. Il vous sera permis de les épouser, pourvu que vous les dotiez convenablement. Vous ne garderez point une femme infidèle ; mais vous pouvez exiger d'elle ce que vous lui avez accordé par le contrat. Cette loi est générale ; elle est émanée du ciel. Dieu donne des préceptes ; il est savant et sage. [11] Si quelqu'une de vos femmes fuyait chez les idolâtres, donnez à son mari, lorsque vous leur enlèverez des dépouilles, une somme égale à la dot qu'il lui avait accordée. Craignez le Seigneur dont vous professez la religion sainte. [12] O prophète! si des femmes fidèles viennent te demander un asile après t'avoir promis avec serment qu'elles fuiront l'idolâtrie, qu'elles ne voleront point, qu'elles éviteront la fornication, qu'elles ne tueront point leurs enfans, qu'elles ne te désobéiront en rien de ce qui est juste ; donne-leur ta foi, et prie Dieu pour elles ; il est indulgent et miséricordieux. [13] O croyans! n'ayez aucun commerce avec ceux qui sont chargés de la colère divine ; ils désespèrent de la vie future, comme en ont désespéré les infidèles qui sont dans le tombeau.

CHAPITRE LXI.

L'Ordre. donné à Médine, composé de 14 versets. Au nom de Dieu clément et miséricordieux.

[1] Les cieux et la terre louent l'Éternel ; il est puissant et miséricordieux. [2] O croyans! pourquoi ne remplissez-vous pas la promesse faite à Dieu? [3] Il hait ceux dont les actions démentent les paroles. [4] Il aime ceux qui combattent pour la foi avec ordre, et qui sont fermes comme un mur impénétrable. [5] Pourquoi m'affligez-vous, disait Moïse aux Israélites? Je suis l'interprète du ciel auprès de vous ; vous ne l'ignorez pas.

---

288. Mes ennemis et les vôtres, c'est-à-dire, les habitans de la Mecque. *Gelaleddin.*
289. Lorsque de semblables femmes venaient chercher un asile à Médine, Mahomet les obligeait à jurer que le désir d'embrasser l'islamisme était le seul motif de leur démarche, que la haine contre leurs maris ou l'amour pour quelque musulman n'y avaient aucune part. *Gelaleddin.*

Ils abjurèrent la vérité. Dieu égara leurs cœurs ; il ne dirige point les prévaricateurs. 6 Je suis l'apôtre de Dieu, répétait aux juifs Jésus, fils de Marie. Je viens confirmer la vérité du Pentateuque qui m'a précédé, et vous annoncer l'heureuse venue du prophète qui me suivra. *Ahmed* [290] est son nom. Jésus prouva sa mission par des miracles, et les Hébreux s'écrièrent : C'est un imposteur. 7 Quoi de plus coupable que de blasphémer contre Dieu, qui vous appelle à l'islamisme. Il n'est point le guide des impies. 8 Ils voudraient éteindre de leur souffle le flambeau de la foi ; mais Dieu fera briller sa lumière malgré l'horreur qu'elle inspire aux infidèles. 9 C'est lui qui a donné au prophète des lois et la religion sublime, afin qu'il établisse son triomphe sur la ruine des autres cultes, malgré les efforts des idolâtres. 10 O croyans ! vous enseignerai-je un moyen d'éviter la rigueur des tourmens ? 11 Croyez en Dieu et à son envoyé ; combattez sous l'étendard de la foi ; faites le généreux sacrifice de votre vie et de vos biens ; c'est pour vous la route du bonheur. Si vous le saviez ! 12 Dieu pardonnera vos offenses ; il vous introduira dans les jardins où coulent des fleuves. Vous habiterez le délicieux séjour d'*Éden*, et vous jouirez de la félicité suprême. 13 Il vous accordera les autres biens que vous désirez, sa protection puissante, et une victoire prochaine. Annonce ces promesses aux fidèles. 14 O croyans ! soyez les ministres de Dieu, comme le disait Jésus, fils de Marie, aux apôtres, quand il leur demanda : Qui m'aidera à étendre la religion divine ? Nous serons tes ministres, répondirent-ils. Une partie des enfans d'Israël embrassa la foi, et les autres persistèrent dans l'incrédulité. Nous avons fortifié les croyans contre leurs ennemis, et ils ont remporté la victoire.

CHAPITRE LXII.

Le Vendredi [291]. donné à Médine, composé de 21 versets. Au nom de Dieu clément et miséricordieux.

1 Les cieux et la terre louent l'Éternel ; il est le roi saint, puissant et sage. 2 C'est lui qui a suscité, au milieu d'un peuple aveugle, un apôtre pour lui expliquer la foi, le purifier, et lui enseigner la doctrine du livre de la sagesse. Avant lui, les Arabes étaient ensevelis dans de profondes ténèbres. 3 Il en est parmi eux qui ne se sont pas encore élevés à la pureté de l'islamisme ; mais Dieu est puissant et sage. 4 La perfection est une grâce du ciel. Dieu la donne à qui lui plaît. Sa libéralité est infinie. 5 Ceux qui ont reçu le Pentateuque et qui ne l'ont pas observé, sont semblables à l'âne qui porte des livres. Malheur à ceux qui abjurent la religion sainte ! Dieu n'est point guide des impies. 6 O juifs ! si vous croyez être plus chers à Dieu que le reste des mortels, désirez la mort, et montrez que vous dites la vérité. 7 Épouvantés de leurs crimes, il ne formeront point ce vœu indiscret ; mais l'Éternel connaît les scélérats. 8 Dis-leur : La mort que vous redoutez vous surprendra. Vous serez conduits devant celui à qui rien n'est caché ; il vous manifestera vos œuvres. 9 O croyans, lorsque vous êtes appelés à la prière du vendredi, empressez-vous d'aller rendre vos hommages au Tout-Puissant. Que rien ne vous arrête ; votre zèle aura sa récompense. Si vous saviez ! 10 Lorsque la prière est finie, allez en liberté. Cherchez à vous procurer les biens que le ciel a dispensés aux humains ; entretenez dans vos cœurs le souvenir du Seigneur, afin que vous soyez heureux. 11 Mais lorsque l'intérêt se fait entendre, ils courent où sa voix les appelle, et abandonnent le ministre du Seigneur [292]. Dis-leur : Les trésors que Dieu vous offre sont plus précieux que les avantages momentanés ; Dieu est le plus magnifique des dispensateurs.

CHAPITRE LXIII.

---

290. Mahomet portait deux noms, celui d'*Ahmed* et celui de *Mahammed*. L'un et l'autre dérivent du verbe *hamad, il a loué*. Le premier est superlatif et signifie *très-loué*. Le second est un participe et signifié *loué*. C'est le plus glorieux qu'il prend dans le Coran.

291. Le jour de fête des mahométans est le vendredi. Ils le nomment *elgemaa, l'assemblée*. C'est le seul où ils sont obligés d'aller au temple. Ils y entrent vers onze heures et demie et prient pendant une heure. Le reste du jour et de la semaine ils sont libres, si l'on excepte les fêtes du *Ramadan* et du *Beiram*.

292. Mahomet prêchait un vendredi dans la Mosquée. Des marchands entrèrent pendant ce temps dans la ville. Le tambour annonça leur arrivée. Tout le monde excepté douze fidèles sortirent du temple ; et laissèrent le prédicateur. Ce manque de respect l'engagea à faire descendre ce chapitre du ciel. *Gelaleddin.*

Les Impies. donné à Médine, composé de 11 versets. Au nom de Dieu clément et miséricordieux.

① Lorsque les impies sont en ta présence, ils disent : Nous rendons témoignage à la vérité de ta mission ; Dieu t'a revêtu du caractère auguste d'apôtre, et le Seigneur rend témoignage que les impies sont livrés au mensonge. ② Ils se font un voile de leurs sermens. Ils écartent les hommes des voies du salut. Leurs actions sont marquées au coin de l'iniquité. ③ Apostats de l'islamisme, le sceau de Dieu est gravé sur leurs cœurs. Ils n'écouteront plus la sagesse. ④ Ils ont la beauté en partage. Ils parlent avec grâce. Leur taille est droite et majestueuse, mais ils frissonnent au moindre bruit. Ils sont vos ennemis ; défiez-vous de leur perfidie. Le Tout-Puissant combattra contre eux, parce qu'ils ont abandonné la foi. ⑤ Invitez-les à recourir au prophète ; promettez-leur qu'il implorera pour eux la miséricorde divine ; ils secouent la tête et tournent le dos avec un orgueilleux mépros. ⑥ Implore ou non le ciel en leur faveur, leur sort ne changera point ; Dieu ne leur pardonnera plus ; il ne dirige point les prévaricateurs. ⑦ N'aidez point de vos biens, disent-ils à leurs semblables, ceux qui défendent le parti du prophète, jusqu'à ce qu'ils l'aient abandonné. Mais le Tout-Puissant possède les trésors du ciel et de la terre, et les impies ne le conçoivent pas. ⑧ Si nous retournions à Médine, ajoutent-ils, le parti le plus fort chasserait le plus faible. La puissance appartient à Dieu. Il en fait part à son envoyé et aux fidèles ; et les impies l'ignorent. ⑨ O croyans ! que vos enfans et vos richesses ne vous fassent point oublier le souvenir du Seigneur ; cet oubli mettrait le sceau à votre réprobation. ⑩ Versez dans le sein de l'indigent une portion des biens que le ciel vous a départis, avant que la mort vous surprenne, de peur que vous ne soyez obligés de dire : Seigneur, si tu daignes prolonger le terme de mes jours, je ferai l'aumône et pratiquerai la vertu. ⑪ Mais Dieu ne différera pas d'un instant le terme prescrit. Il est le témoin de toutes les actions.

CHAPITRE LXIV.

La Fourberie. donné à La Mecque, composé de 18 versets. Au nom de Dieu clément et miséricordieux.

① Les cieux et la terre louent l'Éternel. A lui appartiennent la domination et la louange. Sa puissance n'a point de bornes. ② Il a tiré tous les hommes du néant. Les uns sont incrédules, les autres croyans ; mais il connaît les actions. ③ Il est l'architecte du ciel et de la terre. La vérité présida à son ouvrage. Il vous a créés, et vous a donné une forme agréable. Vous retournerez à lui. ④ Sa connaissance embrasse l'univers. Il sait ce que vous cachez, et ce que vous produisez au grand jour. Il lit au fond des cœurs. ⑤ Ne vous a-t-on pas récité l'histoire des infidèles qui vous ont précédés ? Ils ont subit le châtiment de leurs crimes, et ils sont destinés aux peines de l'enfer. ⑥ Les apôtres de la vérité leur dévoilèrent les merveilles du Très-Haut, et ils dirent : Nous laisserons-nous conduire par des hommes ? Incrédules, ils rejetèrent le culte saint ; mais Dieu n'a besoin de personne ; il est riche et comblé de louanges. ⑦ Les idolâtres traitent de chimère le dogme de la résurrection. Dis-leur : J'en atteste la majesté du Dieu suprême, vous ressusciterez. Il vous montrera vos œuvres ; ce prodige est facile à sa puissance. ⑧ Croyez en Dieu, à son envoyé, à la lumière descendue du ciel ; le Seigneur est instruit de ce que vous faites. ⑨ Le jour de l'assemblée universelle, vous comparaîtrez devant son tribunal. La fraude sera dévoilée. Dieu expiera les fautes du croyant qui aura pratiqué la vertu ; il l'introduira dans les jardins de délices où coulent les fleuves, séjour d'une éternelle félicité. ⑩ Les infidèles qui auront abjuré la religion sainte, seront précipités dans les flammes, séjour affreux d'un malheur éternel. ⑪ Rien ne vous arrive que par la permission de Dieu. Il éclaire le cœur du croyant. Sa science est infinie. ⑫ Obéissez à Dieu et au prophète. Si vous êtes rebelles, son ministère se borne à vous prêcher la vérité. ⑬ Il n'y a qu'un Dieu. Que les fidèles mettent en lui leur confiance ! ⑭ O croyans ! vos femmes et vos enfans sont souvent vos ennemis ; défiez-vous de leurs caresses ; mais si la voix de la nature, si la complaisance vous font céder à leurs désirs, le Seigneur est indulgent et miséricordieux. ⑮ Vos richesses et vos enfans sont une tentation ; mais Dieu vous offre une récompense magnifique. ⑯ Craignez Dieu de toute l'étendue de votre cœur. Écoutez. Obéissez. Donnez une partie de vos biens pour sauver votre âme. Celui qui se sera conservé exempt d'avarice, jouira de la félicité. ⑰ Si vous formez avec Dieu une alliance glorieuse, il multipliera ses bienfaits, il pardonnera vos offenses ; il est reconnaissant et bienfaisant. [18] Il connaît ce qui est dévoilé et ce qui est enveloppé des ombres du mystère ; il est puissant et sage.

CHAPITRE LXV.

La Répudiation. donné à Médine, composé de 12 versets. Au nom de Dieu clément et miséricordieux.

[1] O Prophète, ne répudiez vos femmes qu'au terme marqué[293]. Comptez les jours exactement. Avant ce temps, vous ne pouvez ni les chasser de vos maisons, ni les en laisser sortir, à moins qu'elles aient commis un adultère prouvé. Tels sont les préceptes du Seigneur. Celui qui les transgresse perd son âme. Vous ne savez pas quels sont les desseins de Dieu sur l'avenir. [2] Lorsque le terme est accompli, vous pouvez les retenir avec humanité, ou les renvoyer suivant la loi. Appelez des témoins équitables. Qu'ils assistent à vos engagemens. Que le ciel soit pris à témoin de leur sainteté ! Dieu prescrit ces préceptes à ceux qui croient en lui et au jour du jugement, il aplanira les obstacles pour ceux qui ont sa crainte, et leur accordera des biens auxquels ils ne s'attendaient pas. [3] Dieu est le prix de celui qui met en lui sa confiance. Sa volonté s'exécute infailliblement. Il a établi pour chaque chose un effet déterminé. [4] Attendez trois mois avant de répudier les femmes qui désespèrent d'avoir leurs mois. Usez-en de même envers celles qui ne les ont point encore eus. Gardez celles qui sont enceintes, jusqu'à ce qu'elles aient mis leur fruit au jour. Dieu aplanit les difficultés pour ceux qui le craignent. [5] Tels sont les préceptes qu'il vous a envoyés. Craignez-le ; il effacera vos fautes, et vous accordera une récompense magnifique. [6] Laissez aux femmes que vous devez répudier, un asile dans vos maisons. Ne leur faite aucune violence pour les loger à l'étroit. Accordez à celles qui sont enceintes, tous les soins convenables, pendant le temps de leur grossesse. Si elles allaitent vos enfans, donnez-leur une récompense réglée entre vous avec équité ; s'il se trouve des obstacles, ayez recours à une nourrice. [7] Que le riche proportionne ses largesses à son opulence, et le pauvre à ses facultés. Dieu n'oblige personne à faire plus quà il ne peut. A la pauvreté il fera succéder l'aisance. [8] Combien de villes se sont écartées des lois de Dieu, et des prophètes ! Nous les avons jugées avec sévérité, et punies avec rigueur. [9] Leur infidélité a mérité nos fléaux, et causé leur ruine. [10] Dieu leur réserve des tourmens rigoureux. Craignez le Seigneur, ô vous qui avez la sagesse ! [11] O croyans ! le Seigneur vous a envoyé l'islamisme, et le prophète pour vous l'enseigner. Il fera sortir des ténèbres, et conduira au flambeau de la foi, les fidèles qui auront pratiqué la vertu. Introduits dans les jardins qu'arrosent des fleuves, hôtes éternels du séjour de délices, ils jouiront de tous les biens que le Tout-Puissant a rassemblés pour les rendre heureux. [12] C'est Dieu qui a créé les sept cieux, et les sept terres[294] ; il les fait obéir à sa voix, afin que vous sachiez que sa puissance est sans bornes, et que l'univers est rempli de sa science.

CHAPITRE LXVI.

La Défense. donné à Médine, composé de 12 versets. Au nom de Dieu clément et miséricordieux.

[1] O Prophète ! pourquoi te prives-tu des plaisirs que le ciel t'a accordés ? Tu veux plaire à tes femmes. Le Seigneur est indulgent et miséricordieux. [2] Dieu vous a permis de délier vos sermens ; il est votre patron. Il est savant et sage. [3] Le prophète ayant confié un secret à une de ses femmes[295], elle le publia, Dieu lui révéla

---

293. Lorsqu'un Mahométan a juré qu'il répudie son épouse, il cesse d'avoir commerce avec elle. A la nouvelle du serment, elle se couvre d'un voile, se retire dans son appartement, et ne se laisse plus voir à son mari. Lorsque les quatre mois fixés pour la réconciliation sont expirés, tous les liens sont rompus ; la femme recouvre sa liberté, et reçoit en sortant la dot fixée dans le contrat de mariage. Les filles suivent la mère, et les fils restent avec le père.

294. Dieu a créé sept cieux et sept terres distans les uns des autres de cinq cents journées de chemin. Tous sont habités. L'Être Suprême règne sur cet univers. *Zamchascar.*

295. *Aiesha* et *Haphsa* étaient les épouses chéries de Mahomet. Cependant il les négligeait quelquefois pour son esclave Marie l'Égyptienne. Il eut commerce avec elle dans un jour consacré à *Aiesha. Haphsa* le sut. Le prophète la pria de garder le secret. Les promesses

cette indiscrétion. D'abord il la reprit avec douceur, et ensuite il lui rapporta tout ce qui avait été divulgué. Qui vous a si bien instruit, lui demanda-t-elle ? C'est, répondit Mahomet, celui à qui rien n'est caché. [4] Votre cœur est coupable d'une indiscrétion. Implorez la clémence du ciel ; il vous pardonnera. Si vous êtes rebelle au prophète, le Seigneur, Gabriel et les vrais croyans, sont ses protecteurs ; et les anges le vengeront. [5] S'il vous répudie, Dieu peut lui donner des épouses meilleures que vous ; des femmes qui professent l'islamisme, qui seront fidèles, obéissantes, dévotes, pieuses, et adonnées à la prière, soit veuves, soit vierges. [6] O croyans ! arrachez vos âmes et votre famille aux flammes, qui auront pour aliment les hommes et les pierres. Au-dessus d'elles paraîtront des anges menaçans et terribles ; fidèles aux ordres de l'Éternel, ils exécuteront tout ce qu'il commandera. [7] O infidèles ! ne recherchez point de vaines excuses. Vous serez récompensés suivant vos œuvres. [8] O croyans ! implorez la miséricorde divine. Que votre conversion soit sincère. Dieu effacera vos offenses. Il vous introduira dans les jardins des délices, où coulent des fleuves. Le jour où il distinguera le prophète et ceux qui ont sa croyance, un éclat radieux jaillira devant eux, et à leur droite. Seigneur, diront-ils, purifie notre lumière ; pardonne-nous ; ta puissance est sans bornes. [9] O prophète ! combats les idolâtres et les impies. Sois terrible contre eux. Leur réceptacle sera l'enfer, séjour du désespoir. [10] Dieu propose cet exemple au pervers : la femme de Noé et celle de Loth vivaient sous l'empire de deux hommes justes et vertueux. Elles les trompèrent. Quel fut le fruit de leur perfidie ? Dieu les réprouva. On leur dit : Entrez dans l'enfer avec les coupables. [11] Il offre aux croyans l'épouse de Pharaon pour modèle. Seigneur, s'écriait-elle, accorde-moi une demeure dans le paradis ; délivre-moi de Pharaon et de ses crimes ; sauve-moi des mains des méchans. [12] Il proposa à leur admiration Marie, fille d'*Amran*, qui conserva sa virginité. Gabriel lui transmit le souffle divin. Elle crut à la parole du Seigneur, aux écritures, et fut obéissante.

CHAPITRE LXVII.

Le Royaume. donné à La Mecque, composé de 30 versets. Au nom de Dieu clément et miséricordieux.

[1] Béni soit celui qui tient dans ses mains les rênes de l'univers, et dont la puissance est sans bornes. [2] C'est lui qui a créé la mort et la vie, pour voir qui de vous en ferait un meilleur usage. Il est puissant et miséricordieux. [3] Il a formé les sept cieux élevés les uns au-dessus des autres. Tous ses ouvrages sont accomplis. Levez les yeux vers le firmament, y voyez-vous la moindre imperfection ? [4] Levez-les une seconde fois, vous ne pouvez en supporter l'éclat, et vos regards se rabaissent sur la terre. [5] Nous avons orné le ciel le plus proche de la terre de flambeaux lumineux, dont les traits enflammés repoussent les démons destinés aux tourmens du tartare. [6] Ceux qui refusent de croire en Dieu, seront précipités dans les brasiers, séjour du malheur. [7] Ils entendront les cris du désespoir. Le feu n'en aura que plus d'activité. [8] Sa fureur le détruirait, s'il pouvait être détruit. Les gardiens de l'enfer demanderont aux troupes de réprouvés qui y descendront : Aucun prophète de nos a-t-il prêché la foi ? [9] Ils nous l'ont prêchée, répondront-ils ; mais nous les avons traités d'imposteurs ; nous avons prétendu que Dieu ne leur avait rien révélé, et qu'ils étaient les apôtres du mensonge. [10] Hélas ! si nous les avions écoutés, si nos cœurs avaient reçu leur doctrine, nous ne serions pas au nombre des réprouvés. [11] Ils feront l'aveu de leurs crimes ; mais l'arrêt de leur condamnation est irrévocable. [12] Ceux qui nourriront dans le secret la crainte du Seigneur obtiendront sa miséricorde, et recevront une récompense magnifique. [13] Dieu connaît vos discours secrets et publics ; il lit au fond des cœurs. [14] Ses créatures auraient-elles pour lui des mystères ? Il est pénétrant et instruit. [15] Il cous a soumis la terre. Parcoure tous les pays habitables. Nourrissez-vous des fruits dont il l'a enrichie. Vous serez tous rassemblés devant son trône. [16] Êtes-vous certains que celui qui règne dans les cieux, ne peut pas ébranler la terre, et vous ensevelir dans ses abîmes ? [17] Êtes-vous certains que celui qui règne dans les cieux, ne vous enverra pas un vent qui lance des pierres ? Vous sauriez alors quel est l'effet de mes menaces. [18] Les anciens peuples nièrent la missions des ministres

---

les plus flatteuses ne furent point épargnées ; mais inutilement. *Haphsa* n'y put tenir. Elle alla conter l'aventure à son amie. Mahomet en fut instruit. L'indiscrète épouse fut répudiée. Un mois après Gabriel descendit du ciel, releva aux yeux de Mahomet les vertus de *Haphsa* malheureuse et l'obligea à la reprendre. *Zamchascar.*

de la foi. Quelles furent mes vengeances! [19] Ne voient-ils pas les oiseaux planer sur leurs têtes, déployer, resserrer leurs ailes? Qui les soutient dans les airs, si ce n'est le miséricordieux? Rien n'échappe à sa vigilance. Quel est celui qui peut vous tenir lieu d'une armée, et vous secourir puissamment, si ce n'est le miséricordieux? La fourberie est le partage des infidèles.

[20] Qui pourrait vous nourrir, si Dieu suspendant ses bienfaits? Malgré ces vérités, ils persistent dans leur perfidie, et leur aversion pour l'islamisme. [21] L'homme qui se traîne le front courbé contre terre, va-t-il plus droit que celui qui marche debout dans le sentier de la justice? [22] Dis : C'est le Tout-Puissant qui vous a créés, qui vous a donné l'ouie, la vue, et des âmes sensibles. Combien peu le remercient de ces bienfaits? [23] Dis : C'est lui qui vous a dispersés sur la terre; vous serez tous rassemblés devant son tribunal. [24] Quand s'accomplira cette menace, demandent-ils? Parlez, si la vérité vous éclaire. [25] Réponds : Dieu s'est réservé la connaissance de l'heure; je ne suis que l'apôtre de la vérité. [26] A la vue de l'enfer, la tristesse obscurcira le front des infidèles, et on leur dira : Voilà ce que vous demandiez avec instance. [27] Dis : Soit que le Très-Haut me réprouve avec ceux qui ont ma croyance, soit qu'il vous fasse miséricorde, pensez-vous qu'il délivrera les infidèles des tourmens? [28] Dis : Il est miséricordieux; nous croyons en lui; nous avons mis en lui notre confiance. Vous saurez qui de nous est dans l'erreur. [29] Dis-leur : Répondez. Si demain la terre entr'ouverte engloutissait toute l'eau qui sert à vous désaltérer, qui pourrait faire jaillir d'autres sources de son sein [296]?

CHAPITRE LXVIII.

La Plume. donné à La Mecque, composé de 52 versets. Au nom de Dieu clément et miséricordieux.

[1] N. [297] J'en jure par la plume [298], et ce que les anges écrivent; [2] Ce n'est point Satan, c'est le ciel qui t'inspire. [3] Une récompense éternelle t'attend. Tu professes la religion sublime.

[4] Bientôt tu verras, et ils verront, [5] Qui de vous est dans l'erreur. [6] Dieu connaît ceux qui sont égarés, et ceux qui marchent au flambeau de la foi. [7] Ne suis pas les désirs de ceux qui ont abjuré la vérité. [8] S'ils se comportent avec douceur, c'est pour exciter ta condescendance. [9] N'imite pas le jureur qui s'avilit. [10] Fuis le médisant qui suit la calomnie. [11] Fuis celui qui empêche le bien, le prévaricateur et l'injuste. [12] Éloigne-toi de l'homme violent et de l'impudique. [13] Que l'éclat de ses richesses et le nombre de ses enfans ne t'éblouissent pas. [14] Le Coran n'est pour lui qu'une fable de l'antiquité. [15] Nous lui imprimerons une marque de feu sur le nez. [16] Nous avons puni les habitans de la Mecque comme les possesseurs du jardin. Ils jurèrent d'en cueillir les fruits le lendemain matin. [17] Imprudens, ils ne mirent point de restriction à leur serment. [18] La vengeance divine enveloppa le jardin pendant leur sommeil. [19] La moisson fut détruite, les fruits furent dévorés. [20] Les possesseurs s'appelèrent avant l'aurore. [21] Hâtons-nous, se dirent-ils, d'aller faire la moisson. [22] Ils s'avançaient et conversaient ensemble. [23] Les pauvres, disaient-ils, ne nous devanceront pas aujourd'hui. [24] Ils comptaient déjà sur une récolte certaine. [25] A la vue du jardin, ils s'écrièrent : Notre attente est trompée. [26] Nous devions être privés de ces biens. [27] Ne vous avais-je pas recommandé, ajouta le plus juste, de rendre hommage à la puissance divine? [28] Alors d'une voix unanime, ils louèrent le Très-Haut, et reconnurent leur injustice. [29] Ils se firent des reproches mutuels. [30] Infortunés que nous sommes, répétaient-ils, nous étions prévaricateurs; [31] Mais Dieu peut nous donner des biens plus précieux; nous attendons cette faveur de sa miséricorde. [32] Ainsi seront punis les infidèles. Les châtimens de l'autre vie sont bien plus terribles. S'ils le savaient! [33] Dieu a préparé pour les justes le jardin de délices. [34] Ceux qui ont embrassé l'islamisme seraient-ils traités comme les scélérats? [35] Qui peut vous porter à prononcer un semblable jugement? [36] Quel livre vous enseigne cette doctrine? [37] S'il en est un, il vous laisse un choix à faire. [38] Vous avons-nous assuré

---

296. Un incrédule ayant entendu réciter ces mots : *Qui pourrait faire jaillir d'autres sources de son sein?* Répondit : *Cette bêche, en creusant la terre.* Son impiété fut punie à l'instant; ses yeux se desséchèrent, et devint aveugle. *Gelaleddin.* Telles sont les fables que nous débitent les dévots musulmans; tels sont les miracles dont ils ne balancent pas à garantir l'authenticité.

297. **N.** Ce caractère solitaire a excité les recherches des commentateurs du Coran; mais leurs opinions sont si frivoles que nous ne les rapporterons point. *Gelaleddin* dit à son ordinaire que c'est un caractère mystérieux dont Dieu seul a la connaissance.

298. Cette plume est celle avec laquelle les anges écrivent sur la table gardée les secrets éternels.

par des sermens solennels, que cette opinion était véritable ? Certainement vous rendrez compte de vos jugements. [39] Quels garans avez-vous de votre croyance ? [40] Réclamerez-vous le témoignage de vos idoles ? Faites-les paraître si la vérité parle en votre faveur. [41] Un jour les méchans seront dévoilés. On les appellera pour l'adoration, et ils ne pourront s'y rendre. [42] Leurs yeux seront baissés ; l'ignominie les couvrira. Ils refusèrent leur hommage au Très-Haut, quand ils pouvaient le lui offrir. [43] Laisse-moi agir envers ceux qui ont nié le Coran ; je les conduirai par degrés à leur perte, et ils ne le sauront pas. [44] Si je prolonge leurs jours, c'est un piége que je leur tends. [45] Leur demanderas-tu le prix de ton zèle ? ils sont chargés de dettes. [46] Connaissent-ils les mystères de la nature ? Cependant ils écrivent. [47] Attends avec impatience le jugement de Dieu, et ne sois pas semblable à celui que la baleine reçut dans son sein, et qui dans sa douleur élevait au ciel une voix suppliante. [48] Si la miséricorde divine n'eût veillé sur lui, il eût été jeté sur une côte déserte, couvert d'opprobres. [49] Élu du Seigneur, il fut au nombre des justes. [50] Peu s'en faut que les infidèles ne t'ébranlent par leurs regards, quand ils entendent la lecture du Coran, et qu'ils disent : C'est un insensé. [51] Le Coran est le dépôt de la foi, envoyé aux hommes pour les instruire.

CHAPITRE LXIX.

Le jour inévitable. donné à La Mecque, composé de 52 versets. Au nom de Dieu clément et miséricordieux.

[1] Le jour inévitable ! [2] Que ce jour sera terrible ! [3] Qui pourrait t'en faire la peinture ? [4] *Themod* et *Aod* le traitèrent de chimère. [5] Un cri épouvantable extermina les *Thémudéens*. [6] Un vent impétueux fit périr les *Adéens*. [7] Dieu le fit souffler contre eux pendant sept nuits et huit jours. On vit les coupables renversés par terre, comme des palmiers déracinés. [8] Ce fléau n'en épargna pas un seul. [9] Pharaon, les peuples anciens et les habitans des sept villes ont été anéantis. [10] Ils se révoltèrent contre les ministres du Seigneur ; des châtiment multipliés suivirent leur rébellion. [11] Lorsque les eaux du déluge s'élevèrent, nous vous portâmes dans l'arche flottante. [12] Qu'elle soit un monument pour la terre ; que vos cœurs en gardent le souvenir. [13] Au premier son de la trompette, [14] La terre et les montagnes, emportées dans les airs, seront réduites en poussière. [15] Dans ce jour, l'heure fatale sonnera. [16] Les cieux se fendront, la voûte du firmament s'ouvrira. [17] Un ange en gardera l'entrée. Huit anges porteront le trône de l'Éternel. [18] Le genre humain paraîtra devant toi. Nul mortel ne pourra se dérober à ses regards. [19] Celui qui recevra son livre dans la main droite, dira aux anges : Prenez ce livre [299] ; lisez. [20] Je n'oubliai jamais que je devais subir cet examen. [21] Il jouira de la félicité. [22] Hôte du jardin élevé, [23] Les fruits s'offriront à ses désirs. [24] Rassasie-toi des plaisirs qui te sont offerts ; ils seront le prix du bien que tu as fait sur la terre. [25] Celui qui recevra son livre dans la main gauche, s'écriera : Plût à Dieu qu'on ne me l'eût point présenté ! [26] Que ne puis-je pour toujours ignorer cet examen ! [27] O mort ! fais-moi rentrer dans le néant. [28] Que m'ont servi les richesses ? [29] Ma puissance s'est évanouie. [30] Saisissez, liez l'impie. [31] Jetez-le dans les feux du tartare. [32] Qu'il soit chargé d'une chaîne de soixante-dix coudées. [33] Il n'a pas cru au Dieu grand. [34] Il ne s'est point inquiété de la nourriture du pauvre. [35] Il ne trouvera pas ici d'amis. [36] La corruption sera son pain. [37] Les pervers n'en auront point d'autre. [38] Je ne jurerai point par ce que vous voyez ; [39] Je ne jurerai point par ce que vous ne voyez pas, [40] Que le coran est la parole du prophète honorable. [41] Ce n'est point le langage d'un poëte. Combien peu croient cette vérité ! [42] Ce n'est point l'ouvrage d'un mage. Combien peu ouvrent les yeux ! [43] Le souverain des mondes l'envoya du ciel. [44] Si Mahomet eût fait le moindre changement à sa doctrine, [45] Nous l'aurions sais sur le champ, [46] Et nous lui aurions coupé la veine du cœur. [47] Personne n'eût pu suspendre notre vengeance. [48] Le Coran instruit ceux qui craignent le Seigneur. [49] Nous savons que plusieurs d'entre vous l'accusent de fausseté. [50] Il fera pousser des soupirs douloureux aux infidèles. [51] Il est le dépôt de la vraie foi. [52] Glorifie le nom de ton Dieu, du Dieu grand et suprême.

299. C'est le livre où les actions de chaque homme seront écrites.

CHAPITRE LXX.

Les Ordres. donné à La Mecque, composé de 44 versets. Au nom de Dieu clément et miséricordieux.

[1] On a interrogé le prophète sur les châtimens à venir. [2] Les infidèles ne trouveront point d'abri contre eux. [3] Dieu est l'auteur. Il possède les degrés célestes. [4] Par eux les anges et Gabriel monteront vers son trône au jour du jugement, dont la durée sera de cinquante mille ans. [5] Souffre avec patience et gaieté. [6] Ils voient la punition dans le lointain ; [7] Mais nous la voyons qui s'avance. [8] Un jour le ciel sera semblable à l'argent fondu. [9] Les montagnes ressembleront à des amas de laine agitée par les vents. [10] L'ami n'interrogera point son ami ; [11] Cependant ils se verront. [12] Le méchant voudrait se racheter des peines de ce jour ; au prix de ses enfans, [13] Au prix de son épouse, de son frère, [14] Des parens qui le chérissaient, [15] Au prix du genre humain, et ensuite les délivrer eux-mêmes. [16] Vains souhaits ! les gouffres de l'enfer [17] Se saisiront de leur proie. [18] Ils revendiqueront le lâche et l'infidèle, [19] Et le riche qui aura été avare. [20] La nature mit dans le cœur de l'homme l'impatience. [21] Dans l'adversité il devient timide ; [22] Dans la prospérité il est dur et avare. [23] Mais ceux qui persèvèrent dans la prière, [24] Qui donnent la portion prescrite de leurs biens, [25] A l'indigent qui sollicite et à celui que la honte retient ; [26] Ceux qui confessent la vérité du jour du jugement ; [27] Qui évitent avec soin de mériter le courroux du ciel, [28] Dont personne ne peut se croire à l'abri ; [29] Ceux qui gardent la continence ; [30] Qui n'ont de commerce qu'avec leurs femmes et leurs esclaves (car la loi leur accorde ce droit, [31] Et celui qui porte ses désirs au-delà est coupable) ; [32] Ceux qui sont fidèles à leurs sermens et à leurs traités ; [33] Qui, dans leurs témoignages, ne s'écartent jamais de la vérité ; [34] Ceux qui accomplissent avec zèle la prière ; [35] Seront environnés de gloire dans le jardin de délices. [36] Pourquoi les incrédules, le regard baissé, passent-ils rapidement devant toi, [37] A droite, à gauche, rassemblés en troupes ? [38] Espèrent-ils rentrer dans le séjour des voluptés ? [39] Non sans doute. Ils savent de quoi ils ont été créés. [40] Je ne jure point par le Souverain de l'orient et de l'occident, [41] Que nous pouvons leur substituer un peuple meilleur qu'eux, et que rien ne mettrait obstacle à notre volonté. [42] Laisse-les consumer leur vie dans les disputes frivoles ; le jour dont on les menace les y surprendra. [43] Dans ce jour, ils s'élanceront de leurs tombeaux avec la même promptitude qu'ils courent se ranger sous les drapeaux militaires. [44] Leurs yeux seront timidement baissés. L'opprobre les couvrira. Tel est le jour qui leur est annoncé.

CHAPITRE LXXI.

Noé. La paix soit avec lui. donné à La Mecque, composé de 29 versets. Au nom de Dieu clément et miséricordieux.

[1] Nous revêtimes Noé du caractère d'apôtre, et nous lui dîmes : Annonce nos menaces aux peuples avant que le jour des vengeances arrive. [2] Peuples, dit Noé, je suis le ministre que Dieu vous envoie. [3] Servez, craignez le Seigneur, et obéissez-moi. [4] Il vous pardonnera vos fautes ; il vous laissera accomplir votre carrière. Lorsque le terme marqué sera venu, vous ne pourrez le prolonger d'un instant ; si vous le saviez ! [5] Seigneur, dit Noé, j'ai prêché les hommes, mais mon zèle n'a servi qu'à les éloigner de la foi. [6] Toutes les fois que je les ai invités à recourir à la miséricorde divine, ils se sont bouché les oreilles de leurs doigts, ils se sont couvert le visage de leurs vêtemens. Ils persistent dans l'erreur. Ils ne montrent que de l'orgueil et de l'opiniâtreté. [7] Je leur ai annoncé tes commandemens ouvertement. [8] Mon zèle les a poursuivis en public et en secret ; [9] Ma voix leur a crié : Implorez l'indulgence du ciel, le Seigneur est miséricordieux. [10] Il versera sur vos campagnes une pluie abondante ; [11] Il augmentera vos richesses et le nombre de vos enfans ; il vous donnera des jardins et des fleuves. [12] Pourquoi désespéreriez-vous de la bonté divine ? [13] Dieu vous a tiré du néant, et vous a fait passer sous des formes différentes. [14] Ne voyez-vous pas comme il a créé les sept cieux qui s'enveloppent dans leur vaste enceinte ? [15] Il a suspendu au firmament la lune, pour réfléchir la lumière, et le soleil pour la communiquer. [16] Il vous a tous formés de terre. [17] Il vous y fera retourner, et vous en retirera de nouveau. [18] Il a déployé la terre sous vos pas comme un tapis. [19] Elle offre au voyageur des routes spécieuses. [20] Seigneur, ajouta Noé, le peuple a été rebelle à ma voix ; il a suivi les hommes puissans, dont

l'obstination croît à proportion de leurs richesses, et du nombre de leurs enfans. [21] Ils ont conjuré ma perte. [22] N'abandonnez-pas, se sont ils écriés, vos dieux *Oodd* et *Soa*[300], [23] Soyez fidèles à *Irous, Iaouc* et *Naser*. [24] Le plus grand nombre se sont laissés séduire, et leurs ténèbres ne font que s'épaissir. [25] Le déluge nous vengea de leurs crimes. Ils les expieront dans les flammes. [26] Ils ne purent trouver de protecteur contre l'Éternel. [27] Noé adressa à Dieu cette prière : Seigneur, ne laisse subsister sur la terre aucun monument des infidèles. [28] Ils pervertiraient tes serviteurs, et d'eux naitrait une génération coupable et corrompue. [29] Seigneur, pardonne-moi, pardonne à mes enfans, aux fidèles qui sont entrés dans l'arche, et extermine les pervers.

CHAPITRE LXXII.

Les Génies. donné à La Mecque, composé de 28 versets. Au nom de Dieu clément et miséricordieux.

[1] Déclare, ô Mahomet! ce que le ciel t'a révélé. L'assemblée des génies[301] ayant écouté la lecture du Coran, s'écria : voilà une doctrine merveilleuse. [2] Elle conduit à la vraie foi. Nous croyons en elle, et nous ne donnerons point d'égal à Dieu. [3] Gloire à sa majesté suprême! Dieu n'a point d'épouse, il n'a point enfanté. [4] Un de nous, dans sa folie, avait blasphémé contre l'Éternel. [5] Nous pensions que jamais homme ni génie n'aurait cet orgueil insensé. [6] Des hommes voulurent chercher la lumière, auprès de quelques-uns de nous, et ils n'en rapportèrent que l'erreur. [7] Ces esprits croyaient comme vous, ô mortels! que Dieu ne ressusciterait personne. [8] Nous voulûmes nous élever dans les cieux, et nous les trouvâmes gardés par des troupes vigilantes, et des feux pénétrans. [9] Nous y avons été assis sur des siéges, pour entendre ; mais quiconque voudra écouter désormais, trouvera la flamme prête à le repousser. [10] Nous ignorions si ce que le Très-Haut a destiné aux habitans de la terre était pour leur malheur, ou pour leur instruction. [11] Parmi nous il est des génies vertueux, il en est de pervers ; nous somme divisés en plusieurs ordres. [12] Nous savions qu'il était impossible d'éviter le courroux du ciel sur la terre, et que la fuite ne nous mettrait pas à l'abri. [13] Nous avons entendu la doctrine du coran, et nous l'avons embrassée. Celui qui croit n'a point à craindre de perdre le mérite de ses œuvres, ni d'être rejeté de Dieu. [14] Quelques-uns de nous professent l'islamisme ; les autres ont abjuré la vérité. Ceux qui ont cru recherchent avec ardeur la vraie doctrine ; [15] Ceux qui l'ont rejetée serviront d'aliment aux flammes. [16] Si les habitans de la Mecque marchent dans la voie de la justice, nous leur accorderons une pluie abondante. [17] Cette faveur sera une épreuve : s'ils s'écartent de la loi divine, ils subiront des supplices rigoureux. [18] Les temples sont consacrés aux louanges de l'Éternel. Ne lui donnez point d'égal. [19] Lorsque le serviteur de Dieu s'arrêta pour prier, les génies se pressaient en foule pour l'entendre. [20] Dis : J'adresse au Seigneur un pur hommage. Nul autre ne partage mon encens. [21] Dis : Il n'est point en mon pouvoir de vous nuire, ni de vous faire embrasser la foi. [22] Personne ne me défendra contre le bras du Tout-Puissant. [23] Je ne trouverai point d'abri contre son courroux. [24] Je ne puis que voux exhorter. J'accomplis le ministère dont le ciel m'a chargé. Si vous êtes rebelles à Dieu et au prophète, vous serez la proie des feux éternels. [25] Ils seront prévaricateurs jusqu'à ce qu'ils voient la vérité de nos menaces ; alors ils sauront qui de nous avait choisi un plus faible appui. [26] J'ignore si les peines que je vous annonce auront un prompt accomplissement, ou si elles seront différées jusqu'au terme. Dieu seul connaît les mystères ; il ne les découvre à personne ; [27] A moins qu'il n'accorde cette faveur au plus chéri de ses envoyés qu'il fait accompagner d'un cortège d'anges. [28] Il sait ce que ses ministres prêchent aux hommes. Son œil vigilant suit leurs démarches. Il tient un compte exact de toutes choses.

CHAPITRE LXXIII.

---

300. C'était des idoles adorées du temps de Noé. *Oodd* était le ciel représenté sous forme humaine. *Soa* avait la forme dd'une femme, *Irous* la forme d'un lion, *Iaouc* celle d'un cheval, et *Naser* celle d'un aigle. *Zamchascar*. Le même auteur ajoute que plusieurs écrivains pensent que ces noms sont ceux de quelques grands hommes dont on adorait les statues.

301. Ces génies habitaient Niuive. Ils se présentèrent à Mahomet lorsqu'au lever de l'aurore il priait sous un palmier. *Gelaleddin*.

Le Prophète, revêtu de ses habits. donné à La Mecque, composé de 20 versets. Au nom de Dieu clément et miséricordieux.

[1] O Toi qui es revêtu de tes habits [302] ! [2] Lève-toi pour prier pendant les ténèbres. [3] Reste en prière jusqu'à minuit ou un peu moins. [4] Redouble de ferveur et chante les hymnes du Coran. [5] Nous te révélerons des vérités sublimes. [6] A l'entrée de la nuit [303], on a plus de force pour concevoir, et plus de facilité pour s'exprimer. [7] De longues occupations te retiennent pendant le jour. [8] Souviens-toi du nom de Dieu. Quitte tout pour t'en entretenir. [9] Il est le souverain de l'orient et de l'occident. Il est le Dieu unique. Prends-le pour protecteur. [10] Souffre patiemment la calomnie. Sépare-toi des idolâtres avec gloire. [11] Laisse-moi veiller sur les incrédules que j'ai comblés de richesses. Laisse-les quelque temps au sein du repos. [12] Nous avons des chaînes pesantes, et des brasiers allumés. [13] Nous avons une nourriture qui déchire les entrailles, et des tourmens douloureux. [14] Un jour la terre sera ébranlée ; les montagnes réduites en poussière deviendront le jouet des vents. [15] Nous vous avons envoyé un apôtre, ainsi qu'à Pharaon. Il témoignera contre vous. [16] Pharaon se révolta contre notre ministre ; une punition terrible fut le prix de sa rébellion. [17] Si vous êtes infidèles, comment éviterez-vous le jour où les cheveux des enfans blanchiront. [18] Le firmament s'ouvrira ; les promesses de Dieu sont immuables. [19] Je vous ai avertis, hâtez-vous, si vous voulez, de marcher dans le chemin du salut. [20] Dieu sait que tu restes en prière jusqu'aux deux tiers, jusqu'à la moitié, ou au moins jusqu'au tiers de la nuit ; les croyans en font de même. Il sait que vous ne pouvez exactement compter le temps ; c'est pourquoi il use d'indulgence envers vous. Lisez du Coran ce qui vous sera le moins pénible. Il n'ignore pas qu'il y a parmi vous des infirmes, des fidèles qui voyagent pour se procurer l'abondance, d'autres qui combattent sous l'étendard de la foi. Lisez donc ce qui vous sera le moins pénible. Faites la prière. Payez le tribut sacré. Formez avec le Seigneur une alliance glorieuse. Vous trouverez dans ses mains le bien que vous aurez fait. Vous recevrez la récompense de vos vertus. Implorez l'indulgence du Seigneur ; il est indulgent et miséricordieux.

CHAPITRE LXXIV [304].

Le Manteau. donné à La Mecque, composé de 55 versets. Au nom de Dieu clément et miséricordieux.

[1] O toi qui es couvert d'un manteau ! [2] Lève-toi, et prêche. [3] Glorifie le Seigneur. [4] Purifie les vêtemens. [5] Fuis l'abomination [305]. [6] Ne donne point à dessein de recevoir davantage. [7] Attends patiemment ton Dieu. [8] Lorsque la trompette aura retenti, [9] Le jour terrible commencera. [10] Les infidèles n'y trouveront point de consolation. [11] Laisse-moi seul avec l'homme que j'ai créé. [12] Je lui ai donné des biens abondans, [13] Et des enfans pour les partager. [14] J'ai aplani les obstacles sous ses pas. [15] Il attend que je mette le sceau à son bonheur. [16] Vains souhaits. Il a été rebelle à ma loi. [17] Je l'obligerai à gravir la montagne pénible. [18] Il a pensé et disposé. [19] La vengeance divine a été le fruit de ses projets. [20] Il est mort comme il avait agi. [21] Il a porté ses regards autour de lui, [22] Et la tristesse a voilé son front. [23] Sur la terre il fut rebelle et orgueilleux. [24] Le

---

302. *O toi qui es revêtu de tes habits.* Mahomets s'était enveloppé de son manteau à l'instant où Gabriel lui avait apporté une révélation. La crainte et le respect l'avaient fait se couvrir. *Gelaleddin.*

303. *Gelaleddin* interprète ainsi ce passage : Lorsque le fidèle médite le Coran au commencement de la nuit toutes les facultés de son âme se réunissent, il conçoit mieux les versets qu'il lit, et les prononce avec plus de clarté. *Maracci* rejette cette interprétation, et prétend que pour entrer dans le sens du faux prophète, il serait mieux de dire : *Certè in principio noctis majus robur, et vim habet homo ad fœminas premendas, et subagitandas, et as clarioribus verbis amores suos propandos. Maracci*, réfutation du chapitre 73, page 759. C'est ainsi qu'il réfute le Coran et ses commentateurs.

304. Ce chapitre porte à peu près le même titre que le précédent. Le voici : O toi qui es couvert d'un manteau ! De ce que Mahomet paraît deux fois couvert d'un manteau, *Maracci* conclut qu'il était épileptique et démoniaque. Est-il une raison plus frivole ? Il ignorait sans doute que les Arabes ne vont jamais sans de longs manteaux de laine blanche, qui les défendent de la chaleur pendant le jour, et qui leur servent de lit pendant la nuit. Ces robes flottantes sont encore des habits de cérémonie, et ils ne paraîtraient pas devant une personne honnête sans en être revêtus. Il n'est donc pas étonnant que Mahomet à l'instant où il feint que l'ange lui a parlé en ait été couvert. J'ai vu en Égypte de ces prétendus démoniaques, de ces hommes qui se disent inspirés ; loin d'être enveloppés de manteaux, ils vont absolument nus, apparemment pour être plus dégagés des choses terrestres. Le peuple les révère comme des hommes possédés d'un génie, comme des saints.

305. C'est-à-dire le culte des idoles.

Coran, disait-il, est une imposture. 25 Ce n'est que la parole d'un homme. 26 Les feux du Tartare puniront ce blasphème. 27 Qui te donnera une idée de ce gouffre? 28 Il ne laisse rien échapper ; il ne rond point sa proie. 29 Il dévore les chairs des réprouvés. 30 Dix-neuf anges en ont la garde. 31 Nous ne l'avons confiée qu'aux esprits célestes. Nous les avons fixés à ce nombre pour égarer les idolâtres, pour affermir les juifs dans la vraie croyance, et augmenter la foi des fidèles. 32 Que les juifs et les croyans ne doutent donc point de cette vérité. 33 Laisse ceux dont le cœur est infecté, laisse les impies s'écrier : Que Dieu veut-il nous enseigner par ce nombre mystérieux? 34 Le Tout-Puissant éclaire ou égare les mortels à son gré. Personne ne connait ses armées. Lui seul en la la connaissance. Ces vérités doivent vous instruire. 35 Je jure par la lune, 36 Par la nuit quand elle plie ses voiles, 37 Par l'aurore quand elle s'avance entourée de lumière, 38 Que l'enfer est l'abîme épouvantable ; 39 Qu'il menace les humains ; 40 Qu'il avertit celui qui marche dans le chemin de la justice, et celui qui retourne sus ses pas. 41 Chacun répondra de ses œuvres. Ceux qui occuperont la droite 42 Entreront dans le jardin de délices. Ils demanderont aux méchans : 43 Qui vous a fait tomber dans l'enfer? 44 Nous n'avons point fait la prière, répondront-ils ; 45 Nous n'avons point nourri le pauvre ; 46 Nous avons disputé avec les amateurs des frivolités, 47 Et nous avons traité de chimère le jour de la résurrection. 48 La mort fatale nous a surpris. 49 L'intercession leur sera inutile. 50 Pourquoi se sont-ils éloignés de la religion, 51 Semblables à l'âne sauvage qui fuit devant une lionne? 52 Ils voudraient que Dieu leur envoyât un ordre écrit de sa main. 53 Il n'en sera pas ainsi ; cependant la vie future ne les épouvante point. 54 Il n'en sera pas ainsi. Le Coran les avertit. Que celui qui veut s'éclairer recherche sa lumière. 55 Les élus du Seigneur écouteront seuls les avertissements divins. Dieu mérite qu'on le craigne. La miséricorde est son partage.

CHAPITRE LXXV.

La Résurrection. donné à La Mecque, composé de 40 versets. Au nom de Dieu clément et miséricordieux.

1 Je ne jurerai point par le jour de la résurrection. 2 Je ne jurerai point par l'âme qui s'accuse elle-même. 3 L'homme croit-il que nous ne réunirons pas ses os? 4 Nous opèrerons cette merveille ; nous rejoindrons les phalanges de ses doigts. 5 Mais il nie l'évidence qui frappe ses yeux. 6 Quand viendra le jour de la résurrection, demande-t-il? 7 Lorsque l'œil sera consterné ; 8 Lorsque la lune éclipsée 9 Ira se réunir au soleil. 10 Les mortels s'écrieront : Où trouver un asile? 11 Ils chercheront en vain. 12 Ils se tiendront debout devant le tribunal de Dieu. 13 Les actions anciennes et récentes seront dévoilées. 14 L'homme sera témoin oculaire contre lui-même. 15 Ses excuses seront vaines. 16 Ne lis point le Coran avec précipitation. 17 Nous le graverons dans ta mémoire, et nous t'apprendrons à le réciter. 18 Lorsque Gabriel te récitera des versets, suis-le attentivement ; 19 Nous t'en donnerons l'interprétation ; 20 Le ciel t'en fait la promesse. Vous chérissez une ombre fugitive, 21 Et vous abandonnez la vie future. 22 Le front des justes paraîtra rayonnant de gloire. 23 Leurs regards seront tournés vers le Seigneur. 24 Le visage des méchans sera couvert des ombres de la tristesse. 25 Le malheur prêt à fondre sur eux occupera leur pensée. 26 Leurs craintes seront justes. Quand l'homme est au lit de la mort, 27 Et que les assistans s'écrient : Où trouver une potion enchantée? 28 Il songe alors qu'il va se séparer du monde ; 29 Ses cuisses se serrent l'une contre l'autre, 30 Et son âme est portée devant l'Éternel. 31 L'homme n'a point la foi ; il ne prie point. 32 Il nie la vérité du Coran, et s'éloigne de la religion. 33 Au milieu de sa famille, il vit avec faste. 34 Cependant l'heure le presse ; elle est prête à sonner. 35 Mortels! je le répète, la mort vous poursuit ; elle va frapper. 36 Croyez-vous qu'on doive vous laisser affranchis de toutes lois? 37 N'avez-vous pas été une goutte d'eau répandue? 38 Dieu ne vous a-t-il pas formés d'un peu de sang? n'a-t-il pas donné à vos corps de justes proportions? 39 N'a-t-il pas tiré du néant les deux premiers époux? 40 Le créateur du genre humain manquerait-il de puissance pour faire revivre les morts?

CHAPITRE LXXVI.

L'Homme. donné à La Mecque, composé de 30 versets. Au nom de Dieu clément et miséricordieux.

[1] L'homme a-t-il longtemps existé sans que nous lui ayons offert des preuves de notre puissance ? [2] Nous lui avons donné l'être en rapprochant les deux sexes. Nous l'avons mis sur la terre pour l'éprouver. Il a reçu de nous l'ouïe et la vue. [3] Nous avons guidé ses pas dans le chemin du salut, pour éprouver sa reconnaissance ou son ingratitude. [4] Nous avons préparé aux infidèles des brasiers et des chaînes sous lesquelles leurs cols seront courbés. [5] Les justes boiront un vin exquis mêlé avec l'eau de *Cafour*[306]. [6] C'est la fontaine où se désaltéreront les serviteurs de Dieu. Ils en feront couler les eaux à leur gré[307]. [7] Ils ont accompli leurs vœux ; ils ont craint le jour qui répandra au loin le malheur. [8] Ils ont distribué au pauvre, à l'orphelin, au captif, une nourriture agréable. [9] Nous vous nourrissons pour l'amour de Dieu, leur disaient-ils ; nous ne vous demandons ni récompense ni actions de grâces. [10] Nous pensons en tremblant au jour des calamités, au jour où la tristesse élèvera un nuage sur les visages. [11] Leur piété a eu sa récompense. Dieu les a délivrés des peines éternelles. Leur tête est ceinte d'un éclat radieux. La beauté et la joie brillent sur leur front. [12] Les jardins de délices et les vêtemens de soie sont le prix de leur persévérance. [13] Ils reposent sur le lit nuptial. L'éclat du soleil et de la lune ne les importune point. [14] Les arbres d'alentour les couvrent de leur ombrage. Les rameaux chargés de fruits s'abaissent devant eux. [15] On leur présente des vases d'argent et des coupes égales en beauté au cristal ; [16] Ils s'y désaltèrent à leur gré. [17] Un mélange de vin exquis et d'eau pure de *Zangebil*[308] est leur boisson. [18] *Salsabil* est le lieu où coule cette source superbe. [19] Des enfans doués d'une éternelle jeunesse s'empressent à les servir ; la blancheur de leur teint égale l'éclat des perles. [20] L'œil, dans ce séjour délicieux, ne voit que des objets enchanteurs ; il se promène sur un royaume d'une vaste étendue. [21] L'or et la soie forment leurs habits. Des bracelets d'argent sont leur parure. Dieu les fait boire dans la coupe du bonheur. [22] Telle est la récompense qui nous est promise. Certainement votre zèle sera payé de reconnaissance. [23] Nous t'avons envoyé le Coran du ciel. [24] Attends avec impatience le jugement de Dieu. N'obéis point à l'impie et à l'infidèle. [25] Glorifie le nom du Seigneur le matin et le soir. Adore-le pendant la nuit. Publie ses louanges au milieu des ténèbres. [26] Le plus grand nombre des hommes s'attachent à l'ombre qui fuit, et laissent derrière eux le jour terrible. [27] Nous les avons créés, nous avons resserré les liens qui les unissent, et quand nous voudrons, nous mettrons à leur place d'autres hommes. [28] Le Coran vous offre l'instruction. Hâtez-vous, si vous voulez, de suivre la lumière divine. [29] Mais la volonté de Dieu peut seule déterminer la vôtre. Il est savant et sage. Il fera part de sa miséricorde à qui il voudra. Il a préparé pour les impies des supplices effrayans.

CHAPITRE LXXVII.

Les Messagers. donné à La Mecque, composé de 50 versets. Au nom de Dieu clément et miséricordieux.

[1] Par les messagers qui se suivent, [2] Par les tempêtes affreuses, [3] Par les vents qui apportent la fécondité, [4] Par les versets du Coran, [5] Par les anges qui portent [6] des avertissemens, [7] Les peines qu'on vous annonce viendront. [8] Lorsque les étoiles auront été anéanties, [9] Que la voûte des cieux se sera fendue, [10] Que les montagnes seront dispersées en poussière, [11] Et lorsque les envoyés auront été réunis au terme marqué ; [12] Dans quel jour le genre humain sera rassemblé ! [13] Ce sera l'instant de la séparation. [14] Qui te donnera une idée de ce moment épouvantable ? [15] Malheur dans ce jour à ceux qui auront traité la vérité d'imposture. [16] N'avons-nous pas exterminé ceux qui les auront précédés ? [17] Ils subiront un pareil sort. [18] C'est ainsi que nous récompensons les scélérats. [19] Malheur dans ce jour à ceux qui auront traité la vérité d'imposture ! [20] Ne vous avons-nous pas créés d'un peu d'eau, [21] Déposée dans un lieu sûr, [22] Pendant un temps limité ? [23] Nous l'avons pu faire ; gloire à notre puissance ! [24] Malheur dans ce jour à ceux qui auront traité la vérité d'imposture ! [25] N'avons-nous pas établi la terre pour vous contenir, [26] Pendant votre vie et après votre mort ? [27] Nous y avons élevé de hautes montagnes ; nous y avons mis des sources d'eau douce. [28] Malheur

---

306. *Cafour* est une des fontaines du Paradis. Les bienheureux mêleront son eau avec du vin. *Gelaleddin.*
307. Ils feront couler les eaux de cette fontaine autour de leurs palais, partout où ils voudront. *Gelaleddin.*
308. Cette eau est aussi agréable que le *Zinziber*, boisson que les Arabes aiment avec passion. *Gelaleddin.*

dans ce jour à ceux qui auront traité la vérité d'imposture ! 29 Allez au supplice que vous traitiez de chimère. 30 Allez sous des arbres qui n'ont que trois branches pour vous couvrir. 31 Cet ombrage ne vous donnera point de fraîcheur, et ne vous mettra point à l'abri des flammes. 32 Elles s'élanceront de tous côtés en pyramides hautes comme le faîte des palais. 33 Leur couleur ressemblera à celle des chameaux roux. 34 Malheur dans ce jour à ceux qui auront traité la vérité d'imposture ! 35 Les coupables garderont le silence. 36 On ne leur permettra point de s'excuser. 37 Malheur dans ce jour à ceux qui auront traité la vérité d'imposture ! 38 Tel sera le jour de la séparation. Vous serez rassemblés avec les anciens peuples. 39 Si vous avez des piéges, tendez-les. 40 Malheur dans ce jour à ceux qui auront traité la vérité d'imposture ! 41 Les justes seront au milieu des ombrages et des fontaines. 42 Les fruits qu'ils aiment s'offriront à leurs désirs. 43 Buvez et mangez à souhait ; jouissez du prix de vos vertus. 44 C'est ainsi que nous récompensons les bienfaisans. 45 Malheur dans ce jour à ceux qui auront traité la vérité d'imposture ! 46 Enivrez-vous de plaisirs ; vous en jouirez peu, parce que vous êtes livrés à l'iniquité. 47 Malheur dans ce jour à ceux qui auront traité la vérité d'imposture ! 48 Lorsqu'on leur disait : Courbez-vous, ils refusaient de se courber. 49 Malheur dans ce jour à ceux qui auront traité la vérité d'imposture ! 50 En quel autre livre croiront-ils après le Coran ?

CHAPITRE LXXVIII.

La Grande Nouvelle. donné à La Mecque, composé de 41 versets. Au nom de Dieu clément et miséricordieux.

1 De quoi s'entretiennent-ils ? 2 Est-ce la grande nouvelle 3 Qui fait le sujet de leurs disputes ? 4 Ils sauront la vérité. 5 Ils la sauront infailliblement. 6 N'avons-nous pas étendu la terre comme un tapis ? 7 N'avons-nous pas élevé les montagnes, pour lui servir d'appui ? 8 Nous avons tiré l'homme et la femme du néant. 9 Nous vous avons donné le sommeil pour délassement. 10 Nous avons abaissé sur vous le voile de la nuit. 11 Nous avons créé le jour pour le travail. 12 Nous avons élevé sur vos têtes sept cieux solides. 13 Nous y avons suspendu un flambeau lumineux. 14 Nous versons du sein des nuages comprimés une pluie abondante. 15 Elle fait éclore le grain et les plantes. 16 Elle fait croître les arbres de vos jardins. 17 Le jour de la séparation est le terme marqué. 18 Dans ce jour, la trompette retentira, et vous vous hâterez de paraître devant l'Éternel. 19 Les montagnes seront balancées dans les airs comme des nuages. 20 L'enfer tendra ses filets. 21 Les méchans y seront pris. 22 Ils y demeureront des siècles. 23 Ils n'y goûteront point les douceurs du sommeil ; ils n'auront rien pour se désaltérer. 24 De l'eau bouillante et corrompue sera leur unique breuvage. 25 Digne récompense ! 26 Ils ne voulaient pas croire qu'ils auraient rendu compte. 27 Ils blasphémaient contre la religion sainte ; 28 Mais nous écrivons toutes les actions. 29 Subissez des tourmens dont la rigueur ne fera qu'accroître. 30 Le séjour de la félicité sera le partage des hommes vertueux. 31 Il sera planté d'arbres et de vignes. 32 Des filles célestes au sein arrondi et palpitant en feront l'ornement. 33 On boira des coupes remplies. 34 Les discours frivoles et le mensonge seront bannis de ces lieux. 35 Telle est la récompense de Dieu ; elle suffit au bonheur. 36 Il est le souverain du ciel, de la terre, et de l'immensité de l'espace. La miséricorde est son partage. Il ne conversera point avec ses créatures. 37 Dans ce jour, Gabriel se tiendra debout ; les anges garderont leur ordre. Ils ne parleront à personne sans la permission du Tout-Puissant, et ils ne diront que ce qui est convenable. 38 Ce jour viendra ; c'est une vérité indubitable. Que celui qui veut se convertir tourne son cœur vers le Seigneur. 39 Nous vous avons menacés d'un châtiment prochain. 40 Dans ce jour, l'homme verra le tableau de ses actions, et l'infidèle s'écriera : Plût à Dieu que je fusse réduit en poussière !

CHAPITRE LXXIX.

Les Ministres de la vengeance. donné à La Mecque, composé de 47 versets. Au nom de Dieu clément et miséricordieux.

[1] Par les anges qui arrachent les âmes avec violence, [2] Par ceux qui les emportent doucement, [3] Par ceux qui traversent rapidement les airs, [4] Par ceux qui précèdent les justes, [5] Par ceux qui président aux destins de l'univers, [6] Un jour le premier son de la trompette jettera l'épouvante ; [7] Elle retentira une seconde fois, [8] Et tous les cœurs seront saisis d'effroi. [9] Les yeux seront humblement baissés. [10] Reviendrons-nous, demandent les infidèles, dans notre premier état, [11] Même après que nos os auront été réduits en pourriture ? [12] Certainement cette résurrection est chimérique. [13] Un seul son se fera entendre, [14] Et les hommes paraîtront sur la surface de la terre. [15] Connais-tu l'histoire de Moïse, [16] Lorsque Dieu l'appela dans la vallée sainte de Thoï ? [17] Va trouver Pharaon ; il est prévaricateur. [18] Dis-lui : S'il est possible que tu deviennes pur, [19] Je te conduirai dans les voies de Dieu, afin que tu le craignes. [20] Moïse opéra devant lui un prodige. [21] Pharaon nia le miracle, et fut rebelle. [22] Il tourna le dos, et se replongea dans l'impiété. [23] Il rassembla les mages, [24] Et leur dit : Je suis votre Dieu suprême. [25] Le Seigneur lui fit éprouver le premier de ses fléaux ; [26] Exemple frappant pour celui qui le craint. [27] Êtes-vous doune nature plus forte que les cieux que Dieu a créés ? [28] Il éleva leur voûte étendue, et perfectionna son ouvrage. [29] Il donna les ténèbres à la nuit, et au jour la clarté. [30] Il étendit la terre ; [31] Il y mit la source des fleuves, et la rendit féconde. [32] Il affermit les montagnes, [33] Pour votre usage et celui de vos troupeaux. [34] Lorsque le jour victorieux sera venu, [35] L'homme se souviendra de ce qu'il a recherché avec le plus d'ardeur. [36] L'enfer découvrira ses gouffres. [37] Le prévaricateur [38] Qui aura préféré les plaisirs terrestres [39] Aura l'enfer pour réceptacle. [40] Celui qui aura craint le jugement et réglé les désirs de son cœur [41] Habitera les jardins de délices. [42] Ils te demanderont quand viendra le moment fatal ; [43] Mais quelle connaissance en as-tu ? [44] Dieu seul le connaît ; il en a fixé le terme. [45] Tu avertis celui qui le craint. [46] Le jour où l'heure sonnera, [47] Il semblera aux hommes qu'ils ne sont restés qu'une soirée ou un matin dans le tombeau.

CHAPITRE LXXX.

Le Front sévère. donné à La Mecque, composé de 42 versets. Au nom de Dieu clément et miséricordieux.

[1] Le prophète a montré un front sévère et a détourné les yeux, [2] Parce qu'un aveugle s'est présenté devant lui [309] ; [3] Et qui pouvait t'assurer [310] qu'il était juste, [4] Ou qu'en l'avertissant tes conseils lui seraient salutaires ? [5] Mais le riche qui nage dans l'abondance, [6] Tu le reçois avec distinction ; [7] Il t'importe peu s'il est équitable. [8] Et celui que le zèle t'amène, [9] Qui craint le Seigneur, [10] Tu détournes de lui tes regards. [11] Cette conduite est injuste ; que ce chapitre t'instruise. [12] Que le fidèle garde ces préceptes dans sa mémoire. [13] Que le papier en soit le dépositaire honoré. [14] Qu'il conserve ce dépôt sublime et pur, [15] Tracé par la main d'un écrivain honnête et juste [311]. [16] Périsse le méchant ! Qui a pu le rendre infidèle ? [17] De quoi Dieu l'a-t-il créé ? [18] De boue. [19] Il lui a donné une forme agréable. [20] Il lui a facilité le chemin qui conduit à la vie. [21] Il lui envoie la mort, et le fait descendre au tombeau. [22] Il le fera ressusciter quand il voudra. [23] Ces vérités sont indubitables. L'homme n'a pas encore accompli les ordres de l'Éternel. [24] Qu'il considère sa nourriture : [25] Nous faisons couler la pluie des nuages ; [26] Nous ouvrons le sein de la terre ; [27] Nous faisons germer le grain, [28] Pousser la vigne, verdir l'herbe, [29] Croître l'olivier, le palmier, [30] Et les arbres qui ornent vos jardins. [31] La terre se couvre de fruits et de paturages, [32] Pour votre usage et celui de vos troupeaux. [33] Lorsque la trompette retentira, [34] Le frère abandonnera son frère ; [35] Le fils, sa mère et son père ; [36] L'époux quittera sa femme et ses enfans. [37] Chacun ne sera occupé que de la grande affaire. [38] Des visages seront radieux ; [39] On y verra briller le contentement et la joie. [40] D'autres seront couverts de poussière ; [41] Un voile ténébreux les obscurcira. [42] Tels paraîtront les infidèles et les scélérats.

---

309. Un aveugle se présenta devant Mahomet dans un moment où il travaillait à la conversion d'un Coréishite riche et puissant ; il fut mal reçu. L'aveugle revint, et il fut traité avec bonté. *Gelaleddin.*

310. *Diras-tu.*

311. Les Mahométans sont fidèles à ce précepte ; ils écrivent le Coran avec la plus grande exactitude et le conservent avec la plus profonde vénération.

CHAPITRE LXXXI.

Les Ténèbres. donné à La Mecque, composé de 29 versets. Au nom de Dieu clément et miséricordieux.

[1] Lorsque le soleil sera couvert de ténèbres, [2] Que les étoiles se détacheront du firmament, [3] Que les montagnes auront été emportées dans les airs, [4] Que les femelles de chameau prêtes à mettre bas, seront abandonnées, [5] Que les animaux seront rassemblés, [6] Que les mers s'enflammeront, [7] Que les âmes se réuniront aux corps ; [8] Lorsqu'on demandera à la fille enterrée vivante [312] [9] Quel crime elle avait commis ; [10] Lorsque le livre sera ouvert, [11] Que le voile des cieux tombera, [12] Que les brasiers de l'enfer seront allumés, [13] Et que le paradis s'approchera, [14] L'homme verra le tableau de ses actions. [15] Je ne jurerai point par les cinq planètes [313] [16] Qui s'éclipsent dans leur cours, [17] Par la nuit quand elle répand les ombres, [18] Par l'aurore quand elle déploie ses feux naissans, [19] Que le Coran est la parole du prophète honorable, [20] Du prophète puissant auprès du souverain du trône, et inébranlable dans la foi, [21] Du prophète obéi et fidèle. [22] Votre compatriote n'est point inspiré par Satan. [23] Il vit Gabriel au haut de l'horizon resplendissant de lumière. [24] Il ne cache point les révélations du ciel. [25] Ce livre n'est point l'ouvrage de Satan foudroyé. [26] A quelles pensées vous abandonnez-vous ! [27] Le Coran offre l'instruction aux homme ; [28] A ceux qui veulent marcher dans le chemin de la justice ; [29] Mais vous n'aurez point cette volonté si Dieu ne vous l'inspire.

CHAPITRE LXXXII.

La Rupture [314]. donné à La Mecque, composé de 19 versets. Au nom de Dieu clément et miséricordieux.

[1] Lorsque les cieux se briseront, [2] Que les étoiles seront dispersées, [3] Que les mers confondront leurs eaux, [4] Et que les sépulcres seront renversées, [5] L'âme verra le tableau de toute sa vie. [6] Mortel ! qui t'a rendu rebelle au Dieu adorable qui t'a créé ? [7] Qui a dessiné les proportions admirables de ton corps ? [8] Il t'a donné la forme qu'il a voulu. [9] Ces paroles sont la vérité ; mais vous niez le jour du jugement. [10] Au-dessus de vos têtes sont des gardiens honorables [315]. [11] Ils observent, ils écrivent ; [12] Ils voient toutes vos actions. [13] Les justes habiteront le séjour des voluptés. [14] Les scélérats seront précipités dans l'enfer. [15] Le jugement mettra le sceau à leur réprobation. Ils seront dévorés par les flammes. [16] Jamais ils ne sortiront de l'abîme. [17] Qui te fera comprendre ce jugement terrible ? [18] Qui pourrait t'en donner une idée ? [19] Dans ce jour, l'homme ne pourra rien pour son semblable. L'Éternel aura l'empire de ce jour.

CHAPITRE LXXXIII.

La Mesure injuste. donné à La Mecque, composé de 36 versets. Au nom de Dieu clément et miséricordieux.

[1] Malheur à ceux qui pèsent à faux poids ! [2] Qui en achetant exigent une mesure pleine ; [3] Et qui, quand ils vendent, trompent sur la mesure ou le poids. [4] Ne songent-ils donc point qu'ils ressusciteront, [5] Dans le grand jour, [6] Dans ce jour où le genre humain comparaîtra devant le Souverain de l'univers ? [7] Vous ne pouvez en douter. Le livre des scélérats [316] sera le *Segin*. [8] Qui te fera connaître, [9] Ce livre où les crimes seront tracés ? [10] Malheur dans ce jour à ceux qui ont blasphémé contre l'islamisme ! [11] Malheur à ceux qui nient la résurrection ? [12] L'impie et le scélérat rejettent seuls cette vérité, [13] La religion n'est à leurs yeux qu'une fable, que l'antiquité enfanta : [14] Tels sont leurs discours. Le crime a endurci leurs cœurs. [15] Au jour du jugement,

---

312. Les Arabes étaient dans l'usage barbare d'enterrer leurs filles aussitôt qu'elles étaient nées, lorsqu'ils ne pouvaient les nourrir, ou qu'ils les avaient eues d'un commerce illégitime. *Maracci.* Mahomet abolit cet usage barbare.

313. Ce sont les cinq planètes Mercure, Vénus, Mars, Jupiter et Saturne. *Gelaleddin.*

314. Le fidèle qui lira ce chapitre recevra une faveur divine pour chaque goutte d'eau qui tombera du ciel, une autre pour chaque tombeau que la terre renfermera dans son sein. *Zamchascar.*

315. Ce sont des anges.

316. C'est le livre où sont écrites les actions des démons et des infidèles. *Gelaleddin.*

Dieu les enveloppera d'un voile, 16 Et les précipitera dans l'enfer. 17 Voilà, leur dira-t-il, les tourmens que vous traitiez de chimère. 18 Ces menaces sont véritables. Le livre des justes est *Aliin*[317], 19 Qui t'en donnera l'intelligence ? 20 C'est le livre où sont écrites les actions vertueuses. 21 Les anges les plus près de l'Éternel en sont les témoins. 22 Les justes seront les hôtes du séjour de délices. 23 Couchés sur le lit nuptial, ils porteront çà et là leurs regards. 24 On verra briller sur leur front les rayons de la joie. 25 Ils boiront d'un vin exquis et scellé. 26 Le cachet sera de musc. Que ceux qui désirent ce bonheur s'efforcent de le mériter. 27 Ce vin sera mêlé avec l'eau de *Tesnim*[318], 28 Source précieuse ou se désaltèreront ceux qui seront le plus près de l'Éternel. 29 Les scélérats insultent aux croyans par leurs plaisanteries. 30 S'ils passent près d'eux, ils les regardent d'un œil méprisant. 31 De retour dans leurs maisons, ils s'en moquent insolemment. 32 A leur aspect, ils disent : Voilà ceux qui sont dans l'erreur. 33 Ils ne sont point chargés du soin de les conduire. 34 Au jour du jugement, les fidèles riront des méchans. 35 Ils les verront du sein des plaisirs. 36 Les infidèles ont-ils été récompensés suivant leurs œuvres ?

CHAPITRE LXXXIV.

L'ouverture. donné à La Mecque, composé de 25 versets. Au nom de Dieu clément et miséricordieux.

1 Lorsque le firmament s'ouvrira, 2 Et qu'il aura obéi à la voix du Tout-Puissant, 3 Lorsque la terre sera aplanie, 4 Qu'elle aura rejeté les morts de son sein, que les tombeaux seront vides, 5 Et qu'elle aura exécuté les ordres de l'Éternel ; 6 Mortels ! vous vous hâterez de comparaître devant son tribunal. 7 Celui qui recevra le livre de ses œuvres dans la main droite 8 Sera jugé avec douceur. 9 Il retournera joyeux à sa famille. 10 Ceux à qui on l'attachera derrière le dos [319] 11 Invoqueront la mort, 12 Et seront la proie des flammes. 13 Sur la terre, ils vivaient avec faste ; 14 Ils pensaient qu'ils ne ressusciteraient point ; 15 Mais Dieu observait leurs démarches. 16 Je ne jurerai point par la rougeur du ciel au coucher du soleil, 17 Par la nuit et ce qu'elle enveloppe de ses ombres, 18 Ni par la lune quand elle est dans son plein, 19 Que vous changerez d'état [320]. 20 Qui peut les empêcher de croire ? 21 Pourquoi n'adorent-ils pas le Seigneur quand on leur lit le Coran ? 22 Au contraire, les infidèles l'accusent de fausseté ; 23 Mais Dieu sait ce qu'ils accumulent. 24 Annonce-leur un supplice effrayant. 25 Les croyans vertueux jouiront d'un bonheur éternel.

CHAPITRE LXXXV.

Les Signes célestes. donné à La Mecque, composé de 22 versets. Au nom de Dieu clément et miséricordieux.

1 Par les signes qui sont dans les cieux [321], 2 Par le jour promis [322], 3 Par le témoin et le jour du témoignage [323], 4 Les habitans de la caverne ont péri. 5 Ils y entretenaient un feu coupable. 6 Tandis qu'ils étaient assis à l'entour, 7 Ils formaient des projets contre les fidèles. 8 Ils ne les ont tourmentés que parce qu'ils croyaient au Dieu puissant et digne de louanges ; 9 Au Dieu qui a le domaine du ciel, de la terre, et qui observe toutes les actions. 10 Ceux qui auront brûlé les fidèles des deux sexes, et qui n'ont pas fait pénitence, seront précipités dans les flammes de l'enfer. 11 Ceux qui, à la foi, ont le mérite des bonnes œuvres, habiteront les jardins qu'arrosent des fleuves, séjour de la félicité suprême. 12 Certainement les vengeances de Dieu seront terribles. 13 Il est le créateur et le terme de toutes choses. 14 Il est indulgent et aimant. 15 Il possède le trône

---

317. *Aliin* est le livre où sont écrites les actions des anges, des fidèles, et des génies. *Gelaleddin.*
318. *Tesnim* est le nom d'une fontaine du Paradis.
319. Les infidèles auront la main droite attachée au col. Ils porteront, dans leur main gauche liée derrière le dos, le livre de leurs œuvres. *Gelaleddin.*
320. C'est-à-dire que vous passerez de la vie à la mort, et de la mort à la résurrection. *Gelaleddin.*
321. Ce sont les signes du Zodiaque.
322. Le jour de la résurrection.
323. Le témoin, c'est Mahomet ; le jour du témoignage, c'est le jugement. *Jahia.*

sublime. [16] Sa volonté est sa loi. [17] Sais-tu l'histoire des armées [18] De Pharaon et de *Themod*? [19] Mais les infidèles nient l'évidence. [20] Dieu les enveloppera par derrière. [21] Ce livre est le Coran glorieux ; [22] Il est écrit sur la table gardée [324].

CHAPITRE LXXXVI.

L'Astre nocturne. donné à La Mecque, composé de 17 versets. Au nom de Dieu clément et miséricordieux.

[1] Par le ciel et l'étoile nocturne, [2] Qui te fera la peinture [3] De cet astre dont les feux sont pénétrans ? [4] Chacun a un gardien qui l'observe. [5] Que l'homme considère de quoi il a été créé : [6] D'un peu d'eau répandue, [7] Sortie des reins et des os de la poitrine. [8] Certainement Dieu peut le ressusciter. [9] Le jour où les mystères seront dévoilés, [10] Il n'aura ni puissance ni appui. [11] Par le ciel qui éprouve une révolution ; [12] Par la terre qui renferme le germe des plantes, [13] Le Coran distingue le bien du mal ; [14] Il ne contient rien de frivole. [15] Les infidèles te dressent des embûches ; [16] Je leur tends des piéges. [17] Souffre-les avec patience ; laisse-les s'endormir quelques instans au sein du repos.

CHAPITRE LXXXVII.

Le Très-Haut [325]. donné à La Mecque, composé de 19 versets. Au nom de Dieu clément et miséricordieux.

[1] Loue le nom du Seigneur, du Dieu Très-Haut. [2] Il a créé et perfectionné ses ouvrages. [3] La sagesse éternelle préside à ses décrets. [4] Il fait verdir l'herbe de vos prairies ; [5] Il la réduit en foin desséché. [6] Nous te ferons lire, et tu n'oublieras rien, [7] Que ce qui plaira à Dieu ; il connaît ce qui est public et caché. [8] Nous te rendrons nos voies faciles. [9] Instruis les peuples ; tes instructions seront salutaires. [10] Celui qui craint le Seigneur y sera docile. [11] Malheur à celui qui n'y soumettra pas son cœur ! [12] Précipité dans le grand brasier, [13] Il n'y trouvera ni la vie ni la mort. [14] Celui qui est purifié a atteint le bonheur. [15] Il a conservé le souvenir de Dieu, et a prié. [16] Mais vous, ô infidèles ! vous préférez la vie du monde. [17] La vie future sera plus délicieuse et plus durable. [18] Cette vérité est consacrée dans les livres des anciens ; [19] Dans les livres d'Abraham et de Moïse.

CHAPITRE LXXXVIII.

Le Voile ténébreux. donné à La Mecque, composé de 27 versets. Au nom de Dieu clément et miséricordieux.

[1] T'a-t-on fait la peinture du voile ténébreux ? [2] Ceux dont le visage en sera couvert [3] Seront semblables à des mercenaires [4] Accablés de fatigue. [5] Précipités dans les feux dévorans, [6] Ils avaleront de l'eau bouillante. [7] Le fruit du *Daria* [326] sera leur nourriture. [8] Il ne leur procurera aucun embonpoint, et ne calmera pas leur faim. [9] Le front des justes sera rayonnant de joie. [10] Le contentement de la vertu dilatera leur cœur. [11] Ils habiteront le jardin de délices ; [12] Les futilités seront bannies de ce séjour. [13] On y trouvera des sources jaillissantes, [14] Des lits élevés, [15] Des coupes préparées, [16] Des coussins mis en ordre, [17] Des tapis étendus. [18] Ne voient-ils pas comme le chameau a été créé, [19] Comme les cieux ont été élevés, [20] Comme les montagnes

---

324. Cette table gardée si fameuse parmi les Mahométans, est soutenue au-dessus du septième ciel. Les anges la défendent contre l'attentat des démons afin que ce qui y est écrit ne souffre aucune altération. Sa longueur égale l'espace qui est entre les cieux et la terre, et sa largeur la distance qui se trouve entre l'orient et l'occident. Elle est faite d'une seule pierre précieuse d'une blancheur éblouissante. *Ebn Abbas.*

325. Le fidèle qui lira le chapitre du Très-Haut recevra dix dons célestes pour chacune des lettres que renferment les livres envoyés du ciel à Abraham, Moyse et Mahomet : C'est le sentiment des docteurs mahométans.

326. Le *Daria* est un arbrisseau épineux dont les fruits sont dégoûtans.

ont été affermies, 21 Comme la terre a été étendue? 22 Prêche les hommes; la prédication est ton ministère. 23 Ne leur commande point avec violence. 24 L'apostat et l'incrédule 25 Seront les victimes des vengeances célestes. 26 Ils paraîtront devant notre tribunal, 27 Et nous leurs ferons rendre compte.

CHAPITRE LXXXIX.

L'Aurore. donné à La Mecque, composé de 30 versets. Au nom de Dieu clément et miséricordieux.

1 Par l'aurore et dix nuits, 2 Par la réunion et la séparation, 3 Par l'arrivée de la nuit : 4 N'est-ce pas là un jurement pour celui qui a de l'intelligence? 5 Ignorez-vous comment Dieu se vengea des Adéens; 6 Des *Aramites* dont la taille égalait la hauteur des colonnes; 7 (La terre ne porta jamais d'hommes semblables.) 8 Des *Thémudéens* qui avaient taillé les rochers en vallons; 9 De Pharaon qui, environné d'une cour brillante, 10 Gouvernait l'Égypte avec orgueil? 11 Tous ces peuples avaient fait régner le vice sur la terre. 12 Dieu les frappa de ses fléaux vengeurs. 13 Il observe toutes les actions. 14 Favorisé de Dieu, comblé de richesses et d'honneurs, l'homme jouit-il de la prospérité? 15 Il dit : Le Seigneur m'a honoré. 16 Le ciel a-t-il retiré ses dons? L'adversité l'éprouve-t-elle? 17 Il dit : Le Seigneur me dédaigne. 18 Point du tout; mais vous n'honorez pas l'orphelin; 19 Vous ne vous empressez point à nourrir le pauvre; 20 Vous dévorez avec avidité les héritages; 21 Vous aimez avec passion les richesses. 22 Ne sont-ce pas là vos défauts? Lorsque la terre sera réduite en poussière, 23 Que Dieu et les anges viendront par ordre, 24 Que l'enfer ouvrira ses abîmes, l'homme se souviendra; 25 Mais quel sera son souvenir? 26 Plût au ciel, dira-t-il, que j'eusse fait le bien! 27 Personne ne se dévouera pour lui aux tourmens; 28 Personne ne se chargera de ses chaînes. 29 O homme qui eus de la confiance! reviens avec joie dans le sein de ton Dieu. 30 Entre au nombre de mes serviteurs; viens habiter le paradis.

CHAPITRE XC [327].

La Ville [328]. donné à La Mecque, composé de 20 versets. Au nom de Dieu clément et miséricordieux.

1 Je ne jurerai point par cette ville; 2 Elle est ton asile. 3 Je ne jurerai point par le père et l'enfant. 4 Nous avons fait naître l'homme dans les larmes. 5 Pense-t-il être affranchi de toute puissance? 6 Il s'écrit : J'ai perdu d'immenses richesses. 7 Croit-il que personne ne le voit? 8 Ne lui avons-nous pas donné deux yeux? 9 Une langue et deux lèvres? 10 Nous l'avons fait passer par l'une et l'autre fortune; 11 Mais nous ne l'avons pas soumis à la dernière épreuve. 12 Quelle est cette épreuve? 13 C'est de racheter les captifs, 14 De nourrir, pendant la famine, 15 L'orphelin qui nous est lié par le sang, 16 Ou le pauvre couché sur la dure : 17 C'est d'embrasser la foi, de prêcher la persévérance, 18 Et de se faire une loi de la miséricorde. Ceux qui pratiqueront ces vertus occuperont la droite. 19 Ceux qui rejettent notre doctrine seront à la gauche. 20 Les flamme dévorantes s'élèveront au-dessus de leurs têtes.

CHAPITRE XCI [329].

Le Soleil. donné à La Mecque, composé de 16 versets. Au nom de Dieu clément et miséricordieux.

---

327. Les fidèles qui liront ce chapitre avec dévotion seront protégés du ciel; Dieu leur donnera au jour de la résurrection une sauvegarde contre sa colère. *Zamchascar.*

328. La ville dont il est parlé dans ce chapitre est la Mecque : C'est le sentiment de tous les commentateurs.

329. Le mahométan qui lira dévotement ce chapitre sera récompensé comme s'il avait donné en aumône tous les biens que le soleil et la lune éclairent dans leurs cours. *Zamchascar.*

[1] Par le soleil et ses feux étincelans [330], [2] Par la lune quand elle le suit, [3] Par le jour quand il laisse voir dans tout son éclat, [4] Par la nuit qui couvre son front lumineux, [5] Par le ciel et son architecte, [6] Par la terre et celui qui l'a étendue, [7] Par l'âme et celui qui l'a perfectionnée, [8] Et qui lui a donné le penchant au bien et au mal ; [9] Celui qui l'a purifiée jouit déjà de la félicité ; [10] Celui qui l'a obscurcie est déjà la victime du malheur. [11] Les *Thémudéens*, livrés au crime, nièrent la vérité. [12] Le plus scélérat d'entre eux étant accouru, [13] Le ministre du ciel lui dit : Voilà la femelle du chameau que Dieu a fait sortir du rocher ; voilà son breuvage. [14] Ils traitèrent le prophète d'imposteur, et tuèrent l'animal miraculeux. [15] Les châtimens célestes fondirent sur eux : ils furent tous également punis. [16] Dieu ne craint point qu'on se venge de lui.

CHAPITRE XCII [331].

La Nuit. donné à La Mecque, composé de 21 versets. Au nom de Dieu clément et miséricordieux.

[1] Par la nuit quand elle étend ses ombres, [2] Par le jour quand il brille de l'éclat le plus pur, [3] Par le créateur de l'homme et de la femme, [4] Votre zèle aura un succès différent. [5] Celui qui fait l'aumône et qui craint le Seigneur, [6] Qui professe la religion sublime, [7] Trouvera la route du bonheur facile. [8] Celui qui, dominé par l'avarice, ne songe qi'à amasser des trésors, [9] Et qui a abjuré l'islamisme, [10] Court dans le chemin de l'enfer. [11] A quoi lui serviront ses richesses quand il aura été précipité dans les flammes ? [12] A nous appartient le soin d'éclairer les hommes. [13] A nous appartiennent la vie présente et la vie future. [14] Je vous menace d'un feu dévorant. [15] Malheur à celui qui en sera la victime ! [16] L'incrédule qui aura nié la mission du prophère, sera cet infortuné. [17] L'homme pieux habitera un séjour bien différent. [18] Il a fait le sacrifice de ses biens pour se rendre plus pur. [19] Jamais il ne laissa un bienfait sans récompense. [20] Plaire à Dieu était sont unique désir. [21] La possession du paradis fera son bonheur.

CHAPITRE XCIII.

Le Soleil au plus haut de son cours. donné à La Mecque, composé de 11 versets. Au nom de Dieu clément et miséricordieux.

[1] Par le soleil au plus haut de son cours, [2] Par les ténèbres de la nuit, [3] Le Seigneur ne t'a point abandonné ; tu n'es point l'objet de sa haine [332]. [4] La vie future vaut mieux pour toi que la vie présente. [5] Le Tout-Puissant t'accordera des biens qui contenteront tes désirs. [6] N'étais-tu pas orphelin ? n'a-t-il pas accueilli ton enfance ? [7] Il t'a trouvé dans l'erreur [333], et il t'a éclairé. [8] Tu étais pauvre, et il t'a enrichi. [9] Ne fais point de violence à l'orphelin. [10] Ne réprimande point le pauvre qui demande. [11] Raconte les bienfaits dont le ciel t'a comblé.

CHAPITRE XCIV.

La Dilatation. donné à La Mecque, composé de 8 versets. Au nom de Dieu clément et miséricordieux.

---

330. Tous ces chapitres sont écrits en rimes mêlées. Dans celui-ci la même continue d'un bout à l'autre. Nous allons tâcher d'exprimer avec nos caractères les sons arabes de six premiers versets, afin de donner une idée de ces rimes : *Oua schamsin oua dohaïha Oua-l-camarin eza jalaïha Oua-l-lailin eza ierchaïcha Oua ssamaïn oua ma iebnaïha Oua-l-lardin oua ma tahaïha Oua nafsin oua ma saouaiha.*

331. Dieu comblera les vœux des fidèles qui liront ce chapitre ; il adoucira pour eux les peines de la vie, et couronnera de succès toutes leurs entreprises ; c'est le sentiment des docteurs mahométans.

332. Ces paroles lui furent apportées pour le consoler. Mahomet n'ayant point eu de révélation pendant quinze jours, les infidèles dirent : Dieu l'a abandonné ; il le hait. *Gelaleddin.*

333. Mahomet fut idolâtre jusqu'à l'âge de quarante ans.

[1] N'avons-nous pas dilaté ton cœur [334] ? [2] Ne t'avons-nous pas déchargé d'un fardeau [335] ? [3] Il accablait tes épaules de son poids. [4] Nous avons rendu ton nom fameux. [5] A côté de la peine est le plaisir. [6] A côté de l'infortune est le bonheur. [7] Lorsque ta prière est accomplie, prêche. [8] Élève vers le Seigneur un cœur enflammé.

CHAPITRE XCV.

Le Figuier. donné à La Mecque, composé de 8 versets. Au nom de Dieu clément et miséricordieux.

[1] Par le figuier et l'olivier, [2] Par le mont Sinaï, [3] Et ce pays fidèle, [4] Nous avons créé l'homme dans les plus admirables proportions ; [5] Et nous le précipiterons au fond de l'abîme ; [6] Mais ceux qui croiront et qui feront le bien, auront une récompense éternelle. [7] Qui peut donc porter l'homme à nier le jour du jugement ? [8] L'Éternel n'est-il pas le plus équitable des juges ?

CHAPITRE XCVI.

L'Union des Sexes. donné à La Mecque, composé de 19 versets. Au nom de Dieu clément et miséricordieux.

[1] Lis au nom du Dieu créateur [336]. [2] Il forma l'homme en réunissant les sexes. [3] Lis au nom du Dieu adorable. [4] Il apprit à l'homme à se servir de la plume [337] ; [5] Il mit dans son âme le rayon de la science. [6] C'est une vérité, et il se révolte contre son bienfaiteur. [7] Les richesses augmentent son ingratitude. [8] Certainement le genre humain retournera à Dieu. [9] Que penser de celui qui trouble [10] Le serviteur de Dieu lorsqu'il prie, [11] Lorsqu'il accomplit l'ordre du ciel, [12] Lorsqu'il recommande la piété ? [13] Que penser de l'infidèle et de l'apostat ? [14] Ignorent-ils que Dieu voit ? [15] S'ils abandonnent l'impiété, nous les traînerons par les cheveux, [16] Par leurs cheveux coupables et menteurs. [17] Qu'ils appellent leurs adhérens ! [18] Nous appellerons nos bourreaux [338]. [19] Ces paroles sont la vérité. N'obéis point à l'impie. Adore le Seigneur, et t'élève vers son trône.

CHAPITRE XCVII.

La Nuit célèbre. donné à La Mecque, composé de 5 versets. Au nom de Dieu clément et miséricordieux.

[1] Nous t'envoyâmes le Coran dans la nuit célèbre [339]. [2] Qui te fera connaître le prix de cette nuit glorieuse ? [3] Elle est plus précieuse que mille mois. [4] Elle fut consacrée par la venue des anges et de l'esprit [340]. Ils obéirent aux ordres de l'Éternel, et apportèrent des lois sur toutes choses. [5] La paix accompagna cette nuit jusqu'au lever de l'aurore.

CHAPITRE XCVIII.

---

334. En t'éclairant et en t'accordant le don de prophétie. *Gelaleddin.*

335. C'est-à-dire nous t'avons pardonné le crime d'idolâtrie que tu avais commis.

336. Les cinq versets qui commencent ce chapitre furent apportés à Mahomet sur le mont *Hara* ; ce sont les premiers qui lui aient été révélés. *Gelaleddin. Jahia. Abul-Feda.Abu-Becr*, qui rassembla dans un volume les versets épars du Koran n'ayant eu aucun égard au temps où ils avaient été révélés, ceux-ci, qui devraient commencer le recueil, se trouve presque à la fin. Voyez ce que nous avons dit dans la préface.

337. Les Arabes croient qu'Henoc est le premier qui se servit de la plume pour écrire.

338. Les anges qui punissent les scélérats.

339. Cette nuit célèbre fut nommée *Elcadar*, parce que Dieu y disposa toutes choses avec sagesse. La tradition nous apprend, dit *Zamchascar*, que le Coran fut apporté pendant cette nuit de la table gardée au septième ciel, dans le ciel de la lune. Gabriel qui l'avait recueilli en un seul volume, le dicta à Mahomet pendant l'espace de vingt-trois ans.

340. L'esprit, c'est Gabriel.

L'Évidence [341]. donné à Médine, composé de 8 versets. Au nom de Dieu clément et miséricordieux.

[1] Les chrétiens, les juifs incrédules et les idolâtres, ne se sont éloignés de toi que lorsqu'ils ont vu l'évidence [342]. [2] L'envoyé de Dieu ne lit que les livres épurés qui renferment la vraie doctrine. [3] Ceux qui ont reçu les écritures ne se sont divisés que lorsque la vérité a brillé à leurs yeux. [4] Cependant on ne leur demandait que de servir le Seigneur, de lui montrer une foi sincère, d'adorer son unité, d'observer la prière, et de payer le tribut sacré : c'est la vraie religion. [5] Certainement les chrétiens, les juifs incrédules et les idolâtres seront jetés dans les brasiers de l'enfer. Ils y demeureront éternellement. Ils seront les plus pervers des hommes ; [6] Mais les croyans qui pratiquent la vertu sont ce que le ciel a créé de plus parfait. [7] Leur récompense est dans les mains de Dieu. Il leur donnera les jardins d'*Éden* où coulent des fleuves, séjour d'un bonheur éternel. [8] Il mit en eux ses complaisances. Ils placèrent en lui leur amour. La félicité sera le partage de ceux qui le craignent.

CHAPITRE XCIX.

Le Tremblement de terre. donné à La Mecque, composé de 8 versets. Au nom de Dieu clément et miséricordieux.

[1] Lorsque la terre aura éprouvé un violent tremblement, [2] Et qu'elle aura rejeté les fardeaux [343] de son sein ; [3] L'homme dira : Quel spectacle ! [4] Dans ce jour, la terre racontera ce qu'elle sait ; [5] Parce que Dieu le lui commandera. [6] Les hommes s'avanceront par troupes pour rendre compte de leurs œuvres. [7] Celui qui aurait fait le bien de la pesanteur d'un atome, le verra. [8] Celui qui aura fait le mal de la pesanteur d'un atome, le verra.

CHAPITRE C.

Les Coursiers. donné à La Mecque, composé de 11 versets. Au nom de Dieu clément et miséricordieux.

[1] Par les chevaux qui courent à perte d'haleine ; [2] Par les chevaux qui, frappant la terre du pied, font jaillir des étincelles ; [3] Par ceux qui le matin s'exercent à la course ; [4] Qui font voler la poussière sous leurs pas rapides ; [5] Qui traversent les bataillons ennemis ; [6] Certainement l'homme est ingrat envers le Seigneur. [7] Lui-même est témoins de son ingratitude. [8] La soif de l'or le dévore. [9] Quand on viendra réveiller les morts dans leurs tombeaux, [10] Et qu'on dévoilera ce qui est caché dans les cœurs, [11] Ignore-t-il que Dieu connaîtra parfaitement toutes les actions ?

CHAPITRE CI.

Le jour des calamités [344]. donné à La Mecque, composé de 8 versets. Au nom de Dieu clément et miséricordieux.

[1] Jour des calamités ! jour épouvantable ! [2] Qui pourrait t'en faire la peinture ? [3] Dans ce jour, les hommes seront comme des sauterelles éparses. [4] Les montagnes ressembleront à des amas de laine diversement colorée. [5] Celui dont les œuvres seront de poids, jouira de la félicité. [6] Celui dont les œuvres seront légères, sera précipité dans l'abîme. [7] Qui te donnera une idée de l'abîme ? [8] C'est le feu le plus dévorant.

---

341. Les mahométans vertueux qui liront le chapitre de l'évidence seront placés au jour de la résurrection parmi les créatures les plus excellentes qui soient sorties des mains de l'Éternel ; c'est le sentiment des docteurs musulmans.

342. Par l'évidence, on doit entendre la doctrine du Coran que prêcha Mahomet. *Gelaleddin.*

343. Les fardeaux, c'est-à-dire les morts. *Gelaleddin.*

344. Le jour des calamités c'est le jour du jugement. Il est ainsi nommé parce qu'il remplira les cœurs d'effroi. *Gelaleddin.*

CHAPITRE CII [345].

La Cupidité. donné à La Mecque, composé de 8 versets. Au nom de Dieu clément et miséricordieux.

[1] Le soin d'amasser vous occupe jusqu'à ce que vous descendiez dans le tombeau. [2] Hélas! un jour vous saurez! [3] Hélas! je vous le répète, un jour vos yeux seront dessillés. [4] Ah! si vous saviez [5] Avec certitude! [6] Vous verrez les gouffres de l'enfer; [7] Vous les verrez à découvert. [8] Alors vous rendrez compte de vos plaisirs.

CHAPITRE CIII.

L'Après-dîner [346]. donné à La Mecque [347], composé de 3 versets. Au nom de Dieu clément et miséricordieux.

[1] J'en jure par l'après-dîner, l'homme court à sa perte. [2] Les croyans qui font le bien et qui s'exhortent mutuellement à la justice, [3] Qui se font une loi de la patience, seront les seuls sauvés.

CHAPITRE CIV.

Le Calomniateur. donné à La Mecque, composé de 9 versets. Au nom de Dieu clément et miséricordieux.

[1] Malheur au médisant et au calomniateur! [2] Il entasse des trésors et les garde pour l'avenir. [3] Il croit que ses richesses lui procureront l'immortalité. [4] Certainement il sera précipité dans l'enfer. [5] Qui pourrait te décrire cet abîme épouvantable. [6] Ce gouffre dont la vengeance divine a allumé les flammes? [7] Elles s'élanceront sur les cœurs; [8] Et du milieu de cette fournaise ardente, [9] Elles s'élèveront en hautes pyramides.

CHAPITRE CV.

L'Éléphant. donné à La Mecque, composé de 5 versets. Au nom de Dieu clément et miséricordieux.

[1] Ignores-tu comment Dieu traita les conducteurs des éléphans [348] ? [2] Ne tourna-t-il pas leur perfidie à leur ruine? [3] Il envoya des troupes d'oiseaux voltigeans sur leurs têtes; [4] Ils lançaient sur eux des pierres gracées par la vengeance céleste. [5] Les perfides furent réduits comme la feuille de la moisson coupée.

CHAPITRE CVI.

Les Coréïshites. donné à La Mecque, composé de 4 versets. Au nom de Dieu clément et miséricordieux.

---

345. Le fidèle qui lira ce chapitre sera récompensé comme s'il avait lu mille versets du Coran, et Dieu ne lui demandera point compte des bienfaits dont il l'aura comblé sur la terre. Tel est le sentiment des docteurs mahométans.

346. Celui qui lira ce chapitre éprouvera l'indulgence du Seigneur, et sera mis au nombre des fidèles qui se sont fait une loi de la vérité et de la patience.

347. Les commentateurs du Coran ne sont pas d'accord sur le lieu où ce chapitre a été publié. Les uns le placent à la Mecque, les autres à Médine. Il est de ceux dont ils disent *moktbelaffiha* (les sentimens sont partagés).

348. Le fait dont il est parlé dans ce chapitre est décrit ainsi par *Gelaleddin*.

Abraha, roi de l'Arabie Heureuse et de l'Éthiopie, ayant bâti un temple à *Sannaa*, mit tout en usage pour y attirer les pèlerins de la Mecque. Ce fut inutilement. Un des habitans de *Canana* porta si loin le mépris pour le nouveau temple qu'il y fit des ordures. *Abraha* jura de s'en venger, en renversant celui de la Mecque. Il marcha vers cette ville à la tête d'une armée. Une partie de ses soldats étaient montés sur des éléphans. Lui-même en montait un nommé *Mahmoud*. Lorsqu'il était sur le point de détruire la maison sainte, Dieu envoya des troupes d'oiseaux armés de pierres où étaient écrits les noms de ceux qu'elles devaient frapper. Ces pierres miraculeuses lancées sur les coupables brûlèrent les casques, les hommes, et les éléphans. Toute l'armée fut détruite. Ce miracle arriva l'année de naissance de Mahomet. Un nuage de sable brûlant, tel que le vent de sud-est en élève dans l'Arabie et l'Afrique, aura pu faire périr une partie de l'armée d'*Abraha*, et l'effet d'une cause naturelle aura passé pour un prodige.

⒈ A l'union des Coréïshites [349]. ⒉ Elle importe à la sûreté du commerce pendant l'hiver et l'été. ⒊ Qu'ils adorent le Dieu de ce temple, le Dieu qui les a nourris pendant la famine, ⒋ Et qui les a délivrés des alarmes [350].

CHAPITRE CVII.

La Main secourable [351]. donné à La Mecque, composé de 7 versets. Au nom de Dieu clément et miséricordieux.

⒈ As-tu remarqué l'incrédule qui nie le jugement ? ⒉ C'est lui qui dévore les biens de l'orphelin. ⒊ Il ne songe point à nourrir le pauvre. ⒋ Malheur aux hypocrites ! ⒌ Ils prient avec négligence, ⒍ Et seulement par ostentation. ⒎ Ils refusent de tendre à leur semblables une main secourable.

CHAPITRE CVIII.

Le Kautser [352]. donné à La Mecque, composé de 3 versets. Au nom de Dieu clément et miséricordieux.

⒈ Nous t'avons donné le *Kautser*. ⒉ Adresse tes vœux au Seigneur, et immole des victimes. ⒊ Celui qui te hait périra.

CHAPITRE CIX.

Les Infidèles. donné à La Mecque, composé de 6 versets. Au nom de Dieu clément et miséricordieux.

⒈ Dis : O infidèle [353] ! ⒉ Je n'adorerai point vos simulacres. ⒊ Vous n'adorez point mon Dieu. ⒋ J'abhorre votre culte. ⒌ Ma religion n'est point la vôtre. ⒍ Vous avez votre croyance et moi la mienne.

CHAPITRE CX.

Le Secours. donné à Médine, composé de 3 versets. Au nom de Dieu clément et miséricordieux.

⒈ Lorsque Dieu enverra son secours et la victoire [354]. ⒉ Vous verrez les hommes embrasser à l'envi l'islamisme. ⒊ Exalte le nom du Seigneur. Implore sa clémence, il est miséricordieux.

CHAPITRE CXI.

---

349. Les Coréïshites formaient la tribu la plus distinguée et la plus puissante d'entre les Arabes. La sixième année de l'hégire, Mahomet ayant fait la paix avec eux leur adressa ce chapitre.

350. Des alarmes causées par l'approche d'*Abraha*. *Gelaleddin*.

351. Dieu effacera les péchés du Mahométan qui lira ce chapitre, pourvu qu'il ait été fidèle à remplir le précepte de l'aumône. *Zamchascar*.

352. *Le Kautser* est un des fleuves du Paradis. L'eau en est plus douce que le miel, plus blanche que le lait, plus fraîche que la neige, et plus moelleuse que la crème. Les bienheureux s'y désaltéreront dans des coupes d'argent. Ce fleuve roulera ses flots sur un lit formé de pierres précieuses. Les rives en seront parsemées. *Beidawi.* Ce mot signifie aussi, suivant l'opinion de plusieurs docteurs, les grâces dont Dieu avait comblé Mahomet en lui accordant le don de prophétie, le Coran, l'office d'intercesseur, etc. *Gelaleddin*.

353. Mahomet répondit par ce chapitre aux idolâtres qui lui dirent : Adore nos dieux pendant un an, et nous adorerons ton Dieu pendant un an. *Gelaleddin*. Ce chapitre est un de ceux que les Mahométans rétètent tous les jours en forme de prière.

354. Cette victoire est la prise de la Mecque où Mahomet entra en vainqueur paisible, après huit ans de combats. Quand cette prédiction n'aurait pas été faite après coup, son accomplissement ne prouve rien. Mahomet, après avoir dompté les juifs, et soumis une partie des Arabes, pouvait sans être prophète prédire la prise de la Mecque.

Abu-lahab [355]. donné à La Mecque, composé de 5 versets. Au nom de Dieu clément et miséricordieux.

[1] La puissance d'*Abu-lahab* s'est évanouie. Il est péri lui-même. [2] A quoi lui ont servi ses immenses richesses ? [3] Il descendra dans les brasiers de l'enfer. [4] Son épouse le suivra [356] portant du bois. [5] A son col sera attachée une corde d'écorce de palmier.

CHAPITRE CXII.

L'Unité [357]. donné à La Mecque, composé de 4 versets. Au nom de Dieu clément et miséricordieux.

[1] Dis : Dieu est un [358]. [2] Il est éternel. [3] Il n'a point enfanté, et n'a point été enfanté. [4] Il n'a point d'égal.

CHAPITRE CXIII.

Le Dieu du matin. donné à La Mecque, composé de 5 versets. Au nom de Dieu clément et miséricordieux.

[1] Dis : Je mets ma confiance dans le Dieu du matin [359] ; [2] Afin qu'il me délivre des maux qui assiègent l'humanité ; [3] Des influences de la lune couverte de ténèbres ; [4] Des maléfices de celles qui soufflent sur les nœuds [360] ; [5] Et des noirs projets que médite l'envieux.

CHAPITRE CXIV ET DERNIER.

Les Hommes. donné à La Mecque, composé de 6 versets. Au nom de Dieu clément et miséricordieux.

[1] Dis : Je mets ma confiance dans le Seigneur des hommes, [2] Roi des hommes ; [3] Dieu des hommes ; [4] Afin qu'il me délivre des séductions de Satan, [5] Qui souffle le mal dans les cœurs ; [6] Et qu'il me défende contre les entreprises des génies et des méchans.

FIN DE LA SECONDE PARTIE.

---

355. *Abu-lahab*, riche et puissant citoyen de la Mecque était l'ennemi implacable de Mahomet. Un jour que le prophète faisant un discours au peuple, le menaçait des vengeances célestes, *Abu-lahab* se leva, et lui dit en colère Puisse le ciel t'anéantir ! était-ce pour cela que tu nous avais rassemblés ? Ce fut dans cette circonstance que Gabriel révéla ce chapitre à Mahomet. *Gelaleddin.*

356. *Omgemih*, épouse d'*Abu-lahab*, partageait sa haine. Elle semait des épines dans les lieux par où Mahomet devait passer. *Jannab.*

357. Mahomet passa une partie de sa vie à combattre l'idolâtrie, et à renverser les icoles ; mais n'étant point éclairé par la révélation, tandis qu'il dissipait les ténèbres du paganisme, il élevait de nouvelles erreurs. En prêchant l'unité de Dieu, il combattait la Trinité des personnes. Les Mahométans croient un Dieu unique, créateur du ciel et de la terre, vengeur du crime, et rémunérateur de la vertu ; mais instruits par leur faux prophète, ils rejettent nos mystères, et nous appellent *machrekin*, c'est-à-dire *associateurs, idolâtres*, parce que nous adorons trois personnes en Dieu.

358. Mahomet, ayant entendu réciter ce chapitre, dit : Il a mérité. Qu'a-t-il mérité, lui demandèrent ses disciples ? le Paradis, répondit le prophète. *Zamchascar.*

359. Les commentateurs du Coran rapportent le trait suivant pour prouver la vertu des paroles contenues dans ces chapitres. Un Juif nommé *Lobeid* ayant par son art magique lié Mahomet avec une corde invisible où étaient formés onze nœuds, Dieu lui apprit la manière de rompre le charme. Il lui fit voir cette corde enchantée, lui ordonna d'implorer l'assistance du ciel, et de réciter les deux derniers chapitres du Coran. Aussitôt qu'il eut lu un verset un des nœuds se délia, et il se sentit soulagé. Il continua sa lecture, et lorsqu'il l'eut achevée, tous les nœuds se trouvèrent rompus. Il se leva joyeux, et entièrement libre. *Gelaleddin.*

360. Elles soufflaient sur des nœuds qu'elles faisaient à une corde en proférant certaines paroles magiques. Telles étaient les filles de *Lobeid* qui avaient ensorcelé Mahomet. *Maracci.* C'est peut-être de là qu'est venue la prétendue magie de nouer l'aiguillette, magie autrefois fort redoutée en France. Les Mahométans ont la plus grande foi à l'efficacité des paroles contenues dans ces deux chapitres. Ils les regardent comme un spécifique souverain contre les effets de la magie, les influences de la lune, et les tentations de l'esprit malin. Ils ne manquent guère de les répéter soir et matin.

Une humble requête

Cher lecteur,

Les Éditions Ducourt sont une entreprise familiale qui ne doit sont existence qu'à ses lecteurs.

C'est pourquoi nous vous prions, si vous avez apprécié ce livre, de bien vouloir prendre quelques minutes pour nous laisser un avis sur la page Amazon de ce livre.

Chacune de vos revues est essentielle à notre survie et nous aide à résister contre les multinationales de l'édition qui engagent des budgets publicitaires que nous n'avons pas.

Nous sommes extrêmement reconnaissants pour votre support et nous espérons que nous avons réussi à vous délivrer un livre de qualité.

Amicalement
Les Editions Ducourt

Lightning Source UK Ltd.
Milton Keynes UK
UKHW032018270122
397829UK00008B/1740